U0934341

葛健豪和她的儿女们

赵瑞泰　梁　红／著

武汉出版社

目录

目录

引　子

公元一九四九年十月一日下午三点，毛泽东主席在天安门城楼庄严宣布中华人民共和国成立，二十八响礼炮声震撼了整个世界。站在天安门城楼上的著名女革命家蔡畅的神情格外肃穆，她凝视着徐徐升起的第一面五星红旗，眼里噙满了热泪……

蔡畅的内心极不平静！在漫漫长夜里，她的二哥蔡林蒸、三哥蔡和森、嫂子向警予都为这一天的到来献出了年轻的生命，特别是她的母亲葛健豪，支持儿女们追求光明，先后亲历失去两个儿子一个女儿一个儿媳的巨大悲痛，一直到临终时，还不知道小儿子蔡和森已经牺牲。当年毛泽东在延安得知老人逝世的消息后，提笔写下了"老妇人，新妇道；儿英烈，女英雄"的挽联，给他敬爱的蔡伯母以最好的褒奖。

鲜艳的五星红旗升起的是一个母亲的梦想、一个家庭的梦想、一个国家的梦想！母亲、哥嫂的面容在蔡畅眼前一一闪过，蔡畅在心里告慰他们：你们盼望并为之奋斗的这一天终于到来了！安息吧，亲人们！

一个家庭出了四位名人：蔡和森、向警予、蔡畅、李富春，这四位名人都曾经是中共中央委员，蔡和森、李富春还分别担任过中共中央政治局常委，这样的家庭在湖南乃至全中国只有一个。

这四位名人的母亲，不是党员，却和她的儿女们一起立传于《中共党史人物传》，是其中少有的非党人士，这样的母亲在湖南乃至全中国只有一个。

苍茫大地上，一双小脚在行走。

崎岖山路中，一双小脚在行走。

无垠的雪地里，一双小脚在行走。

小脚母亲葛健豪目光坚毅，望着远方，一步步走出湖南的大山深处，在上海，在长沙的岳麓山、橘子洲，在法国的巴黎、里昂、蒙达尼，在武汉的都府堤、汉水畔，留下一串串深深的脚印，被世人尊称为二十世纪“奇异的妇人”……

葛健豪原名葛兰英，1865 年（清同治四年）8 月出生于湖南湘乡县荷叶镇桂林堂（今属湖南省娄底市双峰县），共生育三男三女六个孩子，1943 年 3 月 16 日去世，享年七十八岁。

这位奇异的小脚女人，在那个“夫为妻纲”、“妻以夫为天”的年代里，是怎样携儿带女冲出湖南乡村，走向长沙、武汉、上海，直至五十四岁时走出国门和儿女一起留学法国，全身心支持儿女从事革命活动的？

湖南省双峰县永丰镇金田五四村关头冲，葛健豪的墓地在草木掩映中显得格外安静，只有风吹动树叶的声音，像是葛健豪在和儿女们喁喁私语。

想必风知道——

第一章　上海休夫

在湖南省中部，紫云峰、白石峰、灵应峰、九峰山等山峰环绕着一块形似荷叶的宝地，涓水的七条树状支流，是荷叶的叶脉，大小池塘，像荷叶上晶莹的水珠，荷叶镇因此得名。

这片清秀的荷叶，是三国时期蜀汉宰相蒋琬、清朝重臣曾国藩的故乡。

无数美丽的荷花装点着这片碧绿的荷叶，其中两朵分外耀眼——一朵是荷叶的媳妇，秋瑾（原名秋闺瑾，小名玉姑）；另一朵是荷叶的女儿，葛健豪。

一场婚礼上，这两朵荷花相遇：

“我叫秋闺瑾，娘家人都叫我玉姑。”

“我叫葛兰英。”

荷叶镇王家的新娘子玉姑进入洞房，迎亲大嫂葛兰英忙前忙后为玉姑整理裙摆，两个人礼节性地向对方作了自我介绍。在荷叶镇，王家、葛家是大户人家，都与名门曾国藩家族沾亲，葛兰英从上海回来看望母亲，赶上王家办喜事，儿女双全的她被请来当迎亲大嫂。

在替玉姑补擦脂粉、口红时，葛兰英注意到玉姑皱了皱眉头。

葛兰英取来红头绳将两个酒杯系在一起，倒上酒，将一杯递与新郎，另一杯递给新娘，嘴里唱着“千里姻缘一线牵”，新郎新娘各饮半杯再互换杯子后，将酒杯里的酒一饮而尽。

随后，葛兰英从丫环手上接过食盘放在红木雕花茶几上，端下盛着面条的红花瓷碗递给新郎，新郎新娘同吃“长寿面”。一个男孩隔窗大声问道:“生不生?”葛兰英赶紧大声答道:“生!”

在众人的哄笑声中,玉姑感激地抬头朝葛兰英笑了笑,对这个说话、做事相当利落的迎亲大嫂产生了莫名的亲切感。不大一会儿,葛兰英和玉姑就以姐妹相称了。

趁新郎王廷钧出门接待宾客去了,葛兰英关心地问玉姑道:“玉姑,刚才看你皱了下眉头,有什么不舒服吗?是不是从湘潭到荷叶,一路颠簸劳累了?”

玉姑摇摇头,轻声对葛兰英说:“兰英姐,没什么,我呀,是不习惯擦胭脂口红。”

葛兰英心想怎么这样巧呢,她对玉姑说,她也从来不碰这些东西。也许是喝了酒的缘故,玉姑的脸微微红了,话也多起来。她告诉葛兰英,嫁到这里来之前,她连丈夫长什么样都不知道!刚刚听说,他还小她四岁,这完全是父母之命、媒妁之言啊!玉姑想知道葛兰英当初结婚时是不是也是这样。

好久没有和谁这么亲热地说话了,葛兰英对这个坦率的小妹心生喜爱,见玉姑问起自己,她皱起了眉头。玉姑善于察言观色,见状正想转移话题,不料葛兰英说:“我们女人,还能怎样?三从四德写在那里呢!我跟你一样,是奉父母之命嫁到蔡家的,不过,我跟你又不一样,我是在一岁那年,父亲临终时为我定的娃娃亲……”

玉姑见葛兰英谈吐不凡,很想和这位大姐多聊聊,无奈酒宴开始,只得由丫环搀扶着往大厅而去。玉姑走了几步,回头望了望葛兰英,约葛兰英明天下午来新房玩。

葛兰英望着玉姑,心里油然而生一种说不出的亲切感,她从来没有像现在这样盼着对一个人讲讲自己的娘家、丈夫、孩子——

葛兰英出生时天空没出现红光,倒是电闪雷鸣、下着倾盆大雨,那一年夏天异常炎热,她在往生路上赶,她父亲葛葆吾却遭遇了死神。这是否预示着她的一生注定是坎坷、传奇的一生?

“哎呀，天真热，一丝风都没有，怕是要下雷阵雨哦。”葛葆吾将军望望天，有些担忧地说。他奉命率部驻扎在河南一个小县城，正在城墙上巡视，他的同乡蔡寿菘等几个副官跟随在后。

突然，葛葆吾站住了。

一丛白色的建兰花在城墙下不远处的山石边盛开着。

葛葆吾走过去，久久地凝视着建兰花，他在想，多么清秀的花朵，可是却开在这多事之秋。

葛葆吾情不自禁地俯下身，从衣襟里抽出洁白的手帕，拨开建兰花根部的土，小心翼翼地连根刨出一小截花枝用手帕包好，对蔡寿菘说：“兰乃岁寒三友之一，古人喻之为君子，可我眼里，她就是一位卓尔不凡、质朴高洁、坚韧刚毅的女子。”

蔡寿菘忙说：“葛将军能文能武，在下实在佩服，我想，您这么爱兰，该有一个像兰一样的女儿才好。”

“哈哈哈！”葛葆吾大笑道：“知我者，蔡兄也！今日见此花，好兆头！你不知道，内人这次怀上孩子后，特别爱吃辣的，酸儿辣女，我猜啊，她怀的是女娃哦！”

“看您高兴的！我预祝您喜得千金！”蔡寿菘说道。

“嗯，名字都有了，就叫兰英！”葛葆吾脱口而出。

“兰英！这名字好！”蔡寿菘连声附和。

两人说话间，天空乌云密布，大风刮起，沙尘满天。

“轰——”随着雷声响起，大雨倾盆而下。

此时，在大雨如注的荷叶镇桂林堂葛府，接生婆匆匆走进里屋，满脸喜色正要报喜，突然“轰”的又一声炸雷。“哇——”如同金鸡破晓，接生婆怀抱中的新生儿发生响亮的啼哭声。

接生婆将包裹好的婴儿给葛夫人陈氏看：“夫人，恭喜！是位千金！您真有福气，有儿有女，儿女双全啊！”

“嗯，跟她爸爸长得真像！”陈氏脸上露出笑容。

“快请老爷过来看看！”接生婆赶紧说。

“唉，她爸在军营好久没回家了……”陈氏脸色暗下来。

“哦，这女娃，命硬着呢！”接生婆一时口快。

陈氏闻声一怔。

窗外的雨声更大了。

大雨中的营地，葛葆吾突然捂住胸口，几乎站立不稳，蔡寿嵩知道葛将军的旧病又犯了，赶紧扶葛将军回了帐篷。

蔡寿嵩守护在葛将军床边，试探着问道：“葛将军，要不，我送您回家养伤吧？”

葛将军很坚决地摇头。

一年之后。

葛葆吾躺在军营的床上，奄奄一息。蔡寿嵩俯身喊道：“葛将军……葛将军呀！您要挺住，我马上安排人马护送您去长沙治疗……”

葛葆吾断断续续地说道：“我这病怕是治不好了，你们不必再费心。只是……只是……”

蔡寿嵩抑制着悲痛，细心地问：“葛将军，有什么事？您尽管吩咐。”

葛葆吾定定地看着老乡说：“蔡兄，我俩情同手足，弟有一事相托……小女兰英一岁了，我还没见她一面，而她，恐怕永远也见不到她父亲了……此乃人生之大不幸！恳请蔡兄常去我家关照，兰英成人后，即为蔡兄之儿媳也……”

荷叶镇葛府桂林堂内张灯结彩，鞭炮声响过，一地红屑。葛家千金葛兰英满周岁，葛府内外挤满了乡邻，他们前来贺喜。

奶妈抱着穿着一身红衣的葛兰英，逗着她：“兰英，今天真乖啊，你知道妈妈在给你办周岁酒席是不是？你知道你爸爸要回家了是不是？”

小兰英咯咯笑个不停。

兰英的哥哥、六岁的葛望钦在一旁兴奋地说，爸爸真的要回家了，他一年多没看见爸爸了。葛望钦摸了摸兰英的小脸蛋，教她喊爸爸：“来，见到爸爸这样叫啊，爸——爸——”

兰英含糊不清地发出声音：“爸——爸——”

一声马的嘶鸣，打断了众人的欢声笑语，一位骑兵神色冷峻地进了葛府大门，随后，葛府内的空气仿佛凝固了……

下人们在私下议论着：

“怎么了？”

“老爷在湖北浠水去世了！他的灵柩马上就要护送到府上！”

葛府的厅堂布置成灵堂。

葛葆吾的灵柩刚刚停放好，陈氏就一路哭喊着过来。蔡寿菘满脸悲痛，在葛葆吾的灵柩前长跪不起。陈氏几近昏厥，她忍着悲戚，示意管家扶起蔡寿菘。

曾国潢赶到葛府，厅堂的一副对联他看着特别眼熟：“飞觞洒翰偏得意，读易论诗亦未疏。”曾国潢记起这是当年他长兄曾国藩亲笔写就赠给葛葆吾的，顿时唏嘘感慨不已，他一再对陈氏表示，将上奏恳请从优安抚葛家。陈氏感激不已。

蔡寿菘看见奶妈抱着换了一身孝服的葛兰英，说道：“她是兰英吧？兰英，你就把我当作你爸爸，啊？”

小兰英双手伸向蔡寿菘……

小兰英不知道，她小手一伸，伸向何方？是父亲安排的归宿？是未知的命运？

蔡寿菘解甲归田后继承祖业，在湖南湘乡县永丰镇（今属双峰县）重新经营辣酱园。永丰辣酱承载着湘乡人的故乡情结，当年咸丰帝品尝后赞不绝口，永丰辣酱一时出尽风头。永丰镇上最有名的辣酱园就数蔡家的蔡广祥、蔡广益、蔡顺益这三家，尤以蔡广祥最兴盛。蔡寿菘后来将这三个辣酱园分给三个儿子各自经营。

葛兰英十六岁时遵先父遗嘱，嫁给了蔡寿菘的儿子蔡蓉峰。蔡蓉峰名下的酱园是蔡广益，无奈他好吃懒做，无心经营，酱园生意萧条，婚后小家庭的日子过得捉襟见肘。为维持生计，葛兰英求助于娘家亲戚曾家，帮蔡蓉峰在上海江南制造总局的造船厂谋了一个官职。

…… ……

玉姑新婚第二天，葛兰英如约去新房与玉姑小聚。两个人分别讲着自己的身世，发现彼此有好多相似之处，比如都是年幼时随兄在家馆发蒙识字，都喜欢读文史、诗词方面的书籍。两个人越谈越投机，葛兰英对这位博学多才的小妹十分钦佩，玉姑对这位知书达理的大姐多了许多敬重。葛兰英告诉玉姑，自己是三男两女五个孩子的妈妈了，带着孩子们随丈夫在上海生活了好几年，希望玉姑有时间去上海转转。

玉姑没想到嫁到荷叶来会结识这么一位知心大姐，兴头上，从箱底抽出一把剑。葛兰英惊奇万分，想不到清秀端庄的玉姑还有此爱好。

玉姑解释，她不光善写诗词，还会骑马、舞剑，在家里，有时候还穿一下哥哥的长袍马褂。玉姑随手舞了几下剑，她那穿着红装的身姿，娇美中透着英气，把葛兰英都看呆了……

玉姑婚后不久随丈夫前往湘潭居住，葛兰英和玉姑见面的时间就只有双方每年回乡过年的那几天。两个人平时全靠书信来往，忙于家务的葛兰英远没有玉姑的消息灵通，玉姑在信中总会向葛兰英讲一些新鲜见闻。

时光飞逝，转眼三年过去了，进入 1899 年，葛兰英带着孩子们随蔡蓉峰在上海生活了近六年。

1899 年是清光绪二十五年，就在头一年，由光绪帝主持的戊戌变法维新应运而生，新政轰轰烈烈地只进行了一百零三天，就被慈禧太后一夜之间全部推翻。光绪帝被囚，康有为、梁启超流亡海外，谭嗣同等六君子喋血菜市口。

葛兰英对时局的了解，多半来自玉姑。有一次，玉姑在信中特别提到，湖南老乡谭嗣同视死如归的精神深深打动了她，她劝丈夫王廷钧做一个像谭嗣同那样忧国忧民的人，不料王廷钧却说，那样做是要被杀头的，反倒责备玉姑多管闲事。玉姑告诉葛兰英，王廷钧铜臭纨绔之恶习丑态毕现，她越来越清楚地看到他虚伪自私、夜郎自大的一面。玉姑感叹在家中知音难遇、同调无人，有机会她一定要走出这个封闭的家，做自己想做的事情。

葛兰英虽然识文断字、熟读诗书，但这样的话出自一个女人之口她是闻所未闻，心中不禁生出莫名的兴奋。她想，玉姑有志向、有主见，以后肯定比王廷钧有出息，一个家、一个国要兴旺，需要有人拿定主心骨走在前面。

最近蔡蓉峰变得不爱回家了，葛兰英不敢往坏处想，但是这样一个问题时不时冒出来困扰着她：她靠丈夫养着，万一丈夫变了心，不养家了，或者没能力赚钱养家了，她和孩子们怎么办？

这一天，葛兰英又收到一封信，是玉姑寄给她的。玉姑在信中说，她认识住在浏阳的谭嗣同的遗孀李闰，王廷钧知道后，害怕引来祸患，阻止她和李闰来往，要她安心在家过日子。玉姑对胆小懦弱的丈夫失望之极，她在信中感慨道，女人也要像男子一样有抱负，哪能将一生都束缚于柴米油盐这些琐事上呢？玉姑还说，女子的不幸，都是女子不谋自己养活自己的学问艺业、一生唯知依靠男子所致！女子只有自立自强，方能成为真正意义上的人！

看了玉姑的信，葛兰英的心眼活起来，那个时不时让她感到惶恐的问题不再像山一样压着她了，天无绝人之路，指望不上男人的时候，女人可以自己依靠自己。

日子一天天地过，蔡家看似平静的生活，其实如发酵中的辣酱，悄悄变化着。

葛兰英十三岁的大儿子蔡麟仙又病了，这孩子从出生起一直病恹恹的，中药偏方吃了好多也不见效，最近老是发烧、咳嗽，痰中带血，病情越发严重了。

葛兰英带着麟仙来到一家教会医院看医生，那位洋医生戴着听诊器在麟仙前胸后背听了半天，随后摇摇头，对葛兰英说："孩子他爸爸呢？"

"他爸爸？他爸爸一个多月没回家了。先生，孩子的病怎样治，您直接跟我说好了。”葛兰英焦急地说。

“他爸爸不来，你一个女人家做得了主么？”洋医生不放心地问。

“可以！可以！我家里事都是我做主！”葛兰英连忙答道。

“那好，我告诉你，这孩子得住院治疗。”洋医生盯着葛兰英。

“住院？那得不少银两吧？”葛兰英一下愣住了。

洋医生望着她不置可否。葛兰英迟疑了一下，拉着麟仙往外走，洋医生望着他们的背影摊开手、摇摇头。

葛兰英迈着小脚和蔡麟仙在上海租界走着。街上，留长辫的男人、挽发髻的女人穿梭来往，干瘦的小贩挎着篮子沿街叫卖赤豆糕，时不时有西装革履的洋人坐在黄包车上招摇过市。

麟仙对妈妈说：“妈，爸爸他——”麟仙想说什么却又打住了，他不想惹妈妈不高兴，只说：“妈，别听那洋医生的，我不住院，我会好起来的。”

葛兰英的脸上布满愁云，她烦躁不安，根本无心理会儿子麟仙在说什么。蔡蓉峰一个多月没回家，真的是那么忙吗？望着街上的洋房，她在想，上海的繁华，自然是湖南的永丰镇不能比的，可这里是天堂，也是地狱啊，是富人的天堂，是穷人的地狱。

葛兰英想起曾经在小报上看到的一句话：上海是一个大染缸，好人会变坏，坏人会变得更坏……心事重重的葛兰英拉着儿子加快了脚步往家赶。

葛兰英和蔡麟仙回到里弄里窄小的家中。葛兰英十五岁的大女儿蔡庆熙、十岁的二儿子蔡林蒸、六岁的二女儿蔡顺熙、四岁的小儿子蔡和森马上围了过来。

蔡庆熙一脸焦急地问起弟弟的病情，葛兰英宽慰孩子们说，麟仙的病一定会治好的！不料麟仙大声说：“妈，我不要住院！我不会去住院的！”庆熙他们听了大吃一惊。

葛兰英低头进了厨房，庆熙跟了过去。

过了好一会儿，庆熙端了一碗姜汤从厨房出来，走到麟仙床前，喂姜汤给他喝，轻声安慰着弟弟。

和森见母亲从厨房过来，赶紧拉着她的手，要她不要着急。葛兰英摸着和森的头，这么乖巧的儿子，让她感到些许安慰。

她的几个孩子中，只有和森是在上海出生的，葛兰英对他疼爱有加，家务劳作之余教他背古诗词。和森的记性非常好，一首诗教一两遍他就会背了，葛兰英常常在蔡蓉峰面前提起，这孩子是块读书的料。

葛兰英脸上依然布满愁云，孩子们的父亲两个月没给家里生活费了。她坐到桌前，缝制一顶黑缎面的小瓜皮帽，这套小衣物，是替王太太周岁的孩子赶制的。附近几个有钱的太太都请葛兰英做湘绣衣服，怕她不好意思收钱，每次给她一点米、油、布料什么的。

葛兰英把小衣服小鞋帽一一摆在桌上，蔡庆熙过来拿起小虎头鞋，用手在缎面上摩挲着，对母亲说，湘绣真好看！她求母亲教她，她一定要把这门技艺学到手！

"你是真心喜欢学湘绣、做女红吗？"葛兰英问。

蔡庆熙使劲点着头。葛兰英望着女儿，陷入沉思。自己未出嫁时，学湘绣挺有悟性，绣成的图案和绣坊大师傅有得一比，她陪嫁的被面、枕套都是自己绣的哩！

庆熙说起，家里那床大红被面上绣着粉红的牡丹、五彩的孔雀，实在是好看！葛兰英如数家珍地告诉庆熙，湘绣讲究活灵活现，牡丹、老虎都是湘绣的经典图案，做姑娘时，为了学到绣艺，她经常跑到几十里外的绣坊去请教，一双小脚吃尽了苦头，绣一床被面光绣线就要用上百种颜色的，千针万线绣进了她多少憧憬和幻想……没想到现在还能靠这门手艺补贴家用……

庆熙津津有味地听着母亲说话。和森打断母亲的话，他说，家里好几天没买青菜了，姐姐总是带他到好远的菜地去捡一些回来，和森问道："妈，爸爸什么时候回家啊？他再不回家，我们连稀饭都没得吃了是吗？"

葛兰英正要说话，传来敲门声。

孩子们异口同声地说："爸爸回来了！爸爸回来了！"他们争先恐后去开门。门打开，进来的不是蔡蓉峰，而是蔡家的湖南老乡、蔡蓉峰厂里的工人姚胡子。

姚胡子进了门，他朝葛兰英施礼，说是来找蔡主管的。

葛兰英听了感到有些诧异，她让姚胡子坐下，问道："胡子，蓉峰不是在厂里吗？"

"可是我不在厂里了。"姚胡子神色黯然地对葛兰英说。两个月前上工时，姚胡子不小心让铁块砸伤了脚，没法做事，蔡蓉峰把他给辞了。他老婆孩子一大家人等米下锅，家里还欠别人一屁股债。

姚胡子可怜兮兮地望着葛兰英，求葛兰英对蔡主管说说，开开恩，让他回厂上班。

庆熙在一旁插嘴说，前两天她看见姚家阿姨带着瑶妹子捡烂菜叶。葛兰英一听急了："瑶妹子？那孩子三岁还没满呢，真可怜！姚胡子，你等等。"

葛兰英走进里屋，又很快出来。她把三块大洋塞给姚胡子："不瞒你说，蓉峰好多天没回家呢。我手头的钱也快花光了，这点钱先给你应应急，不要你还。"

姚胡子还在推辞，蔡蓉峰回家了，他一进门正看到姚胡子从葛兰英手中接过钱。蔡蓉峰气不打一处来，阴沉着脸说："你小子好大的胆，上我家要钱来了！"

姚胡子小心地解释："蔡主管，您别误会，我……我……"

蔡蓉峰不耐烦地吼道："滚！"

葛兰英在一旁示意姚胡子不要说话赶紧走，姚胡子低着头走出门。

蔡庆熙十分高兴地喊："爸爸！爸爸回来了！"小和森却不吭声，在一旁像看陌生人一样看着蔡蓉峰。蔡蓉峰不理孩子们，他一脸怒气，转向葛兰英。

"跟你说过，不要理会这些人，你偏不听！你以为你是大财主啊。"蔡蓉峰不管家,可是别说是对外人,就是对老婆孩子都是一个铜板一个铜板算计的,他简直不能容忍葛兰英给钱姚胡子这件事。

“蓉峰,别人不是有难求上门来了吗?我们是老乡,看在他孩子的份上,能帮一点是一点吧。”葛兰英知道蔡蓉峰把钱看得很重,但还是想对他讲讲道理。

“求上门?他还好意思求上门?自己砸伤了脚,要怎么样啊?”蔡蓉峰理直气壮。

“别人也没要怎样,只是想重新去厂里干活。”葛兰英好言相劝。

“你答应啦?你别老做好人了!女人家,瞎搅和什么!告诉你,你答应了也没用!我的事不用你管!”蔡蓉峰生硬地说。

葛兰英来气了:“你这么长时间不回家,回家就跟我翻脸,家里的事不都是我管的?!姚胡子的事,我也要管!”

“好,你管,你管!我走!”蔡蓉峰说完转身走出门,留给葛兰英和孩子们一个拖着长辫子的背影。

孩子们围住葛兰英,和森很着急,爸爸不管他们了,他们怎么办啊!和森眼里含着泪水。葛兰英看着和森的表情,拍着他的肩膀安慰他,眼光落在自己左手无名指的戒指上。

葛兰英对孩子们说了声她去去就回,便匆匆出门了。

上海街头,葛兰英迈着小脚走着,街边一店铺,招牌上写着偌大的“当”字。葛兰英走进了当铺。

当铺对面是包子铺,包子铺紧挨着茶馆。蔡蓉峰从包子铺出来,踱进茶馆。他厂里的账房先生阿黄站在茶馆门口,看来等候多时,点头哈腰跟随蔡蓉峰进了茶馆。

刚走出当铺的葛兰英正好看到这一幕。

阿黄,又是阿黄!葛兰英对这个满嘴黄牙的上海人没有一点好感。她记起第一天到上海时,阿黄带着几个人去码头接他们全家,满脸堆笑,一转眼却对下船的外地人龇牙咧嘴,嫌他们的包裹拦了道,骂骂咧咧,把一个农妇的箩筐踢出老远。蔡蓉峰在厂里安顿下来之后，每一次和她谈起厂里的事，言必提及阿黄：阿黄说，要多去你家亲戚聂总办那里走走，申请加盖办公房，划拨下来的资金我可以随意支配；阿黄说要请几个保镖，一来工人闹起事来有人镇场，二来走在街上也很威风……葛兰英对阿黄的这些点子并不以为然，蔡蓉峰却佩服得不得了，夸阿黄会来事。葛兰英感觉蔡蓉峰越来越依赖阿黄，他几乎成了甩手掌柜。葛兰英不止一次提醒蔡蓉峰，说他一个小小芝麻官，做事要踏实，为人要厚道，交友要慎重，不然，干不好，丢亲戚的脸，遭老乡耻笑。蔡蓉峰嫌她啰嗦，总有理由反驳：他一个外乡人在上海，不结交上海人怎么行？大小事有阿黄出面，他落个清闲自在哩！葛兰英认定蔡蓉峰就这个德性，做什么事都不上心，这辈子恐怕难改了，她隐隐担心那个阿黄把蔡蓉峰引入歧途。

葛兰英沮丧地在街边慢慢走着，心里满是委屈，来上海这么多年了，凭着与曾家的亲戚关系，蔡蓉峰仍只是个小芝麻官。自己没有嫌弃丈夫，一心为这个家操劳，他却不领情。现在家里都靠当东西过日子了，他还在外面上茶馆，葛兰英越想越气愤，突然她停住了脚步，转身往茶馆走去。

茶馆伙计最会察言观色了，见葛兰英来者不善，有意盘问。葛兰英无心答话，不顾茶馆伙计的阻拦，冲向里间。在门外，她听到赌客们的说话声。

“蔡大人今天气色不太好，管它呢，多玩几局。”

“既来之则安之，反正又不指望赢钱去买米。”

“我看，蔡大人是指望赢钱去讨好小老婆哩。”

屋里人哈哈大笑。

葛兰英猛一推门进去。众人一愣，面面相觑。蔡蓉峰强装镇静地问：“你……你怎么找到这里来了？！”

葛兰英涨红了脸高声说：“你有本事来，我就有本事找到你！哼！你长期不回家，原来每天在这里鬼混！”

阿黄忙起身打圆场：“嫂夫人别误会，蔡主管天天在厂里，非常辛苦，今天是我带他出来散散心的……”

葛兰英打量着阿黄，毫不客气地对他说："今后，请别带着你蓉峰爷来这种地方！"

阿黄愣在那里。蔡蓉峰朝葛兰英吼："不用你管，还不快走！别坏了老子的运气！"

葛兰英气愤地嚷道："运气？你还有运气？你老婆孩子在家里快没饭吃了，大儿子病成那样，你在外面赌博，还有脸说运气！"

葛兰英冲上前，掀翻桌子，桌上的银两、茶杯滚落在地。

蔡蓉峰欲上前打葛兰英，葛兰英一闪身出了门。蔡蓉峰欲出门追赶，被众人拉住。

阿黄打圆场道："算了，算了，好男不跟女斗。你老婆底气十足，还真是个不怕事的主！"

蔡蓉峰听着十分尴尬，他恼羞成怒地说了一句上海话："触霉头！……看我回去怎么教训她！"蔡蓉峰气冲冲地离去。

阿黄指着蔡蓉峰离去的背影，阴阳怪气地向牌友们说："别看蔡主管这么神气，他其实很惧内，他的官衔是他老婆帮忙的……"

屋内人议论纷纷。

"我听他念叨过什么'奉政大夫，州同衔，补用从九'，说白了就是个九品芝麻官。屁大个官！他女人还这样神气！"

"那女人有靠山呀！她娘家跟曾国藩家沾亲呢！曾家的女婿聂大人在上海滩可是个响当当的人物啊！如今在上海混饭吃的谁不想巴结他？"

"啊，怪不得这女人说话这么冲。不过，奇了怪了，曾大人的亲戚，怎么家里还愁饭吃？"

"嗨！这林子大了，什么样的鸟都有。"

余怒未消的葛兰英回家了，在家门口，她站住平息了一下心里的风波，理了理头发才进门。

蔡麟仙躺在床上。葛兰英走过去抚摸麟仙的额头，麟仙还在发烧呢。葛兰英打开油纸包，里面有两根油条。

麟仙睁开眼睛，葛兰英拿出一根油条递到他手上。麟仙有气无力地说:“妈妈,不要再花钱了,我睡一会儿就好了。”

葛兰英用手背擦眼泪,又赶快转身把另一根油条递给和森,嘱咐他和哥哥姐姐们分着吃。和森接过油条,欢天喜地地把油条交给蔡庆熙,边吮着指头边说:“姐,你来分,分给妈妈一份啊。”

葛兰英脸上露出笑容,对孩子们说:“你们吃吧,我在外面吃过了。”葛兰英是特意买给孩子们解馋的,实际上自己一口都舍不得吃。

庆熙走到葛兰英跟前,歪头看葛兰英的左手,葛兰英的笑容变得不自然起来。庆熙小声问:“妈,您的戒指呢？”

葛兰英使了个眼色,把庆熙拉到一边说:“你也懂事了,不瞒你说,你爸两个月没给生活费,这些日子没归家,我给了姚胡子一点钱后,手头实在没多少钱了,只有先当掉戒指。”

那戒指可是外婆给母亲的,庆熙替母亲难过起来,她要学做衣服、绣湘绣的愿望更强烈了,学会了可以赚钱帮家里分担一点。

葛兰英心烦意乱,有一搭没一搭地教着蔡庆熙绣花。她在想,蔡蓉峰成天不回家,厂里的事又都是阿黄在打点,那他岂不是天天打牌去了？莫非他欠别人钱脱不了身？葛兰英越想越觉得不对劲，可是就这样凭空去说,蔡蓉峰恐怕不会认账,必须拿住他的把柄,才能狠狠治他一下。葛兰英急中生智,想到了姚胡子。

葛兰英匆匆赶到姚胡子家时，厂里的几个湖南籍工人正和姚胡子一起愤愤不平地说着什么。姚胡子见葛兰英上自己家来，以为上班的事有着落了,却见葛兰英心事重重不像是来报喜的,还没等他开口,工人们就七嘴八舌地向葛兰英告起蔡蓉峰的状来,说他们这个月的薪水又少了。

葛兰英听后长长地叹了口气，咬牙切齿地说：“蔡蓉峰越来越不像话！”

姚胡子看着葛兰英的脸色,不敢火上浇油,他对葛兰英说,蔡主管不是坏人,坏就坏在他身边那个账房先生阿黄……

葛兰英点头同意,是呀,蓉峰太相信那个阿黄了。

姚胡子分析,阿黄是上海本地人,做过掮客,特别会来事,所以蔡蓉峰图省心,重用阿黄。葛兰英在姚胡子他们几个老乡面前不护丈夫的短,她直话直说:"那个阿黄,滑头滑脑,不是盏省油的灯!古人说的话没错,学好十日不足,学坏一日有余,蓉峰的魂都被他勾走了!这叫交错了朋友信错了人!"

姚胡子请葛兰英替他们做主,他想早日上班,工人们希望下个月起把减掉的薪水加上去。葛兰英认为姚胡子和工人们的要求都不过分,爽快地答应了:"你们的事我管定了!"葛兰英之所以要管这件事,除了替工人们抱不平,主要还是担心蔡蓉峰,怕他栽在阿黄手上。

望着工人们信任的目光,葛兰英迟疑了片刻,试探着问了一句:"蔡蓉峰最近一直不归家,厂里的事又全都甩给了阿黄,那他到底在干什么呢?"

几个工人相互对视,不说话。葛兰英没把工人们当外人,诉起了苦:家里有五个孩子,蔡蓉峰不归家,又不拿钱回来,她确实觉得很吃力。她要工人们告诉她实话。

一个工人快言快语:"听说好多官人都在外面另有住处——养二房抽大烟……"

姚胡子立即制止:"别乱说!"

那个工人忙改口:"我是说那个账房先生阿黄……"

葛兰英打断他的话头:"别提那个人了!"她又求助似的望着众人说:"这样吧,你们的事我明早去办,我也拜托你们一件事……"

黄昏,一辆黄包车拉着蔡蓉峰在街上跑。另一辆空黄包车不远不近地跟在后面,车夫头上搭着汗巾,戴着草帽。

在一栋砖房前,蔡蓉峰喊停,从车上下来,付了车钱后走到大门口拍门环。里面传出娇滴滴的女声,门开了,一个年轻女人把蔡蓉峰迎进门。

后面那个车夫抬头,他是姚胡子!姚胡子在不远处看到这一幕,待大门关上后,他拉车上前,看清了门牌号码。

那个年轻女人是阿黄的旧相识，名叫艳红，戏班里跑龙套的。阿黄常带蔡蓉峰去戏园子，一来二去蔡蓉峰就和艳红打得火热。阿黄在艳红面前绝口不提蔡蓉峰已成家生子的事，极力撮合她和蔡蓉峰同居，心想蔡蓉峰算是彻底被他捏住了。

艳红挽着蔡蓉峰的胳膊往屋里走，边说："哎哟，蔡哥，你可回来了。"

"嗯，归心似箭哪。"蔡蓉峰望着艳红笑眯眯地说。

艳红接过蔡蓉峰的礼帽，有点不满地说："这么晚才回，还归心似箭哩。"

"哎呀，倒霉……算了，不说了……"蔡蓉峰欲言又止。

艳红观察着蔡蓉峰的脸色："蔡哥，我看你……最近好像心情不好呀。"

"唉，心情怎么好得起来！今天发薪水，那帮家伙嫌少了！"蔡蓉峰愤愤地说。

"是不是阿黄又扣他们的工钱了？"看来艳红相当了解阿黄的为人。

"阿黄是又扣了一点，他也是为了我好嘛。"蔡蓉峰执迷不悟。

"是呀，阿黄说得对，靠山吃山，靠水吃水。你就应该靠官吃官，俗话说得好，马无夜草不肥，人无外财不富嘛！"艳红与阿黄属一路货色。

"烟，我要烟……"蔡蓉峰进里屋躺在床上。

艳红殷勤地说："我早就为你准备好了……"

蔡蓉峰迫不及待地拿起烟枪，抽起大烟来……艳红顺势躺在一边吹枕边风，要蔡蓉峰多弄点钱，早点把她娶进门。蔡蓉峰边抽大烟边说："这事不能急，为了娶你回家，我连老乡都不认了……"

艳红撒娇道："不急？……是不是你在老家有老婆啊？"

"没有的事……你怎么不相信我这大老爷们呢？"蔡蓉峰敷衍着说。

艳红嗔怪道："那是为什么？"

"等赚够了钱，好让你享福呀。在这大上海，没钱没房不是委屈你了？"蔡蓉峰满嘴甜言蜜语。

"到时候我们把这房子买下来……"艳红脸上笑开了花。

昏暗的街道上，一辆黄包车的车轮在转动着。

车上坐着葛兰英，她眼里没有泪水，全是冷冷的恨意，她在心里不停咒骂着：蔡蓉峰，你黑良心、无情无义……骂了一百遍，她只想当面吐他一脸唾沫。

黄包车在蔡蓉峰与艳红的住处门前停下，葛兰英从车上下来，走到门口，看着门牌号。葛兰英抬手，停了一下才敲门，里面没有动静，她又使劲敲了几下。

门开了，艳红站在门内，不满地问葛兰英找谁。葛兰英看了艳红一眼，不理她，一步跨进门里，边走边说她找孩子他爸。

艳红一把拉住葛兰英："你真是个不懂规矩的乡巴佬，也不问清楚就往里闯，找孩子他爸怎么找到我家来了？"

"我是乡巴佬？你是什么东西？"

"你这个十三点！告诉你，我是这里的主人，你找错门了，走！"

"走？这是我男人租的房屋……"

"你男人……谁是你男人？"

艳红吃惊地瞪大眼睛，朝葛兰英上下打量。

蔡蓉峰躺在床上抽着大烟，听到争吵声，正欲起身，却听出是葛兰英的声音，他拿烟枪的手抖了一下，索性躺下，听任外面艳红和葛兰英吵闹。

艳红嚷道："你神经了？我这里怎么会有你的男人？"

葛兰英一字一顿："如果我没说错的话，这两个月我男人天天住在这里！"

"你男人叫什么？"

"我男人叫蔡蓉峰！"

艳红惊呼："什么？你男人是蔡蓉峰？"

葛兰英故意问道："是呀，你认识他？"

艳红气急败坏地喊着："蔡蓉峰？他是我男人！"

葛兰英哈哈冷笑两声："你醒醒吧，他和我已经有了五个细伢子！"

“什么？你说什么？你们有了五个……细伢子？！”

“你不信？叫他出来当面告诉你！”

艳红边往里屋跑边大喊大叫：“蔡蓉峰，你骗我，你有老婆……你有五个孩子……”

蔡蓉峰在屋子里走来走去，他知道葛兰英的火爆脾气，这下纸包不住火了，如何是好？艳红跑了进来，对蔡蓉峰喊：“姓蔡的，你骗我，你是个大骗子，你的老婆找上门来了……”

葛兰英也跟随进来，看着床上的烟枪，她脸上露出惊异的表情，厉声质问：“蔡蓉峰，你还抽大烟？”

艳红冲上去，抓住蔡蓉峰哭叫：“你骗我呀……”

葛兰英指着艳红，问道：“她是谁？”

蔡蓉峰一把推开艳红，索性豁出去吼了声：“什么大不了的事？都别闹了！”艳红停止哭闹。葛兰英怒视着蔡蓉峰。

蔡蓉峰站在屋中央，大言不惭地说：“你们都在这儿，我正好介绍一下。”他指着葛兰英对艳红说：“她是我的原配夫人葛兰英，五个孩子的妈。”又指着艳红对葛兰英说：“她是我准备娶的二房艳红。”

“你骗我……你说要娶我，原来是娶我做二房啊！”

蔡蓉峰对艳红说：“艳红，我没骗你，我本想以后再告诉你的。”

“蔡蓉峰，没想到你变得这么无耻！”葛兰英上前抓住蔡蓉峰的衣领，“没想到来上海后，你就这么点出息！你太伤我的心了！我真想抽你一耳光！”

“我瞒着你，是想让你慢慢知道，慢慢接受。兰英，我没变，从现在起，原来怎么过，以后仍然怎么过。你是大房，你说了算！”蔡蓉峰掰开葛兰英的手，息事宁人地说。

葛兰英“呸”了一声。

艳红叫喊道：“我不当二房，我不当小老婆！我要走！”

蔡蓉峰拉着艳红：“好了，别耍小孩子脾气了，你往什么地方去呀，在这儿吃香的，喝辣的，有什么不好？”他转向葛兰英，几近乞求地说：“兰英，你要有大房的气量……以后我们都是一家人了嘛！”

“谁跟她是一家人？！”葛兰英不屑一顾地说。

艳红满是敌意地看看葛兰英。

“好了好了，今天这事来得太突然，发脾气，发怨气，都冲我来吧。但是，以后我们都在一起过，从古至今，君君臣臣，父父子子，这个家——我说了算！”蔡蓉峰还想逞威风。

“如果我不从呢？”葛兰英不服气地反问道。

蔡蓉峰一愣，咬牙切齿地说：“不从？不从也得从！”

“蔡蓉峰，你太让我失望了，我们葛家为你在上海谋了官差，我辛辛苦苦跟你从湖南到上海来，就是为了今天这样吗？我走！但是，走之前，我得把话说清楚，在湖南老家，我们葛家是与曾家齐名的大户人家，我葛兰英出身书香门第，我丢不起这个脸……”葛兰英恼羞成怒，说起话来竹筒倒豆子般。

蔡蓉峰制止道：“别摆家谱，扯远了……”

“我要说！我十六岁嫁到你蔡家，相夫教子，孝敬公婆，做到了恪守妇道。而你，守着祖业，坐吃山空，直至在老家无法生活下去——”葛兰英理直气壮地说。

“你……你说这些干什么？！”蔡蓉峰恼怒道。

“怎么？说这事揭了你的老底？别忘了，你能在上海立足谋差事，全靠我葛家亲戚的帮衬，当年你对我发誓，要混出一个人样来，如今，你真是混出个人样来了——家里事不管，赌博、抽大烟、养小妾……”葛兰英抓起烟枪扔在地上踩了几脚。

艳红害怕似的偎在蔡蓉峰身边。

“越说越远了，就算我娶了个小老婆，又有什么大逆不道？从古至今，有身份有地位的男人谁没有三妻四妾？你就想开点！”

“我想不开！我就是想不开！娶小妾就能显示你的身份？”

“阿黄是老上海了，他说得对，想在上海立足，就是要这样！”

葛兰英一听阿黄二字更是火冒三丈，她跺了跺小脚怒吼道：“我就是不信这个邪！为什么要听任男人花天酒地？凭什么女人总是逆来顺受？！”

“这是祖宗定下的规矩，女人就是要讲三从四德！”

“我们女人讲三从四德，你们男人讲什么？”

“放肆！你这样顶撞我，家规何在？”

“家规？哼哼，家规只允许你们男人胡作非为？家规只让女人终身为奴？这种家规，早就应该废除！”

蔡蓉峰发疯似的吼道：“离谱了，你太离谱了！”

“看来，上海是呆不下去了！我不想跟你多费口舌，告诉你，你如果还想当孩子们的爸爸，我们一起回湖南老家！不然，各走各的路！”

“什么，回老家？你疯了吧！你不能走！孩子们也不能走！”蔡蓉峰大惊失色。

“你看着办吧！”葛兰英说完，毅然转身就走了。

艳红呆看着葛兰英离去，回过头来瞧见蔡蓉峰惊慌失措的样子，说：“她主动退出了，你应该高兴呀。”

“你懂个屁！”

“怎么了？她走了，把孩子也带走，不是更好？”

“她走了，聂大人会追问我，我这官是他给的……她走了，我这官也当不成了。”

“她说的都是真的？那可怎么办？没官……没钱……买不起房子，我怎么办？”

“所以必须把她稳在上海，大家一起过，现在你得听我的，照我说的去做，以后票子、房子都会有！不然，竹篮打水一场空！”

“你……哎哟！我的命怎么这么苦呀！”艳红哭哭啼啼起来。

“艳红，认命吧，就听我的，以后我不会亏待你。我们去对她说点好话，她平静下来大家都没事了。”

葛兰英回到家中，虽然她在丈夫和小妾面前出了一口恶气，可今后怎么办呢？她仍然陷入在深深的苦痛之中。此时她想起了玉姑在信中的话：“女子的不幸，都是女子不谋自己养活自己的学问艺业、一生唯知依靠男人所致！女子一定要自立自强，方能成为真正意义上的人！”葛兰英豁然开朗起来，她一口气把蔡蓉峰的所作所为讲给五个孩子听了。蔡庆熙听后说：“妈，要不，我们姐弟几个再去找爸爸，打动一下他？”

“孩子们，别指望你爸爸了，从今以后，我们得自己靠自己，懂吗？”葛兰英对孩子们说，“你们别怕！有妈妈在，天塌下来，妈顶着！”葛兰英脸上现出坚毅的表情，她一刻也不想在上海呆下去了，开门七件事柴米油盐酱醋茶样样都要钱，可钱在蔡蓉峰手中，她得看他的脸色，靠他的恩赐吃饭，这不是她要的生活。最主要的是，她不想让蔡蓉峰的坏习性影响到孩子。

葛兰英问孩子们，是愿意跟妈妈回老家，还是愿意留在上海？五个孩子异口同声：“妈妈，我们愿意跟你一起回老家！”

“那说好了，都跟妈妈回湖南去，我们自食其力！”葛兰英和五个孩子抱在了一起。

夜深了，蔡家的蜡烛还亮着，蔡庆熙边收拾衣物，边劝母亲不要太难过。桌上摆着纸、笔，葛兰英茫然地说：“谁知道以后会怎样……你早点睡吧，明天还要赶船哩。——妈给你爸爸写一封信。”

蔡庆熙点头，上床睡下。葛兰英拿起笔蘸了蘸墨汁，手停顿了半天，缓缓落笔……

天大亮了，葛兰英和孩子们来到江边码头，他们挎着大包小包，跟随众人走上船。

葛兰英回头眺望岸上熟悉的楼房，表情木然，看不出是喜是悲，她毅然决然地转过脸去……

蔡蓉峰和艳红进了蔡家大门，他们指挥几个人往家里搬床架、椅子等家具。“哎,大门没上锁……”蔡蓉峰奇怪了。

蔡蓉峰走进里屋,里面空无一人,桌子上放着一张纸。蔡蓉峰抓起来看,“休夫书”三个大字映入眼帘,他只觉血往脑门上冲,匆匆看完正文:

兹有民女葛兰英之丈夫蔡蓉峰,从小不爱读书,长大不善经营,在家游手好闲,无所作为,坐吃山空。兰英念同其婚姻十八载且养育儿女之情分,拯救衰落之家,求助娘家亲戚帮衬,为走投无路之丈夫在上海谋得九品官差,可蔡蓉峰到上海后交友不慎,染上恶习,近来更是不识好歹,反目无情,虐待敲诈同乡及下属,俸禄全用在赌博、抽大烟、娶小妾上,全然不管妻儿家事。综上所述,现特提出休掉丈夫蔡蓉峰。

葛兰英

蔡蓉峰把休书揉搓成团,恼羞成怒:“岂有此理,岂有此理呀!世上只有夫休妻,哪有妻休夫之怪事!”

艳红惊讶道:“她把你给休了?”她哈哈大笑,趁机添油加醋地说:“这要传出去,不是被人笑掉大牙?”

蔡蓉峰疯了似的大叫:“反了,反了!这个女人反了呀!……”

第二章　老母劝和

葛兰英回到了湖南老家，她拿定主意不进永丰镇蔡家老屋，带着儿女们径直往荷叶镇娘家而去。

小河静静流淌，几头牛悠闲地在岸边吃草。池塘里微波荡漾，荷叶鲜绿，荷花粉红，几只鸭子、白鹅在水中游弋……走在故乡的土地上，呼吸着青草的芳香，葛兰英像鸟儿回到蓝天，心情渐渐舒畅。孩子们忘了一路的舟车劳顿，在田野尽情嬉戏着。庆熙掬起河水洗脸，对着水面照着，梳理头发。顺熙牵着和森忙着追逐黄色的蝴蝶。

小河的水浅浅的，河上没有桥，却有一个接一个的圆柱形石墩供人们踩着过河。葛兰英告诉孩子们这叫跳跳石，这条河叫涓水，永丰镇那边的那条河叫湄水。

蔡庆熙笑着说："我发现了一个秘密，咱家乡的河流，都有一个美丽的、女孩子一样的名字。"

葛兰英说："那当然！湄水、涓水、涟水，本身就像美丽的女子，清秀、灵动。而且，你们知道吗？人们爱把家乡的河流叫母亲河，因为她像母亲的乳汁，滋润万物，游子就是到了天边，还是盼望喝一口母亲河的水。"

孩子们似懂非懂地点着头。

和森一溜烟踩着跳跳石蹦蹦跳跳过了河。葛兰英在后面大声喊着和森，要他停一下等等她。和森是第一次回到家乡，故乡的青山绿水在他眼中是那么美丽，他兴奋不已，等母亲赶上来，他陪着母亲慢慢走着，缠着母亲问这问那。

路口出现一座贞节牌坊。

贞节牌坊依旧在那里，这么多年没有变化。看着熟悉的牌坊，葛兰英意识到是真的回家了，忙说："到了，到了！终于到家了！"

和森指着牌坊问："妈，我们到家了？这是大门吗？"

葛兰英扑哧笑出声来："那是什么门呀！那是贞节牌坊！"

见孩子们都不懂，葛兰英讲给他们听，这贞节牌坊是黄婶祖上留下来的。黄婶是她娘家的邻居，她们从小是好友，黄婶嫁到黄家生下儿子不到一年，丈夫得伤寒症死了，丈夫下葬那天，她投湖殉情，被人救起，是儿子的哭声唤醒了她，从此她靠出租田地、织布绣花抚育儿子、奉养公婆，还为两老送了终，黄婶是想以此再获旌表立牌坊，为黄家光宗耀祖。

"妈，别讲了，这个牌坊看着好吓人，快走吧！"和森拉着母亲往前走。葛兰英又回头看了看牌坊，自言自语地说："每一座牌坊后面，都有一个苦命女人的故事啊！"

葛兰英带着孩子们往家里赶，沿路不断碰到熟人，她纳闷，又不是赶集的日子，这些乡亲脚步匆匆要到哪里去呢？

身后传来几个大嫂的说话声，葛兰英回头看了一下，一个大嫂快步向前拉住了葛兰英的胳膊，惊喜地说："哎呀，兰英妹子，是你吗？好几年没见了。"

葛兰英见是王妈，高兴地向她问好。"你们一家不是在上海吗？怎么，是回来吃黄婶家的酒席的吧？"王妈随口问道，几个大嫂都围过来，亲热地摸着孩子们的头。

"我这次是专程回娘家的，还不知道黄婶家在办酒席哩。怎么，黄婶家有什么喜事吗？"葛兰英笑着问道。

王妈叹了口气，说："哎，什么喜事哟，那年黄婶为儿子买了个童养媳是不是？眼看再苦熬几年就可以为儿子圆房了，偏偏儿子得了跟他老子一样的伤寒病，死了。"

"死了？"葛兰英十分惊讶。

“死了有一年了。她今天办酒席，说是要儿子和童养媳成亲什么的。黄婶年轻守寡，性情古板，跟你的关系却很好，我还以为你是为她家的事回来的哩。”王妈答道，又指着路上的行人对葛兰英说：“你看，他们有的是去吃酒，有的是去看热闹的。”

“她儿子人都不在了，怎么个成亲法呀？”葛兰英简直难以置信。

王妈苦笑了一下，不知怎么回答，她的眼睛从几个孩子身上扫过，落在和森身上，便转移了话题：“几年不见，孩子们都长这么大了，这个满伢子我是第一次见到啊。”王妈看着蔡和森，喜爱之情溢于言表。

“他叫和子，是在上海出生的。”葛兰英介绍道。

王妈对葛兰英说：“你真是个福人啊，儿女成群的。真是能干，这么远的路回来，还有这么多行李，亏了你了，怎么没见姑爷呢？”

葛兰英脸上的笑容僵住了，她支吾着：“我……他……他还在上海……”

王妈很会察言观色，见状赶紧又一次岔开话题，劝葛兰英在娘家多住些日子。葛兰英感激地点点头，要和王妈一起去黄婶家看看。

一行人说说笑笑往黄婶家赶去。

黄婶家空地上搭起了草席棚，支起了简易土灶，铁锅里煮着大块的熏肉，几张八仙桌上座无虚席，更多的人在门口、墙根站着。

葛兰英他们进门时，正赶上黄婶拉着十三岁的童养媳贞妹子和一块木牌拜堂，木牌上写着黄婶儿子的名字。拜完堂，贞妹子被女眷们拥着进了里屋。葛兰英望着依然瘦小的贞妹子不禁喊了一声：“贞妹子！”

贞妹子闻声回头，认出葛兰英，眼睛亮了一下，很快又黯淡了，她怯怯地看了一眼婆婆，低头往里屋走去。

黄婶看见葛兰英和几个孩子到来，喜出望外，请兰英一家入席吃酒。葛兰英站着不动，冷冷地说：“我还以为是什么喜酒，今天又开眼界了。”

王妈她们见兰英脸色不对，把她扶到堂屋椅子上坐下。

黄婶小心翼翼地说：“兰英姐呀，我家的情况你都知道，这孩子命硬，还没成亲就克死了我儿子，我不能白买她一场。办这场酒席，是想让她跟儿子从一而终，保住黄家的名声。”

葛兰英眼前闪现出贞妹子无助的模样，她对黄婶说：“没想到我刚回到家乡就遇到这样的事。你已经够苦了，年纪轻轻开始守寡，好不容易把儿子拉扯大，儿子却夭折……”

黄婶连忙接过话：“兰英姐，还是你最理解我，我们是多年的好姐妹，你在大地方上海呆了几年，见的世面多，今天这事，你正好来捧个场！”

葛兰英打断黄婶的话：“你我是好姐妹，我不客气地说，这件事非常荒唐！”黄婶一脸尴尬，葛兰英继续说：“你有没有想过，贞妹子比你更苦？她这样不是成了活的殉葬品吗？……她还这么小，一个细妹子就这样被剥夺了自由，甚至被剥夺了做女人的权利，你我都是为人之母，假如你是她亲妈妈，你会怎么想？”

门口渐渐围了不少人，他们觉得葛兰英说出了他们不敢说的话。葛兰英憋闷了好些日子，黄婶的家事让她联想到自己的家事，在这些熟悉的乡邻面前，她的心扉打开了，她干脆站起来，对黄婶、也是对乡亲们说：“自古以来，庄稼人靠天吃饭，男人就是女人的天，女人靠男人吃饭，是吧？”众人点头。

葛兰英接着说：“可是，黄婶守寡这么多年，没靠男人照样养活了自己和孩子。”葛兰英见黄婶低头不语，继续对乡亲们说：“你们会认为我站着说话不腰疼，肯定想反问我：你难道不是靠男人在上海过好日子吗？我干脆告诉你们：我这次，是写了休夫书回娘家的！”

葛兰英的话像一声惊雷在人群中炸开了。众人七嘴八舌、议论纷纷。蔡庆熙姐弟几个都默不作声，站在葛兰英周围，众人看孩子们的表情就知道他们是支持母亲的。

葛兰英说：“当着孩子们的面，我就不揭他们父亲的老底了，你们都知道我的个性，我的眼里容不得沙子，男人靠不住，我就自己想办法！”

葛兰英边说边往大门外走，看热闹的众乡亲也跟着离开，八仙桌上等着喝酒的客人，有的借故起身离去，黄婶家的成亲酒席不欢而散。黄婶呆若木鸡地站在那里。

在上海，蔡蓉峰要艳红和他一起回湖南老家，他告诉艳红，他老家有家产，老屋租给别人做铺面，田地也租给别人在种，一年可收不少租金。

“我不去！他们走了，我俩过我俩的。为什么非要回乡下？”艳红反问蔡蓉峰。

蔡蓉峰骂艳红头发长见识短！说他老婆这一走，动静这么大，聂大人知道了，肯定要找他的麻烦，他这官肯定当不成了。

“啊，这可怎么办？”艳红大惊失色。

蔡蓉峰斩钉截铁地说：“回老家！”

在老家，葛兰英带着孩子们走向一个大宅院，幼小的蔡和森跑在最前面。蔡庆熙在喊：“到了，到了！快敲门！”

蔡和森跑到门前，用力拍门，边拍门边大喊：“外婆！”

一个佣人开了门，见是葛兰英和一群孩子，很感意外，大声问好。葛兰英的母亲陈氏闻声走出厅堂，看见葛兰英和孩子们，一脸惊喜。

葛府桂林堂是标准的三进式院落，房屋青瓦白墙、飞檐翘角，后花园林木掩映、古朴幽静。

葛兰英拉着母亲的手只顾着笑。蔡庆熙和蔡麟仙、蔡林蒸、蔡顺熙异口同声地喊：“外婆！”

葛兰英赶紧对蔡和森说：“和子，快喊外婆。”又对陈氏说：“妈，他就是在上海出生的和森。”

蔡和森兴奋地喊道：“外婆！”他煞有介事地说：“外婆，他们都叫我和子，您也叫我和子吧。”

陈氏脸上笑开了花：“哎，和子和子，乖外孙呀！外婆天天在念你这小宝贝！“

葛府内欢笑声一片……

众人听到儿童琅琅的读书声：“人之初，性本善。性相近，习相远……”

蔡和森朝发出声音的地方看去，好奇地问道："外婆，那是谁在里面呀？"

"那是家馆，你舅舅的孩子们在里面启蒙读书，你妈小时候就是在这里读书的。"陈氏如数家珍。

蔡和森对葛兰英说："妈，我也要读书！"

蔡和森跑到家馆窗前，可窗子太高，他够不着，看不到里面，他急忙跑到门前，从门缝里看进去。和森看清了，家馆里，坐着大大小小、岁数不等的几个孩子，一位老先生手捧着线装书面对孩子们坐着。

看着蔡和森羡慕的样子，葛兰英脸上露出久违的笑容，她更有理由觉得，自己做出回家的决定是对的。

夜里，等孩子们都睡了，细心的陈氏追问蔡蓉峰的消息，葛兰英这才对母亲讲了"休夫"一事。

陈氏的反应除了吃惊，还很气恼，这是葛兰英早就意料到的，她等着挨母亲的骂。陈氏责怪葛兰英："丈夫找了一个女人，就把他休了？赌一口气，也不能闹这么大的动静啊！葛家是书香门第，可不能让别人说闲话！"

葛兰英解释道："妈，好多事没跟您说哩……"

陈氏态度很坚决，不管什么事，在家从父，出嫁从夫，夫死从子，历来如此，谁也改变不了！

"我就是不信这个邪！"葛兰英倔劲上来了。

陈氏喝道："你胆子也太大了！你忘了，你爹和蓉峰他爹是生死之交，你嫁给他，是你爹临终时的托付啊！"

葛兰英低头不语。

"如今你擅自离开夫家，此乃伤风败俗之举！你如何对得起你死去的父亲？"陈氏痛心疾首的样子。

葛兰英急了："妈，我和孩子同他真的没办法一起过了！他完全是烂泥巴糊不上墙！"

"女人嫁鸡随鸡，嫁狗随狗，这是天命，天命不可违也！你岂能休夫！"

陈氏打断女儿的话。

葛兰英诉说着,蔡蓉峰到上海后,赌博没戒掉,又沾了其他恶习,抽大烟……养小妾!

陈氏一点不惊奇:“养小妾算什么?就是娶二房你也得认!”

葛兰英倔强地说:“这不公平!”

陈氏教训女儿苦口婆心:“这世上不公平的事多了!作为女人,就得学会一个忍字,古训曰:小不忍,则乱大谋!这大谋对于女人来说就是贞节!”

葛兰英又提到,蔡蓉峰还克扣老乡的工资。

“那是皇帝宰相们管的事,你操什么心啊?我看你从小跟随你哥读书读多了。一个女流之辈,相夫教子,把自己的五个孩子管好就行了!”陈氏对葛兰英没好气地说。

葛兰英向母亲诉说着:“丈夫不管家,不管我和孩子们!他好几个月没拿钱回来,在上海,这日子怎么过呀!我只有帮有钱人家做湘绣衣物赚点钱补贴家用!”

陈氏听后大吃一惊:“你说什么?你在上海帮人做衣物?”

陈氏站起身踱步,想了半天,耐着性子劝女儿:“怎么说你也不能休夫呀!这要被别人戳脊梁骨的!……好了,你们先在我这里住段时间后还是回上海,不是我不留你,我不能看着你的家说散就散啊。从今以后,不准再提休夫二字了!”

葛兰英知道再说下去也得不到母亲的认同,便低头不语。她心里没有半点退让的想法,而是在盘算着。

蔡蓉峰带着艳红马不停蹄往老家赶,他怕夜长梦多,事情闹大了局面难以扭转。蜿蜒曲折的山路上,两顶轿子里分别坐着蔡蓉峰和他的小妾艳红。艳红没出过远门,一路都在抱怨。走进山里,别说楼房,就是草屋也不见几间,离城里越远,她的心里越沮丧。望着连绵不断的山峰,她满脸茫然。

两顶轿子在永丰镇街上招摇而过，背着背篓的乡民们驻足观望，好多人从家里出来，站在家门口看热闹，小孩子们穿着木屐跟在轿子后面跑着。

街两旁是卖辣酱、米粉、布匹等的各式店铺，木板房斑驳的墙面诉说着镇子的古老……蔡蓉峰神气地喊："到了，到了，停下！"

轿子停了下来。蔡蓉峰下了轿，又把艳红扶下轿，他指着蔡家老宅向艳红介绍道："这就是我家……不，是我们的家。"

艳红不满意的口气："就这破屋子呀？"

蔡蓉峰横了艳红一眼，指着附近的铺面继续说："这些都是我们家的铺面，现在都租给别人在做生意……我们坐收铺面钱！"艳红打量着铺面。

蔡蓉峰得意地对乡亲们说："我给大家介绍一下，这位是我在上海娶的二姨太！"

众人看着洋气十足的艳红，啧啧称赞她漂亮。一个伙计说："像洋人哩。"

艳红趾高气扬地说："阿拉是上海人！勿是洋人！"

蔡蓉峰感觉很有面子，拿出糖果："我给大伙带来了上海的洋糖果……来，大伙来我家尝尝！"蔡蓉峰领着艳红往院子里走，后面跟着几个伙计和看热闹的人。

院里有几头猪，乱叫着，树旁边系着一头牛。艳红捂住鼻子："哎呀，好臭！"

一只狗往前扑，对着蔡蓉峰和艳红狂吠，艳红吓得惊慌失措，左闪右避……像在跳舞。几只大鹅不怕人，脖子朝艳红扭过来，艳红躲闪不及，踩了一脚牛粪……

艳红冲着蔡蓉峰发脾气。众乡邻都在窃笑，租户忙出来赔不是："东家，真对不起，对不起……"

蔡蓉峰训斥道："我这院子租给你住，成了你的猪圈狗圈和牛栏了？"

蔡蓉峰好不容易回了永丰，葛兰英和孩子们却不住老屋，他不知如何是好，在屋里来回走动。

艳红边梳妆边说:“急什么呀,走来走去的。”

蔡蓉峰边走边自语:“在娘家……坏了……”

艳红看了看蔡蓉峰着急的样子,问:“你又怎么了?”

“这个女人,肯定会把我的事告诉她妈!”蔡蓉峰皱紧了眉头。

“告诉她妈又会把你怎样?别说乡下,就是在上海,我长这么大,也没听说过谁休夫的。她娘家还要不要名声了?她妈会管教她的。何况她带一群孩子回去,呆不长的。”艳红老于世故的样子。蔡蓉峰心里清楚,这事绝没有这么简单。

在娘家,葛兰英知道,她和孩子们不能这样长期住着。心烦意乱之时,葛兰英想到了好友黄婶,兴许她能给自己出个点子?

葛兰英来到黄婶家,将一双绣花鞋垫递给黄婶,说道:“这双鞋垫是我赶着绣起来的,送给你,向你赔不是,上次伤了你的面子。”葛兰英诚心道歉。

黄婶忙说:“都过去了。我们俩还计较什么。”

“不过,我确实不赞同你那样做。”不管黄婶爱不爱听,葛兰英再一次表明了自己的态度。见黄婶不语,葛兰英说:“唉,那你想听听我的事吗?”

黄婶这时反应倒很快:“想!你休夫的事在镇上都传开了,你还真敢!”

“有什么不敢的!我休了他又怎样!你说,男人能休女人,女人为什么不能休男人?”葛兰英轻描淡写地说。

黄婶说,女人得听从丈夫的,这是祖宗定下的规矩!

“祖宗定的规矩错了,就不兴改一改?”葛兰英说。

“话虽这么说,但乡亲们接受不了,都说这是大逆不道!”黄婶直话直说。

葛兰英问道:“你也这么想?”

黄婶说:“这事发生在别人身上也许我会这么想,但是我太了解你,你疾恶如仇,休夫肯定是有原因的。”

葛兰英颇感欣慰:“你能这样理解,我谢谢你!”

“理解归理解,可是我为你着急、替你担心啊!离开了男人,你和孩子们今后怎么办呢?总不能长期住在娘家吧?”黄婶没文化,但说事情总能说到点子上。

“我就是来找你商量的,你说,我在荷叶买房行不行?”葛兰英不想多费口舌,直接问道。

黄婶听了很赞同:“在荷叶镇买房?这倒是个好主意,不住娘家又和娘家挨着,相互有个照应。”

葛兰英接着说:“还有,孩子们去家馆读书也方便。不是说孟母三迁,择邻而居嘛。”

黄婶说:“你在荷叶镇安家,我们就可以经常走动了。对了,买房的事我倒可以帮你出主意,前些时,我的姨老表要卖房,价格出高了,一直没卖出去,我去打听打听,让他便宜点卖给你。”

葛兰英很高兴:“太好了!离这儿远吗?”

黄婶答道:“不远,十来里路,叫光甲堂,还附带几亩地呢。”

葛兰英央求道:“那就麻烦你尽快去一趟。”

黄婶满口答应。

葛兰英回到娘家,静等黄婶的消息。她在房里绣着花,有些心神不定,针脚走歪了,只得拆了重来。突然,她听到蔡庆熙在屋外大声喊道:“爸爸……爸爸回来了!”

又传来蔡蓉峰的声音:“妈,蓉峰来拜见您了!”

葛兰英听见母亲在说:“蓉峰!快坐快坐,哎哟,几年不见,长胖了,发福了。”

葛兰英放下手上的针线,仍坐在房内没动。

蔡蓉峰和陈氏打过招呼,示意下人把礼物搬进门。蔡蓉峰满脸堆笑地说:“妈,这是我从上海带回的丝绸、布匹、糖果点心,孝敬您老的,在上海,我时常惦记着您和哥哥一大家子啊!”

陈氏脸上露出笑容:“花这么多钱买东西干什么？养五个孩子不容易，过日子还是要节俭。”

“您说的是,我听您的！”蔡蓉峰顺从地说。

陈氏请蔡蓉峰到堂屋去坐,两人说着话。蔡蓉峰说:“妈,我来接兰英和孩子们回永丰,轿子还在外面等着呢。一路碰见好多乡亲,他们认识我,我大声告诉他们,我是来接老婆孩子的。”

陈氏心里很受用，脸上却不露声色：“你说来接兰英和孩子们回永丰？”

“是的。我辞了官,再不去上海了,今天就是来接他们回永丰的。”蔡蓉峰故作轻描淡写地说。

“你的官差不干了？”陈氏惊讶地问。

“不干了。一大家人,老在外漂泊,不是长久之计。”蔡蓉峰很老练,尽量说些老人喜欢听的话。

“蓉峰呀,我把话挑明了说吧,你们在上海把一个家搞成这个样子,都有错。兰英写休书更不对。看在你们爸爸的份上,我劝兰英跟你回家！”陈氏表明了自己的态度。

蔡蓉峰心里松了一口气,感激地说:“谢谢妈妈！”

“兰英还在气头上,你要理解。这样吧,让她在我这儿再住些日子,我慢慢劝说她……”陈氏的安排滴水不漏,显出大家长的风范,她不容蔡蓉峰多说,要他也在葛家住下,过几天再提回家的事。

蔡蓉峰正为难间,蔡家下人气喘吁吁跑过来:“老爷,不好了,马车夫来报信,二奶奶拎着箱子走了,说要回上海去！”

蔡蓉峰惊慌失措,忙跑出去,坐在轿子里,望着前方屏障一般连绵不断的山岭,预感到他和艳红将从此隔绝,他不断催促轿夫快点跑。

窄窄的山路蜿蜒在长满青草的山冈上,山冈下,是弯弯的湄水河,河两岸散落着吊脚楼,河流里,一艘木船劈波斩浪,顺流前行。

蔡蓉峰下了轿子,在山路上狂奔,轿夫抬着空轿子在后面追。

蔡蓉峰边跑边喊:"艳红——"

艳红站在船头,眺望远处的大山,听到喊声,她扭头望过去,见蔡蓉峰正在小路上奔跑。艳红呆了片刻,朝岸边挥了挥手……

蔡蓉峰看到站在船头的艳红。船离他越来越远,渐渐隐去……蔡蓉峰放声大喊:"艳红,你怎么走了?艳红,你回来吧!"

喊声在大山里回荡……

蔡蓉峰一屁股坐在地上,双手抱着头,许久不动。轿夫过来,把蔡蓉峰扶进轿子。

葛府,陈氏对蔡和森说:"和子,你爸爸回来了,你怎么不喊你爸爸呀?"

蔡和森把头一偏:"我不喊他!就是他,害得顺伢子他们笑我被人从上海撵回来了。妈妈不是把他休了吗?我没这个爸爸了!"

陈氏转向葛兰英:"听听!这就是你任性的结果!把孩子都教坏了!"

蔡和森望望外婆、又望望母亲,突然一转身跑出大门。葛兰英一愣,边追边喊:"和子,你到哪里去?你回来!"

蔡和森穿着木屐鞋,踏在青石板上"啪嗒、啪嗒"直响,他在前面跑,葛兰英在后面追着。蔡和森回头看了一下,突然站住了,他看见母亲迈着小脚艰难地跑着,弯着腰,很吃力的样子,他赶紧往回跑,扶住母亲。

葛兰英怜爱地看着儿子:"和子,跟妈回家吧!"

蔡和森抬头,眼里满是幽怨:"回家?我们的家在哪里?"

葛兰英不假思索:"外婆家就是我们的家啊!"

"可是外婆对您不好!"蔡和森看着地下。

"外婆是刀子嘴豆腐心,她有她的想法。"葛兰英知道,好些道理跟一个小孩子说不清楚,只能就事说事,便接着说:"不管你喜不喜欢你爸爸,但不能不认你爸爸,这是起码的孝道。"

小小的蔡和森,心里有数得很:"妈,是爸爸不好,他让您吃了那么多苦,我们不提他好吗?"

“好，我们不提他！和子，开心一点！你一直想去富厚堂的，要不，我带你去转转！”见儿子这么早慧、懂事，葛兰英似乎忘了忧愁。

蔡和森脸上露出笑容：“好！我们去富厚堂！”

葛兰英领着蔡和森到了曾国藩府富厚堂。富厚堂古朴庄重，府内有山有水，树木参天，楼房青砖青瓦，飞檐重叠，后山的楼阁和庭院荷花池中的亭台相映成趣。

蔡和森说：“曾家跟我想象中有点不一样，我以为到处会是金光闪闪的哩。”

葛兰英接过话：“曾老爷子的八德家训，首要的两个字便是勤、俭。”

母子俩沿着长廊及庭院中的花岗岩小石路四处观看。富厚堂求阙斋门上贴着一副对联：不为圣贤，便为禽兽；莫问收获，但问耕耘。藏书楼让蔡和森羡慕不已，他对妈妈说，自己长大了也要读这么多书！

葛兰英很是欣慰：“听你这样说，我没白带你来这儿。和子，我们就搬到这附近来住好不好？”

蔡和森立刻答道：“好！”

垂头丧气的蔡蓉峰回到葛府，小老婆跑了，他不能再失去老婆孩子啊！他心里没了牵挂，下决心接老婆孩子回永丰。

陈氏见时机已到，吩咐厨子备下鸡鸭鱼肉办一桌家宴。

葛兰英走进大门时，听见母亲正在对蔡蓉峰说：“那女人跑了，你就安心过日子吧！还是老婆孩子靠得住啊！蓉峰，你要和兰英一条心，一起把五个孩子养大成人！今天跟兰英认个错，让她跟你回去。”

蔡蓉峰点点头。

陈氏看见葛兰英和蔡和森回来了，把他们喊进堂屋：“你娘俩跑哪去了？和子，快喊一声爸爸！”

蔡和森不做声，抬头看葛兰英，葛兰英朝他努努嘴。蔡和森也不看蔡蓉峰，用很小的声音喊了一声：“爸爸！”

蔡蓉峰赶忙答应了一声。

陈氏笑着对蔡和森说:“和子,你出去玩,我和你爸爸妈妈谈点正事。”蔡和森看了看桌子,转身走出门。

条桌上,点着香烛,供奉着水果、点心。

陈氏对蔡蓉峰说:“你是大男人,你先说吧。”

蔡蓉峰小心翼翼地对葛兰英说:“兰英,我错了,我和那个上海女人的事了了,你跟我回去,以后我保证好好照顾家里,好好对待你和孩子,好好过日子。”

葛兰英倔强地一扭头:“你这话谁信,我不回去!”

陈氏厉声道:“兰英,你别犟了!你要休夫,不是你说了算。你们再在我这儿吵吵闹闹,怎么对得起你们的父亲!跪下!都跪下!向你们的父亲磕头请罪!”

葛兰英和蔡蓉峰双双跪下,磕了三个头。

陈氏痛心疾首地说:“你们都是将门之后!你俩的姻缘凝聚着你们父辈的血泪和希望呀!”陈氏用手帕擦了擦眼角接着说:“你们如此胡闹,弃蔡葛两家的名声于不顾,如何告慰你们先父的在天之灵?!我百年之后,如何有脸去天堂与他们相见哟!……”

葛兰英在一旁低头抹泪。

蔡蓉峰跪在陈氏面前:“妈,女婿不肖,我对不起爸……对不起您,让您操心了!”

“如果你们眼里还有我这个母亲,今天,就听我的。兰英,你跟蓉峰回家去,好好相夫教子!蓉峰,我们不计前嫌,你好好收收心,回去后把家里大小事管好,一家人和和睦睦过日子!”陈氏很坚决地说。

葛兰英知道再拗下去肯定会跟母亲闹僵,她说出自己的想法:“一起过日子可以,但我不想回永丰,我想把荷叶镇的光甲堂及附近几亩耕地买下来,我们就在这边安家。”

葛兰英看着母亲的表情。

“蓉峰,兰英答应跟你过,她买房的想法,你觉得如何?”陈氏见女儿答应跟蔡蓉峰回家，放下心来，买房嘛，肯定由他们夫妻商量着办。

蔡蓉峰沉吟半天，他考虑的是钱。

“我盘算过，老屋保留着，把永丰的铺面、田地卖掉就够了。”葛兰英早就算过账了。

“唉！……你们俩又是‘休夫’，又是小老婆出逃的，闹得满镇子沸沸扬扬，换个住处，也是个新的开端，我看可以！”陈氏赞同他们换个住处。

“那就这样定了，我尽快去办。”蔡蓉峰求和心切，答应得很爽快。

“好，一切从头开始！我去厨房看看，让他们加两个菜，大家好好吃顿团圆饭！”陈氏脸上露出欣慰的笑容。

搬家那天，陈氏起了个大早，吩咐厨子做了一大锅辣子面，全家人热热闹闹吃了早饭。

陈氏望着葛兰英齐齐整整的一家人，心里的石头落了地，她把女儿拉进里屋，关好门，从柜子里拿出一个包裹交给葛兰英。

葛兰英打开，是一个大首饰盒，里面装着各式金银珠宝。

葛兰英吃惊地看着母亲：“妈，我这是第一次见到您的这些宝贝！”

陈氏微笑着：“看你大惊小怪的！告诉你，这是你的！你悄悄拿回去吧，别叫蓉峰知道了。”

葛兰英连连推辞：“不，不，我不要！我不能要！”

陈氏依然笑着：“为什么不能要？这是妈用你爸的抚恤金买的，以后妈身体一天不如一天，帮不了你什么，这个你就拿去吧。”

葛兰英急了：“这是您养老的财物啊，我不能要！”

陈氏语重心长地说：“你别推辞了！你可以不要，可是你的孩子们需要啊！这是妈专门留给你培养孩子们用的！别看妈对你狠，妈心里明白着呢！你从小聪慧果敢，志存高远，如果是个男子，必成大器，唉，可惜呀，身为女子，求学做官无门，还嫁了那样一个不中用的男人。妈拼命让你和蔡蓉峰和好，不为别的，是为了你那几个孩子啊！”

“都怨我和蓉峰不争气。”

“也怨我。”

“怨您？”

“怨我无法为你做主离开那个男人。女人就怕上错花轿嫁错郎，这话没错。”

“这是女人的悲哀，所有的女人都好像活在一个笼子里，如同笼中之鸟，欲飞不能！”

“兰英，别想那么多了，几千年来都是如此，谁也改变不了。你哥一心向佛，与世无争，他很同情你这个妹妹，支持我把这些首饰给你。你呢，最大的安慰和希望就是孩子，你心里的梦想就寄托在孩子们身上吧……”陈氏再三叮咛女儿，“蓉峰是指望不上了，拿着这些首饰，好生培养你的孩子！……”

葛兰英哽咽着说：“妈，谢谢您！首饰还是先放在娘家，急用时我再来拿……”陈氏只好点头同意。

陈氏感觉头有点晕晕的，便在太师椅上坐着，本想对葛兰英多说几句话的，也没劲了。葛兰英看了母亲一眼，突然发觉母亲一下衰老了好多，一阵酸楚涌上心头，那一刻，她觉得欠母亲太多太多，反过头来，她更体会到，孩子只有在母亲的怀抱才是最有安全感的。陈氏拉着兰英的手，两人不说一句话，却比任何时候都心意相通。

葛兰英依依不舍走出娘家桂林堂的大门，身后传来木鱼声声，她知道那是母亲在佛堂念经祈祷。葛兰英想，人往高处走，水往低处流，自己培养好儿女，就是对母亲最好的报答。

第三章　缠脚风波

光甲堂的房屋虽很旧，但屋前不远处有两口水塘，葛兰英看着就喜欢。到光甲堂不久，葛兰英怀孕了，这天，她要和森把黄婶叫到家里来，黄婶进屋后急切地问："兰英姐，你要和森去找我，我还以为你要生了哩。有什么事？"

葛兰英把黄婶拉到一边，低声地告诉她，要带她去见一个人。黄婶抢着说："是玉姑吧？！我听说她回乡了，她婆家在请客。可是，我去合适吗？我一个寡妇家的，去那热闹的场合干吗？"

"你去见识一下吧。有你陪着，我们家那位才放心让我去。"葛兰英想得很周全。

蔡蓉峰在一旁皱了皱眉头。葛兰英知道蔡蓉峰平时反对她和玉姑交往，便笑眯眯地对他说："好久没见到玉姑了，她这次回婆家呆的时间短，我去看看她。"

蔡蓉峰知道王家的媳妇玉姑能文能武，可是觉得她不把大老爷们放在眼里，对她没好印象。蔡蓉峰见葛兰英搬出了黄婶，只得默许她们前往王府。

一辆马车在王府大门口停下，葛兰英和黄婶从车上下来。进门前，葛兰英向黄婶介绍，玉姑的丈夫王廷钧要赴京任户部主事，玉姑将随他前往……

这天阳光灿烂，王府内花木葱茏，庭院里摆着圆桌，众宾客或站或坐高谈阔论。王廷钧和玉姑穿梭在人群间，和大家一一打招呼。寒暄过后，玉姑令丫环端来笔墨纸砚，大声说："各位亲友，今天我很高兴，写一首诗，聊表心意，见笑了！"

众人表情各异。

玉姑朝人群中的葛兰英微笑点头，挥毫写下："幽燕烽火几时收，闻道中洋战未休；膝室空怀忧国恨，谁将巾帼易兜鍪。"

人群中有人叫好，葛兰英兴奋地看着玉姑，玉姑的脸色还是那么苍白，身形消瘦了不少，却愈发显得挺拔。

黄婶连连摇头，自言自语地说："王家少奶奶太爱出风头了，女人怎么可以这样？"有女宾客点头附和，葛兰英拉了一下黄婶的衣服，不让她说下去。

众人回到各自的位置坐下，玉姑走到葛兰英和黄婶跟前。葛兰英赞赏道："玉姑，你这首诗写得很大气，真是巾帼不让须眉啊。"

玉姑笑着说："兰英姐，你过奖了。"

玉姑看着黄婶："这位大姐我还是第一次见到哩。"

黄婶有点拘束，葛兰英忙说："玉姑，我来介绍一下，她是我的好友，就是我经常跟你说起过的黄婶。"

"哦，我有印象，路口的贞节牌坊是为她奶奶立的吧？"

"是！是！"

"哦，那请这边坐！"

玉姑把葛兰英和黄婶领到一张桌子前，请黄婶坐上座。黄婶连忙往旁边退："使不得！使不得！从小到大，我都不上桌子吃饭的！"

玉姑不以为然："黄婶，那都是老皇历了，你呀，要接受一点新思想，慢慢改变一下。"

黄婶有点惶惑："改？改什么？怎么改？"

玉姑指着桌子说："就从这吃饭开始改啊。"

黄婶说："你要我坐这里，我反倒不自在，让人说闲话划不来。"

葛兰英拉了拉黄婶："就是吃一顿饭而已，来，我陪你坐着，看谁把我们怎样？你看，玉姑写得一首好字和好诗，还会舞剑，哪一点比男人差？我们为什么要在男人面前缩头缩脑的？"

玉姑笑着对葛兰英说:“兰英姐真是性情中人,所以,在荷叶镇,我最佩服的女人就是你……”

黄婶脸色很难看,说了句:“我不识字,粗人一个,家里还有事,我先走了。”说完转身离去。

葛兰英十分尴尬,对玉姑说:“你别计较,她就是有些古怪。”

玉姑苦笑着:“唉,我不计较,只是她深陷火坑而不知,让我揪心。她自己不觉醒,谁也救不了她!”

玉姑请葛兰英坐下吃饭,两人都有点心不在焉,同时放下筷子。玉姑站起身,对葛兰英说:“这里不是说话的地方,我们去花园走走吧。”

葛兰英随玉姑走到花园,两人边赏花,边交谈。

玉姑说:“你休夫一事,我一回到荷叶镇就听说了,真佩服你!”

葛兰英有点不好意思地说:“休夫也是被逼无奈。”

玉姑问葛兰英为何休夫。“我男人坐吃山空,没出息,又不管家,到了上海,花花世界勾了他的魂,抽大烟,还娶妾,我是迫不得已而为之。”葛兰英轻描淡写地说。

玉姑赞叹不已:“有胆识……不容易!我支持你!从古到今,都是男人休妻,哪有女人敢休夫啊?你这是用行动在追求男女平等!”

葛兰英感慨万端:“我就是要敲打他一下,这不,我要休他,他急了,同意到荷叶镇来安家,现在人也勤快多了。”

玉姑说:“这就是抗争的结果,我早说过,我们女人只有抗争才有出路!”

“抗争?”葛兰英不解。

玉姑加重语气说:“对,抗争!必须砸烂那些旧礼法,男女才能平等!”

“男女平等?男女真能平等吗?”葛兰英有点疑惑。

玉姑沉思片刻后,凝重地说:“这就要靠我们女界的觉醒了……”

葛兰英不解地盯着玉姑看了一会,说道:“嗯,你的诗词里饱含着忧思,我从你脸上看到了郁郁寡欢的神情。”

玉姑点头:“知我者,兰英姐也!我虽然胸怀报国志,但自己却深陷束缚不能自拔!我那夫君虽饱读诗书,但却安于现状、胸无大志,与我志趣相左,所以,我内心异常苦痛。我常想,要摆脱这些痛苦,还得抗争!”

两人走到一棵枫树下仰望一树红叶。

玉姑最爱枫叶了,这红叶真是胜于二月花,当别的叶儿花儿经秋枯落时,她偏偏红得艳丽。她耐得住风霜交加,经得起秋之摧残,战寒风而不怯,披严霜而愈丽,显露出无畏无惧的神采。玉姑说,人生苦短,生命就是要像枫叶一样。

葛兰英也喜欢枫叶,喜爱她红红火火像霞光、像火焰。她真诚地说道:“我即将是六个孩子的母亲了,家里包袱太重,不然,我真想和你一起变成一片枫叶。”

“我能理解,不过,我对你寄予了很大希望,相信你就是咱荷叶镇的一朵莲花、一片枫叶,给死气沉沉的山村带来一点活力。”

葛兰英受到夸赞并没有喜形于色,她谦虚地说:“你这么高看我,我好惭愧,我做不了什么大事,但会尽力朝着你希望的去培养孩子、帮助同伴。”

玉姑说:“这两样事做好了将是惊天动地的大事啊!你想想,要是你我、还有黄婶这样的女子都觉醒过来,世界会发生多么大的变化!”

葛兰英感觉和玉姑有说不完的话:“你知道吗?我希望肚里的孩子是个妹子。”

“哦?我是第一次听人说盼着生个妹子。”

葛兰英解释道:“因为她在娘肚子里就听你讲课,长大后一定会成为你这样的人。”

葛兰英和玉姑都开心地笑了起来。

蔡蓉峰在集市上悠闲地逛着,算命先生喊住他:“老爷,我为你算算吧,很准呢,不准不要钱!”

蔡蓉峰犹豫了一下,蹲下身子,把左手伸给算命先生。算命先生仔细看了看,煞有介事地说起来,旁边渐渐围了一些看热闹的人。

算命先生问:“你有五个子女对不对?”

蔡蓉峰一听来了精神:“对对对!”

算命先生眉头紧皱:“可是你命里应该有六个的,莫不是……”

蔡蓉峰连连称奇,说:“实话实说,我老婆马上要生了。你帮我看看,是生男还是生女。”

算命先生握住蔡蓉峰的手看了半天笑道:“这条线虚虚实实,还真看不准,我看过无数手相,像这样的还是第一次见到。”

蔡蓉峰颇感好奇:“你就帮着看看嘛,我请你喝酒。”

算命先生摇头:“喝酒是小事,这里面,天机不可泄露啊!不然,我要折寿的!”

“别说得那么严重,你就透露一二吧。”蔡蓉峰央求道。

算命先生慢条斯理地说:“这个孩子,多半是个女孩。”

蔡蓉峰一脸沮丧:“唉,又是个赔钱的货。”

算命先生郑重其事地说:“可她女生男相,虽是苦命,但富贵在后……”

蔡蓉峰脸上阴转晴,付了钱喜滋滋地站起身,正好看见黄婶。蔡蓉峰朝黄婶喊:“你听见了吗?是个好兆头啊!哎,兰英和你一起去王家的,她人呢?”

黄婶不理蔡蓉峰,自顾走了,蔡蓉峰追在她后面喊。黄婶没好气地说:“你问我?你自己去看吧!她跟玉姑打得火热呢!什么女生男相,你以为就那么好啊?那个玉姑还真是女生男相哩,我特别看不惯她!”

蔡蓉峰问道:“是吗?你那么讨厌她?”

黄婶数落开来:“当着那么多宾客的面,她上蹿下跳的,会写几个字就显摆,那字写出来能当饭吃?”

蔡蓉峰笑了:“你说的是,女人嘛,无才便是德,会做家务就行了。”

黄婶说:“所以我劝你快去把你老婆接回来,当心她中了蛊,越来越不听你的话。”

葛兰英从王家出来,一个人慢慢走着,一脸陶醉的表情,蔡蓉峰快走到她跟前了她才发现。蔡蓉峰故意问道："想什么呢，这么高兴？"

葛兰英实话实说："我还在想玉姑说的话哩，还有她写的那首诗，真是写得好，我背给你听……"

蔡蓉峰不耐烦地打断："得了，得了，我不听那无用的东西！"

葛兰英愣住了："你怎么这样？"

蔡蓉峰板着脸："告诉你，你少跟那个玉姑在一起，她的话听不得的。"

葛兰英不高兴了："你就是怕我和她在一起！她的话怎么听不得了？那都是实实在在的道理啊！"

"好了，好了。你怀着孩子，我不惹你生气。告诉你，我算了命，这次，你肯定生个妹子！"蔡蓉峰一看势头不对，及时转移话题。

葛兰英一听很高兴："真的？我就想生个妹子！"

"哇——"光甲堂响起婴儿的啼哭声，蔡蓉峰喜上眉梢。

接生婆出来报喜："恭喜！是个千金小姐。母女平安！"蔡蓉峰迫不及待地进了屋。

葛兰英看着孩子，笑呵呵地对蔡蓉峰说："你看，好可爱的孩子，头发浓密乌黑，真是个毛妹子。"

"那就叫她毛妹子好了。当然，我早替她起了个大名——蔡咸熙。"蔡蓉峰其实是非常重男轻女的，好在算命先生说在前头，他对家里添个女孩有心理准备，所以没有显出特别的不高兴。

日子像涓水一样悄悄流过，在光甲堂，一转眼，毛妹子四岁多了。蔡麟仙守着家门口的杂货店，蔡林蒸认真地跟哥哥学打算盘、记账，其他几个孩子有空都去帮忙。

毛妹子在家门口背童谣："张打铁，李打铁，打把剪刀送姐姐，姐姐留我歇，我不歇，我要回去学打铁！"

葛兰英坐在门前纺线，蔡庆熙在剁猪草。

"妈，我去舅舅家的家馆练字。"蔡和森手里拿着毛笔从屋里出来。

"和哥，我也要跟你去读书，跟你去写字！"毛妹子跟在和森后面。

“妹子,你还小。”蔡和森对毛妹子说。

“我不小了,妈妈说,你像我这么大的时候会背《三字经》、《千字文》、《百家姓》……”毛妹子口齿伶俐。

在一旁纺线的葛兰英说:“和子,带你妹妹去。”

蔡蓉峰从屋里出来恼怒道:“一个细妹子读什么书呀?在家呆着。”他觉得,女孩子长大要嫁人的,读书有什么用!

“女孩子怎么了?现在男女平等是最时兴的潮流!”葛兰英不服气了。蔡庆熙在旁边对蔡和森做着快走的手势。蔡和森很快明白过来,忙牵着毛妹子离去。

“哼!就记得读书,该操的心不操,毛妹子那丫头片子跑得那么欢,再过些日子该给她包脚了!”蔡蓉峰没好气地说。

蔡麟仙坐在杂货铺柜台后费劲地咳嗽着。

天阴沉沉的,树上老鸹“呱呱”叫个不停,蔡林蒸捡起石块朝树上扔去,老鸹飞走了。

不顺的事接二连三地在蔡家发生。

十一岁的蔡顺熙在杂货铺搬麻袋时,从楼梯上摔下,小命不保。蔡麟仙受到惊吓,病情加重,成天躺卧床上。

葛兰英做梦都想让孩子们都去学堂念书,可是顺熙却没等到那一天,强烈的自责感让葛兰英伤心欲绝!她自言自语地说:“老天爷呀,你为什么对我的孩子这么残忍?为什么啊,我不顾一切为了孩子,却还是保护不了自己的孩子……”

庆熙劝母亲不要这样责怪自己,这一切不是母亲的错。但到底是谁的错?她也想不出个头绪,唉,这就是大人常说的“命”吧?

蔡蓉峰爱钱,却懒得去赚钱,有空就去打牌,不时琢磨点事做做,以显示他是一家之主。

这头一桩事就是请了几个木工、瓦工来家里改装大门。

蔡林蒸疑惑地问他爸,这门好好的,怎么把它移了位置?

蔡蓉峰闷声闷气地说:“你不懂!这里风水朝向肯定有问题,不然,你妹子不会死。”

葛兰英不以为然,她认为顺熙的死纯属意外,怪只怪家里穷,那么小的孩子都要帮着家里做事……

蔡蓉峰恼怒地说:“你知道个屁,这门不改向,将来还有祸患!”

蔡蓉峰忙的另一桩事,就是张罗着替毛妹子包脚。

本来,这事该由做母亲的操办才是,可是,葛兰英受够了小脚给她的身心带来的痛苦,做梦都想像男人那样大踏步地走路,所以,一直没主动提起替毛妹子包脚一事。

对这个小女儿,葛兰英是寄予了很大希望的,她要送女儿去学堂读书,要让她出去见世面,总之,自己没法实现的心愿,一定要女儿替她实现,女儿像自己这样拖着一双小脚是万万不能的。但是,葛兰英深感压力,女儿不包脚,会被人笑话,连带着做父母的都要被人指责。葛兰英左思右想,觉得只有先拖着。

蔡蓉峰好像看出葛兰英的心思,他亲自张罗起替女儿包脚的事来。葛兰英没法拖了。

蔡蓉峰担心自家人狠不下心,特意请来王妈帮忙。那天,在光甲堂蔡家,蔡蓉峰领着葛兰英、蔡庆熙给神仙供香,蔡蓉峰嘴里念念有词:“列祖列宗,小女毛妹子,按祖辈流传习俗,今天开始包脚,求小脚娘娘保佑小女包脚顺利。”

王妈在一旁清理物品,小桌上摆放着六条长约十二尺、宽三寸的蓝色缠脚布,还有小剪刀、剃刀、针、明矾等。

毛妹子坐在凳子上,一双脚泡在木盆里,好奇地看着忙碌的大人……她天真地问蔡庆熙:“姐,和哥不包脚,为什么我要包脚呢?”

“和子是男孩子嘛。傻妹子,男人都不包脚。”蔡庆熙笑了。

毛妹子还是不明白:“为什么嘛?”

蔡庆熙答道,男孩子要干活,还要靠一双大脚走天下。

毛妹子来劲了："我长大了也要走天下，我不包脚！"

王妈说："女孩子都是在家守着的，不包脚，长大了嫁不了好人家。还有，小脚美呀，走起路来，步步生莲花，所以叫金莲，三寸金莲！"王妈边说边把毛妹子按在椅子上……葛兰英没有上前，她心情复杂地在一旁看着。

王妈使劲拉扯毛妹子的大脚趾以外的四个脚趾，然后将四趾往脚底方向弯折。毛妹子疼痛难忍哇哇乱叫起来："哎呀，妈，疼死我了！我不包脚了，我不包了！"

王妈安慰道："毛妹子，不包不行的，听话！忍忍就过去了，我们都是这样过来的。"

葛兰英不忍心看，背过身去，往事一幕幕浮现在眼前：

五岁的葛兰英在葛府包脚，佣人将她的四个脚趾连同前脚掌一起往脚底方向弯折、再弯折，她当时也是像毛妹子这样撕心裂肺地哭喊着，母亲陈氏在一旁劝着，兰英呀，忍一忍，妹子家不裹脚，长大了找不到婆家啊！小兰英不听，拼命挣扎着踢翻了脚盆，大声惨叫："妈呀……快来救救我呀！"

小兰英的惨叫声转为毛妹子的哭叫声。

葛兰英的眼睛里溢满了泪水，她强忍着没理会毛妹子，还沉浸在回忆中：

她到学堂玩，男孩子们嘲笑她的小脚；

她背着药篓上山采草药，一双小脚在山路上走不稳，摔倒在山坡上；

在河边码头，她跑不动，眼睁睁看着船开走……

葛兰英想起玉姑和玉姑的"半大脚"，玉姑对她说，她的半大脚，是包到一半时自己说服父母放的。玉姑笑着对她说："看我多自在！"

葛兰英仿佛看到玉姑轻巧地跳上石头，还看到她牵着马大步跑着，随后骑上马飞驰远去……

毛妹子不停地哭喊："我疼得要命，不包不包，我坚决不包！"

蔡蓉峰从房里出来，骂道："杀猪呢？叫什么！缠脚是祖宗定下的规矩，你想反祖宗？！"

毛妹子仍然哭喊着："我疼……我不包脚了！我要像和哥一样，不包脚！"

蔡蓉峰大吼一声："由不得你，包！"

王妈继续给毛妹子包脚。

毛妹子哭喊着："妈！妈你救救我呀！"

葛兰英扭过头去，不忍看到毛妹子痛苦的样子。毛妹子不停地哭喊，突然，她挣扎着踢翻了脚盆，扑入了葛兰英的怀抱。

地上一片狼藉，裹脚布泡在水中。

蔡蓉峰气愤地吼叫："你人小胆子还不小哩，今天，老子非给点颜色你看看不可！"

蔡蓉峰一巴掌打向毛妹子，葛兰英用手一拦，蔡蓉峰的巴掌打在葛兰英的手臂上。蔡蓉峰又举起包脚用的尺子朝毛妹子打去。

葛兰英用身体保护着小女儿，对她说："毛妹子……快跑！"

毛妹子光着脚跑出门去。

蔡蓉峰准备追赶，被蔡庆熙死死地抱住。蔡蓉峰大怒，朝葛兰英吼道："你……你怎么能这么护着她？！"

"因为我知道，包脚太痛苦了！"葛兰英跷起一只脚。

"再痛苦也得包！"蔡蓉峰可不管女儿痛不痛苦。

"这痛苦不是一阵子，而是一辈子呀！像我这样，一辈子爬山不行，下地难受，行走无力，我看……不包也罢！"

"你……"蔡蓉峰气得无言以对。

蔡和森出门追上毛妹子，毛妹子光着脚在青石板路上跑，蔡和森把自己的木屐鞋给毛妹子穿上，毛妹子趿着哥哥的大鞋子，"啪嗒啪嗒"声急促又响亮。

"和哥，你带我上哪去嘛？"毛妹子焦急地问道。

"你光着脚，能去哪儿呢？找地方躲一躲，吓一吓爸爸，天黑前就回家。"蔡和森说话的语气像个大人。

蔡和森眼前浮现父亲蔡蓉峰凶神恶煞般的模样，想象着父亲着急的样子，心里有一种报复后的快感。可是，毕竟他还是孩子，还是害怕惹事。顺熙走后，父亲的腰开始佝偻了，他几次看见麟仙咳得厉害时父亲在一旁发呆。唉，再不能给家里添乱啊！想到这里，他灵机一动，带着毛妹子往山上跑去。

蔡蓉峰只当毛妹子躲在屋后，他要庆熙把她抓回来继续包脚，可是庆熙房前屋后找遍了，没发现毛妹子。

蔡蓉峰亲自出门，去几个邻居家问了问，都说没看见毛妹子，望着远处的莽莽大山，他心里发怵，开始后悔自己态度太粗暴了。

蔡林蒸注意到和子是跟在毛妹子后面而去的，他心里有底了，劝大家不要慌张。

蔡和森背着毛妹子走在山路上。毛妹子担心哥哥走不动，要下来自己走。

“不行，你脚上划开了好多口子。”蔡和森站住，把背上的毛妹子往上兜了一下。

“我不痛！就这样，比包脚不知要好多少呢！”毛妹子想从哥哥背上下来。

“我带你去一个地方，林蒸哥带我去过的。”蔡和森迈开步子往前走。

“那太好了，只要不回家！”

蔡和森对毛妹子讲道理：“家，肯定是要回的。爸爸、妈妈找不到我们，不知会急成什么样呢！特别是妈妈，成天为我们操劳，不能让她着急啊！”

说起妈妈，毛妹子挣扎着从蔡和森背上下来，她说：“妈妈，我想妈妈了。可是我不想回去！回去后爸爸要打我，还会逼着我包脚。”毛妹子急得要哭了。

“听我的，照我说的去做，你回去后保管不会挨打。至于不想包脚嘛，我们回去求妈妈。好不好？”

毛妹子觉得照哥哥说的去做不会错。

午后，蔡家堂屋地上堆了一大堆罗汉果。蔡和森带着毛妹子回家了。蔡蓉峰责备毛妹子道："你这个毛丫头，性子这么烈，看把大家都折腾成什么样了！"

毛妹子小声说："爸爸，我错了！"

蔡蓉峰看着毛妹子沾满泥土的赤脚说道："好，看在你给麟仙摘了这么多罗汉果，今天就饶了你！以后，不许这样！"

第二天清早，蔡蓉峰喊毛妹子起来包脚，庆熙出来告诉他：毛妹子的脚划伤了，肿得像胖头鱼，她一直在发烧，半夜还说了胡话。

蔡蓉峰一听，着急得不得了。有了麟仙的前车之鉴，他最害怕孩子们生病。葛兰英二话不说，让蔡蓉峰赶快去请郎中。

蔡蓉峰心急火燎地请来郎中，郎中为毛妹子号完脉，又看了看她的咽喉，对蔡蓉峰和葛兰英说，孩子咽部红肿，影响呼吸，都是脚上的伤口引起的。他先开服药，嘱咐道，孩子吃了不见好转马上来找他，这高烧再不退，恐怕会引起抽搐、惊厥，耽误不得。

一家人看着昏睡的毛妹子，心疼得不得了，又无能为力。

半夜里，毛妹子果然抽搐了几下，一直守在床边的葛兰英慌忙去叫蔡蓉峰，蔡蓉峰手持灯笼去请郎中。

郎中来后，给毛妹子扎了针灸，毛妹子呼吸渐渐平稳。葛兰英舒了一口气："谢谢先生！"

郎中说："我换一个方子试试。这服药很贵的，每天一剂，要连吃十天。"

郎中走后，蔡蓉峰拿着药单发呆："这药这么贵……"

"再贵也要去抓回来，救孩子的命要紧！"葛兰英没有商量的余地。

毛妹子睁开眼睛，伸出手虚弱地摆了摆。蔡蓉峰和葛兰英见状回自己屋里。"可哪来的钱呢？"蔡蓉峰看着葛兰英的脸色小心问道。

"除了种菜种豆的那块地，屋后不是有几亩地吗？"

蔡蓉峰一怔："卖地？！"

"对！卖地救孩子！"

“可那块地——”

“你舍不得卖？”

“不是……”蔡蓉峰低头避开葛兰英的眼睛。

葛兰英坚决地说：“事到如今，不卖也得卖，留得青山在，不怕没柴烧！”

蔡蓉峰心虚地说：“可那块地早已不姓蔡了。”

“什么？！”葛兰英一惊。

“为还赌债——”蔡蓉峰知道瞒不住了。

葛兰英大声斥责道：“蔡——蓉——峰呀！你真是一个不可救药的败家子呀！”

“小声点……小声点！吵着孩子们了……”

葛兰英更大声地说：“你还怕吵了孩子们？我不怕！让孩子们都来看看，看看你是一个什么样的父亲！”

葛兰英叫喊着，她用力推开了卧室门，却惊呆了！

卧室门外，毛妹子跪在门口，她哭着喊道：“妈……爸……”

庆熙、林蒸、和森也跪下一起喊：“爸爸……妈妈！……”

麟仙也一路咳着拖着步子走过来。

葛兰英和蔡蓉峰见状，惊得目瞪口呆。

毛妹子哭着说：“妈……爸，你们别吵了！都怪我不听话，让你们着急了！你们看，我这不是能走动了？就不要再抓药了！”

葛兰英噙着眼泪说：“毛妹子，你不要这么说，妈对不起你！孩子们，是妈妈对不起你们呀！毛妹子的病耽误不得，妈这就去想办法！”

葛兰英说着，冲出了大门。孩子们惊呼：“妈……妈妈！”蔡庆熙追出去，看了看天，又回屋拿了一个斗笠。

屋外下着小雨，葛兰英在泥泞中艰难地走着。蔡庆熙拿着斗笠边追边喊：“妈妈！……”

葛兰英停下脚步，对赶上来的女儿说：“庆熙，你都看见了，这就是我们的家……没法过下去了！”

“妈妈，别急，您不是常说，车到山前必有路吗？”蔡庆熙把斗笠戴在母亲头上，安慰道。

“路在何方呀？……我只有去你外婆家求助了。你快回家，照顾好妹妹……”葛兰英说完转身便走。

蔡庆熙目送着母亲的背影，流下了眼泪……

葛府佛堂传出的木鱼声，在雨中显得十分清脆，萦绕在葛兰英的记忆中，久久挥之不散。葛兰英赶回娘家，堂屋里父母的遗像并排挂在墙上，供桌上放着首饰盒。葛兰英在父母遗像前长跪不起，耳边响着母亲陈氏的嘱咐："蔡蓉峰是指望不上了，拿着这些首饰，好生培养你的孩子！"

葛兰英将首饰盒装进一个包袱里，挽着包袱走出葛府，身后传出清脆的木鱼声。

葛兰英抓回了药，忙着煎药，她用一把大蒲扇使劲扇着炉子，烟雾呛得她不住地咳嗽。听到母亲的咳嗽声，躺在床上的毛妹子不停抹眼泪……

蔡蓉峰走进厨房去端药，他这几天在老婆孩子面前小心翼翼的，像换了一个人似的。他把药端到毛妹子床前，亲手喂女儿喝药。毛妹子感受到父亲少有的温暖，却下意识地把脚缩进被子里。

毛妹子的身体一天天好转，全家人悬着的一颗心终于放下了。在饭桌上，葛兰英故意问蔡蓉峰："毛妹子的病好了，还包不包脚呢？"

蔡蓉峰连忙说："这事你说了算！"

蔡和森说："就不要再让毛妹子包脚了吧！顺熙姐从楼上摔下丢了命，不就是因为小脚走不稳吗？！"

葛兰英听后点头，她坚决地说："我说了算？那好，毛妹子再也不要包脚了！"

毛妹子闻言放下碗筷，对蔡蓉峰和葛兰英说了声谢谢，朝屋外跑去："我太高兴了！我去告诉贞姐姐她们，我不用包脚了！"

大家看着毛妹子快乐的样子，会意地笑了。

第四章　又见秋瑾

那一年春旱，涓水河失去了往日的欢畅，只剩河中心窄窄的一条……

河畔，蔡和森和毛妹子兄妹俩在放牛，葛兰英在石板上用木棒槌洗衣服，不远处的农田里，黄婶望着干裂的土地唉声叹气。

黄婶听信阴阳先生的话，在家门口祈雨。

阴阳先生引导黄婶从池塘里打了一盆水，放在桌上供着。黄婶点了三炷香对着水盆拜了三拜，然后端起水盆，拿一根柳树枝，边转圈走动边用柳枝蘸了水洒向四周。

毛妹子好奇地看着这一切。

阴阳先生对围观的人说："寡妇祈雨最灵了，黄婶在积功德哩。"

有乡民问："真的那么灵吗？"

阴阳先生煞有介事地说："那当然。你们看，天上的云刚才还朝东走，现在往西了，云朝东一场空，云朝西雷雨轰，你们就等着老天下雨吧。"

阴阳先生递给黄婶一个封签，神神秘秘地对她说，等到下雨时打开看，保管准得很。黄婶接过封签顺手递给贞妹子，要她拿去放在堂屋桌上。

毛妹子跟在贞妹子后面进了屋。

"不是求了雨的吗？这雨什么时候才下啊？"蔡和森抬头看看天。他从塘里挑水浇菜地，忙了一下午，累得腰酸背疼。

蔡蓉峰语气肯定地说："会下的！会下的！"

葛兰英对蔡蓉峰说："你就这么信？要不要我给你看样东西？"

蔡蓉峰说："什么呀？神神秘秘的！"

葛兰英拿出拆了封的签，说道："这是贞妹子偷偷拿来要我看的，你自己看吧！"

蔡蓉峰接过签，上面写着四个字："今日有雨"，蔡蓉峰哭笑不得。葛兰英对众人说："阴阳先生说，等雨下下来再打开看，你们猜上面写的什么？今日有雨！"

在场的人笑出了声，蔡林蒸说："这样也可以？太滑稽了！这不是把我们当傻瓜吗？"

"他说他的，我们该干什么干什么，爱信不信。"蔡蓉峰朝众人挥挥手。

毛妹子慌慌张张地跑过来告诉母亲：黄婶骂贞妹子偷走封签，用树枝抽打贞妹子！

"我去看一下。"葛兰英对蔡蓉峰说，就往黄婶家赶去。

蔡蓉峰不满地说："自己家的事都管不过来，还操别人家的心！"

葛兰英听见蔡蓉峰在发牢骚，她无心理会。黄婶性情古怪，时常做出不可理喻的事，别人说，她都不听，每次葛兰英去说她两句，她还是买账的。

葛兰英联想到最近黄婶打骂贞妹子，都是贞妹子要读书引起的。那么，黄婶极力反对贞妹子读书，一定是怕贞妹子跑了。该怎么劝说黄婶呢？葛兰英也没想好。

黄婶在家里怒气冲冲地对贞妹子喊道："反了你了！偷走了我的签还嘴硬，笑我上当受骗，你就有理由读书了？不教训教训你，还不胆大包天了！"

黄婶用力扯贞妹子的头发。贞妹子躲闪着，争辩道："不识字，就是睁眼瞎！今后还会被人欺负、让人看笑话！"

"睁眼瞎怕什么？你在我们黄家吃香的，喝辣的，就是当睁眼瞎也比在外面冻死饿死好！你还有啥不满足的？还要读什么书？"黄婶大声教训贞妹子。

贞妹子还在嘟囔："读书能知道很多事……"

黄婶怒视着贞妹子道："别瞎想！告诉你，你活着，就要为我死去的儿子守贞节。一个守贞节之人，读书有什么用？老实在家呆着，什么也别想！”

“我已经守了十年了。”贞妹子眼里含着幽怨。

“十年怎么啦？十年就可以顶撞我？我看你是想男人了！贱货！”黄婶听贞妹子这么说，更来气了。

黄婶一把将贞妹子推倒在地，举起树枝狠抽贞妹子，边打边骂：“贱货！你想不守妇道！你想翻天，我让你想……“

葛兰英进门看到这一幕，忙拉住黄婶：“黄婶，这是怎么了？”她上前护住贞妹子，说：“黄婶，有话好好说，她还是你儿媳妇啊。都是苦命人，何必呢！”

黄婶一怔，贞妹子边哭边跑进里屋。

黄婶丢下树枝，摇着头说：“兰英姐，你不知道，我心里难受哟。”黄婶诉说着，村口立着黄家的贞节牌坊，这是有凭有据的。她想不通，贞妹子怎么不向祖辈学学呢？

葛兰英平时就不赞同黄婶的想法，见她再次提起贞节牌坊，就说了句直话：“这是旧习俗了，一代一代传下去，咱女人哪还有出头之日呢？黄婶子，咱们都吃够了当女人的苦，也该为贞妹子她们想想了……”

“这十年，我没亏待她呀！只要她守住贞节，我可以养她一辈子，可她好歹不分，天天闹着要去读书！都二十岁了，还出去念什么书，这不是存心败坏我黄家的名声吗？！”黄婶听不进葛兰英的话。

葛兰英劝说道，贞妹子才二十岁，想读点书也不是坏事……“

“不行，咱不能坏了祖上的规矩，她必须为我儿子守节！”黄婶态度很坚决。

贞妹子从内屋出来，倔强地说：“我就是要读书！”

黄婶哪容得下贞妹子这样顶嘴，吼道：“你还要犟？反了你了！这个家我说了算，看谁能拗过谁？”

没想到贞妹子大声说：“你不让我读书，我去死！”贞妹子边说边向外跑去。

葛兰英和黄婶惊恐万分，黄婶不知所措。葛兰英回过神来，忙追赶出去：“贞妹子……”

黄婶跟在后面追赶：“不能让她去死呀，她死了我儿子在阴曹地府会不安宁的……”

贞妹子披头散发跑着，葛兰英、黄婶拼命在后追赶。黄婶跑得喘不过气来，她一下坐在地上：“啊……我跑不动了！这是造的什么孽啊！”

路人看着她们，不明就里。

贞妹子迈着小脚跑着，葛兰英迈着小脚追赶着，黄婶迈着小脚跟在葛兰英的后面。几双小脚在地上艰难地跳跃着……

贞妹子跑到贞节牌坊前，突然停住，双眼瞄天，呆若木鸡，嘴皮渐渐蠕动，发出痛彻心扉的叫喊：“老奶奶呀！贞妹子的命好苦啊！让我从今以后天天陪着你吧！”就见贞妹子往石柱上撞去！

贞妹子哭喊着，摇摇晃晃起身，正要往石柱上撞去，突然一名男子箭步上前拦住了她。贞妹子发疯似的哭喊：“放开我，别管我，让我去死，让我去死啊……”男子拉住贞妹子不放，葛兰英赶来，贞妹子扑到她怀里，泪如雨下，葛兰英鼻子发酸，也潸然泪下。

黄婶气喘吁吁地赶到，向男子道谢：“谢谢大侠！不然，今天真的要出人命了！”

男子询问道：“你家女子，为何自寻短见？”

黄婶搪塞道：“家事，家事。唉，家家都有一本难念的经嘛。”

“清官难断家务事，家事鄙人本不该过问，可是，女子悲痛欲绝，自寻短见，定有委屈。”男子看来是个好打抱不平的主。

“谢谢相救，你不要多问了。”黄婶想支开男人。

“人命关天，路见不平，问问何妨？”男子还真不容易对付。

黄婶一怔：“你该不是看中她了吧？告诉你吧，她是个克夫之贱人，我儿子十二岁就被她克死了，你打她的主意，当心她把你也克掉！”黄婶又指着贞节牌坊说:“她现在必须守贞节!”

“如此贞节牌坊,几千年来残杀妇女无数,早该推倒了!”男子说的话黄婶和贞妹子闻所未闻。

黄婶大吃一惊,吓得不知所措:“你……你什么人? 敢口出狂言?”

葛兰英听着“男子”的话,一下子愣住了,她仔细地打量着“男子”,自言自语道:“玉姑……他怎么这么像玉姑?”

黄婶听葛兰英说玉姑,吃惊道:“什么? 他分明是个男人,怎么会是玉姑?”

玉姑卸下头上的包头巾,露出发髻。葛兰英惊喜万分:“玉姑,真的是你! 难怪听声音很熟。”

玉姑笑着说:“兰英大姐,差点没认出我吧?”

葛兰英连忙说:“你这身装扮,我哪认得出,不过,都在传你爱穿男装,有侠义之风,今天算是一睹风采。”

玉姑救了贞妹子,黄婶心存感激,客气地说:“王少奶奶真是女侠啊! 女扮男装像花木兰一样! 怪我有眼无珠! 走,都到我家去,我好好谢谢救命恩人!”

玉姑说:“今后别叫我玉姑,更不要叫我王少奶奶,我已将原名秋闺瑾改为秋瑾,号竞雄,自称鉴湖女侠! 外面都叫我秋瑾。”

葛兰英很感意外:“这又是竞雄、又是女侠的,没一点女人味了。不过,你今天救了贞妹子,确实是女侠啊! 秋瑾,我倒是挺喜欢这名字的。”

秋瑾笑了笑说:“这才叫身不得男儿列,心却比男儿烈嘛!”

葛兰英拍手:“好! 不得男儿身,也要取个男儿名,你真有骨气! 快给我讲讲外面的大世界,我喜欢听你讲。我天天呆在这里,成井底之蛙了。”

弯弯曲曲的山道两旁,是火红的枫树林,望着漫天的红叶,葛兰英心情大好。在红叶的映衬下,几个人走下山坡,往黄婶家走去,沿路好多人惊异地看着她们。

一向阴沉沉的黄家,因秋瑾这位贵客的到来,角角落落好像都亮堂了好多。贞妹子梳洗一番后，忙着端茶倒水。黄婶搬出一罐米酒，从房梁上取下风干的腊肘子，吩咐贞妹子去厨房做饭。

望着贞妹子苗条的背影，秋瑾感慨地对黄婶说："好漂亮的妹子！有什么想不开的要干那傻事？"

黄婶不语，葛兰英说了原委。

秋瑾说："黄婶，你守了半辈子寡，个中辛酸你体会最深，可怜贞妹子还没成亲生子也要守寡，这合理吗？"

黄婶想了想说："这……这是祖上的规矩。"

秋瑾大声告诉葛兰英和黄婶，这祖上的规矩也有不合情理的地方，它束缚着天下命薄的女人，这个规矩迟早会被砸烂的。

贞妹子在厨房听到秋瑾的话，仔细地回味着，她在想，要是能跟着秋瑾远走高飞多好啊。

秋瑾继续说："你和贞妹子，还有兰英姐，包括我，大家都是苦命女人，各自有一肚子的苦水。黄婶啊，你没有儿子了，贞妹子与你相依为命，你该把她当作自己的女儿看待才是，等她有学识、有谋生的能力了，你也有了依靠不是？哪有妈妈把女儿往死路上逼的道理？"

"玉姑，哦，秋瑾，你讲得太好了，真是太好了。"葛兰英对秋瑾说。

葛兰英又对黄婶说，秋瑾是她们的好姐妹，不会害大家的，她的话句句在理，俗话说，听人劝，落一半，对贞妹子好，就是对自己好。

黄婶若有所思的样子，不点头也不摇头。

贞妹子往桌上摆碗筷，葛兰英走过去说："贞妹子，我说句公道话，今天你也有错，把你婆婆吓得不轻，快当着我和你秋姨的面给你婆婆赔个不是，以后要把婆婆照顾好，婆婆开心了，你有什么心愿，我和你秋姨才好帮你说话啊。"

贞妹子顺从地走到黄婶面前，低声认错。

黄婶端着架子没理贞妹子。贞妹子一下跪在黄婶面前，说："妈，您就原谅我吧，我记着您的养育之恩，以后会报答的！你我孤苦伶仃，我今后把您当作自己的亲妈，您也把我当作亲女儿吧。”

贞妹子说到最后泣不成声，黄婶显然被打动了，她含着眼泪扶起贞妹子：“唉，也许是我太固执了，你蔡妈妈、秋姨都是见过世面的，她们的话或许有道理。当着她俩的面，我也说一句：今后咱娘俩好好过日子，至于你上学的事容我慢慢转过弯再说。”

贞妹子点点头。葛兰英见状，知道黄婶婆媳关系有了转机，因为她知道，黄婶不轻易低头认错，更别说是在小辈面前。

秋瑾对贞妹子说：“贞妹子，你要好好地活下去，自立自强，从死里求生路。谁没有一个梦想？妹子，有机会去外面走走，日子会变好的。”

黄婶和贞妹子去了厨房。

葛兰英和秋瑾互相打量着对方，千言万语不知从何说起。

秋瑾和葛兰英倾心长谈，黄婶和贞妹子忙进忙出，不时停下脚步听，觉得很新奇。

秋瑾细说往事：再次随夫进京城后，触目之处都是八国联军犯下的滔天罪行，深感报国无门，忧愤交加，痛定思痛后，她硬是冲破丈夫的阻拦，自费东渡日本留学。

“秋瑾妹子，你太了不起了！”葛兰英听入了迷。

“到了日本，我真是如鱼得水啊！我在参加留日学生的革命活动中，接受了更多的民主革命思想，眼界大开，加入光复会，后来加入同盟会，还见到了孙中山先生。”秋瑾说的都是新名词，葛兰英一时听不过来。

葛兰英问道：“孙中山先生？”

秋瑾像讲课一般解释道，孙中山先生真是一个了不起的人物，他有许多的革命主张和方略，令人大为信服。

秋瑾拿出她写的《告二万万中国女同胞》一文，慷慨激愤地说，世界上最不公平的事，就是二万万女同胞受到的欺压了！女娃刚一出生，就被认定是没用之人；长到五六岁，就被缠足；长大了，不让读书，理由是“女子无才便是德”；择亲时，更得将自己的命运交与“父母之命媒妁之言”；丈夫去世,不得再嫁,须一生守节,看那座座贞节牌坊,明明是女人的血泪凝成!

黄婶和贞妹子已经忙完,正坐在一边津津有味地听着,冷不丁黄婶听到说起贞节牌坊,又听秋瑾对自己说:“黄婶,你忍辱屈从,自己是受害者,不能再逼贞妹子了!”

黄婶低头不语。葛兰英问秋瑾:“秋瑾妹子,听说你在家乡浙江办女子学堂……回来……怎么这身打扮?”

秋瑾笑了笑,说她是以这种特殊的方式追求男女平等,便于进入男性社会活动空间,从社会性别上消除男女间的差异。秋瑾说着从长衫内取出一把短柄剑放到桌上,葛兰英、黄婶、贞妹子惊得目瞪口呆。

秋瑾没事般地说:“吓着你们了吧?我不光穿男装,还随身带着这个。不然怎么好意思自称女侠呢!”

秋瑾端起小碗,喝了一大口米酒,说起为救国家,为救女界,她奔走各地,这次回荷叶镇,是为了办《中国女报》向婆家要钱。要钱的过程并不顺利,秋瑾不想提起,她平静地说道:“婆婆给了我一笔钱,不久,我声明脱离家庭关系。”

“为什么要脱离家庭关系?”葛兰英疑惑地问。

秋瑾如实相告:她已经作好了牺牲的准备,自立志革命后,恐株连家庭,故有脱离家庭之举,借以掩人耳目。

“我明白了,你是怕连累家里人!”葛兰英恍然大悟,她想,今日和秋瑾相遇,大家不知什么时候再相见,她请秋瑾明天去她家,两人好好喝杯离别之酒!

秋瑾答应了,和葛兰英交往这么多年,自己还没去蔡家看看哩,那位差点被兰英姐休掉的蔡蓉峰长什么样呢?

这一晚上,葛兰英很是兴奋,在床上翻来覆去睡不着,秋瑾告诉她的那些事撞击着她的心灵,她多想有个人能分享她的激动之情,听她一吐为快,可是望着身边熟睡的蔡蓉峰,她深感失望。

葛兰英知道,像蔡蓉峰这样不喜欢秋瑾的男人在乡下、在城里普遍都是。因为秋瑾太强势了,她说的男女平等的主张,正是这些大老爷们最害怕、最痛恨的。

葛兰英扪心自问，能不能跟随秋瑾一起去闯天下呢？看来是不可能的,再说,那些道理,比如革命什么的,自己都不懂,怎么出去说服别人?算了算了,还是把精力用在养育孩子身上吧,自己没能力做到的事,将来孩子们也许能做到。左思右想,她悟出自己在学识、气魄上和秋瑾的巨大差距,心里更敬佩秋瑾了。

葛兰英耳畔反复回响着秋瑾的话:“兰英姐呀,革命是要流血牺牲的……”这革命,在朝廷看来一定是谋反,那是要杀头的啊！葛兰英惊出一身冷汗,替秋瑾担忧起来。秋瑾是冒着生命危险在做事啊,她那瘦弱的身子，怎么顶得住这么大的压力？葛兰英心里涌出莫名的怜爱之情,眼泪不知不觉流出来。

第二天清早,葛兰英叫醒蔡和森和毛妹子,让他们快去黄婶家接秋瑾。蔡蓉峰听说要请秋瑾,没说什么,只是推说他要买烟叶,便出门了。

太阳刚刚出来,秋瑾就来到蔡家。她看到的是蔡家小小的庭院、简陋的木板房,房里除了床和柜子,没有多余的家具,不过,里里外外倒也收拾得整齐、干净。她在想,作为将门之后,这样的环境太委屈兰英姐了,兰英姐甘于过清贫的日子,一心一意为家庭、儿女操持,真是一位刚强的女子。秋瑾认定葛兰英是一位有慧根、深明大义的母亲,对葛兰英多了一些敬重之情。

一上午时间很快过去,大家围坐一起吃饭,桌上摆满了酒菜。黄婶没来,特意准许贞妹子过来。

贞妹子起身向秋瑾敬酒:“谢谢秋姨救命之恩！”贞妹子说完仰脖干了一杯酒,央求道:“秋姨,您就带我走吧。”

“那可不行。我来无影去无踪,全无牵挂。再说,带你走,你妈妈怎么办？这会连累你蔡妈妈的,你就好好跟着你蔡妈妈学吧。”秋瑾好言相劝。

贞妹子看了看葛兰英,葛兰英赞同秋瑾的话,对贞妹子说:“你的勇气可嘉,留得青山在,不愁没柴烧,慢慢来,会有机会出去的!”

葛兰英给秋瑾夹了一块扣肉,说了心里话。她何尝不想出国留洋,可惜呀,她空有想法没有行动的勇气。秋瑾说道:“兰英姐,你是了不起的,蔡家祖业衰败,夫君无能为力,你勤俭持家,教孩子们读书识字,还同情帮助乡民,小妹实在钦佩。”

“同你相比,我差得甚远。你像男人一样有志向,敢作敢为,有这么多新思想,才真是了不起。”葛兰英端起酒杯敬秋瑾。

秋瑾站起身端起酒杯一饮而尽,对葛兰英说:“大姐,你敬我酒,我就敬你一句话:欲脱男子之范围,非自立不可;欲自立,非学艺不可,非合群不可。”

葛兰英重复着秋瑾的话,暗暗告诉自己,有了机会,一定也冲破世俗阻拦,出去闯闯!

秋瑾拿出一方手帕,展开,上面绣满了枫叶。秋瑾将手帕送给葛兰英,说这是她在京城时抽空绣的,她说,枫叶给荒凉的秋天带来了一片火红,深秋过后,枫叶虽飘落满地,但人们依旧踏着它往前走,走向春天!

“多好看的枫叶,任凭风吹霜打,它也是自由自在,火红一片。我这小脚女人,一定伴着枫叶往前走。”葛兰英接过手帕喜不自禁地说。

说话间,蔡蓉峰进来了。葛兰英忙把蔡蓉峰拉到桌边:“蓉峰,来认识认识,她就是昨天救贞妹子的王家媳妇玉姑啊!现在叫秋瑾。秋瑾妹子今天要离开荷叶镇了,我请她来咱家聚聚。孩子们可喜欢她了!来,你坐这儿。”

蔡蓉峰站着不动。

秋瑾站起身,对蔡蓉峰说:“姐夫,打扰了,多谢你们盛情招待。”

蔡蓉峰拱拱手:“失礼!失礼!你是贵客啊!久仰!你请坐!”

蔡蓉峰坐下来。贞妹子和几个小孩退在一边站着。

话不投机半句多,酒席静默良久。

秋瑾打破尴尬的局面,说:“兰英姐是我的好姐妹,今天我还是第一次见到姐夫哩，姐夫毕竟是读过诗书见过大世面的，一看就是识大理之人啊！”

蔡蓉峰听着秋瑾的话，心里很受用，忙说：“你过奖了！来，喝酒，乡里乡亲的，你不必客气。”蔡蓉峰敷衍着，他刚去了一趟集市，那里的人都在传荷叶镇王家媳妇玉姑向婆家要钱、和婆家脱离关系的事，他一向不待见秋瑾，此时当然热情不起来。

谈到贞妹子要读书一事，蔡蓉峰终于借题发挥了，他话外有音地说：“做人呀，不能违背祖上的规矩。别人家的事我管不了，最起码，祖上的规矩不能坏在我手上。还有，我可不愿别人风言风语议论我。”

“谁议论你什么了？”葛兰英针锋相对。

秋瑾是明白人，她笑着对蔡蓉峰说：“姐夫，你话中的意思我明白，我这次回婆家，吓唬了家里人，可能镇上早就风言风语了。可是我不狠心这样做，他们不给钱我，还会限制我的自由。明说吧，我要钱，不是为了自己花销，是为了筹集经费为受苦受难的国人办些事。”

蔡蓉峰没有作声，看样子是在仔细听秋瑾说话。

秋瑾继续说：“既然大家有缘聚在一起，我想借此机会告诉你，过上好日子是我们每个人的梦想，我做的一切，都是为这个梦想而呐喊、努力。当今世界，一切在变，我们拭目以待。”

蔡蓉峰心里暗自佩服秋瑾谈吐不凡，可是夸奖的话他说不出口，他的语气变得柔和了：“恕我直言，你一个女人，又何必呢？你说的大事，那是很危险的啊！”

秋瑾侃侃而谈：“革命不分男女。说到危险，我谢谢你的提醒，但是，我早就考虑也经历过了，正因为这样，我宣布和婆家脱离关系，我决不连累谁，一人做事一人当！”

蔡蓉峰若有所悟：“哦，是这样。”

“我猜啊，姐夫对我有成见，这没关系，人各有志，不可强求，喝完这杯酒，我就走了，大家不知何日再相见，都开心一点吧。”秋瑾说话很直爽。

蔡蓉峰感受到秋瑾的诚意，忙说："对你这样聪慧大度的妹子，我会有什么成见？今日幸会，我也算开了眼界吧。说实话，我和老婆经常谈不拢，我真不知自己错在什么地方了！"

秋瑾觉得多说无益，打住话题，说："姐夫，这不是一两句话说得清楚的，恕我无法解答你的疑问。我今天主要是来看看你们，顺便辞个行。你呢，尽好丈夫、父亲之责，不同流合污，就是我的好姐夫。我敬你们。"

秋瑾端起酒杯一饮而尽，接着抛起空酒杯，用另一只手接过酒杯放在桌上。秋瑾站起身朝葛兰英、蔡蓉峰鞠了一躬，说："谢谢你们！小妹告辞了！"说完，头也没回大踏步离去。

秋瑾走了，她说的那些革命啊，梦想啊，女子独立、男女平等什么的新鲜词语，在葛兰英的脑海里打下了深深的烙印。葛兰英忽然冒出一个想法，为什么不把秋瑾的诗词整理成册呢？将来也好让和森、毛妹子学习。当晚，她便拿出纸和笔开始行动了。

抄写了好多天，终于整理成册了。油灯下，葛兰英颇有成就感地在诗册的封面写上"秋瑾诗抄集"几个字，将秋瑾所赠枫叶手帕折叠好夹入诗集。

这一切自然瞒不过蔡蓉峰，可是他不想多管了，随她去做吧，省得两个人又争吵，家里还是太太平平的好。蔡蓉峰不失时机讨好葛兰英，捧着诗抄翻了翻，说了几句奉承话，葛兰英觉得蔡蓉峰简直变了一个人。

窗外像是有人走动的声音，葛兰英听了听，推开门出去了。借着微弱的光线，葛兰英看见蔡麟仙弯着腰艰难地挪进屋。

葛兰英走到儿子屋前，听见蔡麟仙虚弱地说："林蒸呀，我们的母亲不易呀！我是不行了，日后家里再苦再难，你也要帮助母亲，让两个小弟妹读书成才……"

蔡林蒸难过地点头："哥，我记住了！"

蔡麟仙断断续续地说："我……我走了以后，你就是家中的长子了，这副担子就交与你了！切记妈妈教我们的话……凡人一身，迁善改过四字可靠；凡人一家，修德读书四字可靠呀！”

葛兰英心里一酸，打了盆热水进屋，替麟仙擦脸、擦手。麟仙紧闭双眼，葛兰英对他说：“麟仙，明天我雇辆轿子送你去县城看病。”蔡麟仙似乎很享受的样子，没有答话。葛兰英忍不住把麟仙瘦骨嶙峋的手贴在自己脸颊上，她咬紧牙，不让自己哭出声。

第二天天刚亮，葛兰英就出门叫来了轿子。葛兰英在门口喊：“林蒸，把你哥扶出来吧，轿子来了！”

蔡林蒸在杂货铺柜台后说：“妈，哥不在屋里，我还以为他跟您一起出门了呢！”

葛兰英大吃一惊，说道：“什么？他不在家？他能上哪去呢？”

葛兰英听到屋后传来蔡麟仙微弱的声音：“妈……妈……”

葛兰英说声：“不好！”赶紧往屋后跑，蔡林蒸也慌忙跟过去。屋后空地上摆放着一大一小两个新木盆和一个新马桶，都油光发亮，看样子已刷过几遍桐油了。

蔡麟仙倒在木盆旁，喘着气，嘴角有血水，手上拿着一块抹布，脚边是半瓦罐桐油。葛兰英一下抱住蔡麟仙，带着哭腔道：“儿子啊，你夜里不好好睡觉，又把脚盆搬出来了？”

蔡麟仙虚弱地说：“妈，你们都知道，这是我送给姐姐的嫁妆，我又刷了一遍桐油。我等不到姐姐出嫁的那一天了。妈，儿不孝……没有让您抱上孙子……不能为您养老送终……林蒸，你要记住我说的话，弟弟……妹妹……还有爸爸……”

蔡蓉峰急急忙忙跑过来，看见这情景，惊了片刻，马上回过神，让蔡林蒸把蔡麟仙背回屋里去。

蔡麟仙躺在床上已处于弥留状态。葛兰英不停地呼唤：“麟仙，你醒醒！”

蔡麟仙微睁开眼，说道：“爸……妈……你们……”

蔡麟仙的眼光停在蔡和森和毛妹子身上，想抬手却抬不起来。蔡和森和毛妹子赶紧上前,一人拉住麟仙的一只手。

蔡麟仙闭上了眼睛，他绝望的眼睛里流出了最后两滴泪珠……他眼前出现了一片红光,感到自己在红光中飞升,弟弟蔡和森和妹妹毛妹子的手变成了他的翅膀。亲人们的脸庞都隐在红光中……

青山绿水,群山环抱着荷叶般的盆地。

乱坟岗上又多了一座新坟……山里回响着葛兰英撕心裂肺的喊声:“麟仙,我的儿子……”

葛兰英病倒了,这一病,在床上躺了几天。

屋里光线很暗，葛兰英嘴里喃喃道:“顺熙……麟仙……你们在怪罪妈是吧？妈没照顾好你们啊！妈心里好苦！”

秋瑾来到葛兰英床前俯下身久久凝视着葛兰英。

葛兰英伸手去拉秋瑾的手,秋瑾直起身往后退。“秋瑾妹子！秋瑾妹子！你来看我了！妹子，只有你知道我心里的苦！告诉我，我做错了什么？为什么家里遭遇一连串的变故？这些，像山一样压得我喘不过气来啊！”葛兰英有好多话要对秋瑾说。

秋瑾要往外走,葛兰英喊住她:“好妹子,你不是嫌我软弱吧？我没在第二个人面前叫过苦，我记着你的话，要抗争，我真的需要你给我鼓鼓劲！”

秋瑾仍然不说一句话,凝视葛兰英片刻,转身出门了。“秋瑾！秋瑾！”葛兰英使出全身的力气喊道。

“兰英！兰英！”蔡蓉峰闻声进门拍葛兰英的肩膀。

葛兰英闭着眼抓住蔡蓉峰的胳膊喊道:“秋瑾！秋瑾！……”她随后睁开眼,看清眼前是蔡蓉峰。

“怎么是你？我明明看见是秋瑾！”葛兰英还没从梦中出来。

“你刚刚退烧,要好好休息,别瞎想了。”蔡蓉峰体贴地说。

“她看了我半天，就是不说一句话。她不会是在托梦给我吧！”葛兰英坐了起来,对蔡蓉峰说:“她在外办学办刊物,每天都面临被抓起来的危险。我好长时间没她的音讯了，刚才的梦……是不是不祥之兆？……啊，不行！我得出去打听一下！”

“看你，一梦见秋瑾就精神了。你还是多操操自己的心吧。”蔡蓉峰担心葛兰英的身体吃不消。

“我去去就回！”葛兰英很坚决。

“好吧，你出去散散心也好。最近外面乱得很，你一个人路上小心！”蔡蓉峰叮嘱道。

这一天风很大，灰尘和树叶在地面打着旋。集镇上，挑着箩筐卖菜的、穿长袍戴瓜皮帽赶路的各色人等来来往往，葛兰英拎着一个包裹快步走着。

一队骑着马的清兵远远奔过来，行人听见马蹄声纷纷向两边让道。“咣咣！”一个清兵鸣锣开道，不停吆喝着：“快闪开！快闪开！”

只见清兵下了马，将一张告示贴在米粉店的外墙上，路人都围拢来看，清兵说道：“认识她吗？被杀了头！闪开！别耽误我们去王家执行公务！”

葛兰英听到“王家”两个字心里猛地一紧，挤过去看个究竟，这一看不打紧，她看到告示上秋瑾着男装持手杖的照片。葛兰英几乎站立不稳，几个路人奇怪地看了看她。

葛兰英想去王家看个究竟，她迈着小脚往王家赶，到王家时，清兵还在王家搜查，乡亲们都被拦在大门外。

葛兰英踮着脚往里看，只见王家男女老少都被赶到院里站着，秋瑾的婆婆也在其中，清兵头领在训话：“告诉你们，秋瑾反抗朝廷，已被官府斩首！秋瑾虽然立书同王家断绝关系，但是，她还有乱党同谋四处活动，今天，我们告诫各位：若发现同秋瑾有联系的乱党，必报官府，定有重赏！”

大门口，围观的乡亲们议论纷纷。

“哎呀，亏得这个女人心狠，和王家断了关系，要不，真害了王家了！”

“真想不通，她一个女人家的，又没犯命案，怎么被杀了头呢？”

“她是乱党！乱党就是这个下场！”

葛兰英忍不住插了一句嘴："你们认识秋瑾吗？你们就相信她是乱党？"

这下乡亲们的话更多了。

"我们不认识她，但荷叶镇谁不知道，她放着好日子不过，像男人一样在外面抛头露面，还找婆婆要钱。"

"还喜欢出风头舞剑写诗哩。俗话早说了，女子无才便是德啊！满肚子诗文又怎样？还不是成了刀下之鬼！"

葛兰英反驳道："住嘴！你们不要瞎说了！我不相信她是乱党，她救过受迫害的童养媳，她筹集银两没有一分钱用在自己吃喝玩乐上，全都用在了帮助穷人、办学上，她是在为大家做好事啊！"

一个瘦老头问："那你是认识她的？别傻了，现在连她家里人都不敢承认跟她有关系哩！"

葛兰英正想争辩，看见清兵头领正带队往大门走来，便机警地躲开了。

葛兰英预知情形不妙，回家赶忙将秋瑾诗抄和书信藏在了树洞里。蔡蓉峰见葛兰英神色慌张，还没来得及问发生了什么事，就听见大门被拍得山响。

蔡蓉峰一惊，急忙出去开门。

门打开，几个清兵进来。清兵小头目说道："我们奉上边的命令，来此搜查！"

"这……这是从何说起？"蔡蓉峰有点胆怯地问。

"你认识秋瑾吗？"清兵头目盯着蔡蓉峰问。

蔡蓉峰脑海里快速闪过葛兰英往树洞里藏诗抄的情形，判定是秋瑾出事了，他强作镇定地说："秋瑾？荷叶镇上谁不知道秋瑾？"

在一旁的葛兰英暗暗为蔡蓉峰叫好。

"少废话！告诉你，秋瑾被杀了头！这镇上，你老婆跟她最熟——搜！"小头目手一挥。

蔡庆熙、蔡林蒸、蔡和森、毛妹子都从屋里出来，紧张地站在院子里。

“孩子们，别怕！怕什么！”葛兰英担心孩子们受到惊吓，镇定地对孩子们说。

清兵们进到屋里搜查。清兵头目看了看葛兰英：“想必你就是葛兰英了？”

葛兰英不卑不亢地答道：“正是！”

蔡蓉峰把小头目拉到一边，塞给他一些散银钱，对他说：“我们成天在家里，对外面的事一概不管不问，你看，这么多孩子，我老婆成天忙里忙外，哪有时间和秋瑾联系啊！你们就高抬贵手吧！”

清兵们从屋里出来，对小头目说：“没搜到什么可疑物件。”

“撤！”小头目挥了挥手，率清兵离开了。

蔡家避开了这场灾祸不久迎来了一桩喜事。这天，蔡蓉峰边收拾屋子边说：“还是说说家里的大事吧。衡山那边刘家想早点把婚事办了，庆熙出嫁的日子可以定下来了。”

葛兰英却有点担忧，刘家的儿子看起来好像体弱多病似的。

“我问过媒婆了，她说那孩子没什么大碍，可能是小时候受了惊吓，成亲正好冲冲喜。我们都盼着喜庆、兴旺啊！庆熙的婚事就这么定了！”蔡蓉峰面有喜色。

入夜，涓水河畔，一团火在燃烧。

葛兰英将纸钱添加在火中，对着火光双手合十。虽然葛兰英对秋瑾献身的意义并不完全理解，但是，秋瑾作为一名女子，为了追求梦想竟然如此大无畏，葛兰英受到了强烈的震撼。

蔡庆熙、蔡林蒸、蔡和森、毛妹子四个孩子和母亲一起悄悄祭奠了秋瑾的亡灵。

葛兰英在心里默念：秋瑾妹子，我向你发誓，无论前面的路何等艰难，我都会带着孩子们往前走的。但愿有一天，我哺育的孩子们能成为你这样有气魄有抱负的人，替你我圆梦……相信我吧，我的好妹子！

葛兰英凝视着火堆，喃喃自语：“秋风秋雨愁煞人……秋瑾妹子，你一路走好！”

葛兰英告诉孩子们，秋瑾创办女学堂，唤醒妇女，是了不起的革命党人，是女界屈指可数的大人物，她所做的一切都是为了穷苦人翻身、为了国家复兴。你们要记住秋瑾的话，画工须画云中龙，为人须为人中雄！

四十三岁的葛兰英鬓角开始有了稀疏的白发，眼窝陷得更深了。自打从上海回来，家里接连遭遇变故，母亲去世、二女儿顺熙意外夭折、长子麟仙病故，她至亲的人一连走了三个，就是铁打的汉子也架不住这样的打击啊。那段时间，她日夜坐在纺车前，用不停的劳作来排解心中的愁苦。蔡庆熙看在眼里，有事无事找母亲说说话。

这一天吃过午饭，葛兰英像记起什么似的对蔡庆熙说："庆熙，你的枕套绣好了？"

"还放着呢。"庆熙答道。

"庆熙，抓紧绣好，你都二十四岁了，你的婚期一推再推，再不成家，耽误了你，就是当妈的不是了。"葛兰英和女儿谈起了家常。

"妈，您别那么想，说实话，我不想出嫁。妈，我就在家里陪着您，帮家里做点事，干脆把婚事退了吧，啊？"蔡庆熙是蔡家的大女儿，从小帮父母照料弟妹们，操持惯了，父母拌嘴怄气时她总是两边说好话，平息风波。要她出嫁，她舍不得这个家，也实在放心不下。

"那怎么行！男大当婚，女大当嫁，这是天经地义的，再不把你嫁出去，外人都要说闲话的。"葛兰英摸着女儿的头继续说道："傻孩子，妈虽舍不得你，但不能要你陪一辈子啊！妈没你想象的那么不堪一击！妈现在要从悲痛中走出来，把精力用在你们几个孩子身上。这些天，我反复告诉自己，要坚强，你不挺住，谁替你直起腰？"

蔡庆熙悬着的一颗心放下了，母亲的坚强出乎她的意料。母亲看得比自己开，想得比自己远。母亲就是与别人的母亲不一样。为了不让母亲多操心，蔡庆熙想，恭敬不如从命，婚事就顺其自然吧。

这天，沉寂多时的蔡家门口响起了唢呐声、锣鼓声、鞭炮声。

有人在喊:“花轿来了!”瘦弱的新郎刘文炳戴着大礼帽,身披红彩带,胸挂大红花,喜气洋洋来到蔡家大门口。

蔡家大门紧闭着,蔡家亲戚在门内把着关。只听得刘文炳在门外大声叫道:“爸爸!妈妈!我来了,快开门吧!”

黄婶故意说:“你声音太小了,再叫一遍!”

门里门外的人心领神会,大笑。刘文炳将一个红包塞进门缝,提高嗓门叫了一句:“爸爸!妈妈!开门!”

王妈接着说:“哎呀,我们这些七大姑八大姨在这里守了一早上哩!”

刘文炳又朝门缝塞进一个红包,喊道:“大姑!大姨!你们辛苦了!”门内黄婶捡起红包就往葛兰英手里塞,又对着门外说:“新娘的弟弟、妹妹为你准备了茶水哩!”

葛兰英没耐心了,连连朝黄婶摆手,忍不住“哗啦”一声拉开门栓,打开了大门,喜气洋洋地把新郎迎进来。

蔡庆熙披着红盖头,在几个伴娘的搀扶下从屋子里走出……

媒婆跟在后面,左手端着一钵子米,腋下夹着一把筷子,右手沿途撒筷子,嘴里嘟哝着:“筷子,筷子,快生贵子!”

然后,媒婆又扬起一把米,蔡蓉峰在后面说:“只望前头一仓谷,不望后头一仓米……年年有谷,年年有米,年年有余,年年有饭吃!”

众人哈哈大笑,围观的孩子们在人缝里乱钻。

蔡和森和毛妹子朝蔡庆熙喊:“大姐,大姐……”庆熙停了一下脚步,没有回头,被搀扶着走进轿子。

迎亲队伍缓缓离去。蔡庆熙坐在轿子里,泪水把衣襟打湿一大片,唢呐、锣鼓、鞭炮声齐鸣,淹没了蔡庆熙的哭声。

蔡庆熙出嫁了,葛兰英少了一个说知心话的人,她常常坐在屋里发呆想心事。和森虽说只十三岁,可眨眼间就会长成大小伙,她不禁替儿子的前途操起心来。一辈子守着几亩田?或做小生意,然后娶妻生子过着紧紧巴巴的日子?想当年,葛家、蔡家当年都是大户人家啊,如今沦落到勉强糊口的地步。葛兰英想来想去都觉得眼前是灰暗的。她环视了一下屋子，目光落在桌上的砚盘上，那是和森天天写字用的。这个小小的砚盘让葛兰英的眼睛一亮，和森、毛妹子这俩孩子最突出的优点就是喜欢读书，或许在读书方面他们能超越父母，将来走出乡村，干起秋瑾说的大事也说不定。嗯，一定要让他们上正规的学堂，不管将来他们学不学得成，起码家里尽了力，大家都没有遗憾。想到这里，葛兰英紧锁的眉头舒展开来。

蔡蓉峰的脾气变得温和多了，时不时看葛兰英的脸色行事、哄她开心。他觉得，女人嘛，就信哄，哄得她开心了，不怕她不依着我。他心里有个想法，一直没适当的时机说出来，见葛兰英脸色好看了，他赶紧凑了过去。

"兰英，我们搬回永丰镇老家去吧！"蔡蓉峰终于说出了心里的想法。

葛兰英一怔："搬回老家？为什么？"

蔡蓉峰不再遮遮掩掩，他说蔡家在光甲堂住了几年，他改了大门，拆了院墙，家里还是灾难不断，二女儿和大儿子先后夭折，这里的风水实在不好！

"搬一次家也不容易啊。我真的舍不得这个地方。"葛兰英一点心理准备都没有。

"这个鬼地方有什么舍不得的？光甲堂就是倒霉的三个字，甲，是指人丁，光，就是死光、赔光，我们生了六个儿女，在光甲堂就死了两个，算命先生都说，这儿风水不好！"蔡蓉峰恨恨地说。

"回永丰镇后又会怎么样呢？"葛兰英追问。

"你娘去世了，你也少了牵挂，况且，你娘家不比以往了，你哥过着隐居的日子，大家很少走动，我们在这儿又是孤姓，住着不踏实。幸亏当时永丰的老屋还没卖，还有，我兄弟开着酱园，别人不会小看我们。"这些都是蔡蓉峰在心中酝酿已久的话。

葛兰英犹豫地说："那，几个孩子不愿意呢？"

"你若同意搬家，我去跟孩子们说，和子的出路我都替他想好了。"

晚饭时,蔡家人坐在一起,蔡蓉峰说起了搬家的事,孩子们望望爸爸,又望望妈妈,都没有作声。蔡蓉峰见状赶紧说:“搬家的事就这么定了,我先去张罗着把这边的房子卖了。回永丰后,林蒸还是开杂货铺,毛妹子打下手,帮着做点杂事。”

“这些,你都安排得很好。只是和子……我想让他念书。”葛兰英见还没提到和子,抢先说出了自己的想法。

“和子这孩子机灵,我倒是想让他先去蔡广祥酱园当学徒,以后咱家重振酱园还指望他哩。”这是蔡蓉峰替儿子想到的出路。

葛兰英沉默不语。

“妈,就听爸的,我先去酱园当学徒。当学徒,我一样可以挤时间看书学习。”蔡和森倒做起母亲的工作。

葛兰英没料到蔡蓉峰替儿子考虑的出路是送他去当学徒,她想,假如和森真的是块经营酱园的料,酱园兴旺了,对蔡家来说是件大好事。葛兰英只得同意蔡和森去当学徒,她满心歉疚地对和森说:“你知道为家里分忧,真是长大了。以后有机会,妈还是支持你去学堂念书!”

第五章　送子上学

蔡家要离开荷叶镇了。

搬家那天，葛兰英带着蔡林蒸、蔡和森、毛妹子绕道往山顶走。蔡蓉峰埋怨葛兰英耽误时间，跳上塞满行李、家当的马车匆匆往永丰镇赶。"我带他们去看荷叶！"葛兰英兴致勃勃地对着蔡蓉峰的背影说。

"看荷叶？荷叶不是长在塘里吗？怎么往山上走呢？"毛妹子天真地问。

"到了你们就知道了。"葛兰英有点神秘地说。

葛兰英带着儿女们爬到山顶，孩子们在山上指指点点。"你们往山下看，下面的田野像什么？"葛兰英问道。

像荷叶！哦，妈带他们来就是让他们看这片很大很大的荷叶的！毛妹子一下明白过来。

"荷叶，我真是舍不得离开你啊！"葛兰英大发感慨。看着山脚下那片形似荷叶的热土，葛兰英深情地告诉孩子们：要像荷叶一样，出污泥却仍然翠绿、充满生机。荷叶哺育了我们，大家要记住这片荷叶，把故乡荷叶永远藏在心里！

"妈妈，您说得真好，我学过一首关于荷叶的歌谣……"蔡和森兴奋地说。

"好，唱给我们听听！"葛兰英走到蔡和森身边。

"兄与弟，来采莲，莲蓬绿，莲叶圆。藕可断，丝可连，同根生，当爱怜……"蔡和森放声唱起来，声音越来越响亮。葛兰英、蔡林蒸、毛妹子大声跟着蔡和森唱，偌大的荷叶山水间回响着这深情的歌谣……

回到永丰镇，蔡林蒸在老屋开了个杂货铺赚点小钱补贴家用。蔡和森去辣酱园当了学徒，虽然和自己家在同一个镇上，但照规矩，三年学徒期他是不能回家的。庆熙呢？嫁到了衡山刘家，刘文炳短命，死了快一年了，蔡庆熙和女儿刘千昂越发难得回蔡家一次。

葛兰英想完了庆熙、千昂，又想和森，心里被儿女们占满了。

葛兰英依然喜爱湘绣，她描画的鸳鸯戏水、孔雀牡丹、喜鹊登梅、猛虎下山等绣样形象生动、逼真，抽空她还教毛妹子识字读书。

这天是农历小年，葛兰英绣的一对枕套完工了，她打算带着这件礼物去蔡和森的伯伯家，请伯伯关照做学徒的蔡和森。实际上她是想去看看儿子，就偷偷看一眼，不打扰他。和森的三年学徒期还有大半年就要满了，葛兰英思儿心切，实在是等不到他学徒期满那天。

冬天天黑得早，傍晚时分，辣酱园里，蔡和森和几个伙计在抬一口大酱缸。酱缸放好，管家对蔡和森说："干活要勤快点，快把院子打扫一下。"蔡和森应声拿起扫帚，打扫院子。

蔡和森的伯伯一家正在吃小年团圆饭，蔡和森不敢朝他们望，肚子饿得难受，心里特别想家。

蔡和森快速扫完，他把扫帚放在一边，走到角落里，从怀里拿出一本书，借着灯光认真地读起来。

蔡和森不知道母亲正坐在伯伯家的饭桌上吃饭。葛兰英端着饭碗，早就看到了院子里和森的一举一动，她忘了吃饭，蔡家人喊她，她才回过神来。

夜里，蔡和森躺在床上，点着油灯在看书。管家在外面喊："和子，你屋子里的灯怎么还亮着？快熄灯睡觉。"

蔡和森忙把灯吹熄，却听见管家小声叫道："和子，开门……"蔡和森把门打开，管家进来将一个纸包递给他，说："和子，快趁热吃了，这是你妈妈要我给你的扣肉。"

蔡和森接过纸包半天说不出话来。管家又说："你妈偷偷看你来了，说你长高了。还要我转告你，听伯伯、伯妈的话，夜里不要再点灯看书了。"

管家说完就走了。

蔡和森好久没吃肉了,他迫不及待地打开纸包,里面是一大片扣肉,他狼吞虎咽地吃完,长长嘘了一口气,扣肉一定是母亲吃饭时特意留下的。他知道母亲走亲戚的习惯,主人夹给的肉通常舍不得吃,而是用纸包好拿回家。

蔡和森眼前浮现出母亲的笑脸,眼泪不知不觉流下来。

在辣酱园,蔡和森白天像牲口一样干活,夜里,回到小屋,就偷偷点上灯,如饥似渴地读《史记》,他在心里说:妈妈,不是我不听伯伯、伯妈的话,我实在太喜欢看书了,不吃肉可以,不看书可不行……

又是一个晚上,蔡和森回到小屋,擦完脸上的汗水,拿起一本书,如饥似渴地读起来……

一只眼睛从门缝里偷窥蔡和森读书。伯母破门而入,呵斥道:“和子,你又点着灯看书?”

蔡和森小声说:“我的活干完了。”

“活干完了?这酱园里事情多得很!”伯母的脸色很不好看。

蔡和森站着不动,伯母一把从他手里抢过书,三下两下撕了:“我给你吃给你住,不是要你来看书的。以后不准浪费我的灯油!”伯母一口吹熄油灯,气冲冲地走出门。

蔡和森心疼自己的书,他呆呆地站在屋里,耳边响起母亲的话:“以后有机会,妈还是想支持你去大学堂念书!”

蔡和森自言自语:“妈妈,妈妈,我真想读书呀!……”

蔡蓉峰在家里十分悠闲自在,嘴里哼着小曲,歪在藤椅上抽烟。葛兰英在做刺绣,毛妹子在旁边帮着缠线。

蔡林蒸走进来说:“爸,妈,生意越做越顺了,这些钱先交给你们吧。”

“好,儿子能挣钱养家了呀。和子就要满师,马上也可以当伙计挣钱了。”蔡蓉峰高兴地从藤椅子上一跃而起。

“是呀,一晃眼,孩子们都长大了。和子不知干得怎样了。我就担心他的倔脾气。”葛兰英放下手中的绣布,想起和森,她就显得心不在焉。

有人急促地敲门。蔡蓉峰和葛兰英同时出去开门。

蔡和森提着行李站在门口。蔡蓉峰和葛兰英大吃一惊,异口同声喊道:“和子?”

蔡蓉峰忙问:“你怎么回来了?”

“我再也不去了。”蔡和森答非所问。

“什么?这么说,你是跑回来的?”蔡蓉峰上上下下打量着儿子。

“和子,你进屋说说是怎么回事!”葛兰英去拉儿子。

“就在这儿说,说完我送你回店里!”蔡蓉峰挡在门口厉声说道。

“我吃不饱饭,他们还经常打我,不让这样,不让那样,把我的书也撕了!”蔡和森委屈的样子。

蔡蓉峰教训道,徒弟徒弟,三年奴婢。吃得苦中苦,方做人上人,寄人篱下,吃点苦才能把手艺学到家!蔡和森不满地说,哪是学什么艺呀,都是粗活,不学都会干!

蔡蓉峰命令道:“三年学艺就要满师了,忍忍吧,老子还等你出师后回来开酱园。马上滚回去,向伯伯赔礼讨个饶,不学到手艺不准回来!”

“我不去了!”蔡和森倔强地说。

蔡蓉峰把蔡和森往外推。看到蔡和森欲言又止的样子,葛兰英料定儿子受了很大委屈,忙扯开蔡蓉峰说:“和子,你说说你的想法。”

蔡和森倔强地说:“你们就别指望我开酱园了!我想读书!我要上学!”

蔡蓉峰、葛兰英惊愕不已!蔡蓉峰气不打一处来,吼道:“这么大了连自己都养不活,还想读书?做梦吧!老子没钱供你读书!”蔡蓉峰说完,“砰”的一声用力关上门,把和子关在门外,转身进了屋。

葛兰英打开门,心疼地对儿子说:“和子,你别怕,妈支持你读书!”

蔡和森一怔:“真的?”

葛兰英肯定地答道:“妈答应过,一定要送你去上学。你先去舅舅那里住下,明天我也过去,我们一起想想办法。"

第二天,葛兰英告诉蔡和森:"和子,妈知道你的心思。你都这么大了,时间不等人,不管你爸同不同意,我这次一定让你进学堂!"这是葛兰英想了大半夜后下的决心。

蔡和森听了精神为之一振。蔡林蒸匆匆赶来,递给葛兰英一个纸包,说这是他留着准备去县城进货的钱,要妈妈拿去先把和子安顿好。

葛兰英搂住蔡林蒸和蔡和森:"你们都是我的好儿子呀!"她在心里发誓,再难也要圆儿子的读书梦!

葛兰英瞒着蔡蓉峰领蔡和森走进了永丰初级小学。在校园里,蔡和森的个子跟那些老师差不多高。众多小学生议论纷纷。

"我们学校来了个大学生。"

"不是大学生,是大个子,比我们先生的个子还高,还和我们坐一个教室?我看他可以回去抱娃娃了。哎,你们说他是不是降级生呀?"

众学生一阵哄笑……

葛兰英和蔡和森充耳不闻,径直走进教务室。几个老师临时充当考官,向蔡和森发问。

蔡和森向主考先生介绍:"我在荷叶镇舅舅的家馆里陪表哥读过四书五经。识字是从《百家姓》、《三字经》、《千字文》开始,妈妈还教我背过唐诗。"

"哦,你妈妈还会识字?这很少见啊!"主考先生看了一眼葛兰英,葛兰英笑着点点头,也不说话。

这时,不少学生和送小孩上学的家长围在门口看热闹,人越来越多,蔡广祥辣酱园的管家也在人群中。

主考先生从蔡和森的谈吐和举止看出他是个非同一般的学生!他问葛兰英:"我不明白,你们家怎么现在才送他进学堂?"

"实在是因为家道中落,上不起学啊!"葛兰英不好意思地说。

主考先生一惊,他连忙转移话题:"蔡和森,来,我们想看看你写的字!你写一句你喜欢的名人名言,给我们看看。"

蔡和森拿起毛笔，不假思索，一挥而就，写下了“先天下之忧而忧，后天下之乐而乐”的句子。

主考先生边看边鼓掌边惊叹起来：“真是笔下生花、胸怀大志呀！”

“先生，孩子少不经事，您千万别这么夸他。”葛兰英着急地说。

主考先生说：“有志不在年高！你的孩子，将来定能成国家栋梁之材！初小一年级对他来说太浅了，我意蔡和森可直接跳级，读三年级！”众先生点头称是。

葛兰英和蔡和森母子俩告别考官，兴高采烈地走在操场上，蔡和森对母亲说，不能老是让妈为难，他要回家说服父亲让他读书！

葛兰英这时才发觉，儿子真是长大了。

蔡广祥辣酱园里，蔡和森的伯伯在柜台后算账，蔡蓉峰走了进来。“老兄，生意好啊！”蔡蓉峰打了个招呼。

“哦，你来了！快坐，快坐。来人，上茶！”蔡老板喊道。

“我来没别的事，想问问和子在你们这儿学得怎么样了。”蔡蓉峰装着若无其事的样子说。

“咦！和子不是自己跑回去了吗？行李都搬走了！怎么，他没回家？”蔡老板惊讶道。

“什么？他没回店里？前日，他要回家，我连门都没让他进，逼他回辣酱店。”蔡蓉峰比老板更惊讶。

“哎呀，这可怎么办？我们可没亏待他啊！”蔡老板急了。

管家进来了，看见蔡蓉峰，他满脸堆笑。“蔡叔啊，你来这儿找儿子？你儿子考学堂去了！我看见婶子领着和子在报名考试，和子面试镇住了考官，学校答应他连跳两级，直接读三年级，整个永丰镇都传开了！”管家绘声绘色地讲着。

蔡蓉峰一脸惊愕……

“蓉峰，这是好事啊，咱蔡家出人才了！你快回去吧，好好培养和子，他是块读书的料！在我们这儿成天捧着书读……”哥哥的话让蔡蓉峰很受用,他难得听到有人夸奖他。

老板娘因为撕过蔡和森的书,在一旁脸上挂不住,插嘴道:“少说两句吧,如今蔡家出状元了,让兄弟早点回家偷着乐吧!”

蔡蓉峰回到家,一个人高兴地大声哼着花鼓调,他将被单披在身上边唱边演,手舞足蹈。葛兰英走进屋来,见状一怔,然后大笑起来。

“你这笑声好恐怖,把人都吓死了!”蔡蓉峰开着玩笑。

“你才把我吓死了哩,怎么一个人没事做,在堂屋里唱戏发疯!”

“我高兴呀!”蔡蓉峰掩饰不住高兴的神色。

“我也高兴!”葛兰英也是眉飞色舞的样子。

“你高兴什么?”蔡蓉峰明知故问。

“你高兴什么?”葛兰英实在纳闷。

“儿子考学中状元了!”蔡蓉峰夸张地说。

“你知道了?”葛兰英有些奇怪,这消息传得真快。

“整个永丰镇都传开了,人家都说我蔡蓉峰教子有方呀!哈哈哈……”蔡蓉峰无比得意地说。

“你终于尝到了儿女出类拔萃的甜头了?”葛兰英不失时机激了蔡蓉峰一下。

“读书学艺,儿女争气,爹妈哪有不高兴的?!”蔡蓉峰说着又学着戏腔道:“娘子,夫君此番有礼了!……”葛兰英又被逗笑了。

蔡和森在家门口看到不远处有个背书包的妹子,他仔细一看,兴奋地叫了起来:“毛妹子!”

毛妹子回头一看,惊喜地喊道:“三哥!”

蔡和森迎上毛妹子:“你背上书包了?你上学了?”

“不……不是,是二哥听我吵着要上学,就替我买了这个书包,二哥说,背起书包,不上学也是学生!”

“唉,好妹子,你这么爱读书,爸真该让你上学。”

蔡家像过节一样,一派祥和的气氛。蔡蓉峰难得地在厨房帮葛兰英做饭。说笑间,桌上摆了清炖全鸡、红烧蹄花、腊肉炒笋干等菜肴。

“要知道你读书这么有出息,爸早让你上学堂了!”蔡蓉峰得意地坐到桌子旁,对蔡和森说。

蔡和森赶忙给老爸斟了一杯酒。“儿子敬爸一杯酒,谢谢您了。”蔡和森端着酒杯说。

“这是儿子的状元酒,爸得喝!”蔡蓉峰一饮而尽后又说,“今天爸高兴,亲自下厨房做了一桌酒菜奖励你!当了三年学徒,没吃过好饭吧?快坐下吃吧。”蔡蓉峰把一块蹄花夹进蔡和森碗里。

“该奖励的是妈、爸,今天,满街的人称赞我,我心里知道,这全是爸妈的功劳!”蔡和森诚心诚意地说。

蔡蓉峰越发高兴了:“是吧?”蔡蓉峰一口干了杯中酒,不知是兴奋还是酒力的作用,他的脸通红。

“刚才,我和毛妹子在门口听爸说,只要儿女是块读书的料,就坚决支持他们上学读书。”蔡和森为父亲斟满酒,趁着父亲在兴头上,想替毛妹子求情。

蔡蓉峰呷了一口酒说:“是呀,我是这么说的。”

蔡和森突然转头对妹妹发出指令:“毛妹子,背书!”

毛妹子立刻领会了,她一口气背诵了《木兰辞》。蔡蓉峰看着女儿,脸上露出赞许的笑容,心里在想,这个小女儿确实聪明伶俐,可惜呀,是个女娃,女娃都是赔钱货,花再多的功夫还不是替婆家养了。

葛兰英看到了蔡和森使过来的眼色,故意强调说:“这又是一块读书的料!女儿家读书明事理,日后在外面少受人欺,而且还能帮家里做生意算账,这有什么不好的?”葛兰英耐心说道。

“妈说得对。我看到报上说,现在革命了,清朝垮台了,各地大兴女学,许多人家都将自己的女儿送进了女校。”蔡和森知道的比父亲要多。

毛妹子赶忙为蔡蓉峰斟酒:“谢谢爸爸!女儿读了书,一定像和子哥那样,为我们蔡家争光!”

蔡蓉峰语塞了:“这……就算……就算我不反对,钱呢?”

“钱不用你操心,林蒸铺子的钱仍然归你管。”葛兰英宽慰道。

“那好。难得蔡家出了桩喜事,先开开心心吃饭吧,毛妹子读书的事以后再说。”蔡蓉峰端起酒杯自顾喝起来。

一家人吃得很香,那只清炖全鸡,葛兰英撕下鸡腿给了和森和毛妹子一人一只。蔡蓉峰兴致很高,车轱辘话反复说,搬家真是搬对了,光甲堂就是倒霉的三个字,搬到这儿几年,是不是顺多了?

突然屋外传来蔡庆熙的喊叫声:“妈……爸!……”

蔡林蒸去开门。

蔡庆熙牵着一个两岁多的女娃冲了进来。葛兰英有点意外:“庆熙!……千昂!”

“你怎么回来了?”蔡蓉峰感觉不妙。

果然,蔡庆熙哭诉,自打千昂她爸病死后,婆婆天天吵着要她守节——

“要你守节没错呀!”蔡蓉峰没觉得有什么不好。

葛兰英拉过庆熙和千昂到饭桌边坐下,林蒸拿来了碗筷,千昂饿急了的样子,大口吃起来,可是庆熙没有拿筷子。“婆婆动不动就用棍棒打我,还不让我娘俩吃饱饭,上个月,婆婆竟要将小千昂卖给人家当童养媳!”蔡庆熙开始抹眼角。

蔡和森怒吼一声:“真是岂有此理!”

“不能由他们摆布,你们就在这儿住下吧!”葛兰英强压住怒火说。

“这怎么行!嫁出去的姑娘泼出去的水,我蔡家断然不能留她娘俩!”蔡蓉峰十分坚决。

“你不留她们,让她们上哪儿去?”葛兰英两眼瞪着蔡蓉峰。

蔡蓉峰不留情面地说:“从哪儿跑出来的,就回哪儿去!”

“爸,求求你,不要逼大姐和小千昂走!”毛妹子在求情。

“她现在姓刘!她活着是刘家的人,死了是刘家的鬼,这是老祖宗立的规矩!”蔡蓉峰固执己见。

“爸爸！现在是民国了，您怎么还抱着那些杀人不眨眼的老规矩不放呢？”看着可怜兮兮的姐姐和外甥女，蔡和森据理力争。

蔡蓉峰大吼：“你放肆！你不要以为你今天考试考得好，就不知天高地厚了！在这件事上，我是不会听你们的！”

“我走……我走！”蔡庆熙拉着小千昂起身出门。葛兰英、蔡和森、毛妹子喊着追出门去。

饭桌边，只剩蔡蓉峰一个人，他对着一桌酒菜发呆，突然他把酒杯狠狠摔在地上，大叫起来：“天哪！咱蔡家是怎么了？好不容易有件喜事，怎么立马被灾星给冲了！我蔡蓉峰前世作了什么孽呀？！”

蔡庆熙领着啼哭的千昂快步走着。葛兰英、和森、毛妹子喊着追了上来。“大姐，你别走……别走！”蔡和森拉住蔡庆熙。

毛妹子哀求母亲，不能让大姐回刘家，小千昂卖给了人家，大姐怎么活下去呀！

葛兰英一时找不到好办法，能想到的退路只有哥哥家，便说：“这样吧，我先送你们到舅舅家住几天，等你爸气消了，我再接你们回来……”葛兰英嘱咐和森、毛妹子先回家。

葛兰英和蔡庆熙、刘千昂连夜赶往荷叶镇，快到葛府时，却遇见看戏回家的黄婶和贞妹子。黄婶还沉浸在戏中，兴奋地告诉葛兰英，她看了一出《孟姜女》，边说边哼起来：“我那天呐，老天他也助奴家，霎时地动又山摇，长城一倒数百里……”

见葛兰英几个人无动于衷，黄婶感到有些失态，赶紧打住。黄婶还是第一次见着蔡庆熙的女儿刘千昂，她有些奇怪了：慌里慌张的，又是夜晚，她们三人干什么去呢？还没等她开口问，葛兰英就简单地说了原委。

小千昂很乖巧，甜甜地朝黄婶叫着：“外婆！外婆！”黄婶忙不迭地答应着，心里一下被触动了，很快喜欢上了千昂，只见她拉着千昂的手边往家里走，边对葛兰英说：“让她娘俩就去我家住吧！去你哥家哪有我家方便？他家人多，你哥又不管事，不知说话算不算数呢！”

不愧是多年的好友,黄婶的话击中了葛兰英的心,庆熙娘俩去黄婶家住再合适不过了,真是天无绝人之路,黄婶帮了大忙啊!

黄婶对葛兰英说:“天很晚了,我就不留你了,你快回家去吧,还有那么远的路要走。你看,千昂这么黏我,这就是缘分啊。你放心,她们在我这儿想住多长时间就住多长时间!”

葛兰英心情复杂地朝几个人挥手告别,转身离去。夜色中,她迈着小脚的身影显得那么孤单,可是她心里一点都不觉得孤单,关键时刻总有贵人相助,这世上还是好心人多啊!

葛兰英抬头看看,深蓝色的夜空那么宽广,她想,我葛兰英是不会服输的!再困难,也要一步步往前走,只有往前走,才看得到希望,才会迎来黎明啊!

这些天,葛兰英牵挂着庆熙母女俩,她们吃住在黄婶家终归不是办法,得说服蔡蓉峰收留庆熙母女俩。她观察到蔡蓉峰像没事一样,也不问问庆熙哪里去了,心里就有些怨气,男人啊,心真狠!

葛兰英看见一个熟悉的身影进了家门,那不是黄婶吗?她怎么来了?难道是庆熙她们……葛兰英赶紧迎出去,可不能让蔡蓉峰知道庆熙娘俩在黄婶家住着,不然,蔡蓉峰一怒之下把庆熙送回婆家都说不定。

可是,黄婶这次跟葛兰英一点不默契,她偏偏主动跟蔡蓉峰打招呼、套近乎,全然不看葛兰英的眼色和手势。蔡蓉峰勉强应酬着,伸手不打笑脸人嘛,何况乡里乡亲的,人家好不容易来串个门。黄婶寒暄了几句,打开放在桌上的包裹,拿出一件棉背心递给蔡蓉峰说:“你试试,看合身不?”

蔡蓉峰连连摆手:“不!不!黄婶,我们家又没帮你什么,你礼重了!”

“应该的!应该的!”黄婶笑着说。

蔡蓉峰更觉不好意思了:“哪有那么多应该的?”

葛兰英心里猜到七八分了。

“当然应该!我说老哥,这假如是你女儿庆熙替你做的,你说是不是应该的呢?”黄婶不想再绕圈子了。

“庆熙？你见到庆熙了？”蔡蓉峰很感意外。

“岂止是见到，她娘俩住在我那儿！”黄婶说完，看蔡蓉峰的反应。

“这从何说起？”蔡蓉峰望望黄婶，又望望葛兰英，猜想是葛兰英的主意，心里升起一股无名火，一时又不好发作。

“你别为难你老婆，是我让庆熙过去住的。她俩多可怜，婆婆不要，爸爸不爱的。”黄婶说千昂天天念叨外公外婆，说外公外婆会牵她回家的。

听着黄婶的话，蔡蓉峰耳边仿佛听到千昂的喊声，他想到，庆熙在家里时，是几个儿女中最听自己话的。黄婶见蔡蓉峰不说话，料定是小千昂打动了他，俗话说隔代亲嘛。

黄婶趁热打铁说：“照我看，是她婆婆太狠心，不说别的，庆熙和千昂出来这么长时间了，她就像她家没这两个人似的，不闻不问，这不明摆着不把亲家放在眼里吗？”

葛兰英暗暗佩服黄婶，心想这回黄婶可是帮了大忙了。

“老哥，你就让庆熙娘俩回家吧，庆熙手巧，帮人做衣服还可赚点钱，不是吃闲饭的。”黄婶说的话句句在理。

蔡蓉峰还是不作声。黄婶故意说：“你不同意，那我就把她们俩留在我家，让千昂跟我姓！”

葛兰英和黄婶一唱一和：“我没意见！反正千昂给谁家不是给，让她奶奶卖了真不知要遭什么罪呢！”

蔡蓉峰瞪了葛兰英一眼，终于开口说话了：“你懂个屁！”

黄婶知道蔡蓉峰松了口，她说，毕竟血比水浓啊！什么嫁出去的女儿泼出去的水，应该是各人养的各人疼！这世道变了许多，以前她也有点反感秋瑾说的话，现在琢磨，那些话还真有道理哩！她开化多了，再不把贞妹子关在家里，出去散心、看戏都带着贞妹子。

蔡蓉峰认真地听着。葛兰英看事情有了转机，对蔡蓉峰开起玩笑：“我不懂，你懂你就去把她娘俩接回来呀？”

蔡蓉峰是聪明人，见台阶就下，对葛兰英说：“想接你就去接呗！”

葛兰英和黄婶听了开心得不得了，拔腿就要出门，蔡蓉峰拦住她们，要留黄婶吃饭。

蔡庆熙和小千昂就这样回了娘家。

永丰是闭塞的乡镇，虽说死水一潭，但辛亥年发生的那场惊天动地的革命在小镇还是有了反应，镇上人变得爱谈论时局了，什么民国如何如何，孙中山如何如何。葛兰英从秋瑾那里听过孙中山的名字，她想，要是秋瑾还在，该是了不得的大人物了，自己会从她那里听到好多新鲜事。

蔡和森每天放学回家后都跟母亲讲他从书报上看到的消息，这天，他兴奋地说："从头到脚的革命之风都刮到长沙了，男子都要剪辫子，女子再也不用包脚了！"他赞扬母亲在反对毛妹子包脚一事上开了风气之先，说着说着找来剪刀，三下五除二剪掉了自己的辫子，说："妈，学校还没人剪辫子呢，我就毫不客气抢个第一了！"

葛兰英愣了一下，马上对儿子的行动表示赞同："剪得好！迟剪不如早剪，这叫敢为人先！妈支持过毛妹子不包脚，今天也支持你剪辫子！"葛兰英仔细把儿子的头发修剪整齐。

葛兰英索性解开自己的发髻，用手抚摸着长发。她发现自己的头发不再是乌黑的了，里面夹杂着不少白发，不禁感叹岁月的无情。时光催人老啊！再不做点有意义的事，就没时间了。都说女人头发长见识短，她要剪发明志，让镇上人看到她的新面貌。

葛兰英操起剪刀三两下把长发剪短了，对蔡和森说："你看，没有比这种支持更坚决的吧？"

看着蔡蓉峰还拖着一条长辫子，她也懒得去劝他剪，她想，总有一天他自己会去剪的。如今啊，一切都有可能。

没有了辫子的蔡和森兴冲冲地跑出门，发现家门口有一位疯疯癫癫的不速之客。

疯子坐在墙角地上，穿着破旧的长衫，右手伸进衣领抓虱子，抓出来看一下，又往一边甩；左手拿着酒葫芦，不时举起葫芦喝酒。过往行人掩鼻而过。一群小孩围住疯子看热闹,有人朝疯子扔纸片、吐口水。疯子拿出一本破旧的小册子,摇头晃脑地念着。

蔡和森挤到疯子面前,一个同学大声说:“蔡和森,疯子他看的是什么书?”

疯子抬头看了一眼,冲蔡和森笑了笑。蔡和森愣了一下,转身进了家门,他告诉母亲,家门口坐着一个乞丐不像乞丐、酒鬼不像酒鬼的人,还拿出一本书读呢。

“哦?”葛兰英等着蔡和森继续说下去。

“更奇怪的是,他看见我就笑起来。”蔡和森在回想那个疯子的模样。

“这人会读书识字,却流落街头,肯定内藏玄机啊!你不要耻笑人家。”葛兰英凭着自己的经验判断着。

蔡和森从桌上拿起一个红薯,对葛兰英说:“妈,我给他送个红薯去。”

葛兰英赞同道:“对对,同情弱者、乐善好施是做人的起码美德,快去快回!”

蔡和森走出家门,看见疯子突然从衣袖内拿出一把剪刀。围观的人吓得纷纷后退。

蔡和森上前把红薯递给疯子,疯子惊喜地看了他一眼,开口道:“蔡和森,果然与众不同啊!”

“你认识我呀?那你是谁呢?”蔡和森非常惊讶。

“我?你们不是都叫我疯子吗?我姓陈,名疯子。你们就叫我疯子好了,今天,我疯给你们看看。”陈疯子说完一甩辫子,辫子绕到胸前,他举起剪刀,做了一个剪辫子的动作,却又收起剪刀。

围观者中一男人喊:“疯子,卖什么关子,剪啊!剪啊!”

葛兰英听见门口的吵嚷声,出门站在门边,伸长脖子看着这一切。陈疯子笑了笑,手在头顶上摸了摸,顺手抓下帽子和辫子,露出光头。

“哎呀!你这是假辫子!”蔡和森笑起来。

“哈哈!小子,我的辫子可是比你剪得早啊!”陈疯子无比得意地说。

“哦？”蔡和森对陈疯子的话很感兴趣。

“进你家说吧，我要见见你妈妈！”陈疯子一本正经的样子，转眼却不像疯子了。

陈疯子随蔡和森进了蔡家，葛兰英端茶倒水一点不敢怠慢。陈疯子对一脸疑惑的葛兰英说：“蔡嫂子不要惊讶，你不认识我，可我是受人之托专程来看你的。”

葛兰英一惊：“受人之托来看我？谁呀？”

陈疯子慢慢吟出一句诗：“身不得男儿列，心却比男儿烈！算平生肝胆，因人常热。俗子胸襟谁识我？英雄末路当磨折。”

葛兰英脱口而出：“哎呀！秋瑾的诗！难道是秋瑾……”

“正是！我也是湘乡人，在日本时认识的秋瑾，和秋瑾都是同盟会会员。”

“秋瑾跟你说起过我？”葛兰英见陈疯子果真来头不小，她想知道他为什么找她。

陈疯子侃侃而谈：“是啊，那是她被捕前不久的事，她告诉我，荷叶镇有位非常有主见有抱负的大姐，喜欢读书，赞同妇女解放的思想，是她的好友。她说的那个大姐就是你。她说她可能再也不会回荷叶了，托付我回乡时，带给你一句话和一件物品。”

葛兰英急切地说：“那句话是什么？你快告诉我！”

“秋先生要我告诉你，再苦再难，一定要把儿女送到外面去读书，让儿女们圆我们未圆的梦！”陈疯子看了看蔡和森。

“是的，以前，秋瑾妹子回荷叶，总是这么对我说的。那……她给我的是何物呢？”葛兰英很好奇。

陈疯子掏出一件用丝绸包着的东西交与葛兰英。葛兰英小心打开，里面是一张报纸。陈疯子说，这是秋先生办的《中国女报》创刊号清样，上面留有她修改的笔迹，所以尤为珍贵。

葛兰英看着报纸清样，念道：“……予乃奔走呼号于我同胞诸姐妹，于是而有《中国女报》之设……吾今欲结二万万大团体于一致，通全国女界之声息于朝夕……”葛兰英频频点头：“我懂了，秋瑾妹将此物交与我，就是寄希望于我啊！可是，我孤陋寡闻，办报恐怕不行。”

“秋先生对你寄予了很大希望，她说，希望你以你的才学，日后在这闭塞之乡办一所女校。”陈疯子告诉葛兰英。

葛兰英眼睛一亮：“办女校？”

蔡和森在一旁说：“妈妈，秋瑾阿姨这一嘱托真有远见呀。”

“和森说得好！葛大姐，秋先生的梦想就是你的梦想，梦想成真之时，秋先生定将含笑九泉！我的事已办妥，我去也。”陈疯子起身告辞。

“谢谢先生，日后还望先生多多赐教。”葛兰英诚恳地说。

“赐教谈不上。鄙人不才，追随孙中山，崇敬秋瑾，曾为建立民国拼杀多年。如今，清朝虽被推翻，但举世依然混浊不堪，想起多少为此献出生命的同仁，我无颜以对，心乱如麻，只想找个清静之处反思这一切。”陈疯子从来没有对谁说过这些话，今日感觉和葛兰英说话投机，不由得多说了几句。

“敢问先生去往何处？日后我好去拜访。”葛兰英很想结识这位谈吐不凡的先生。

陈疯子摇了摇头，苦笑了一下，随口吟了一句诗：“应怜寂寞云峰下，数亩硗田一腐儒。”

陈疯子吟着诗文，踉踉跄跄地出门离去。

葛兰英重复着这句诗文，目送着陈疯子的背影若有所思，口中喃喃道：“办女校？”

办女校正合葛兰英的心意！办起女校后，不是可以让山乡更多女娃上学读书、走上自立之路吗？知我者，秋瑾也！葛兰英觉得秋瑾真是有眼光，自己敢想没敢做的事，秋瑾给指了路。

秋瑾的嘱托反反复复在葛兰英耳边回响，可是自己白手起家办学，谈何容易！“我就是不信这个邪！”葛兰英的倔劲上来时最爱说这句话，她下决心要办一所女校，告慰秋瑾的在天之灵，圆自己多年的梦想！

第六章　创办女校

葛兰英做出了一个大胆的决定：送儿子去湘乡县城读书，而且自己、庆熙、毛妹子统统都去！

家里工作好做，葛兰英给了蔡蓉峰一颗定心丸：她和孩子们在县城读书、吃住的费用她来解决。她能有什么办法呢？无外乎是从首饰盒拿几样东西变卖，她知道，只有这样，蔡蓉峰才不会反对。

县立学校男女生混招，不仅开设文化课，还有缝纫、刺绣等技能课。蔡和森顺利进入高小班，毛妹子在初小班报上了名。葛兰英心里有数，她和庆熙报名时肯定会遇到困难，她想，既然下决心来了，就没有退回去的道理，她这次要在儿女面前做个榜样！

操场上，女生们在做着体操，有的在一旁踢毽子、跳绳，葛兰英羡慕地看着小女生们，羡慕地说："自由、快活、有生气！……我好几次在梦里到过这样的女儿国，睡着了都笑醒了！……"葛兰英沉醉了，一不小心差点被一名跳绳的女生撞倒。

跳绳女生忙赔不是："啊……对不起，婆婆！"

葛兰英突然不高兴了，她瞪了跳绳女生一眼："我不老！……别叫我婆婆！"葛兰英说完，扬长而去。

蔡庆熙上前向跳绳女生解释："对不起，她是我的妈妈，她最烦别人把她叫老了。"

跳绳女生笑笑："还有这样的老人……不服老呀！"

老榕树下，报名处的桌子前，蔡庆熙上前询问，考官却说她已过了报名年龄。葛兰英据理力争：女子求解放不分老幼！同时她激奋地告诉老师，庆熙是不堪忍受婆家的虐待前来这里求生路的。老师听了很受感动，破例接受蔡庆熙进入缝纫班。

事情进行得出乎意料之顺利，此时，葛兰英提出了自己的要求："先生，还有我……也想报个名。"

几个考官惊呆了："这……怎么行！老妈与女儿一起上学，那怎么行？！"

葛兰英问："为什么不行？又是年龄大了？……"

考官答："不是大了，是太大了！"

蔡庆熙忙向校长解释：妈妈来这儿上学，是想多学点知识、经验，准备以后回老家办女校，妈妈总是说，多解救一名女子，就可以为妇女解放多增加一份力量。

校长坚持说，他们办学有办学的规矩。"规矩"两个字葛兰英都听得耳朵长了茧，她丢下了一句话："你们不收我？……那你们等着瞧！"

葛兰英闯进了县衙门告状！

县长接待了葛兰英，要她出示状纸。葛兰英指着自己说："我就是状纸！"葛兰英说起了自己的经历，然后责问："这个学校为女子解放而设，为什么拒渴求解放的女人于校门之外？！难道学校也是八字大门朝南开，有理无钱莫进来吗？"

县长一怔："你凭什么这么说？"

葛兰英振振有词："请问县官大人，女子学校是不是为女子解放而设？"

县长点头："是……是呀。"

"那我再问县官大人，它为何拒我于校门外？"葛兰英带着几分愠怒问道。

县长不明白地问："你说把谁拒之校门外？"

葛兰英理直气壮地回答："我！……他们把我拒于校门外！"

县长颇感意外,笑了笑说:“怎么?您这把年纪了,还想去上学吗?”

“这把年纪怎么了?!”葛兰英反问道,“人家佘太君百岁挂帅出征,姜太公八十岁学艺,比起他们的年龄,我还小得很哩!”

县长用异样的目光打量着葛兰英,佩服她人老心不老!他问葛兰英,为何这么强烈地要读书呢?

葛兰英侃侃而谈,封建礼教让女人吃尽了苦头!现在提倡男女平等,妇女就应该和男人一样进学堂读书。为女界,这是解放之道;为自己,这是自立之道;为后代,更是榜样之道!

县长高兴地说:“好啊……好呀!你博古通今,说得头头是道,非常人也。请问,您叫什么名字?”

“我姓葛,在这以前名叫葛兰英。这个名字呀,女人味太重,五十年来,没给我带来什么好运!”葛兰英豪爽地说,“今天,我当着您县官老爷的面,改名叫葛健豪!‘健’就是要做改造社会的健将,‘豪’就是要做打倒封建的豪强。”

县长喃喃自语:“葛健豪,这名字好……好名字啊!气派非凡!”他觉得这个妇人确实非同小可,答应亲自去学校为她说情。

县长亲临学校,校长诚惶诚恐,他有点委屈地想:这……这个小脚老太太真是不寻常,她还真的去县衙门告状了!

县长说:“本来,我是准备传唤你这个被告的,但是,我想了想,那样不妥……”

校长连声道:“县长大人,请您明鉴。我们真的是冤枉啊!”

“冤枉?她告你们不让女子接受教育、剥夺国民的权利!她告得句句在理。”县长正儿八经地说,他被葛健豪的精神打动,铁定要管这件事。

校长向县长汇报,担心她上起课来跟不上,县长打断校长的话,启发道:“校长,你别老是想着困难,你应该想想,这个老太太如果能进校读书,对你们学校有利还是有害?这个老妇人就是妇女解放的榜样,榜样的力量无穷无尽,这对于你们学校的名声大有好处呀!”

“我看能不能这样，先对她进行面试……”校长想出了一个进退自如的办法。

好多人听说老太太告状惊动了县太爷，都跑过来看热闹。葛健豪在外面等得焦急，见县长和校长在几个考官的陪同下走出办公室，她忙迎了上去，对县长说，她的事今天必须给一个回复，不然，她明天还去县衙门。

看热闹的人们交头接耳议论着。

县长不紧不慢地告诉葛健豪，他已与校方商量了，现在得听校长的，由校长安排进行面试。葛健豪很爽快：“面试就面试！”

县长和校长交换了个眼色，校长吩咐几个考官把围观的人推开一点，清出空地，然后对葛健豪说道：“我们现在就当着县长的面开始考试。请问，您这么大年龄了，为什么坚持要来这儿上学？”

葛健豪不慌不忙地答道：“这儿不是可以学文化和劳动技能吗？我想学成后回老家办学，让更多女子学习文化，自己解放自己。”

校长点头：“那您以前读过书吗？”

葛健豪回答，她读过私塾，会写字，还会作诗词！

校长想了一会儿说：“那我出几个对子与您对对，行不？”

葛健豪爽朗地回答：“行呀！”

“那就从一个字开始——”校长想了想说，“楼——楼上楼下的楼。”

葛健豪顿了一下，答：“窗——窗前窗后的窗。”

校长：“华岳——”

葛健豪：“湘江。”

“雾茫茫。”

“水淼淼！”

校长加快了节奏：“春雨潇潇！”

葛健豪对答如流：“秋水长长！”

“洞庭八百里——”

“巫山十二峰！”

"巫山十二峰,烟蒙蒙,雾茫茫,老太太何地而来?"

"洞庭八百里,山青青,水长长,小学生来自湘江!"

县长击掌惊叫:"好!"

围观的师生们不约而同拍起了巴掌。

"厉害!老太太厉害呀!"校长称赞道,他的视线停在了葛健豪的那双小脚上。葛健豪敏感地挪动着小脚,想尽力遮掩。

"恐怕……您生理上适应不了学生生活——"校长说。

"您是说我这双小脚吗?……"葛健豪激动起来,"校长大人呀!这小脚是几千年来套在我们女人身上的枷锁呀!不影响我学习……"葛健豪突然夺过了身边一位女生手中的绳子跳起来,一下,二下,三下……虽然跳得吃力,却博得师生们的阵阵喝彩!

"奇志可嘉……奇志可嘉呀!"县长激动地惊呼道,他将目光转向校长。

校长大声宣布:"我宣布,从现在开始,葛健豪成为我们学校最年长的学生!"

又是一阵热烈的掌声。

葛健豪笑了,她向在场的所有人深深一鞠躬。

这次,蔡家不仅在永丰镇引起了轰动,整个湘乡都传遍了蔡家一家人求学的佳话,他们家祖孙五人的身影成了学校最引人注目的风景。每天,葛健豪和孩子们一起去学校,小千昂也跟在妈妈蔡庆熙后面,妈妈进了教室,她就去学校的幼儿班玩耍。

一家人的求学生活无比快乐,没有谁计较天天吃两顿稀饭的艰苦。葛健豪知道,这样的幸福时光不会长久,因为尽管节省又节省,但她手上的钱快花光了,五个人的吃住开销实在不是一笔小数目。她心里另有打算。

回家过完年后,几个孩子高高兴兴清理行装,准备去县城上学。葛健豪和蔡蓉峰说话,她故意说给孩子们听:"这次我回来就不走了。"

"那好啊!我说嘛,那个学是那么容易上的,功课跟不上,尝到苦头了吧？不去是对的，在家各人想办法做各人的事，一家人团聚在一起比什么都好！”蔡蓉峰以为葛健豪打退堂鼓了。

“根本不是功课跟不上，实在是手头没钱啊！”葛健豪愧疚地望着孩子们。

蔡和森马上说：“妈，您不用发愁，不去上学没关系，我还是老办法，自学！”

“不！正是为了保证你读下去，我才决定辍学的，包括庆熙、毛妹子，我们都不去了。”葛健豪把目光转向蔡庆熙、毛妹子，对她俩说：“一直不忍心告诉你们，你们不怪妈妈吧？”

庆熙马上表态：“妈，我赞同您这样做！我支持和子！您不知道，学习了大半年，我的缝纫、湘绣手艺大有长进，完全可以回家赚钱了！”

毛妹子有点不情愿，但想到是为了保证哥哥继续读书，她没有说半句怨言。蔡和森返校那天，毛妹子要母亲、姐姐都留步，她送了哥哥一程又一程。蔡和森从妹妹眼里看到了渴望，一种强烈的求知欲，他懂得了他已经不仅仅是为自己在读书。他心里暗暗发誓，有机会一定把妹妹接出来上学。

学校有个藏书室，蔡和森一有空就进去看书。

校长和一个先生走到藏书室窗前，透过窗子看着里面的蔡和森。校长说：“这个蔡和森，学习很努力，思想很活跃。”

先生介绍道，蔡和森空闲时间都在藏书室里，高小班的课程他已经全部学完了，学校的藏书他也读了一大半。

校长感叹：这样的学生真是少见！

“校长……我们这里已经远远不能满足蔡和森的求知欲望了。我想，这样的高材生应该送他去省城深造，不过，听说他家很困难。”先生看样子对蔡家很了解。

校长指示，对于这样的学生，应该鼓励、资助他去外面闯，天高任鸟飞嘛。

校长和先生来到蔡家，葛健豪颇感意外，她急切地问：“校长，你们前来,是因为犬子蔡和森?他做错了什么事?”

校长笑着摇头:“您别误会!我们来,是想告诉您,您儿子蔡和森是我们学校最优秀的学生!他已经读完了我们学校藏书室的大部分藏书,平时听课和作业他根本不用吹灰之力便可完成,本校已经不能满足他的学习要求了。”

葛健豪高兴地说,这是学校教育的结果,自己也在考虑儿子升学之事,和森这孩子心很大,目光很远,她打算送他去省城继续求学。

校长和先生交换了一下会意的眼色。先生说:“您和学校想到一起去了。”

校长接过话:“蔡夫人不愧是一位有远见的母亲。有一位哲人曾经说过,中国的强盛,缺少的不是钱财,而是人才!蔡和森就是这样的人才,我们从事教育的人,应该为人才的脱颖而出,尽一份责任。”

葛健豪抑制不住兴奋:“谢谢先生夸奖!”

校长拿出一个纸袋递给葛健豪,告诉她这是学校发给蔡和森去省城升学的奖学金。葛健豪接过奖学金十分感动,她说:“谢谢校长,谢谢老师,你们今天送来的不只是奖学金,也是犬子的成才希望啊,作为母亲,我会永远铭记在心的!”

校长和先生频频点头,颇感欣慰。

蔡蓉峰不同意儿子继续读书,他觉得和森该为家里赚钱才是,家里处处都要花钱,他做梦都恨不得天上掉几个铜板下来。天上自然没有铜板掉下来,可是人间自有贵人在,校长送来了奖学金,让他这个做父亲的颇感自豪。

钱,还是钱的问题。葛健豪告诉蔡蓉峰,儿子去省城读书,不要他出钱。葛健豪当然知道和森去长沙读书将是一笔不小开支,但她有首饰盒做后盾,作起决定来底气十足。她感叹母亲生前想得很周全,那些首饰总在关键时刻帮了她和孩子们。

蔡蓉峰心里算过账,这孩子一心想读书,也会读书,将来读书读出名堂了,在长沙谋个一官半职那可是蔡家的文曲星啊,不就是晚几年做工赚钱嘛,终归还是划算的。

蔡蓉峰将一只小袋交与葛健豪,说:"我这个当爸的,哪能总是白沾儿子的光呢?人家学校都送来了奖学金,我也得对儿子有所表示嘛,是吧?昨晚,我想了一宿,决定了,这钱——拿去!"

"哎哟,今天的日头从西边出来了。"葛健豪有点不相信的样子。

"这是什么话!"蔡蓉峰白了葛健豪一眼,却并不计较。

"爸有私房钱哩。"一向少言寡语的蔡林蒸说了一句俏皮话。

"什么私房钱!这是老子打牌的专款。"蔡蓉峰实话实说了,葛健豪和孩子们听言乐不可支。

蔡和森去省城长沙探听考学的情况。走在长沙街头,蔡和森对繁华的闹市一点不感兴趣,唯一吸引他的是书店,一进去他就可以捧着书看半天,老板也不撵他走。蔡和森在心里说,冲着这样的书店,自己一定要来长沙上学。在报纸一角,蔡和森看到长沙铁路学校的招生启事,心里一亮,对,就报考这个学校!毕业可以捧上铁饭碗,这对蔡和森的吸引力是相当大的。

回到家,蔡和森告诉家人,他打算报考长沙铁路学校,葛健豪当然赞成,蔡蓉峰也没什么意见,他点头道:"铁路学校?那今后你就会修铁路了哦!在咱这儿,好多人别说没坐过火车,就是铁路长什么样都没见过啊!"蔡蓉峰预感到,儿子这回又要在镇上引起轰动了。

蔡和森踌躇满志地参加长沙铁路学校的入学考试。

要说最不怕考试的人,就数蔡家人了;蔡家人每参加一次考试必有一个传奇故事产生,这回,当然不例外。

学校以蔡和森没有高小文凭为由拒绝他报名,说学校有学校的规矩。蔡和森据理力争道:"道理我懂,你说的规矩是可以破的。二百多年的清王朝被推翻,几千年的帝王制都被废除,一个区区小规矩难道可以把一名学子拒之门外?真是岂有此理!怪我走错了地方!"

校长听后大吃一惊，一位老师恼怒道："你……口出狂言！"

蔡和森不卑不亢地说："此处不留人，自有留人处！长沙城大着呢！"

老师还想训斥蔡和森，被校长止住。校长对往门外走的蔡和森说："慢！"

"有何贵干？"蔡和森停下脚步问道。

校长问："你叫什么名字？"

"蔡和森！"蔡和森答道。

"蔡和森，我是校长，我尊重你的意见，今天破规矩，让你报名参加考试。"校长打算给这个口出狂言的学生一个机会，但他又警告说："如果你考不上，那就别怪学校不收你了。"

"那当然！但是，如果我的考试成绩在你们录取范围之内呢？"蔡和森问道。

"那当然一视同仁录取你！"校长不假思索地回答。

"说话算数？"蔡和森有点不相信。

"君子一言，驷马难追！"校长颇有君子风度。

蔡和森进了考场，拿起试卷，挥笔行文如流水。

隔日，蔡和森还没走到发榜处，就有同学指着他说："他就是蔡和森，考第一名的那位！"

办公室里，几个先生在争先恐后看蔡和森的作文，议论纷纷。

"这个差点被拒之门外的考生，作文考了一百零五分？全长沙城的学校都知道了。"

"他连高小文凭都没有，考卷是不是批错了？"

"没错，满分一百分，多出来的五分是因为字迹工整。"

一个先生领着蔡和森进了办公室，校长热情地说："蔡和森，祝贺你！"校长庆幸自己挖掘了一棵好苗子。他认为蔡和森还没有入学，就给他这个当校长的上了一课！这一课上得好。培养人才，就是应该不拘一格！

"校长，前两天报名的时候，我求学心切，出言不逊，多有不敬，请见谅！”蔡和森很不好意思。

蔡和森回家报了喜。蔡蓉峰出门逢人就说：“我儿子考上长沙铁路学校了！”街坊四邻送来鸡蛋、米面前来贺喜，蔡家热闹了好几天。

儿子终于走出大山了，葛健豪受到鼓舞，办学的愿望更加强烈。她一拍脑门，一大家人不是去湘乡第一职业学校读过书么？对！就照那个模式，咱办一个第二女子职业学校！

一家人吃过晚饭，葛健豪便迫不及待地端起油灯，吩咐蔡林蒸、蔡和森一人拿一把铲子跟她出门。蔡家院子里，忽闪忽闪的灯光照着一棵香樟树。葛健豪指着树下一块石头说：“宝物就在这下面。”

蔡和森、蔡林蒸赶紧搬石头、铲土，不一会儿，土内出现那只首饰盒。葛健豪说：“这盒子不大，但却藏着我们葛家两代人的希望啊。”葛健豪小心翼翼地打开小盒，里面是绿宝石戒指、玉佩等各式金银首饰。

“这是外婆用外公的抚恤金买下的首饰，葛家毫无保留都给我了，嘱咐说，是为你们兄妹准备的。再加上我的陪嫁首饰，还值点钱哩。我们去县城读书就是靠的这个。现在，和子去长沙读书还得靠它。”葛健豪向孩子们亮了家底。

蔡和森最理解毛妹子求学的渴望心情，真心希望妹妹能够继续进学堂，他要母亲送毛妹子去上学，再为哥哥、大姐还有小千昂留一些钱。

葛健豪告诉孩子们，再多的钱都是留不住的，留得住的是家风。她要用这些首饰做一件非常有意义的大事！

蔡林蒸好奇地问：“什么大事？该不是家里要盖房吧？我们住的屋子实在太旧了。”

“盖房干什么，我要办一所女子学校！让庆熙、毛妹子、小千昂还有乡邻的女娃们都上得起学！”葛健豪的话掷地有声。“这不仅是我的一个心愿，也是你秋瑾阿姨的托付。以前我想都不敢想，是秋瑾给我壮了胆、指了路。”从秋瑾那里受到启发的葛健豪，认定知识能够改变人的命运。她一方面积极支持自己的子女求学，另一方面觉得，办学还可以济世救民。

葛健豪考虑得很仔细，她可以教文化识字课，庆熙可以当缝纫教员，毛妹子边上学边教体育和音乐。

“那校址设在哪里？总不能让妹子们都到我们家里来上学吧？”蔡林蒸说出心中的疑虑。

“我悄悄物色了好几处办学的地方，最中意的是镇南观音阁。”葛健豪潜意识里觉得，把学校建在曾经供奉过观世音菩萨的地方，自然会得到菩萨的保佑，她十分兴奋，那遥不可及的愿望转眼就要变成现实。

观音阁坐落在涓水东岸的回龙山麓，一度是当地人求神拜佛的地方，不知何故，香火逐渐衰败，到清朝末年，阁里建了一所私塾，后来私塾也关闭了。葛健豪租下私塾的几间房，和蔡庆熙、毛妹子一起忙了几天，将屋角的蛛网灰尘打扫干净，在庭院整理出一块平地，请人修理好桌椅，学校看起来还算像模像样。

永丰出了个女校长！

鞭炮声中，葛健豪在观音阁门口挂起了“湘乡县立第二女子简易职业学校”的牌匾，她就是女校校长。

消息不胫而走，许多乡邻前来围观。“我们的学校是为乡邻的女子们办的，第一学期开一个综合班，先把妇女和细妹子们动员来读书，下学期要开三个班哩。”葛健豪喜气洋洋地说。

“我们这学期的综合班有国文、缝纫课程。下学期分别开缝纫、织布、刺绣班……”蔡庆熙对周围的人说。

几名中年女人新奇地看着……葛健豪拉住一位穿布旗袍的大嫂。“我快四十了，还能学？”大嫂有点害羞地说。

“能！”葛健豪大声说。

“真的？”大嫂显然很惊喜。

几个十多岁的妹子在父母的陪同下走过来。

葛健豪见围观的人越来越多，兴头上叫毛妹子拿过纸笔，写了一副对联：

女校长执教，培育新女性；

穷学生读书，挖掉老穷根。

葛健豪拿起对联给乡亲们念了一遍，大家齐声叫好。那位大嫂连声说:“哎呀！了不得！没想到这个女校长真有两下子！”

葛健豪热情地说:“欢迎大家把女儿和媳妇都送来上学！”

有个圆脸蛋的小媳妇走过来说，她倒是想来这儿读书，可家里的男人不准怎么办？“你家住哪里？我去帮你说说话。”葛健豪打算挨家挨户去劝学。

葛健豪首先来到荷叶镇的黄婶家，她一定要说服黄婶同意贞妹子上学。贞妹子听说蔡妈妈办了学校，欢天喜地:“太好了，蔡妈妈办了女校，我可以上学读书了！”

黄婶却不表态。

葛健豪劝黄婶:“现在民国了，再也不为女人立贞节牌坊了，你就同意贞妹子去我那儿读书吧。”

“你们住光甲堂时，贞妹子就寻死要读书，现在你办了学校，她是瞌睡遇着枕头了。”黄婶没好气地说。

葛健豪耐心地对黄婶说，现在提倡妇女解放，倡导女子教育，这是世上的新潮流！妹子们可以学许多知识，上街认个路、买菜算个账什么的都方便，有何不好？

“黄婶子，就让贞姐去吧。我知道你是放心不下贞妹子，去别的学校你有顾虑，去我们那儿你就放一百个心好了。”毛妹子很会说话。

“妈，到蔡妈妈那儿上学，您有什么不放心的？让我去吧！”贞妹子央求着婆婆。

“唉，你去就去吧，可你不能忘了，你是我黄家的人！”黄婶终于松了口，最后一句话才是她顾虑的。

葛健豪说:“你妈同意了，快去准备吧。”

贞妹子和毛妹子两人进里屋去了。黄婶说了心里话:“唉，其实，我也不是死脑筋，我是怕……女人读书有了文化，翅膀就硬了。”

“我们就是要让女人的翅膀硬起来！”葛健豪觉得黄婶还是老思想。

黄婶还是有点担心，翅膀硬了就会飞的！贞妹子走了，不能为她儿子守节不说，她不是白养活贞妹子一场？！

葛健豪劝道，女子读书，这是潮流，谁也抵挡不住。贞妹子读书有了文化，将来有出息了，会知恩图报的。

“是吗？”黄婶有点不相信的样子。

“是的！有文化之人，与没文化之人，大相径庭！你只当做了善事，好心必得好报！”葛健豪抓住黄婶信佛向善的心理大做文章。

“但愿如此！”黄婶说着，送葛健豪一行出门。贞妹子像飞出笼子的小鸟一样，快乐无比。

葛健豪、蔡庆熙、毛妹子在永丰镇劝学的路上，听到唢呐声声、锣鼓喧响、鞭炮齐鸣，迎面碰到一行接亲的人。

突然，血从花轿内流了出来……花轿后面有人看见了血，大喊大叫：“血，花轿里面流血出来了！”

众人惊慌失措，接亲队伍顿时大乱。一个管家模样的人忙喊：“停……停！”花轿停下，管家揭开轿帘，大吃一惊，他看见花轿里面的新娘右手拿着一把剪刀，左手腕被划破，鲜血直流，已不省人事……

轿夫高喊：“出人命了！……”

人们不知所措，各自跑开。管家趁乱溜走。

葛健豪听见有人在议论：“周家老爷子要娶四姨太，姑娘不从，在轿子里自杀了，作孽呀！……”

葛健豪惦记着轿子里的姑娘，急忙走上前，揭开轿帘，看见姑娘，她一眼认出来：“这不是姚胡子家的瑶妹子吗？！”

葛健豪上前一摸新娘的鼻子，说：“她还有气！”她拿出手帕，将瑶妹子的伤口包扎起来，然后果断地说：“快送药房！”

财主周老爷在府里等着新娘子，他在和三个姨太太打牌，管家匆匆忙忙跑进来说："老爷，不好了，四姨太死了！"

周老爷大惊："什么？怎么搞的，没进家门就死了？"

"她身藏剪刀，在花轿里自杀了，街道上流了一路血！"管家惊魂未定的样子。

周财主心想，倒是个刚烈女子！……她要自杀，怨不得我们。他吩咐管家赶快将瑶妹子弄去埋了，埋远点，把她坐的花轿烧掉，别沾晦气……

管家点头哈腰离去。周老爷对着管家的背影骂道："真是一帮废物！"

药房里，孙郎中对瑶妹子进行了急救，他用了特效止血药，血止住了，瑶妹子看来不会有生命危险，葛健豪悬着的心放下来了。

孙郎中认识葛健豪，好奇地问："葛校长，她是你什么人？"

"都是乡邻，碰上而已。"葛健豪淡淡地说。

孙郎中不住夸奖，救人一命，胜造七级浮屠。不幸中的万幸，瑶妹子遇到好人了。葛健豪唏嘘不已："都是女人嘛……"

躺在床上的瑶妹子渐渐清醒过来，她满脸绝望的表情，要大家别救她了，她只想一死！葛健豪柔声说道："瑶妹子，你不认识我了？我去过你家啊，我和你爸爸在上海打过交道。你们家有什么难处，我会帮忙的，你别怕！"

瑶妹子点点头，认出是蔡伯母。随即她大哭起来："我生不如死！那个姓周的逼我当他的四姨太！"

"妹子，人生在世，没有过不去的火焰山，你以死抗争，肯定把周家吓坏了，他们不会把你怎么样了。瑶妹子呀，寻死不是我们妇女的出路，我们妇女的出路只有自立自强，从死中求出一条生路来！"葛健豪好言相劝。

瑶妹子慢慢平静下来，她挣扎着要下床："我爸爸快不行了！我要快回去……"葛健豪赶紧说："你爸爸是我在上海时的老朋友呢，我一定要去看看他，走，我送你回家！"

瑶妹子的家冷冷清清的，安静得像是没有人。葛健豪扶着瑶妹子进了屋，很快就看见躺在床上的姚胡子。

瑶妹子哭喊道:“爸爸,我回来了!”姚胡子慢慢睁开眼睛,呆看着瑶妹子、葛健豪、蔡庆熙和毛妹子,十分吃力地张开嘴想说话,可又说不出来。

瑶妹子说:“爸,是她们救了我,我才能回到您的身边!”

姚胡子点头:“谢谢!好……好人……”

葛健豪关切地对姚胡子说:“胡子,你不认识我了?我是蔡主管的内人呀!”

姚胡子看着葛健豪直点头,流着泪说:“蔡夫人呀!这日子没法过了……我借了周财主家的高利贷,为了还债,我无路可走,才将瑶妹子……”

姚胡子话没说完,昏厥过去。瑶妹子哭喊着:“爸爸,爸爸!”

“胡子,胡子!”葛健豪焦急地喊道。姚胡子睁开眼睛吃力地说道:“夫人……我不行了!您是好人……临死前……”

姚胡子猛烈咳嗽,他断断续续地说:“临死前,能见到您,就像见到了救苦救难的观世音菩萨……我把瑶妹子托给您了……”葛健豪含泪答应。

观音阁里彩旗飘扬,墙上贴着各种标语,女子职业学校正式开学了,葛健豪主持开学典礼。

众多女学生排列整齐地站着,贞妹子、左手缠着绷带的瑶妹子、穿旗袍的嫂子、圆脸蛋小媳妇等都在队伍里。毛妹子个子矮小,站在队列最前面,格外引人注目。

女学生的家人和路人在围观。周财主坐着轿子,在管家的陪同下,也出现在人群外。管家指着学生队列中缠着绷带的瑶妹子对周财主耳语,周财主听着,点了点头。

蔡蓉峰也赶来了,看着这场面,十分惊讶。

几个老朽绅士不满,开始议论。

“女人读什么书呀!”

“是啊,这女人读书识字,不是要爬到男人头上去了!”

“对对对,女人读书识字后就管不住了。”

周财主煽动道:“这简直是伤风败俗!”

蔡蓉峰站在旁边听着几个人的议论,一脸不悦。

葛健豪铿锵有力地说着:“同学们,在今天举行的开学典礼上,我们要用一个特别的行动,喊出妇女解放的心声,那就是放足!外面都禁止缠足了,我们这里还守着老规矩……首先,把缠在脚上的裹脚布扔掉!”

众人惊愕。

毛妹子抬起自己的脚高喊:“老师们,同学们,我从小没有裹脚。大家看,这多轻松自由,裹脚布是缠在我们身上的枷锁,我们今天把它扔掉吧!”

众女学生一个个将裹脚布解下来扔掉,围观者惊奇地看着这一切……

周财主只摇头:“胡闹……胡闹呀!”

蔡蓉峰脸上挂不住,跑进会场,对葛健豪说:“你在这儿丢祖宗的人,你一个人丢人不算,你还弄来这么多女人一起丢人!办学就办学,说什么放足的事,那是要惹怒老祖宗的!”

葛健豪恼怒地说:“不用你来捣乱!你记着,我办的是女子学校,当然要替女人说话!祖宗要我们女人裹脚,为什么不让你们男人裹脚?”

穿旗袍的嫂子说:“对,要裹脚你们去裹吧,我们自由了!”

女学生们把解下来的裹脚布往周老头、蔡蓉峰和几个老朽绅士的方向扔去:“来,你们要裹脚,我们送给你们……”

蔡蓉峰大吼一声:“葛兰英,你跟我回去……回家去!”

蔡蓉峰上前欲拽葛健豪,一群女生上前护着。在学生们的一片嘘声之中,蔡蓉峰和老朽们灰溜溜地走了。众人一阵哄笑,女学生们笑得格外开心,格外灿烂……

观音阁因为来了这么多女学生,仿佛充满了生机,连树上的小鸟也在叽叽喳喳凑热闹。

葛健豪在黑板上写字,学生们照着学……毛妹子上音乐课,她个子矮小,后排的学生看不到她,她便端来一个凳子,站在上面,然后在黑板上写字,教女生们唱歌……蔡庆熙教女生们缝纫、刺绣……女先生教学生们朗诵诗词……一上午的课排得满满的。

日复一日，女校转眼办了三个学期了，葛健豪收到蔡和森寄来的一封信。读着信，葛健豪了解到铁路学校是同盟会设立的培养铁路专业人才的基地，也是革命党人开展革命活动的掩蔽处所，充满了革命的气氛，蔡和森广泛阅读报纸，与同学讨论时局，关心政治形势的变化……读着读着，儿子的身影仿佛就在眼前——

长沙铁路学校的操场上，挂着大幅标语：推翻袁世凯专制统治，用生命和鲜血捍卫共和！

蔡和森和众多学生集结在一起。

一个同学在慷慨激昂地演讲："同学们！辛亥革命的成果被袁世凯窃取了！我们要全力以赴支持讨袁斗争，要打到北京去，推翻袁世凯的专制统治，用我们的生命和鲜血捍卫共和。"

会场主持人说："同学们，现在上台写誓言！"

蔡和森走上前去，挥毫写下：击祖逖中流之楫，挥刘琨待旦之戈，殄灭凶残，铲除专制。

众人鼓掌："好好好！"

蔡和森慷慨激昂地说："同学们，为讨伐袁贼，我准备投笔从戎，在此，我以豪言壮语与大家共勉：讨伐民贼，效命疆场！"

儿子像秋瑾一样有抱负，以天下安危为己任，做母亲的深感欣慰但又隐隐地有几分担心，可是女校事务繁杂让她没时间多想。

"葛校长，现在有一个问题必须解决，这学期女校的学生增加了不少，能不能多请一位教员呢？"女先生建议道。葛健豪点头赞同，她早就发现了这个问题，苦于一时请不到合适的人。

办学走到这一步，葛健豪颇感欣慰，她心里不止一次感激秋瑾。想到秋瑾，葛健豪眼前突然一亮，仿佛看到一个身影，对！新教员就请他！

第七章　出走长沙

紫云峰的山路上，云雾缭绕。

葛健豪在蔡林蒸、蔡庆熙的搀扶下艰难地往山顶走去。

离山顶不远的一小块平地上，林蒸和庆熙见母亲走得太累，劝她歇一会儿。

蔡林蒸说："妈妈，前面的山路更难走了，您和大姐在这儿歇息，我上山顶看看。"

"不行！爬我也得爬上山顶，为女校请老师，一定要心诚，就像刘备三顾茅庐请诸葛亮一样。"葛健豪倔强地说。

蔡庆熙抬头望着山顶说："这么高的山峰上，会有老师居住？"

"会的！那位被人称为疯子的奇人，曾给我留下一句诗文：应怜寂寞云峰下，数亩硗田一腐儒。"葛健豪肯定地说。

"原来您就凭这句诗，来这儿找他？"蔡林蒸有点不解。

"是呀，我小时候，曾听你们的外婆讲过，明朝末年，有位名叫邓天锡的湘乡人，因明朝灭亡心志俱灭而隐居紫云峰，写下这篇诗文，陈先生与他心境相仿，我想他肯定是步邓天锡的后尘隐居山峰了。"葛健豪娓娓道来。

"即使这样，一位疯人，又如何能当女校教员？"蔡庆熙有点担心。

"疯人不疯，他谈吐不凡，乃一饱学之士呀，何况他还是秋瑾的好友，正是我女校难觅的良师！"葛健豪相信自己的眼光。

葛健豪一番感叹后，迫不及待地朝山顶走去。

陡峭的山路上，蔡庆熙搀扶着母亲，蔡林蒸弯着腰充当母亲的拐杖，他们向着山峰攀登而去……

葛健豪和林蒸、庆熙气喘吁吁登上了峰顶。

峰顶有一座仙女殿，殿前，一巨石上刻有“仙女鞋印”四字。葛健豪抚摸巨石说道：“传说，八百多年前，曾有黄氏二女修行于此，百日升天，留下这仙女鞋印，小时候，你们的舅舅带我来此爬山游玩，今日我带着你们来此拜访高人，我相信，有志者，事竟成，历经磨难，方能成功！苍天定不负于我！”

“大姐说得何等好呀！”寂静的山顶突然传出陈疯子的声音。

葛健豪四顾不见陈疯子的人影。

陈疯子突然从一棵枫树上跳下来，一身练武打扮。葛健豪万分激动，急切地对陈疯子说：“陈先生！你果真在此！我来是有求于你，请听我慢慢道来……”

“来来来，坐下说。您一双小脚竟翻山越岭而来，此山峰应留下您的小脚鞋印，以昭示后人！这可比仙女鞋印更奇特呀！”陈疯子风趣地说。

巨石旁，几人席地而坐，山风吹着树梢，葛健豪感到一阵舒爽，她忘记了一路劳顿，侃侃而谈……

女子职业学校空地上，毛妹子在给女学生上体育课。女子们脱了外衣，露出苗条的身段，婀娜多姿，体态柔美。

众多路人进来看稀奇。周财主在围观的人群中，色眯眯地盯着操场上的女学生，眼睛发直。几个老朽绅士也在津津有味地看着。毛妹子穿梭在女学生中指导，给女学生做示范，然后让女学生自己练习……

周财主指着瑶妹子说：“这个女人太刚烈，简直是丧门星。”

“那她家的债务……就算了？”管家观察着周财主的脸色。

“蚀财免灾吧！”周财主无心跟管家说话。

毛妹子把女学生们都集中起来，教她们跳舞，众学生跟随她一边唱歌，一边翩翩起舞……

周财主指着前面领舞的毛妹子，问管家：“哎，那个领头妹子倒是端庄文雅，相貌俊俏，谁家的啊？”

管家很快明白，他凑近周财主耳语。周财主目不转睛地盯着毛妹子，露出一丝奸笑！

葛健豪请来了陈疯子当女校教员。课堂上，葛健豪向同学们介绍一身长衫、文质彬彬的陈疯子：“同学们，今天，我向你们介绍一位新老师，他曾经留学日本，而且还是女革命家秋瑾的友人，他姓陈，名湘山，以后，我们就称呼他陈先生吧。”

在一片热烈的掌声中，陈湘山精神焕发地走上了讲台。

陈湘山热情地说：“同学们！葛校长毁家兴学，实现了秋瑾先生的遗愿，我能来此教学，深感荣幸！你们一定要学有所成，回报秋先生和葛校长，回报所有为女子解放而不懈奋斗的人们！”

又是一阵热烈掌声。

葛健豪在一旁说：“陈先生，同学们！我有一个想法要补充一下，如今，辛亥革命虽然推翻了清朝政府，但守旧势力依然顽固不化，尤其是在我们闭塞的永丰镇，兴办女校不时引来风言风语，如今，请来了男先生执教，更会引起种种非议，为了保证女校不受干扰，我建议，陈先生上课，实行垂帘教学。”

同学们表情各异，窃窃私语。

陈湘山更是皱起了眉头。

“陈先生，这也是无奈之举，委屈您了。”葛健豪歉意地对陈湘山笑笑。说话间，蔡庆熙带着几个人，搬来竹帘，竖在了讲坛和课桌的中间。

陈湘山深深地叹了一口气。陈湘山隔着竹帘给学生们讲课，葛健豪坐在最后一排认真听讲……

茶馆里，牌友们纷纷指责蔡蓉峰管不住老婆，学校的女学生像戏子一样学跳舞。蔡蓉峰无心打牌，输了钱，出了茶馆，失魂落魄地在街道上走着。

周财主的管家迎了上来：“蓉峰大叔，别这样垂头丧气的，告诉你一件好事！”

蔡蓉峰呆看着管家，疑惑地说：“如今世道，还能有什么好事？”

“大喜事，周老爷在你家恭候着呢！”管家满脸堆笑地说。

蔡蓉峰莫名其妙，朝家里走去。周财主和媒婆候在蔡家门口，蔡蓉峰惊讶地说：“周爷，您亲自来我家，有什么要事？”

“蓉峰大叔呀，喜事呀，进屋再告诉你。”媒婆抢先答道。几人进屋坐下，媒婆眉飞色舞地说明来意。

“什么，周爷看中了我家毛妹子？”蔡蓉峰瞪大了眼睛。

“正是！”管家答道。

“去当小妾？”蔡蓉峰一脸鄙夷。

管家拿出一袋子光洋放在桌子上，说：“不是小妾，是四姨太，这是彩礼钱，五百块光洋。”

管家抖着钱袋子，铮亮的光洋倒在桌上，发出“哗啦啦”的响声，蔡蓉峰看着，眼睛一下亮了……

周财主注意到蔡蓉峰表情的变化，及时说道：“怎么样，毛妹子要是跟我了，吃香的，喝辣的，一辈子什么也不用愁。”

“可现在毛妹子还在女子学堂当小先生……”蔡蓉峰知道这个小女儿是很厉害的。

周财主见他犹豫不决，笑道：“嘿嘿，你不也反对家里人办什么女校吗？我去县府告一状，包管女校停办。毛妹子跟我享福了，你也有了钱，这对你来说，岂不是一箭双雕、两全其美之事？”周财主知道蔡蓉峰最爱钱，但是又缺钱。

“这……县府能听你的？”蔡蓉峰犹豫不决的样子。

“有钱能使鬼推磨嘛，何况，新来的县老爷是我家的亲戚！怎么样，跟我做亲家好处多着呢。”周财主很有耐心。

“蓉峰大叔，你就答应这门亲事吧！周老爷能耐大着呢，不会亏待你们的。”媒婆撮合着。

“那……那行吧！”蔡蓉峰稀里糊涂地答应了。

周财主高兴之余有点担心：“可是，我还有点不放心啊！”

“还有什么不放心的？”蔡蓉峰问道。

“你家的婆娘是头犟牛，我怕她闹事。”周财主有点怕葛健豪。

蔡蓉峰拍着胸脯说：“蔡家的事我说了算，毛妹子嫁也得嫁，不嫁也得嫁！”

周财主等人离去，蔡蓉峰迫不及待地抓着光洋把玩着……

学校里，陈湘山在隔帘讲课，突然，一名警官带着两名警员冲了进来。警官高喊：“停止上课！……谁是校长？”

葛健豪站出来：“本人是校长，你们来此，有何贵干？”

警官粗鲁地说：“什么贵干便宜干！上面有令，女子职业学校立刻停办！”

“有何理由？”葛健豪觉得这简直是飞来的横祸，本能地想问个究竟。

“还用说理由吗？垂帘上课乃垂帘听政之复活，这是为慈禧招魂！理当封杀学校！”警官一脸的傲慢。

“啪”的一声，陈湘山掀倒竹帘。警官和警员大惊。

陈湘山挺身而出怒斥警官：“你们血口喷人！告诉你们，本人早就不想这样遮遮掩掩地上课了，今天就依你们的，掀掉竹帘，从今以后，我们堂堂正正地教学上课！”

陈湘山转声对学生们大声说：“同学们！这是他们恶意刁难我们女校！女子上学，追求自立，乃时代潮流，不可阻挡！同学们既然从黑暗的闺房中走出来了，就不要回头！我们继续上课！”

警官被激怒了：“大胆！竟敢公然煽动对抗政府！”

陈湘山针锋相对：“对抗政府？对抗什么政府！民国政府提倡女子解放，你们所说的政府，莫非是借共和之名，行专制之实的政府不成！”

警官恼羞成怒：“此人是反袁分子！对抗袁大总统者，格杀勿论！”两名警员冲上前去，欲抓捕陈湘山。

葛健豪挡在陈湘山身前，被警员推倒，蔡庆熙、毛妹子赶忙扶起母亲。陈湘山的武功了得，一脚踢飞警官的枪，飞檐走壁而去……

一张布告贴在教室的外墙上，上面写着“捉拿反袁分子陈湘山”等字样。观音阁内死一般寂静，早已不见女学生的踪迹。

倾注了葛健豪满腔心血的学校就这样被迫停办了！葛健豪欲哭无泪，她又掏出陈湘山的信看起来：

葛校长，很抱歉！我不能与您一起为女校尽力了。女校被扼杀于摇篮之中，我很痛心！但是，我要说，您在如此僻远闭塞的乡镇办的第一所女子学校，必将载入史册，您在女校播撒的火种必将继续燃烧，为女界带来光明！我向您致敬，我们后会有期！……

蔡庆熙匆匆赶来，十分焦急地说：“妈……妈！家里出大事了！”

葛健豪一惊：“怎么了？”

“爸收了周财主的钱，要让毛妹子去周家当四姨太！”蔡庆熙跺着脚，看得出很气愤。

葛健豪简直不敢相信自己的耳朵：“啊？！”

葛健豪和蔡庆熙急匆匆赶回家里。蔡蓉峰、蔡林蒸、毛妹子围坐在桌子前，蔡蓉峰见葛健豪回来了，忙小心翼翼地把袋子里的光洋倒在桌子上，讨好地说：“你看，五百光洋啊！咱家有钱了！”

葛健豪愤怒异常：“你以这五百块光洋将毛妹子卖给一个六十多岁的老头子为妾？”

蔡蓉峰不以为然地说：“别说得那么难听！这是周爷给的彩礼钱，男大当婚，女大当嫁嘛！”

葛健豪气得颤抖：“我的女儿刚满十四岁呀，你就狠得下心让她去做那老头的小妾？”

“当小妾有什么嘛，我这是把女儿从糠窝里送到米缸里了。”蔡蓉峰狡辩道。

毛妹子愤怒地喊道："我不嫁！"

蔡蓉峰训斥道："你反了？自古儿女婚姻大事由父母做主。学得好不如嫁得好，别以为读了几本书，识几个字，就可以不把祖宗的规矩放在眼里！"

葛健豪抢过话头："我是她母亲，我坚决不同意！"

蔡蓉峰怒吼道："我是一家之主，我说了算！"

"你还记不记得瑶妹子是怎么做的？"毛妹子大声抗议着。

蔡蓉峰气得说不出话来，好半天才说道："你……你这个忤逆之女，你不嫁，我脸往哪儿放？"

蔡蓉峰边说边拿起一根扁担，葛兰英一把拦住他："不准你乱来！"

蔡庆熙扑上去拦阻蔡蓉峰。毛妹子躲藏到葛健豪身后："我死也不嫁……就是不嫁！"

蔡蓉峰拿着扁担挥舞，蔡林蒸忙上前把蔡蓉峰手中的扁担夺下。蔡蓉峰急红了眼，对着葛健豪大吵大闹："这个小冤家迟早要气死我！都是你怂恿她，给她撑腰。葛兰英，我上辈子欠你什么啊？自从娶你进门，你没一天不和我作对！我在你眼里是男人吗？"

"虎毒还不食子哩，是男人，你就把这些光洋给周家退回去！"葛健豪义正词严地说。

"退回去？我蔡家好不容易有了一大笔钱，退回去不是要我的命吗？你办女校不成，又回家来捣乱，我告诉你，这次，你必须听我的，按我的办！"蔡蓉峰蛮横地吼道。

葛健豪一气之下，把桌子上的钱推下桌，"哗啦啦"一阵响，光洋散落一地……"我就是死，也不让女儿嫁给一个糟老头！"葛健豪怒视着蔡蓉峰。

蔡蓉峰从地上捡起扁担威胁道："你们去死，我要你们去死，……是你们把我逼上绝路的……"

葛健豪对毛妹子说："我们走！"

蔡林蒸和蔡庆熙死死把蔡蓉峰抱住。蔡蓉峰发疯似的叫喊:“你们别拦我!”

葛健豪拉着毛妹子跑出屋……

蔡林蒸忍无可忍,他冲着蔡蓉峰大声说:“爸,你这是将毛妹子往火坑里推呀!你毁了蔡家的名声,妈妈无法容忍,我也无颜在这样的家庭里活下去了!”

蔡蓉峰面对林蒸狮子般的吼叫,惊异地说:“你这个老实巴交的孩子怎么也跟着起哄?!不孝之子……不孝之子呀!”

蔡林蒸回应道:“你如此坑害毛妹子,如此欺侮母亲,你让我这个当儿子的如何尽孝?!我告诉你,你如果不将这五百光洋退回去,我从此不认你这个父亲!”

蔡蓉峰呆若木鸡地看了看蔡林蒸,随即恼羞成怒地狂叫起来:“反了……你也反了,一家人都反了呀!”

蔡家平地起了风暴,远在长沙的蔡和森无从知晓,他在长沙也遇到了烦心事。

长沙铁路学校内,好多学生垂头丧气背着行李往校外走。蔡和森坐在角落的石凳上,两眼茫然,没察觉校长走到他旁边。

校长拍拍蔡和森的肩,蔡和森马上站了起来。校长惋惜地对蔡和森说:“这次讨袁失败了,我们铁路学校是讨袁的支持者和拥护者,所以被下令停办了。”

“真可惜,我想从军上疆场的愿望没能实现啊!”蔡和森有点失落。

“你有什么打算?”校长关切地问道。

“我想,回老家去。”蔡和森自己也没想好。

“回去?蔡和森,你不读书真是太可惜了。”校长看着郁郁寡欢的蔡和森,痛惜之情溢于言表。

“我当然不会放弃读书,只是我现在没钱了,而且,我想回去听听母亲的意见。”蔡和森好久没见到母亲,他有好多话要对母亲说。

“你家里的情况我知道一些，你妈妈也不容易，我告诉你，下学期，湖南公立第一师范扩招两个预备班，学生不收生活费，还发给津贴。”校长的消息比蔡和森灵通，他想早点告诉蔡和森，让蔡和森早作准备。

蔡和森一下就来了精神，兴奋地说：“真的？有这等好事？”

校长点头：“当然！但是你要回县里报名，由县里推荐再考试入学。我相信你考试没问题！”

蔡和森当机立断地说：“我这就回去报名。校长，学生我不会让您失望的！”

“祝你马到成功！”校长握着蔡和森的手，依依不舍。

“校长，谢谢您！您多保重！”蔡和森对校长无比感激。

葛健豪和毛妹子在街上跑着，葛健豪迈着小脚显得非常吃力。葛健豪跑不动了，她看了看后面，见没人追上来，气喘吁吁地说：“你爸爸太不讲理、太自私了！我和他结婚三十年，他一直都这样，我对他彻底没信心了！”

“妈，我们现在到什么地方去呢？”毛妹子心里没底。

葛健豪倒是很沉着，她对毛妹子说：“去你爸想不到的地方。绝不能让他找到我们！”

葛健豪带着毛妹子来到了紫云峰脚下。毛妹子仰望着山峰：“好高哇，妈，我们要到山顶上去吗？”

葛健豪点点头：“山顶有座仙女殿，长年有个老道人守着，我们正好去躲躲，说不定陈老师也在那里呢。我想一口气爬到山顶，可是这脚不争气啊。前面有一个草棚，是采药人搭的，我们先去那里过夜，明天接着爬山。唉，这小脚，让我这一生遭了多少罪啊！”

毛妹子内疚地说：“妈妈，现在为了我，您又遭罪了。”

“怨只怨你这个不争气的爸爸，他为了钱，什么事都做得出来。唉，家风败了，家业必毁呀！为人之父岂能靠出卖自己亲生女儿为生？！奇耻大辱！若不制止，我枉为人母呀！”葛健豪痛心疾首。

毛妹子有点着急:“可现在……我们一文钱都没有,怎么办呢?”

葛健豪安慰道:“傻丫头,这荒郊野外的,就是带着钱也买不到东西吃。你看,这大山里,有甘露一般的山泉,还有红红绿绿的野果野菜,天无绝人之路啊……”

毛妹子说:“妈,真没想到会发生这样的事,要是和哥在家,他肯定也会反对的。”

葛健豪望着女儿,给她打气:“除了你爸,我们全家人都反对,可是你爸已经拿了别人的钱,我们得想想办法……”

半山腰有一个草棚,葛健豪和毛妹子在草棚前忙碌。葛健豪捡了好多枯枝堆在一起,对毛妹子说:“晚上我们点一堆火,又驱寒又壮胆。”

毛妹子点着头:“妈,跟您在一起,我什么都不怕!”

葛健豪边四处望望边说:“我去挖点山药,等下放在火堆里烤着吃!”

突然,毛妹子发现,有一个戴着草帽、背着药篓的人远远走过来。毛妹子紧张地说:“妈,您看,有人过来了。”

葛健豪看着那人走近,下意识地把毛妹子护在身后。

只听得那人大声说:“您不是葛校长吗?”

葛健豪一愣,不明白深山老林里竟然有人认识她,她戒备地说:“你是……”

那人说:“真的是葛校长!您别害怕,我是镇上药房的孙郎中啊!”

那人摘下草帽,葛健豪认出他是救治瑶妹子的孙郎中,惊喜道:“孙先生,原来是您!真没想到!”

孙郎中看了看草棚,又看了看地上的枯枝,奇怪地说:“葛校长,您和女儿打算在这里过夜?”

葛健豪不置可否。

孙郎中接着说:“你们不会是来避难的吧?我听说学校被查封了……”

葛健豪说道:“我们娘俩是来避难的,可不是为学校的事,而是为女儿的事。郎中先生,您是有学问的人,我说给您听听,您评评理……”

葛健豪说了没两句，就被郎中打断了，孙郎中说："葛校长，您是好人啊，没想到家里遭遇这样的变故！她爸爸真是太过分了！好端端的女儿要给别人做小，财迷心窍啊。那个周财主我见过，走路都走不稳……唉！"

葛健豪感激地说："先生，谢谢你的直言。"

孙郎中激动地说："以前我也认为，女人命该如此，现在看来，也不完全是这样。瑶妹子以死抗争，在您的帮助下获得了新生。在这件事上，你们也应该强硬一点，坚决退婚，看那姓周的能怎样！"

葛健豪没想到孙先生这么理解她们娘俩，连声称谢。

孙郎中对葛校长说："我还要谢谢您呢，是您让我看到这浑浊的世间还有善良和正义。"

"您说得我都不好意思了。"葛健豪笑着。

"我真是这样想的！你们女子都敢于反抗，我一个有血性的堂堂男子汉岂有袖手旁观之理？这里太不安全，你们到我药房去避两天……"孙先生一脸认真地说。

葛健豪连连摆手："不行不行！怎么好意思连累您，那姓周的知道了，搅了您的生意，我于心不安啊！"

孙郎中说："你们悄悄跟我去，不会有事的。躲过这一阵，等事情有了转机，再回家不迟。"

葛健豪还在犹豫，孙郎中说："葛校长，您别推辞了，天不早了，快走吧。"

葛健豪望了望山顶，说："明天，我还是想和毛妹子一起去山顶拜访一个人……"

孙郎中告诉葛健豪，他刚从山顶上下来，仙女殿里，除了一个老道人，什么人都没有。"他应该在上面啊……"葛健豪小声地自言自语道。

"哦，您是不是说你学校的那个老师？我听老道说起过他的故事，他呀，如今去长沙了。"孙郎中简直神了，什么都知道。

"长沙？"葛健豪有点意外的样子。

“他对老道说,他在女校教书,受到了葛校长的精神鼓舞,他也要为女子解放出点力,小镇不让他教书,他就去长沙教书。”孙郎中话语中充满了对葛健豪的敬重。

葛健豪若有所思地说:“哦,是这样,我儿子正好也在长沙……”

孙郎中接过话茬:“您的儿女都这么有出息,所以啊,为了他们,您首先需要保护好自己。走吧,跟我回去。”

葛健豪觉得孙郎中的话很有诚意:“那就恭敬不如从命了!毛妹子,我们走吧,要记住,这世上不乏好人,更不乏明白人!”

入夜,蔡蓉峰抱着那一袋子光洋睡着了,鼾声如雷。

卧室门被轻轻推开一条缝隙,一只手伸进来,把门栓子打开,一个人影闪进门来。这人是蔡林蒸,他在父亲的卧室里摸索着寻找东西。

蔡蓉峰在床上翻了个身,抱在怀里的那袋光洋响动了一下,蔡林蒸看到那袋光洋。蔡蓉峰的鼾声重新响起,蔡林蒸站在床前,轻轻地把蔡蓉峰的手挪开,拿过那袋光洋,慢慢退出卧室。

天刚亮,蔡林蒸就提着钱袋走进周财主家院子,他对管家说:“你们老爷呢?我找你们周老爷。”

“这大清早的……”管家见蔡林蒸提着钱袋,不知蔡林蒸葫芦里卖的什么药。

蔡林蒸怒吼道:“告诉他,我是来退婚的!”

周财主边穿衣边走出来。蔡林蒸站在院子里,将钱袋甩在周财主的面前说:“我爸让我来退礼金,告诉你,我们退婚了!”

周财主一惊:“什么?退婚?没这么容易吧?”

“有什么不容易的,礼金还给你就是了!这事呀,你退也得退,不退也得退!”蔡林蒸强硬地说道。

“我请了媒人,交换了订亲的‘红庚’,也算明媒正娶呀!”周财主耐着性子说。

“少啰嗦,我们家不愿意!”蔡林蒸说完转身便走。

周财主对着蔡林蒸离去的背影恶狠狠地说:“哼！出尔反尔……等着瞧吧！”

蔡蓉峰一早醒来,坐在床上,拍拍被子,又掀开枕头,呼天喊地地叫了起来:“光洋,我的五百块光洋呀！光洋……谁偷走了我的光洋……”

蔡庆熙闻声进来,看见蔡蓉峰的样子,问道:“爸,怎么了？”

蔡蓉峰沮丧着脸:“光洋,我的光洋不见了！”

蔡蓉峰跑出屋,来到蔡林蒸的房间翻找着,没有发现钱袋,他大声叫喊:“林蒸,林蒸！”

蔡林蒸正好走进大门,应道:“爸爸,您叫我？”

蔡蓉峰质问道:“我的光洋不见了,是不是你拿走了？”

“我拿了,拿去还给周家了。”蔡林蒸故作轻松地说。

蔡蓉峰先是惊讶,而后大怒:“什么,你还给他了？你小子……凭什么当我的家？！”

“就凭我现在是家里的长子！就凭我挣钱养家了！”蔡林蒸心想,你这个做父亲的不仁不义,就别怪我顶撞你。

“你翅膀硬了……是吧？告诉你,儿女婚姻大事,历来都是父母之命,媒妁之言。毛妹子嫁周家,我说了算！”蔡蓉峰的态度依然很强硬。

“爸爸,我早就告诉您了,我们全家都反对您这样做,这婚非退不可！”蔡林蒸也不客气。

蔡蓉峰怒吼道:“你这个不孝之子……我先去把钱要回来,回头来教训你！”

蔡蓉峰边说边跑出门,飞也似的赶到周家赔不是,想要回钱,没想到老奸巨猾的周财主没给他钱,却逼他赶快把毛妹子嫁过来。蔡蓉峰哑巴吃黄连,钱没得到一个,倒两边受夹击。

周财主带着管家和几个下人来到蔡家,放话说后天是二月初二,派花轿来接人！

蔡林蒸突然一声怒吼:“花轿敢来,我就敢用一把火烧光周府,与你同归于尽！”

周财主大惊失色：“你……”

蔡林蒸拿过门后的扁担，抬起脚踩住扁担的一头，用手把扁担折断成两截……蔡林蒸拿着两截扁担边晃动边对周财主怒吼道：“我光脚的，不怕你穿鞋的！我再说一遍，你的花轿敢来，我就敢用一把火烧光周府，看是你这把老骨头硬还是这条扁担硬！”

周财主吓得说不出话：“你……你……不可，不可啊！千万不可！”

蔡林蒸震天一吼：“还不快滚！”

周财主连忙往外走：“我走，我走……”

几个下人忙搀扶着周财主往外走去。

周财主回家后躺在床上全身发抖，管家和几个姨太太围在旁边。周财主嘴里唠叨道：“吓死我了，吓死我了，那小子太粗鲁、太蛮横了……”

大姨太问：“管家，这是怎么了？”

二姨太纳闷：“老爷怎么吓成这样？”

三姨太也问：“管家，老爷说话怎么前言不搭后语的？”

管家顾不上回话，安慰着周财主：“老爷，吓着您了吧？”

周财主害怕地说：“那小子太粗鲁了，我担心他真的要起蛮来，一把火烧了我周家，这可怎么得了呀！……”

大姨太赶紧说：“快叫少爷回来……”

管家赞同：“对，叫少爷回来替你出口气！”

“不能叫！”周财主想了想说，“算了……算了！这恐怕是天意啊。四姨太不能再娶了，第一个没进门就闹自杀，差点惹上人命官司；第二个家里人都不好惹，要是真去用轿子接人，蔡家小子肯定要闹事……我看得出来，他骨子里有一股杀气！……”

管家附和着：“唉！……那小子平时老实巴交，三巴掌打不出一个闷屁出来，没想到他敢拼死耍赖！”

“兔子逼急了还咬人哩！原先，我料他蔡家到蔡蓉峰手上衰败了，看样子，下这个结论为时太早。他家那个去省城读书的小子更难对付。算了吧……”周财主真是个怕狠的主。

葛健豪和毛妹子从孙郎中嘴里得到消息，蔡林蒸不光退了礼金，还吓退了周财主。她们娘俩归家心切，谢过孙郎中，就往家赶。葛健豪回到家，蔡蓉峰垂头丧气，不理会她。

蔡和森风尘仆仆一脚跨进家门，高声说：“你们在忙什么呀？”

屋里人一惊，转而一喜，朝蔡和森围过去。蔡蓉峰“做贼”心虚，他二话没说，灰溜溜地转身走出了家门。

葛健豪惊喜道：“和子，你回来了！”

蔡庆熙赶紧把和子拉到一边悄声说了几句，蔡和森一听火冒三丈：“我去找他们算账！”

葛健豪冷静地说：“和子、林蒸你们听着，毛妹子的事，我们静观周家的动作，他不识相，我们再出拳也不迟。”

葛健豪问和森怎么还没放假就回来了，蔡和森告诉家人：这次回来，是征求家里意见的，他准备报考湖南第一师范学校，学校免膳食费和学费，还发津贴。

葛健豪很高兴：“和子，真有这等好事？”

蔡和森说：“是真的！民国了，全社会都在大兴教育。”

葛健豪连连说：“那好，你不用操心家里的事，一心备考吧。”

蔡和森信心十足：“妈，您放心，我有把握考取。”

蔡和森兴奋地讲起外面的变化：辛亥革命推翻帝制，长沙巨变，反封建救中国的浪潮涌动。袁世凯要搞独裁统治，青年学生和讨袁军一起，声讨袁世凯。

毛妹子插嘴说：“报纸上叫二次革命……是吧？”

蔡和森说：“对，反袁斗争就是二次革命。现在，省城有许多青年立志改造中国，特别力主女同胞的觉醒和参与……”

众人在聚精会神地听着。葛健豪兴奋地盯着蔡和森，脸上露出久违的笑容："和子，你变了，真是长大成人了！"

毛妹子羡慕地说："和哥说话的神态，慷慨激昂。长沙，太让我向往了！"

蔡和森看着毛妹子说："如今在长沙，反封建已经成为不可阻挡的潮流，毛妹子的事，如果发生在长沙，一定会有成千上万人向她伸出援助之手的！我说呀，毛妹子与其在这儿担惊受怕，不如去长沙寻找一条生路！"

众人眼睛一亮。

葛健豪思考着，和子说得对！树因挪动而死，人因挪动而活！现在，为了让那个姓周的死了这条心，也只有和森说的这一条路了——去长沙！

蔡和森见母亲兴奋的样子，接着说："妈，长沙的求学之路可多呢。我打听过，毛妹子到了长沙可以上女校。"蔡和森知道妹妹求学心切，有意替毛妹子敲边鼓。

蔡和森的一席话，点燃了葛健豪心中的火种，她当即下了决心："太好了！我同意毛妹子去长沙！而且，我也去长沙！以前我总是想像秋瑾那样出去干一番大事，无奈当时你们都年幼无人照应，我走不脱。现在好了，你们都长大了，这个家没什么可留恋的，我和你们一起去长沙闯闯吧！"

蔡庆熙很想去长沙，又怕母亲不同意，毕竟她还带着小千昂，便急着问："妈，那我呢？"

葛健豪爽快地说："你带着千昂一起去！我还怕你娘俩在家受你爸的气哩。"

蔡庆熙又考虑到母亲的身体状况，怕母亲不适应新环境："可妈妈这双小脚，我担心——"

蔡和森说："不怕脚小，就怕心小！脚小照样能像秋瑾那样走出光明大道，心小不敢往前走，只能困于小天地内等死！"

葛健豪感觉儿子成熟了，他说的话句句在理，她点头说："和子说得对呀。我们湖南有句俗话：不怕慢，只怕站！我想通了，为了保护毛妹子和小千昂、为了你们的前途——走吧，我们都去长沙！"

葛健豪从树洞里拿出那本《秋瑾诗抄集》，她打开册子，久久地看着，手帕上的那片枫树叶仿佛变成了一团火焰在熊熊燃烧，火光中映出秋瑾的眼睛……

蔡蓉峰猜到葛健豪不会原谅他，但万万猜不到她要去长沙！他一下懵了，问葛健豪："什么？你要去长沙？！"

葛健豪底气十足地说："是的，我要去长沙！不光是我，和子、毛妹子、庆熙、小千昂，我们都去长沙！"

蔡蓉峰气不打一处来："这么大的事，你也不和我商量一下。太过分了！"

葛健豪针锋相对："你把毛妹子卖给姓周的，跟我商量过吗？"

蔡蓉峰吼道："我是一家之主！"

葛健豪冷笑着说："好个一家之主！"

蔡蓉峰不服气："不就是想嫁女儿吗？我当错家了？"

葛健豪真是恨铁不成钢："事已至此，你还不知悔改！你仔细想想，周家是好人家吗？"

蔡蓉峰低头不语。葛健豪劝丈夫："跟周家结了仇，我们在永丰呆不下去的。要不，你也和我们一起去长沙？"

蔡蓉峰觉得葛健豪这人太不可思议，他一口拒绝："不！我不会离开这里的！家里一直在折腾……你们要折腾到什么时候呀！……我劝你们别再折腾了，一家人在一起会过上好日子的。"

"别做梦了！留在永丰，周财主能让我们过上好日子吗？我无法劝你跟我一起走，你同样也无法劝我不走！"葛健豪坚决不让步。

第二天清早，瑶妹子和贞妹子手拉手走进蔡家，她俩兴奋地围着葛健豪说笑。黄婶坐了轿子赶到蔡家门口，匆匆进屋。黄婶一见到葛健豪就说："兰英姐，你要去长沙？"

葛健豪点点头："是的，时间紧，来不及跟你说。"

黄婶告诉葛健豪："昨晚瑶妹子风风火火跑到我家告诉我们这个消息，

她和贞妹子前脚往你这里跑,我后脚就赶来了。"

葛健豪感激地说:"谢谢你,这么牵挂我。"

"我是牵挂贞妹子啊!我担心她头脑发热,跟你们一起去了长沙。"黄婶原来急的是这个。

葛健豪帮贞妹子说话:"贞妹子是有情有义的孩子,不会不辞而别的,她要去长沙,肯定会先征得你同意。"

黄婶眉头紧皱:"难说啊!万一她真的去了,我的脸面往哪儿放啊,再说,我一个人孤零零的,活着有什么意思……"

贞妹子在一旁表态了:"妈,您别这么想,我也舍不得丢下您啊!"

黄婶放下心来,对贞妹子说:"有你这话,妈就放心了。以后你若真想蔡妈妈,只要言语一声,我就陪你一起去长沙,好吗?"

贞妹子含着泪点头。

葛健豪还是第一次听黄婶这么轻言细语跟贞妹子说话,她感到黄婶真是变了,自己和贞妹子的努力没白费。

贞妹子对黄婶说:"妈,我自小来到黄家,已经记不得亲生母亲的模样了,今天我当着蔡妈妈的面对您说,您就是我的亲妈,我一定好好照顾您,报答您的养育之恩。"

葛健豪望着黄婶和贞妹子,感慨万千……

夜里,葛健豪坐在屋子里,心事重重。蔡林蒸在旁边安慰母亲:"妈,不早了,明天要赶路呢,早点睡吧。"

葛健豪叹息着:"唉,要走了,我才知道作出这个决定多么不容易!我一个年近半百的小脚女人,真是舍不得离开这片养育我的故土啊!"

蔡林蒸给母亲鼓劲:"妈妈,您安心去长沙吧!也许真能闯出一片崭新的天地。"

葛健豪深情地说:"但愿如此吧……我和你爸爸经常拌嘴,说要走了,还真舍不下,毕竟一起生活了三十多年啊。"

蔡林蒸很理解母亲的心情:"那当然,人嘛,都是有感情的,何况是老夫老妻。我知道，很多事情，是爸爸不对，您就原谅他吧。”

“我当然原谅他，但我更可惜他！你爸爸从小不喜欢读书，长大不善经营，一辈子游手好闲，无所作为。当初你爷爷把辣酱园平均分给三个儿子，各掌一店，你爸爸这家店算是衰败了。”提起往事，葛健豪未免还有点耿耿于怀。

蔡林蒸劝道：“那些事不提也罢，反正大家对他没作指望了。”

葛健豪从来没有和林蒸这么深谈过，她觉得林蒸正直而又厚道，她嘱咐儿子：“要记住，无论如何，他也是你们的父亲！”

蔡林蒸允诺：“妈，我知道。我会照顾好爸爸的。”

“家里有你，我就放心了。你拼命赚钱养家糊口，受的委屈最大，妈心里清楚。”葛健豪心疼地望着儿子。

“妈，麟仙大哥去世后，我就是家里的长子，我答应过哥哥，一定好好为您、为这个家分忧。”蔡林蒸对母亲说着心里话。

葛健豪抱住蔡林蒸老泪纵横：“林蒸，我的好儿子！”

葛健豪几乎一夜未眠，天没亮，她已熬好一罐鸡汤。葛健豪对准备送行的蔡林蒸说：“你爸爸还在睡觉，我给他煨了一罐鸡汤。”

葛健豪放心不下地走进里屋。蔡蓉峰在床上睡得正香，葛健豪站在床边，默默看着蔡蓉峰，然后蹑手蹑脚地退出屋子，到门口，她又回头望了望。

蔡庆熙在屋外轻声问：“妈……要不要叫醒爸爸？”

葛健豪摇了摇头，重新走到床边，她凝视着丈夫的睡容，自言自语：“蓉峰，你我三十多年的夫妻，三十多年的恩恩怨怨，真是剪不断，理还乱呀！……我要走了……但无论走到哪里，我都会思念这个家的……蓉峰，但愿你能多多保重！”葛健豪流泪了，她掩面转身快步走出门去。

太阳出来了，老屋外面，清晨的阳光无比灿烂。

葛健豪噙着眼泪凝视着老屋，她对着老屋深深一鞠躬，然后，迎着春日的阳光往前走去……

半小时后，葛健豪和儿女们上了一艘帆船，帆船劈浪斩波，一路向前。船舱内，蔡和森、毛妹子以及蔡庆熙、刘千昂静静地注视着船头——葛健豪打着一把油纸伞坐在那儿，静静地眺望远方。

葛健豪心里默诵着诗句：行路难，行路难！多歧路，今安在？长风破浪会有时，直挂云帆济沧海！

第八章 初识警予

求学！求学！

蔡家祖孙五人曾在湘乡县城留下三代同堂求学佳话，这一次，祖孙五人来到了省城长沙。

民国初年的长沙，风气开放，思想活跃。"读书救国"的呼声为广大青年学生及社会各阶层人士所赞同，各式各样的学校也应运而生。街上时不时见到身穿长衫手拿油纸伞或腋下夹着书袋的青年学生。

毛妹子穿着母亲做的黑布鞋，脚步轻盈，心情愉快，走在长沙街头的青石板路上，街上布匹店、成衣店、帽子店、玩具店、米粉店一家挨一家，花花绿绿的物品看得她眼花缭乱。一切都是新鲜的，就连位于岳麓山下饮马堂狭小陈旧的家，在她眼里简直是洋房。她大口呼吸，从来没有这样快乐过，少女的心对未来生出无限憧憬。

看到女儿容光焕发的样子，葛健豪感觉自己都年轻了好几岁。

蔡和森如愿考上湖南省立第一师范学校，他推荐毛妹子报考周南女校。毛妹子向母亲和哥哥请教如何过入学考试这一关，她说："妈，哥，你们都很会考试，教教我秘诀吧。"

葛健豪指了指蔡和森说："你还是问问你哥吧，他不是刚考上一师吗？你哥才是逢考必一鸣惊人哩。"

"哥，我最崇拜你了，你就教教我吧！"毛妹子央求哥哥。

蔡和森故作深沉地说："不要崇拜哥，哥只是运气好而已。"

毛妹子笑出了声，嗔怪道："哥，我可是认真在求教哦，你就别卖关子了。"

蔡和森笑着说："考试嘛，全在于平时的功夫，有积累才能应对自如，毛妹子，你的底子不错，一定会考取的，你就大胆去考吧。记住，我们蔡家人在考试方面可都是有故事的人啰，这一次，看你的故事了！"

小千昂一听，缠着蔡和森说："舅舅，什么故事呀？你就跟我讲讲吧！"

蔡和森答道："故事多着呢，光考试，就有你外婆考试的故事、你妈妈考试的故事、你舅舅考试的故事，以后慢慢给你讲！你和你小姨马上要考试了，又会有新故事了。"

小千昂天真地问："还有我的故事？"

葛健豪拉过千昂，在她额头上亲了一口，说："当然！我的小宝贝！"

蔡和森转而问妹妹："毛妹子，你知道，哥为什么要鼓励你去报考周南女校吗？"

毛妹子答道："因为周南女校是长沙著名的女子学堂，特别是这所女校的校长朱……朱……"

蔡和森接过话："朱剑凡先生，他曾留学日本，受孙中山先生的影响，倡导妇女解放、男女平等，他倾家济世，毁家兴学，明确提出'着眼妇女解放，培养女界之人才，以振兴中华'为办校宗旨。"

葛健豪接着说："周南这个校名，一听就很特别，我记得《诗经》里，周南列十五国风之首，其中十一篇，有十篇都是写女性的美和对少女、官宦之妇、劳动妇女不同美德的赞誉。你们听：关关雎鸠，在河之洲。窈窕淑女，君子好逑。还有：南有乔木，不可休思；汉有游女，不可求思。汉之广矣，不可泳思；江之永矣，不可方思。这些诗句是不是很美？所以我猜啊，周南女校肯定是以培养有品德有志向的新女性为己任的。"

"太好了！这正是我所向往的呀。"毛妹子就爱听哥哥讲这些见闻，母亲抒发的感慨更引起毛妹子无限的遐想。

小千昂学着大人的口气说："我也……向往，行吗？"

蔡和森笑着说："行！舅舅帮你打听了，你可以去周南女校上幼儿班……"

葛健豪在刺绣，蔡庆熙在粘贴火柴盒。葛健豪对蔡庆熙说：“和子考虑问题就是周全。赶明儿，我们娘俩也去上学，接受一点新思想，日后回永丰再办女校！”

蔡庆熙噗嗤一笑。葛健豪不解：“你笑什么？”

“您都是五十岁的人了。”蔡庆熙提醒母亲道。

葛健豪不服气了：“活到老学到老嘛。庆熙，这些日子，妈总在想，我们辛辛苦苦、背井离乡来到长沙是为什么呀？难道就为了换个环境活着？不……不是的！我们是想寻找一个新的活法。以后，和子、毛妹子出息了，我们怎么办？你这个当大姐的，我这个当妈的，总不能只给他们烧烧饭吧？我们俩去那个女子养成所去读书……”

“可一家人都去上学，谁来养家糊口？”蔡庆熙担忧的是一大家人吃饭的事。

葛健豪边眯缝着眼睛穿针引线边说：“所以，我们要拼命刺绣、贴火柴盒挣钱呀！”毛妹子、小千昂听罢赶紧围过去，抢着粘贴火柴盒。

周南女子师范学校坐落在长沙城北泰安里，校园里有花有草，校舍掩映在树木中。毛妹子找到贴着“音乐体操专修科报名处”字样的办公室，蔡和森牵着刘千昂，三人进了办公室。

小千昂大大方方坐到一张桌子前，拿出纸笔画画。

里间有老师喊：“十八号，蔡咸熙！”

“哥，我有些紧张。”很少听到人叫她这个名字，毛妹子感到这名字不属于自己似的。

蔡和森鼓励道：“没事儿，我陪你进去。”蔡和森陪毛妹子走进里间。

小千昂在画着画。校长朱剑凡在陈湘山的陪同下走了进来，他俩看了看在用心画画的小千昂。朱剑凡和蔼地问小千昂：“小朋友，你怎么在这儿画画呀？”

小千昂抬起头答道：“我要在这儿上幼儿班了。”

“是吗？你家的大人呢？”朱剑凡笑了。

“他们在里边，三舅要我在这儿等他们。”小千昂用手指了指里间。

朱剑凡看着画说：“唔，画得真好。你一共画了几个小人呀？”

小千昂答道：“五个。”小千昂指着画上的人说：“这是我外婆，是她带我们来长沙的，这是我妈，那是我小姨，这个大个子是我三舅蔡和森！”

陈湘山惊问：“什么？蔡和森？！”

“怎么了？陈老师，你认识他？”朱剑凡很感兴趣的样子。

“认识！这可是了不起的一家人哪！特别是这位老太太，快五十岁的小脚女人，在永丰办女校很出名！”陈湘山激动地说。

小千昂得意地说：“我小姨不愿嫁给一个老头子，我外婆就带着我们都来长沙了，小姨正在里面考试呢。”

朱剑凡震惊：“真的？！这可是女子解放的极好教材呀！”

朱剑凡推开里间的门进去了，示意主考老师继续。主考老师问毛妹子知不知道“家虽贫，学不辍，如负薪，如挂角”的故事，毛妹子点头答道：“这几句是讲汉朝的朱买臣，一面砍柴，一面读书；唐朝的李密牧牛时，一边骑牛走路，一边刻苦读书，常常把书挂在牛角上。他们家里都很穷，但读书学习从不间断。”

主考老师满意地点了点头：“快填表吧，蔡咸熙同学。”

毛妹子嘟囔道：“我不叫蔡咸熙！”

主考老师一惊：“怎么？……考了半天，弄错人了？”

蔡和森在一旁急了：“毛妹子，别开玩笑！”

毛妹子放开嗓子大声说道：“我的名字确实叫蔡咸熙，但我不喜欢这个名字！”

“为什么？”主考老师看着毛妹子。

毛妹子一口气说道：“咸熙，多不顺口的名字呀！而且，咸，咸丰皇帝的咸；熙，康熙皇帝的熙，我不成了封建帝王的孝子贤孙了？我不干！我要把这个名字丢进垃圾堆里，改名叫蔡畅——流畅、畅快、舒畅、畅所欲言……从今以后，在追梦之路上迅跑，一路顺畅！”

蔡畅身后响起了拍手的声音,朱剑凡对毛妹子说:“请你说说,长沙这么多学校,你为什么报考我们学校?”

毛妹子不知道问者是校长,但见他气度不凡,料想是重要人物,便恭敬地答道:“是我哥哥告诉我的,他刚考上湖南第一师范学校。他说,长沙周南女校朱校长倾家济世,毁家兴学,几经周折首创女校,倡导妇女解放,男女平等。我就是要上这样的学校!做秋瑾那样有抱负的女子。”

朱校长称赞道:“小女子有奇志啊!来,快填表!”

毛妹子接过朱校长递过来的报名表,在姓名一栏停住片刻,随后写下“蔡畅”两个字。朱校长连连点头:“真是不简单!湘乡出俊杰啊!你这个学生我要定了!认识一下,我是朱剑凡。”

蔡畅愣了一下,瞪大眼睛问道:“您就是大名鼎鼎的朱校长?”

陈湘山抢着回答:“正是!”

蔡和森、蔡畅闻声看去,两人同时认出了陈湘山。蔡和森激动地叫了起来:“你……你不是那天,带着秋瑾的《中国女报》来我家的陈……”

陈湘山颔首道:“陈疯子……正是鄙人。蔡和森,你长壮实了!”

蔡畅也叫了起来:“陈老师……陈湘山老师!”

陈湘山哈哈大笑着说:“我在离开永丰女校时就曾留言,后会有期,如今大家真的在这里重逢了。”

朱校长很是激动:“这叫有缘千里来相会。你们家的事,陈老师都对我说了,真是了不起!特别是你们家那位裹着小脚带着儿孙来长沙的、奇特而勇敢的老太太,我一定要见见她。现在我宣布:蔡畅同学被录取了,那位小朋友也可入我校幼儿班,而且,全部免费!”

蔡和森、蔡畅异口同声地说:“朱校长……谢谢您!”

朱校长拍拍蔡和森的肩,不住称赞:“你们全家三代人的求学经历,不说在湘乡,就是在长沙也绝无仅有!回家代我向你母亲问好!蔡畅,你和一个人真像啊!”

蔡畅不解:“和谁?”

“向警予，也是本校的学生，来自偏远的溆浦。”朱校长如数家珍般说道。

蔡畅和蔡和森都记住了这个名字：向警予。

葛健豪听了蔡畅考学的故事，像过节一样高兴，又听儿女在议论朱校长、陈湘山，心里浮想联翩，感到这世界说大真是大，天外有天，人外有人，说小呢又实在小，相识的人常会再相逢。

葛健豪告诉儿女，学无止境，任何时候不要骄傲自满，她不断叮嘱：“读书要读好书，交友须交良友。”

蔡和森、蔡畅各自在学校交到了良友。

周南女校正在开运动会。

跑步比赛开始，蔡畅和向警予在起跑线边，一声令下，她们从起跑线冲出去。蔡畅跑在最前面，轻松获得第一名。向警予吃力地跑着，咬紧牙关坚持到最后。

蔡畅看着向警予跑完，走过去对向警予说：“你就是向警予？不像！一点不像！”

向警予一头雾水：“什么不像？”

蔡畅说：“朱校长说我们很像，我觉得不像。”

向警予喘着气问：“你是？”

蔡畅伸出手，笑着说：“很高兴认识你，我叫蔡畅。”

“哦，朱校长在我们班上说起过你们全家来长沙求学的事，认识你太好了！我猜啊，朱校长是说我俩性格很像吧。”向警予爽朗地笑了。

朱校长走过来对蔡畅说：“蔡畅，祝贺你获得第一名！”

蔡畅谦虚地说：“谢谢！我觉得这个奖状应该给向警予，她真有毅力！”

向警予脸红了：“不！不！蔡畅小小的个子，那么有活力，我自愧不如！”

朱校长看着她俩：“你们什么时候认识的？”

蔡畅答道:“神交已久！今日有缘相识。”蔡畅又对向警予说:“我跑得这么快,全得力于这双脚。”大家看蔡畅的脚,明显比其他女生大。

“我六岁那年反抗包脚,幸亏我妈支持我,所以,今天的第一名也有我妈的功劳啊！”蔡畅脸上带着自豪。

“还是你妈妈有狠气、放得彻底。”向警予好羡慕蔡畅。

蔡畅和向警予成了无话不谈的朋友。向警予很喜欢这个活泼的小女生,蔡畅也爱往向警予寝室跑,没见到这个学姐就像少了什么似的。

放学了,几个女生在向警予的寝室里说笑。蔡畅突然拿出一张纸说:“大家安静,我来朗诵一段,听着:故吾辈任重而道远,若能立此大心,聚爱成行,则此荧荧之光必点通天之亮,星星之火必成燎原之势,翻天覆地,扭转乾坤。”

向警予满脸兴奋,说道:“写得太好了,这么令人振奋的文章,你从哪儿看到的,我怎么没见过?”

“这是我哥一师的同学毛润之写的,标题叫《心之力》,是一篇满分作文,这段我印象最深。”蔡畅得意地说。

“毛润之?”向警予对这个名字有点耳熟,但记不起在哪听过。

“他是我哥心仪的同学。我哥叫蔡和森,加上另一位同学萧子升,他们三人的作文经常一同在一师陈列室展览。”蔡畅说起哥哥来,脸上就容光焕发。

“真羡慕你啊,有一位那么好的妈妈,还有一位这么了不起的哥哥。哎,蔡畅,什么时候我去你家看看你妈妈。”向警予发自内心地说。

“你难道不想看看我哥么?”蔡畅做了一个怪相。

向警予敲了一下蔡畅的头:“死丫头!”

湖南省立第一师范学校校园内,穿着校服的学子来来往往。

学校作文陈列室里,许多学生在看展示的作文。蔡和森和毛润之也在聚精会神地看着。正在这时,杨昌济和萧子升走进来。

杨昌济对萧子升讲:“毛润之的作文这次排第一,加上蔡和森的和你的,陈列室被你们三巨头占领了。”

蔡和森和毛润之迎向杨老师,尊敬地喊:“杨老师!”

杨昌济看着他们二人,高兴地说:“你们俩在这里啊,正好,三巨头凑齐了。”

蔡和森和毛润之对视了一眼,两人同时问杨昌济——

“杨老师,谁是蔡和森?”

“杨老师,谁是毛润之?”

毛润之和蔡和森问完,两人又相互看了一眼,然后看着杨昌济。杨昌济笑着用手指着他们两人说:“二子相伴不相识,其实,远在天边,近在眼前!”

蔡和森和毛润之的手紧紧地握在一起。毛润之拉过旁边的萧子升向蔡和森介绍:“来来来,我再给你介绍一位同学——”

不等毛润之说完,萧子升自我介绍道:“我叫萧子升!”

蔡和森兴奋地说:“啊,你就是才子萧子升呀!”

蔡和森、毛润之、萧子升三人的手紧紧地握在一起。

星期天的晚上,蔡和森为母亲捶背。葛健豪说:“和子,你情绪特别高涨,有什么高兴事说出来我们都开心一下嘛。”

“妈,您不是告诉我,交友须交良友吗?我真的遇到良师益友了!”蔡和森按捺不住兴奋的心情。

“这良师是——”葛健豪起了好奇心。

“是杨昌济老师,他思想开明,博学多才,教学有方。”蔡和森答道。

“益友呢?”葛健豪想知道儿子交到什么朋友。

“是毛润之、萧子升,他们学业优秀,与我志趣相投。”蔡和森答道。蔡畅接过话:“妈,有人称他们为一师三杰。美名都传到我们学校了呢。”

葛健豪非常高兴:“好……好呀!遇上一位好老师不易,有时候,好老师的指点,将会影响人的一生;人生在世,朋友无数,但能求得几名志同道合的益友,和子呀,你应当珍惜。”

蔡和森点头:“是的……妈妈,我会珍惜的。”

蔡畅快人快语:“妈,您听我说,我的良师是朱剑凡校长。”

“唔,这我知道。还有益友——”葛健豪同样充满好奇心。

“是向警予！”蔡畅脱口而出。

葛健豪说:“向警予？这个名字好特别。”

“跟你我一样,她也是上学后自己改的名字。她是一位读书用功、文采出众、演讲口若悬河的新女性,同学们都称她为‘女圣人’哩！”蔡畅掩饰不住敬佩之情。

葛健豪十分高兴:“是吧？什么时候你请她来家玩玩,我想要亲眼见见这位女圣人！”

蔡畅和母亲在一起时都会提到朱校长和向警予,蔡和森在母亲面前提到最多的是杨老师、毛润之和萧子升,葛健豪鼓励孩子们多向这些良师益友学习。孩子们聚在她身边抢着说话的时候,是她最快乐的时光。

有人在敲门。

葛健豪开玩笑地说:“是谁敲门？莫不是那位女圣人真的来了？”葛健豪抢在蔡畅之前开了门。

见到来客,葛健豪一脸疑惑:“你是？”

来客激动地叫着:“葛校长！”

蔡和森、蔡畅快步迎上:“陈老师！”

葛健豪仍然没有认出陈湘山:“陈老师？”

陈湘山大声说:“我是陈疯子呀！”

葛健豪惊喜道:“哎哟！……我人老眼花,都认不出你了,快坐……快坐。”

落座后,陈湘山介绍说,他现在又出山了,在长沙几所学校兼职。今天,是受朱校长之托,请葛健豪下礼拜三去周南女校讲课。

“我？……讲课？哈哈哈,开玩笑……开玩笑！”葛健豪太感意外了。

陈湘山接着说:“您别笑,朱校长是认真的,他说,您是妇女解放的典范,是最有说服力的活教材!”

“朱校长太看得起我这个老太婆了。这样吧,我一定去学校拜访朱校长,讲课嘛……就免了。”去周南女校讲课可不是闹着玩的,葛健豪心里实在没底。

没过几天,葛健豪和女儿蔡畅一起去了周南女校。葛健豪预感到,讲课是推辞不掉了,那么,讲什么呢?她脑筋飞快地转着,看到校园里年轻女学生一张张意气风发的脸,她感慨万千,下意识地点了点头。

岳麓山脚,蔡和森、毛润之、萧子升击掌高呼:“强健体魄,准备战斗,不成大业,誓不为人!”

随后三人一口气跑到山腰,在一棵大树下,脱掉上衣,打着赤膊,用手臂和身体用力撞击树枝。蔡和森突然停止锻炼,喊道:“哎呀!”

萧子升忙问:“怎么啦?和森,就撞了这么两下子,你就累了?”

“我忘了一件大事呀!”蔡和森边穿衣服边说。

“什么大事,还能影响我们强壮体魄的计划?”毛润之不解地问。

“润之兄,子升兄,对不起,今天我得向你们告假。”蔡和森穿上衣服欲走。

萧子升拽住蔡和森,说:“哎,我们三人可是有约在先,告假也得说个理由呀!”

蔡和森说:“我妈今天要去周南女校,朱校长请她讲课,我答应陪她去的。”

“什么?蔡伯母讲课?那可是付多少学费都听不到的,这等好事,你也敢瞒着我们哥俩哪!”毛润之很感兴趣地说。

萧子升说:“就是!我们一起去!”

蔡和森、毛润之、萧子升气喘吁吁地赶到周南女校,他们正要跨入大门,被门卫拦住。门卫礼貌地说:“对不起,这是女校,男人无要紧事,不得入内。”

他们三人一听急了。蔡和森说:“我妹妹是这儿的学生。”

“你妹妹叫什么？”门卫随口问道。

“叫蔡畅。”蔡和森焦急不安地回答。

毛润之看到了校内的横幅，便指着横幅说：“这上面不是写着欢迎蔡妈妈吗？我们是她家里人！”

门卫好奇地问：“她是你们的妈妈？”

毛润之、萧子升连连点头：“是是是，我们都是蔡妈妈的儿子！”

学校礼堂内挤满了学生，蔡畅和向警予坐在前排的座位上。当朱剑凡和陈湘山陪同葛健豪走上台时，全场响起热烈的掌声。

朱剑凡对同学们说：“同学们，我们周南女校的办校宗旨是：倡导妇女解放，争取男女平等，但什么是妇女解放呢？如何实现妇女解放呢？葛健豪女士——我们的蔡妈妈用她的行动回答了这个问题！”

朱剑凡向葛健豪致意，全场再次响起热烈的掌声。

此时，蔡和森、毛润之、萧子升从离讲坛很近的侧门走了进来。蔡和森向台上的母亲招手，葛健豪笑着对他点头。

朱剑凡热情地说：“现在，我们请蔡妈妈给我们讲课！”

全场安静下来，葛健豪站起来，看着满礼堂的学生、教师，还有拍照的记者，有点紧张，一时没说出话来。

礼堂内的所有人都屏住了呼吸等着。葛健豪终于开腔了：“同学们！我……我不会讲课呀！我……我只是一只老母鸡！”

“老母鸡？！”全场人听了此话觉得很诧异，笑的笑，交头接耳的交头接耳，会场一片嘈杂声。

坐在第一排的蔡畅更是如坐针毡，她从座位上惊弹起来，又被向警予拉着坐下来。葛健豪不理会台下的反应，继续说：“你们都见过老母鸡吧？老母鸡护鸡娃的时候，张开翅膀，这样……这样！”

葛健豪边说边张开手臂，模仿老母鸡护小鸡的姿态。会场响起笑声，有同学捂着嘴笑。

葛健豪十分认真地说：“其实，我就是一只老母鸡嘛。当我大女儿的丈夫死了不久，她婆家逼她守节，还要将我不满四岁的外孙女卖给人家当童养媳，我怎么能不管呀？我把大女儿和外孙女领回家了！”

礼堂内安静下来，同学们渐渐被葛健豪的讲话吸引：“还有，我那个死脑筋的丈夫，居然为了五百光洋，要将我不满十四岁的小女儿嫁给一个老财主当妾，这不是将女儿往死里推吗？我能不管吗？！……就这样，我便带着两个无路可走的女儿和外孙女从家里跑出来了，跑到了长沙……你们说，我是不是一只护着鸡娃的老母鸡呀？”

寂静的礼堂内爆发出了雷鸣般的掌声，真是于无声处听惊雷！葛健豪放大嗓门说：“我说的那个小女儿就在眼前，她现在是周南女校的学生蔡畅！”

蔡畅在向警予的鼓动下站了起来。全场热烈鼓掌，大家的眼光一齐看向蔡畅，记者为蔡畅拍照。

蔡畅回过头面对会场大声说：“老师们，同学们！我就是逃婚出来的蔡畅，我感谢妈妈，要不是妈妈的反抗，我蔡畅就没有今天呀！”

下面的同学议论纷纷。

“我也有这样的经历，我是一个童养媳，我反抗了，才有今天的自由！”

“我也是！我是反抗包办婚姻，才背着父母跑到这儿上学的！”

“我也是！”

“我也是！”

整个礼堂沸腾起来了。向警予声泪俱下唱起了校歌，在场的所有学生跟着唱了起来。

校歌在礼堂里回响：“……事竟成，需有志，我青年，毋自弃……”校歌在天空飞扬，“爱周南，即爱自己，我青年共勉励！……”

周南女校之行，葛健豪见到了最想见的几个人：朱校长、毛润之、萧子升、向警予，在他们面前，她感觉自己年轻了好多岁。

蔡畅很骄傲，母亲的演讲受到全校师生的欢迎，母亲不仅认可了她和哥哥的朋友，而且还和他们有说不完的话。

向警予见到葛健豪就像见到自己母亲一样，感到很亲切。葛健豪也很喜欢向警予这位眼睛亮亮、性格柔中带刚的姑娘。

葛健豪离开学校时，本来有蔡和森、蔡畅、毛润之、萧子升护送，向警予执意要送一下。几个人一路说笑，不觉走了很远的路。蔡畅发现，向警予一说话，哥哥蔡和森就笑；哥哥蔡和森一说话，向警予就笑。

蔡畅见大家都意犹未尽，就提议去橘子洲头走走。向警予和蔡畅一左一右搀扶着葛健豪，蔡和森、毛润之、萧子升在一旁，一行人漫步在橘子洲头，随后在草地上坐下，个个谈笑风生。

湘江上，不时有帆船驶过。大风乍起，波浪拍打江岸，卷起千堆雪……

这天早上，蔡畅匆忙地将许多写着反对“二十一条”标语的小旗塞进书袋里。葛健豪问：“这几天怎么了？和子数日不归，你又如此匆忙，是发生什么大事了？”

“妈，发生了天大的事，我们要当亡国奴了！”蔡畅边说边拎着袋子往外走去。葛健豪一听惊讶万分，她忙牵起千昂的手赶了上去，蔡庆熙也疑惑不解地跟在了她们身后。

朱剑凡在办公室看报，上面全是袁世凯同意接受日本“二十一条”的新闻，他气愤地把报纸一扔，自言自语道：“袁世凯，这个大卖国贼！”

陈湘山正好进来了，他对朱校长说：“校长，同学们对袁世凯卖国的二十一条义愤填膺……”

朱剑凡站起来一脸严肃地说：“马上组织学生声讨袁世凯这个大卖国贼！”

大街上处处都有反对“二十一条”的横幅、标语。朱剑凡领着学生在集会，蔡畅与母亲、大姐一道将布袋里的标语小旗分发给同学们和路人。

只见向警予走到一台阶上，激情昂扬地演说起来：“袁世凯篡夺辛亥革命果实，同日本人签订了丧权辱国、出卖中国主权的二十一条，现在日本借欧洲战争为名，说是维持东亚和平，明是欺压我们中国，割我国之土地，夺我国之主权……”

葛健豪十分惊奇地看着向警予，被她的激情和口才深深地吸引了。向警予带头呼喊口号："打到卖国贼！"

众学生跟随大喊……

蔡畅高呼："反对二十一条！"

周南女子学校的学生，还有葛健豪、蔡庆熙和刘千昂跟随高呼口号。

湖南第一师范学校操场上，师生们做好了上街游行的准备，毛润之奋笔疾书："五月七日，民国奇耻，何以报仇，在我学子！"

毛润之尚未搁笔，蔡和森便冲上台去大声疾呼："润之同学写得何等好呀！何以报仇？在我学子呀！我们要上街呐喊，唤醒沉睡的国人一起冲向欺我中华的东洋人，冲向出卖中国的袁世凯！"

萧子升也冲上讲台大声说道："如何拯救我苦难的中华？今日的行动便是我们学子的一次考试！同学们，上街去吧，在千万民众面前，去呐喊出我们学子的心声吧！"

师生们喊着"不当亡国奴"的口号冲上了街头，与女校的游行队伍会合。游行队伍在行进，警察持枪迎面冲过来，为首的警察对天鸣枪，对着学生喊："都回去上课去，不准聚众闹事！"

一个军警凶狠地对葛健豪说："回家去！小脚女人也想造反？！"

葛健豪护着外孙女："我们妇道人家，不懂得什么叫造反，但我懂得，国家兴亡，匹夫有责，这是中国的古训！"

军警动手推葛健豪："老太婆子，什么古训不古训的，老子不懂！"

向警予大喊："住——手！"

军警看着向警予，惊讶地问："你是何人？！"

向警予说："我是母亲的孩子！堂堂中华，如此受外敌欺辱，而拿枪的人不去保卫国家，反倒与敌人一起欺吓一个母亲，可悲、可耻呀！"

另一名军警说："我们是奉司令之命，执行公务的！"

向警予看着两名军警，咄咄逼人地质问："士兵兄弟呀，脱掉这套军装，你们不也是平民百姓吗？你们去问问你们的爹娘，难道他们甘心做日本人的奴隶吗？去问问你们的兄弟姐妹吧，国将不国了，他们如何活下去呀？！士兵兄弟，你们真不应该长侵略者的志气，将枪口对准自己的苦难同胞，如同你们家遇到强盗抢劫，做儿子的不但不护家，反而与强盗一起欺侮自己的爹娘，这不是不忠不孝、无情无义之举吗？！"

两名军警听着，低下了头，灰溜溜地离去了……

葛健豪钦佩地对向警予说："姑娘，你真是一位'女圣人'呀，今天，你的演说居然打赢了枪杆子！厉害……厉害！"

向警予谦逊地说："蔡伯母，您别夸我了，您在周南女校的演讲，才真是给我留下深刻印象，您是一位奇特的母亲，与您相识，实乃三生有幸呀！"

突然，"砰！砰！砰！"枪声四起，大批军警赶来，葛健豪对向警予说："姑娘，快跟我们走！"

向警予不由自主地跟随葛健豪、蔡畅、蔡庆熙、刘千昂走进一条巷子，她们身后传来枪声和乱哄哄的吵嚷声，蔡和森突然出现在她们身边，带着命令的口气："快，跟我走！……"

蔡和森边说边背起小千昂："往那边走……"

蔡畅、葛健豪、蔡庆熙、向警予跟着蔡和森向前跑，拐过几个小巷，回到饮马堂……

葛健豪递给向警予一杯水："警予姑娘，听了你的演讲呀，我好像又回到了十八九的年龄。"

向警予笑着说："蔡伯母，您敢作敢为，魄力与年轻人相比毫不逊色，今后，警予定视您为榜样！"

葛健豪说道："啊，做榜样不敢。你的言谈举止倒使我想起了我的榜样，一个我十分敬重的人。"

"啊？她是——"向警予心想，蔡伯母的榜样一定是位非常了不起的人物。

"秋瑾！"葛健豪脱口而出。

“哦，鉴湖女侠！她是我仰慕的女英雄！”向警予佩服葛健豪的眼力。

葛健豪跟向警予讲起了自己和秋瑾交往的旧事……

向警予对葛健豪更加敬佩了：“伯母，您堪称女中豪杰啊！真了不起，还在家乡办过女子职业学校！”

葛健豪有点遗憾的样子：“哎，别提了，办女子学校，让女人从闺阁走出来学文化长知识是秋瑾对我的期望，更是我多年的心愿。可是，女校刚办起来，就因那帮老朽绅士告状，被迫停办了。我不会服输的，以后我还会办！”

“我毕业后当以蔡伯母为榜样，回溆浦老家兴办女校，以唤醒更多女界同胞！正如朱校长所言，革命以启迪民智为前提，更要以解放妇女为先导！”向警予向这位很谈得来的蔡伯母透露了心声。

葛健豪看着向警予，喜爱之情溢于言表。蔡和森听着，十分感慨地说：“妈和向警予，真是高山流水遇知音啊，我真高兴，妈妈来长沙找到知音了……”

蔡畅对蔡和森说：“我看，和子哥也是警予的知音呢。”

蔡和森和向警予相视一笑……

第九章　新民学会

蔡和森的老师杨昌济学贯中西，但他研习最深的还是曾国藩的著作，他对曾国藩的崇拜简直到了无以复加的程度，所以对从曾国藩故乡荷叶镇走出、和曾家有亲戚关系的学生蔡和森有一股特殊的感情。

有时候，杨昌济会在课堂上提一些关于曾国藩的小问题，比如"曾涤生以求阙名斋，何意？""曾涤生自课卫生三事，能言之与？"之类，每次都是蔡和森的答案最得老师的满意和欢心。杨昌济毫无保留地将自己收藏的曾国藩的论著、曾文正手书日记等借给蔡和森看。

蔡和森成了杨家的常客，每当在杨家书房看书看到忘了吃饭时间，杨教授便留他一起用餐。

在饭桌上，杨昌济提起蔡和森的母亲便赞不绝口："你母亲带着你们一家三代五口人来长沙求学，在长沙可是家喻户晓，人人皆知，你这位母亲呀，真是了不起！"

蔡和森说道："我妈的性格就是这么倔强，她想干的事，坚决要干成，不达到目的誓不罢休。"

杨昌济笑着说："你和你妈妈非常相像，哈哈！中国妇女要是都像你母亲这样，获得解放是早晚的事！"

蔡和森礼貌地说："谢谢您，杨教授！"蔡和森像想起什么似的问道："听说您要去省高等师范学校教书？"

杨昌济一怔："你这天天泡图书馆的人，消息倒是很灵通。"他随即解释说："是的，省高师为了矫正学绝道丧之弊，采用类似书院的体制，培养文学专门人才，设立了专修科文学部。"

蔡和森立马说："杨教授，我对文史很感兴趣，也想到省高师去读书，不知老师以为如何？"

杨昌济犹豫着说："这个想法当然很好。可你在一师，要去省高师，转学没先例，要经过考试，而且是跳级考试。"

蔡和森信心十足地说："跳级考试我不怕，我有把握！"

杨昌济赞赏道："好呀！真和你妈一样的性格，不达到目的誓不罢休啊。"

蔡家一家五口在长沙过着紧巴巴的日子。刘千昂在学写字，葛健豪忙着绣衣物，蔡庆熙做好了饭菜，端上桌子。

蔡庆熙喊："都来吃饭……开饭了。"

其实这顿饭是简单得不能再简单的饭菜：红薯稀饭加辣酱。

蔡和森在房旮旯聚精会神地看一本杂志，没有起身的意思。

蔡畅好奇地问："和子哥，你看的什么呀，饭都不吃了？"

蔡和森对蔡畅说："这是陈独秀先生创办的《青年杂志》，杨教授借给我看的，我正要推荐给你看哩。"

蔡畅抢过书："快给我看看！"

蔡和森见家里人都投来感兴趣的目光，便介绍道："《青年杂志》举起了民主与科学的两面旗帜，对旧思想、旧文化、旧道德进行猛烈的抨击，同时，还开展了个性解放、妇女解放、婚姻自主等问题的大讨论。"

蔡和森和蔡畅边说边走到桌边，一家人坐在桌子前吃饭。

蔡畅喝了一碗稀饭，忙把那本《青年杂志》拿起来如饥似渴地读起来。葛健豪故意责怪道："毛妹子，你也和你哥一样，看起书来可以不吃饭。"

蔡和森边吃饭边说："妈，我正要告诉您，我从一师转学到省高师了！"

葛健豪一怔："什么？你又转学校了？什么原因，讲给妈听听！"

"我一直想摆脱一师多种课程的束缚，专心致志读自己爱读的书，这样于学业更有好处。"看着母亲焦急的样子，蔡和森心里有数，只要说得出正当理由，母亲不会阻拦他的。

葛健豪果然当即表示支持："你说的我不太懂，但是，只要是对学习有利的事，妈都支持！"

跳级考试难不倒蔡和森这位考试高手，他如愿转学到湖南高等师范学校。可是，接下来的学习生活却并不如蔡和森所愿。

操场上，学校组织集会，学生们穿着制服排成整齐的队列，校长对那个学业出色但经常旷课的蔡和森印象深刻，特意问老师："上次缺席的蔡和森到了没有？"

老师如实相告："报告校长，这次他又没到！"

校长脸色不悦："岂有此理！"然后拂袖而去，回了办公室。

校长办公室里，老师拿着几份试卷进来呈交校长。校长拿着试卷看着，有点不可思议："奇怪！他经常旷课，考试成绩倒是门门优秀。"

老师解释说："蔡和森旷课也没干别的，他天天扎在图书馆里看书而已。"

校长阴沉着脸说："看书当然好，可是，学校有学校的规矩，学生必须遵守纪律，不能放任自流！你们要严加管教！"

蔡和森为旷课一事也很苦闷彷徨，他找母亲谈心，希望从母亲那里得到启发。他先绕圈子对母亲说："我转到这个学校，不是为了别的，而是冲着杨昌济教授去的，他是我心目中最敬重的导师，我要追随他！"

葛健豪点头说："是呀，一位好老师能影响学生的一生！你追随杨昌济老师，妈赞成。"葛健豪知道儿子主动找自己谈心，一定是遇到困难了，她接着问："你跳级后，学业跟得上不？"

蔡和森答道："妈，功课对我来说不成问题，我的时间大多在图书馆里度过。博览群书，加以比较，才能从中选定自己一生追求的目标呀。"

葛健豪点头："和子呀，你说得对，你是越来越有主见了。"

但是，知子莫若母，葛健豪隐隐觉察有点不对劲，便提醒蔡和森道："你没日没夜地在图书馆读书，这自然好。但是，我要提醒你，不要学猴子掰苞谷,掰一个丢一个……给学校留下坏印象就不好了!”

蔡和森看着母亲,欲言又止,终于什么也没说。

第二天,全校师生集会时,老师点完名向校长汇报:“校长,只差蔡和森一个人。”

校长不悦:“这个蔡和森,每次集体活动他怎么老是缺席,成何体统!”

蔡和森被叫到校长办公室,校长质问:“今天的集会,你怎么又缺席?”

蔡和森还是有点怕校长,不知如何作答:“我……”

校长批评蔡和森说:“你学习成绩好,也不能无视校规嘛!”

“对不起!也许我看书看入了迷,忘了……”就是旷几节课、没参加集会嘛,蔡和森不认为有多严重。

校长认为蔡和森是在避重就轻:“你……忘了?!我警告你,不要以为自己考试成绩优秀,就可以放任自流!”

蔡和森坚持己见:“学校欲使学子真正成才,就应该大兴自学之风!”

校长没想到这个蔡和森敢顶撞自己,火冒三丈:“你给我住口!你……你无视校规,目中无人,居然还非议学校的学风,不接受劝告,我可以马上开除你!”

蔡和森被校长训斥时,葛健豪、蔡畅、向警予几人正在蔡家聊天。向警予告诉葛健豪她马上要毕业了。葛健豪笑呵呵地说:“好呀好呀,都毕业了,我这老太婆也快毕业了。”

她们在里屋说笑时,屋外传来说话声,蔡和森、毛润之、萧子升走进院子。

毛润之惊讶道:“蔡和森,你说什么?你们校长就凭这个要开除你?无稽之谈!找你们校长评理去!”

萧子升不紧不慢地说:“找校长评理?我以为,一所学校,校长的话就是理。和森老弟,我劝你还是认个错算了。”

蔡和森不服气地说:“我认错了,可校长还是——”

葛健豪和向警予、蔡畅不知什么时候走出里屋,她们注视着蔡和森。蔡和森忙说:“妈,没事。”

葛健豪着急地说："我都听见了，学校要开除你，还说没事！你说，你当着大伙儿的面说清楚，你到底干了什么事了，校长要开除你？"

蔡和森望着母亲焦虑的神情，心里一阵难受。

省高师会议室里，校长和几个老师坐在桌前，杨昌济在其中，讨论如何处理蔡和森旷课一事。

校长说："都不发言呀，都想当老好人是不是？"

杨昌济最先发言："校长，我不同意开除蔡和森。"

校长见杨昌济提出反对意见，有些不高兴，问道："杨先生，请讲讲你的理由。"

杨昌济镇定地说："蔡和森这个学生我比较了解，从一师到省高师，他的各科成绩都是优秀，我们应该为有这样的高材生感到骄傲。"

几个老师也赞同地点头。

校长发话了："他成绩虽好，可他无视校规校纪，口出狂言，居然要全校学生像他一样，兴什么自由学习之风，如果那样的话，要你们这些老师做什么？！"

杨昌济直言道："规矩是为培养学生成才而设，蔡和森缺席学校的活动，提醒批评即可，何至于开除？！凭我多年的教学经验，对于这样的学生，绝不应该用规章制度束缚他们，而应当鼓励他们的自学，这才叫因人施教。我以为，作为学校，理应为人才的脱颖而出提供条件！"

下面议论声起，有的赞同，有的疑惑……

校长语气放缓和了一些："杨先生爱才，可以理解，但是，我作为一校之长，必须为维持学校的教学秩序负责！所以，必须开除蔡和森！下礼拜召开全校大会，正式宣布开除决定，让全校师生引以为戒！"

晚上，蔡和森送向警予回学校，路上向警予见蔡和森低着头不出声，问："你就一点也不担心会被开除？"

蔡和森一副无所谓的模样："顺其自然吧。"

向警予无奈地说："你呀，出这么大的事，还这么硬顶着。"

蔡和森倔强地说:"我决不乞求,我相信杨老师,我相信真理。"

向警予拿蔡和森没办法:"你呀你,真不知怎么说你好,看你把你妈急的……"

蔡和森轻描淡写地说:"当妈的都是这样。"

向警予说不过蔡和森,只好换个话题:"你……唉,说点别的吧。我要告诉你,我马上要毕业了。准备回老家溆浦办一所女子学校。"

蔡和森很赞同:"好啊,我上不成学,正好去你的学校当老师。"

向警予笑了笑说:"一个小小的女子学校,你去,岂不是大材小用?"

蔡和森半开玩笑地说:"我不得不认命啊。"

很快到了周南女校门口,蔡和森有些不舍:"这么快就到了,我真想这段路再长一些。"

听了这话,向警予意味深长地说:"以后的路会很长很长的,再见!……不过,我还是要提醒你,认真对待学校'开除'之事,别让你妈为你着急……"

夜里,蔡和森照旧在学校图书馆若无其事地看书。杨昌济、毛润之、萧子升走进来。萧子升一把夺过蔡和森手上的书:"什么时候了,都火烧眉毛了,你还有心思在这里看书。学校要开除你了!"

蔡和森低着头小声说:"我……我也没办法!"

杨昌济认真地追问道:"蔡和森,如果真的开除你,你有什么打算?"

蔡和森波澜不惊的样子,说如果真被开除,他就去编书。

葛健豪也记着儿子被学校开除的事,她几次问儿子,蔡和森都答非所问,只说他在查资料,想把《中国近百年来的国耻史纲》编写完。

葛健豪翻看着儿子写的手稿,感觉分量很重,心里稍稍安定下来。葛健豪接着问:"这本书编完了,然后呢?"

蔡和森一口气说出了心里的打算:"我准备认真考证'二十四史',并以平民社会之变迁发展为主,写成一部史书,为平民服务。我想,中国至今还没有一本社会学专著,二十四史及通鉴等史书,所载多天子、卿大夫之事。我打算以平民社会之事为主,写一部以平民社会之事为主的史书。”

葛健豪这时才发觉儿子变得如此有学问,她心里有底了,下定决心,不管儿子是否被学校开除,都坚决支持他实现心愿,生活中有再大的困难,绝不让儿子操心。

学校里,校长召集众老师开会。杨昌济听着一位老师在念草拟的告示:“蔡和森目中无人,违反学校之规定,不参加学校集体活动;不守校纪,经常旷课,现予以开除处分。望广大校友以此为戒!”

老师念完,杨昌济站了起来,严肃地说:“校长,我再次申明我的观点,我不同意这样对待蔡和森。”

另一个老师也站了起来说道:“校长,这不妥啊!”

校长大声怒吼:“什么不妥?我是校长,我要对学校负责!此风不治,学校成了乌合之众的聚集地,何谈振兴教育?马上组织全校师生开会宣布!”

杨昌济拦阻道:“慢!校长,我有话说。这一张公告断送的是一个优秀学生的前途呀!”

校长置若罔闻:“他早该知道这样做的后果!”

杨昌济愤怒了:“如果校长执意开除蔡和森,那就将我杨昌济一并开除吧!”

校长震惊得说不出话来:“你……”

众老师目瞪口呆!

蔡家,蔡庆熙在洗衣服,葛健豪在一旁说:“唉!昨晚上我一宿没睡着,和子的事不知道学校怎么处理的?”

蔡庆熙安慰道:“妈,您别太着急了,车到山前必有路嘛。”

葛健豪站起来:“不行……我得去找他校长论论理。”

蔡庆熙放下手中的活,忙拦阻道:“妈,您去了也没用的。”

“我是母亲!我不能看着儿子没书读呀!走,你当姐的也得去……”葛健豪说走就走,还拉上了蔡庆熙。

学校会议室里，争议仍在继续。葛健豪匆匆赶到会议室外，她和蔡庆熙在走廊上隐隐听得到里面的争论声。

校长企图说服杨昌济：“杨老师呀，我佩服你的爱才之心，但像蔡和森这样的学生，不守校规，而且坚持错误、口出狂言，我们怎能对他姑息迁就呢？”

杨昌济据理力争：“这怎么叫姑息迁就呢？！校长先生呀，他废寝忘食，将图书馆的书都读遍了，这种好学上进的精神，多么难得呀！”

校长不以为然：“难得又怎样？把图书馆的书读烂了又怎样？”

杨昌济说：“据我所知，他学以致用，卓有成效呀！”

“成效何在？有何证明？”校长有点不耐烦了。

还没等杨昌济开口，突然会议室的门被推开了，葛健豪拎着一个菜篮子闯了进来。葛健豪自报家门后说：“对不起，校长先生，恕我以这种方式拜见您！”她把篮子往会议桌上一放，激动地说：“请老师们看看，这是一篮子书，在家的时候，我儿子每天清晨就是提着这一篮子书去岳麓山，找个僻静地方一读一天。他为什么要去那儿读书呢？因为家里没有固定的收入来源，他要为家里节省两餐饭！”

老师们震惊了，交头接耳、议论纷纷。

葛健豪从篮子里拿出厚厚的《中国近百年来的国耻史纲》手稿往桌上用力一放，对校长说：“校长先生，您刚才不是问有何证明吗？看，这就是成效！这就是证明！”

校长惊奇地拿起书稿翻阅。

杨昌济大声说：“这就是蔡和森同学编写的书！我们许多学生读书是为了当官发财，还有的是为了将来找个好职业，可蔡和森读书是为了救国呀！我认真读了这本《中国近百年来的国耻史纲》，史料详实，文笔流畅，而且击中时弊，实为当今社会急需的一本读物，我们应该为这样的学生感到骄傲和自豪！”

蔡和森编写的《中国近百年来的国耻史纲》在老师中间传阅，老师们惊讶万分，交口称赞。

杨昌济继续说：“校长大人，说句心里话，像这样的史纲，你我去编写，尚要费一定的工夫。可我们的学生把它编写出来了，这难道不是你校长的光荣？不是我们全校的光荣吗？！”

校长无言以对。他停顿了半天才说：“是这样……那好，不开除他可以，但该生违反学校规定还是得受处罚，我建议取消他的生活补贴，以儆效尤！”

杨昌济毫不犹豫地说：“如果这样……他的生活补贴就从我杨昌济的薪水中扣除吧！”全场人都向杨昌济投去了敬仰的目光！葛健豪感激地看着他。

转眼间，秋天到了，岳麓山枫叶似火，层林尽染。

蔡和森和向警予漫步于红色世界之中。

向警予感慨：“认识你们一家人，特别是你母亲，我向警予三生有幸。”

蔡和森笑着说：“我母亲也说过认识你真是缘分。”

“啊？是吗？”向警予睁大眼睛看着蔡和森，“如此说来，我和蔡伯母是心有灵犀呀。和森，我真的很羡慕你有这么一位开通而又特别疼爱你的妈妈。”

蔡和森觉察到向警予说这句话另有深意，好奇地问：“你在老家溆浦的生活不是无忧无虑吗？”

“是的，我们家生活条件优裕，家父是溆浦商会会长，我又是家中老九，所以，他对我特别疼爱。”

蔡和森见她没有提及母亲，便问：“你母亲还好吧？”

向警予摇着头低头不语。

“怎么？难道……”蔡和森见状不知说什么好。

“生母已经去世。”向警予低声说道。

“啊……对不起。”蔡和森后悔问到了向警予的痛处，忙憨厚地道歉。

向警予却并不在意，她告诉蔡和森：“继母待我也不错，但是，我却总觉得缺少些什么。蔡伯母的善良、慈祥、知书达理、敢作敢为给我印象很深，我就喜欢这样的人，可以说，蔡伯母弥补了我情感上的缺失。”

蔡和森善解人意地点着头。

向警予有几分惆怅地说：“过几天，我就要回溆浦老家了，我舍不得离开长沙，舍不得离开老师和同学们，尤其是你的妈妈！”

蔡和森发现了向警予眼里滚动的泪花，他对向警予说：“警予，我现在就邀请你去我家中，一来是和我母亲道别，二来嘛，去看看我们的新居。”

向警予问道：“你们搬家了？

蔡和森点头：“是的，前不久才搬的，就在湘江边，很宽敞。我妈很喜欢我们同学去家里谈天说地，她说以前的房子太小，同学们去后，坐的地方都没有。以后你来长沙，可以去我们家住。”

湘江北去，波涛滚滚。江水里，一个年轻男子一手举着自己的衣服，一手在水中奋力划着，搏击江水，游向岸边。

男子从水中起来，走上岸，向离岸边不远处的房屋走去。房屋是木质结构，经风吹日晒，显得较破旧，“沩痴寄庐”的横匾挂在正门上。

刘千昂在院子里玩，她高兴地对正在剥毛豆的外婆说：“外婆，这里比原来的饮马堂大多了。”刘千昂又指着门上的横匾问：“外婆，那是几个什么字呀？”

葛健豪把“沩痴寄庐”四个字慢慢念了一遍，解释说，那是房东老先生挂的一块匾，那四个字的意思是，一个宁乡人寄住在看坟的房子里。

蔡畅插嘴说：“这房东先生像个秀才，给宅子起了个这么文绉绉的名字。”

刘千昂的问题似乎没完没了：“那我们为什么要住到这看坟的房子里？”

葛健豪耐心说道：“这房子大啊，你舅舅和润之叔叔有好多的同学，他们要经常来家里聚会。还有呢，因为房屋后面有一片坟地，所以，租金很便宜。你看，四周这么多空地，我们将来种菜、养鸡好不好？”

刘千昂很高兴："好呀，那挺好玩的！"

刘千昂看见毛润之拿着衣服走过来，高喊："润之叔叔来了——"

葛健豪忙放下手中的活，拿起一条毛巾，迎了上去："又是游泳过来的？快擦擦。"

毛润之接过葛健豪手中的毛巾擦着。蔡畅忙问："润之哥，你一个人游泳过湘江，怕不怕？"

毛润之笑答："这有啥子怕哟。既省钱又锻炼了身体，一举两得嘛！"

蔡畅笑了："你们都这么爱锻炼身体！和子哥呀，每天早晨四点起床——"

毛润之接过话茬："起床后上山锻炼，九点下山，十点早餐，每天还用冷水冲澡两次！"

"哎呀，润之哥，你怎么全都知道呀！"蔡畅惊讶道。

毛润之开玩笑地说："我是神仙，能掐会算嘛！毛妹子呀，你不是周南的体育教员吗？你可知道体育锻炼的意义何在？"

蔡畅脱口而出："强壮身体呀！"

"对，强壮身体很重要啊！你知道吗？春秋孔子的学生颜回，初唐四杰之一王勃，他们虽然学识渊博，胸怀大志，但都因为身体虚弱，而终无大成。所以，和森与我有个终身约定，读书再忙，也不能忽视强身，这样才能真正为国家、为社会成就大业！"毛润之细细说来。

蔡畅心服口服了："润之哥说得真好，我这个当体育教员的，也没弄清哩。"

毛润之意犹未尽，接着说："我还告诉你：人者，动物也。从个人言，无运动就无生命；就国家言，无运动就无变革，无变革就无发展，此乃运动之真谛！"

葛健豪频频点头："我就爱听润之说话，有激情，富有哲理。"

蔡畅由衷地赞叹道："润之哥，你真有学问，而且，能将这么深刻的道理说得那么通俗易懂！"

毛润之笑了笑,他学着蔡畅的口气说:"我最喜欢听蔡畅说话了,润之哥润之哥的,叫得那么亲热!我姓毛,你小名刚好叫毛妹子,这就是我们俩的缘分。看来,我还非得认你这个毛妹子为妹子不可哩!"

三人开心地大笑起来。

蔡和森和向警予进门了。毛润之故意说:"哎呀,和森呀,一上午,你一不读书,二不强身,这违背了你我定下的规则,该当何罪呀!"

蔡和森连忙解释:"对不起!今天情况特别,警予毕业了,要回溆浦老家,我特意陪她前来和我妈道别。"

葛健豪赶忙问:"怎么?警予这么快就要离开长沙了?"

向警予点头:"是的,蔡伯母,真舍不得离开您呀!"

蔡畅招呼大家道:"都站着说话干什么,到屋里去坐,好好聊聊!"

众人进屋去了。蔡和森和毛润之谈得很起劲,葛健豪拉着向警予的手走进卧室,问道:"听说,你回溆浦,要办学?"

向警予点头称是,告诉葛健豪,溆浦在偏远的湘西,风气闭塞,特别是女子,更是墨守成规,她想通过办学,唤醒女界的觉醒。

葛健豪赞同道:"好!我也想回乡重新办学,咱俩又想到一块儿了。说说你的打算。"

向警予说:"我想,这所学校的校名,就叫溆浦女校,也可兼收少部分想读书的男生。"

"男女合校?史上少有呀!"葛健豪觉得向警予毕竟是年轻人,脑子比自已灵活。

向警予把自己的设想毫无保留地告诉葛健豪:"我还想,在学校大门口,大笔书写校规:自治心,公共心……"

向警予与葛健豪越说越亲近,她俩并坐在床沿交谈,有说不完的话。

蔡和森与毛润之来到院子里。毛润之环顾四周,不停夸赞:"好呀,好呀!这刘家台子如此宽敞,成为我们聚会之宝地了。"

蔡和森说:"我妈就是考虑到和我们来往的好友越来越多,才特地搬到这儿来住的。”

“蔡伯母就是了不起,为儿女想得那么周全。我三年前在一师发布征友启事至今,已聚集了数十名志同道合者,可一直苦于找不到一个合适的聚会之地,蔡伯母心领神会,终于帮我们解决了这一难题。”毛润之对葛健豪无比敬佩。

“润之,有了这么便利的条件,我想呀,下一步应该将这些志同道合者集合起来,成立一个团体,定期集会,让我们的言行,有一个共同规范,这样,才能真正集合同志,创造新环境,达到征友的目的。”

毛润之兴奋地说:“和森所见极是。”

卧室内,葛健豪和向警予还在谈心。葛健豪说:“警予,每次见到你,听你说话,我便想起了秋瑾,这也是我对你产生特殊感情的原因。你就是秋瑾！我多么希望，你的未来像一片枫叶，给这个荒漠世界带来一些生气！”

向警予神情坚定地说:“我不会让您失望的,蔡伯母,我来到这个世界,如果不能干出一番大事业,我宁愿把这条生命毁掉！”

夜里,蔡和森、毛润之两人在蔡家后院席地而坐。蔡和森很是激动地说:“我们的团体是我们共同的孩子,是二十世纪新生的婴儿,我们应该给她取一个最切合实际的名字。叫新民学会怎样？”

毛润之马上回应道:“这个名字取得好！大学之道，在明明德，在新民……日日新,又日新！”

“对！我们成立新民学会的宗旨就是提倡新道德，宣扬新思想，展示新精神,做一代新民……”蔡和森一口气说出几个新。

毛润之笑了:“子升也说过这个想法,看来我们是不谋而合了。”

明月当空,万籁俱寂。

蔡和森和毛润之还在后院深谈着，他俩都很激动。毛润之说起了长沙局势:“堂堂乎张,尧舜禹汤,一二三四,虎豹豺狼！”

蔡和森说:“这首歌谣传遍了长沙城,‘尧舜禹汤’指的就是张敬尧四兄弟，这是湖南现实的写照，也是全中国黑暗的缩影，可见民怨之深，已是忍无可忍了！”

“一家、一国、一世界，乱到绝处，必死而复生！像俄国一样爆发十月革命！”毛润之大发感慨。

蔡和森附和：“对！于无声处听惊雷！我们的团体，就是迎向风暴的海燕呀！”

葛健豪、蔡畅、蔡庆熙母女伫立在不远处，她们都被深深地感染了，毛润之发现了她们，忙说：“啊……对不起，蔡伯母，我们忘记了已是深夜，将你们吵醒了。”

葛健豪往毛润之走去，边走边说：“没有……没有！自从搬到这个新家来，每次听着你们和同学们讨论，我都觉得好像在课堂里听课，长见识呀！”

蔡畅跟在母亲后面说：“是呀，妈妈听了你们好多次的讨论，她甚至都想参加你们的团体了。”

蔡和森认真地说：“是吗？我们的章程里特别提到，今后的会员不受性别限制，也不受年龄限制，只要是十八岁以上都可以。”

葛健豪高兴地问：“这么说，我这个老太婆，以后也可成为你们的一员了？”

毛润之以肯定的语气说：“蔡伯母是我们新民学会的元老会员！”

众人哈哈大笑。

鸡鸣，彩霞染红了东方的天际，蔡和森和毛润之躺在一张门板上熟睡着。萧子升到来，他捡了一根野草轻轻地作弄毛蔡二人……毛蔡二人打着喷嚏醒来，萧子升开着玩笑责难道：“大胆润之、和森，你俩竟敢背着大哥我在此秘密商谈，该当何罪！”

毛润之忙解释：“你是我俩的哥，我们怎敢背着你大哥行事呀，昨日，我们见你忙于读书，不敢惊动你。”

蔡和森说：“子升兄呀，才一天没见我俩的面，你就有意见了？”

萧子升风趣地回答:“湘江三友,不舍不离嘛!这叫一日不见如隔三秋!”

三人大笑起来。萧子升说:“看来,二位一定又在墓地讨论了一宿。好呀,我们的团体,就是要提倡这种精神,为创造新环境奋发向上!”

蔡和森自嘲道:“自从我家搬到这儿来,我就没在床上睡过,几乎都是和同学们谈着谈着就搭块门板睡下了。”蔡和森不住用手抓胳膊,嘴里说:“这该死的蚊子!真是夜里不觉晓,处处蚊子咬!”

毛润之笑了笑,对子升说:“子升,我和和森归纳了成立团体的要点,你先看看。”

萧子升从毛润之手中接过几页纸阅读。

晴空万里,微风吹拂,学生模样的青年三三两两结伴而行,走进湘江边的刘家台子蔡家。

毛润之、蔡和森、萧子升在门口接待来人。蔡畅、葛健豪、蔡庆熙喜气洋洋,给各位倒茶水。

萧子升走到葛健豪跟前,和她握手,然后把她的手掌合拢。葛健豪发现手中是两块银元,执意要退给萧子升。

萧子升连连摆手:“这是我们交的伙食费,您一定要收下。”

萧子升转身喊同学们:“大家进屋,到屋里开会!”

众人走进堂屋,各自寻找位置坐好。十三名热血青年齐聚一堂。毛润之宣布:“会友们,我们的新民学会今天正式成立了!”

大家热烈地鼓掌。

厨房里,葛健豪、蔡畅、蔡庆熙在洗菜、淘米,刘千昂在灶前加柴烧火,忙得不可开交……

堂屋里,众人在举手表决选举总干事。蔡和森清点着人数:“好,到会十三人,有十二人推举毛润之为总干事。”

没有举手的毛润之说:“谢谢大家的抬举,但我以为,子升济怀天下、博学多才,应该由他担任本会的总干事,我可以多做些实际工作。”

蔡和森首先赞同:“既然润之兄执意推托,我赞成子升担此重任。”

大家热烈鼓掌,在一片掌声中,萧子升站了起来,他温文尔雅地说:“恭敬不如从命,暂且由我担任此职就是了。但我是一个直言不讳之人,有些不同意见我想说明。”

会场静了下来,众人的目光投向萧子升。葛健豪、蔡庆熙、蔡畅为大家端茶送水……

萧子升说:“学会章程我认真拜读了,总的来说不错。但我认为,还可以更简略一些,现在能做到的应该写入章程,现在不能做到的,就不要写,譬如学会的发展方向,定为政党,我觉不妥。政党便是政治组织,现在写入章程,为时过早!”

蔡和森站起来,他有些激动地说:“我不同意!为什么要回避‘政党’二字呢?!孙中山先生组织的中国同盟会就是政党!这个政党,将有识之士结合起来,成为了推翻两千年封建帝制的主要力量。我们成立新民学会的目的究竟何在呢?目的不就是聚集爱国青年,寻求中国独立富强之路吗?!所以,学会的发展方向就是建立政党!决不应该删除!”

萧子升反驳道:“我反对将这些空泛的口号写入章程!”

厨房里,听见会场的争议愈发激烈,蔡庆熙担心地说:“他们吵起来了!”

葛健豪解释:“他们经常一争一通宵,没事的!”但她的脸上露出不安的神色。

蔡畅说:“我仔细听了他们的争议,我以为,和子哥、润之哥说得就是有道理!”

葛健豪吩咐道:“我们把饭菜早点端上去,缓和一下会场气氛!”

会场上,会友们在热烈争论着。葛健豪、蔡畅、蔡庆熙把一个个热气腾腾的菜盘子端进堂屋。

葛健豪高喊:“开饭了!”

同学们对“开饭”没有反应,他们的注意力仍放在争议上。

萧子升有点情绪化："饭可以不吃，原则不能不要！"

毛润之用缓和的语气说："好了，好了，我的子升兄，饭还是要吃的嘛，吃饱了肚子，才有劲儿争论嘛！"他又抬头对葛健豪说，"蔡伯母，又辛苦您了……"

两张桌子拼凑在一起，顿时成了餐桌，辣子鸡、臭豆腐、小鱼小虾等菜肴摆了满满一桌。众人围坐在桌子旁边。每人面前放着一个茶碗。毛润之高举茶碗，说："我代表会友，首先向为我们会议付出辛勤劳动的蔡伯母全家致谢！"

大家起立，异口同声："谢谢蔡伯母全家，干！"

众人端起茶碗一干而尽！

众人刚坐下，葛健豪高兴地说："孩子们，我这老婆子亲眼见证了新民学会的成立。我向新民学会表示最最热烈的祝贺！"

毛润之兴奋地说："蔡伯母，看样子您还有节目？"

葛健豪爽朗地说："当然有节目，你们别小看我们女人了哩。"

葛健豪拿出一副对联："我送你们一副对联，上联是'新鲜血液活肌体'，下联是'民主思想救中华'，横批是'新民学会'。"

众人惊喜交集，热烈地鼓掌……

散会后，萧子升和几个会员在长沙街头边走边谈。老天爷像是知道萧子升的心事，阴沉着脸，眼看暴风雨就要来了。

萧子升显得闷闷不乐的样子："其实，新民学会成立是件大喜事，但我内心依然矛盾。毛润之、蔡和森乃我挚友呀，如今针锋相对，绝非我所愿意看到的！但求上苍，此次分歧千万不要伤害我们的手足之情！"

一个会员说："这没什么，探讨问题嘛，真理越争越明的。"

萧子升越来越感到不安："可我实在不愿意因此伤害我们的友谊，我得回去向他俩解释。"

雨倾盆而下……

萧子升一个人在雨中奔跑。

蔡家后院，电闪雷鸣，大雨如瓢泼。毛润之站在雨中，仰天任雨水洗刷着自己。蔡和森与蔡畅一起前来宽慰他，蔡畅打着伞替他遮着雨说："润之兄，你别生萧子升的气呀。"

蔡和森推开蔡畅："蔡畅，雨太大了，你先回去，我和润之兄聊聊。"

蔡畅惊讶道："你们不打伞？"

蔡和森大声说："不要伞！大雨能让我们更清醒！"

蔡畅离去。蔡和森、毛润之在雨中交谈。

"润之兄，同萧子升之争论，这很正常，你千万不要在意——"蔡和森不赞同萧子升的观点，但他倒劝起了毛润之。

毛润之站在雨中大声说："我很在意！我在意在此乱世中，究竟用何药方才能真正救中国呀！"

蔡和森回应："如今中国，孔子的、墨子的、马克思的、蒲鲁东的、乌托邦的……种种思潮都蜂拥而至，救国之路究竟在何方呀？！"

突然传来一个响亮的声音："路在前方！"

雨幕中站着萧子升。萧子升说："我回来了，我要与你俩一起探索！"

萧子升冲向蔡和森、毛润之，三学子在暴风雨中并肩站立。

一道闪电，一声惊雷。

三个挚友在暴风雷电中挽起了手臂。

蔡和森大声呐喊："路漫漫其修远兮——"

毛润之、萧子升齐声呼应："吾将上下而求索！"

三人呼唤着，接受大雨的冲刷，似乎一起融入了茫茫宇宙之中……

第十章　他乡团聚

就要毕业了，蔡畅想继续读书，可是家境窘迫，她开不了口。去找工作吧，一个女孩子能做什么呢？何去何从，蔡畅心里没底。

蔡畅郁郁寡欢地走出校门，路过一个炸臭豆腐干的摊点，闻到香味，有点嘴馋，不由自主放慢了脚步，又低头走过去。

摊主从后面拉了一下蔡畅的衣服。蔡畅回头，摊主拿掉头上的布巾。蔡畅惊喜地叫道："瑶妹子！"

瑶妹子更高兴："毛妹子！可等到你了！"

瑶妹子拉着蔡畅在小凳上坐下，说道："我刚来长沙几天，不好意思找你们添麻烦，想攒点钱再去找你们。"

蔡畅说："嗨，这就见外了！"

瑶妹子说："我肯定要去看望蔡妈妈的。我听林蒸哥说你在这里上学，就来校门口摆摊，一边做买卖一边找你。"

瑶妹子递给蔡畅两块臭豆腐干，蔡畅接过，大口吃起来。

蔡畅说："好香！……那你现在住什么地方啊？"

瑶妹子答道："来长沙的船上认识了一位大妈，我每天在她家打个地铺，比租房便宜多了。"

蔡畅一听忙说："那不行！你今天就和我一起回去！我们家现在的房子大着呢！"

"我到长沙来，就是想投奔你们的，我还想上学哩，可是，我想等攒了钱再去找你们。"看样子瑶妹子早就有打算。

陈湘山走出校门，看见蔡畅，大声说："毛妹子，今天好心情啊，在外面吃臭豆腐干哩，正好，我也嘴馋了，算我请客！"

蔡畅介绍说："陈老师，这位是我老乡瑶妹子。"

瑶妹子看了陈湘山一眼，很是惊喜，她赶忙端给陈湘山一碗臭豆腐干："这不是我们老家女校的陈老师吗？当然应该我请你们啰，我也是陈老师的学生啊！"

蔡畅拍着手对陈老师说："是的！是的！我还忘了，在永丰女校时，她听过您讲课呢！"

陈湘山看着瑶妹子说："哎呀，真是老乡见老乡，两眼泪汪汪呀！不过，今日是，老乡见老乡，两嘴泛油光……唔，好……好吃啊！"

瑶妹子眼里放着光说："陈老师，您在永丰给我们上的课，我至今都记得，特别是那天，您为了保护女校，怒斥军警，还飞檐走壁，您真了不起！"

蔡畅在一旁乐了："嗬，两个老乡一见面就夸上了！"

陈湘山放了几个铜板在桌上，说长沙最近不太平，叮嘱瑶妹子早点收摊，小心碰见地头蛇！瑶妹子感激地目送陈湘山："谢谢！……陈老师走好！"

蔡畅望着他们两人，若有所思。

几个小混混过来，围着瑶妹子和蔡畅打量。一个叫槟榔的混混说："哎，两个漂亮妹子在这里炸臭豆腐干……太可惜了！"

另一个叫虎子的混混过去拉瑶妹子，瑶妹子不示弱地端起油锅："你敢过来试试看！"

虎子气急败坏："他妈的，不识抬举！弟兄们，给点颜色她们看看！"

陈湘山返回校门口，恰好看见了这一幕，他一个箭步上前大吼一声："谁敢动手！"

槟榔一惊："你是什么人？"

虎子打量着陈湘山："哼！教书匠也敢管闲事？闪开！"

陈湘山摆出架势："不准你们欺负人！谁敢动手我就不客气了！"

槟榔笑了："看你这穷酸样，自身都难保，还敢怎样？我先教训教训你！"

槟榔挥拳就朝陈湘山打过来，陈湘山伸手抓住他挥拳的胳膊，另一只手围住他的后腰，一个背摔把他撂在地上。槟榔躺在地上不停地叫唤："哎哟！摔死我了！"

蔡畅拍手大笑："你们有眼无珠！我老师可是身怀绝技的！"

陈湘山双手握拳，蹲着马步，说道："谁再来试试？来一个摔一个，来两个摔一双！"

槟榔从地上爬起，惊惶地说："兄弟们！咱们打不过的，他有功夫啊！"

混混们边后退，边喃喃道："今天算你狠！你……你等着！"

几个混混跑了。

陈湘山又对瑶妹子说："瑶妹子，这些天，你最好别出来炸臭豆腐干了。"

蔡畅对瑶妹子说："对，你和我一起回家吧！"

一个混混躲在街角处偷看他们。

葛健豪没想到瑶妹子这么快就来长沙了，还在街头吃苦受罪，她拉着瑶妹子的手说："那些小混混真可恨！"

蔡畅说："他们根本不是陈老师的对手！"

葛健豪认为没这么简单，她分析说："他们吃了亏，肯定要报复的，俗话说，强龙压不过地头蛇。我去提醒一下陈老师，防着点，毕竟我们在明处，他们在暗处。瑶妹子，这几天，你就在我们家住下吧。"

瑶妹子点头："葛校长，我听您的。"

葛健豪忧心忡忡地对蔡畅说："毛妹子，妈这两天老在担心你，毕业后怎么办哟？"

向警予领着朱校长来了。蔡畅连忙站起来："朱校长来了！朱校长来了！"

葛健豪起身让座："朱校长，欢迎您！贵人到来，我们家蓬荜生辉啊！"

朱校长躬身施礼道："早就想来拜访您了。"

向警予在一旁说："蔡畅，朱校长说要送我们大家一个惊喜。"

葛健豪和蔡畅同时期待地看着朱校长。朱校长郑重地说："告诉你们，我决定留蔡畅在学校任教，担任附属小学的体育教员。"

葛健豪喜出望外："真的？朱校长，我真的不知道该怎样感谢您才好！毛妹子，你报考周南女校，是朱校长拍板录取了你，这次，又留用你，还不向朱校长行个大礼！"

蔡畅赶忙跪在朱校长面前，正准备磕头，被朱校长拉起。

"别别别……我们堂堂周南女校的师生，怎么可以兴这套旧礼……我知道，你们全家很不容易，更为社会做出了求学求解放的榜样，帮助你们我义不容辞！不过，学校财力有限，每月只能给蔡畅八块钱的薪金。"朱校长诚恳地说。

蔡畅很满足地说："有工作，我就满足了。谢谢朱校长，我一定好好干！"

葛健豪一脸感激之情："朱校长的大恩大德我们全家永志不忘！"

蔡畅沉浸在喜悦之中："周南，我们的母校，真是像母亲一样的学校呀。"

葛健豪一手挽着蔡畅、一手挽着向警予，老人沉浸在幸福之中……

夜里，周南女校教师宿舍里，陈湘山正在看书，他放下书，揉了揉眼睛。陈湘山重新捧起书，仍然有点不安，他蓦地站起身，快步出门。

吃过晚饭，葛健豪、蔡庆熙、蔡畅、瑶妹子在堂屋说笑。外面传来敲门声。

蔡畅起身说："是和子哥回了，我去开门！"

葛健豪几人继续说笑，却听见外面人声嘈杂。蔡畅在门口说："你们找到我家里来了……你们想干什么？不许进来！"

葛健豪一惊，马上往门口走去。大门口，槟榔等三个小混混正欲往里闯。蔡畅拦住大门大声喊："你们站住！"

瑶妹子快步上前对几个张牙舞爪的混混说："冤有头债有主，你们就冲我一个人来吧，走……我跟你们到外面去说！”

虎子说：“嗬，还有点辣劲哩！妹子呀，前几天，老子没占到便宜，大哥还被你们的人打了，你泼了我们的面子，今后我们还怎么在这一带混下去！你要到卖臭豆腐干的地方当众认罪去！”

瑶妹子一口答应：“好，去就去！”

葛健豪大吼一声：“别去！有什么话，让他们进来说！”

几个小混混愣住了。葛健豪走至门口，敞开大门，摆出一副江湖人的架势说：“瑶妹子不能跟你们去，要打要砸随你们便！反正家里也没值钱的东西！你们这样胡闹，我就不信衙门会睁眼不管！衙门不管，会有人替我们做主的！你们就等着瞧吧！”

几个过路人闻声围在蔡家门口往里看。混混们不知所措地互相望着。

葛健豪怒斥道：“你们这帮混混，有狠气去和恶霸斗啊！欺压妇女算什么本事！我告诉你们，你们也别小瞧我这个小脚老太，打官司，我自己会写状子；找关系，别说在长沙，在上海我都认识人！上海滩像你们这样的混混谁不服聂大爷，聂大爷你们听说过吗？”

槟榔蛮不讲理：“你别用什么聂大爷吓人，上海的大爷管不了长沙的事！”

葛健豪说：“管不了？只要聂大爷往长沙县衙门打个招呼，你们就吃不了兜着走！还有……你们没听说聂大爷，总听说过鉴湖女侠秋瑾吧？她和我亲如姐妹。”

虎子对槟榔说：“这老太婆越说越玄乎了，连什么女侠都搬出来了，大哥，咱们得防她一手，这女人的架势不一般呀……”

槟榔小声说：“那个臭教书匠又不在，一个小脚老太婆能把我们怎样？……走，进去再说！”

槟榔带着几个混混走进屋去。葛健豪边走边说：“你们说的那位先生，他的故事神奇得很哩，你们有兴趣，坐下来，我给你们慢慢道来。”

几个混混愣了一下，他们互相交换了一下眼色，进了堂屋，心神不定地欲坐又不敢坐。葛健豪和颜悦色地对几个混混说："好吧，来家的都是客，坐……都请坐呀。"

三个混混东张西望地坐了下来。葛健豪打量着他们说："年轻人哪，好汉不吃眼前亏，这句话你们懂吗？"

槟榔吊儿郎当地说："什么意思！"

葛健豪说："你们不是领教了那个教书先生的厉害了吗？"

一个混混接话："他又不在这儿，怕什么！"

葛健豪一本正经地说："他可是我们家的保镖，我要他来他马上就可以来的。"

槟榔一惊："你们家……还有保镖？"

"当然。几年前哪，我在永丰老家办了一所女校，那儿的财主呀，老想打女学生的坏主意，有天，还派了警察来威吓我们。"葛健豪说起了故事。

槟榔还真感兴趣了："那你们不是吃了大亏了？"

葛健豪说："我们不是有那位教书先生当保镖吗？说时迟，那时快！……只见教书先生上前，托起一个警察往地上一摔，警察的门牙掉了！"

三个混混更紧张了："啊？！……"

里屋，蔡畅、蔡庆熙、瑶妹子透过门缝瞧着听着，她们兴奋地窃笑。蔡庆熙突然抱起个大西瓜走进堂屋吆喝道："客人们，都来吃西瓜呀！"

葛健豪边帮着女儿切西瓜边说："年轻人，要学好呀，你们都才二十郎当岁，以后的日子还长着哩，别自己毁了自己的一生。"

槟榔说了句实话："其实，我们也不是存心做坏事，只是闲得慌，闹着玩玩的。"

葛健豪引导他们："这么个玩法……好吗？被人戳脊梁骨不说，弄得不好，被人打个缺胳膊少腿的，一生都给毁了！改邪归正吧，伢子们，趁年轻，读点书。"

槟榔说："字我会认，可是我见书头就大。再说了，如今这世道，毕业便失业，读了书又能怎样？”

葛健豪打量着槟榔：“你大概就是他们的头吧？长得还挺机灵的，叫什么名字？”

槟榔自报家门：“大名叫熊利明。”

虎子忙说：“我们都管他叫槟榔。”

葛健豪笑了：“槟榔？……这名字倒是好记。”

槟榔突然灵机一动说：“哎，大妈，要不，我们跟着那个教书先生学点武艺怎样？”

虎子兴奋起来：“对对对！……干脆我们拜他为师！”

槟榔期待地望着葛健豪：“像我们这样的，他收吗？”

葛健豪一脸严肃：“收与不收看你们自己。”葛健豪一字一句说道：“要他收你们为徒，就得约法三章！”

“哪三章？”槟榔有点好奇地问。

葛健豪说：“一，从此改邪归正；二，不准欺侮弱小；三，如若有违——”

陈湘山不知什么时候进的门，大声说：“如若有违，断指以罚！”

轮到葛健豪惊讶了：“陈先生！”

瑶妹子脸上露出惊喜，她仰慕地望着陈湘山。陈湘山说：“你们刚才说的话，我在门口都听见了。”

槟榔马上说：“这么说，您愿意收我们为徒？”

陈湘山爽快地说：“我听葛校长的！约法三章，你们能不能做到？”

三个混混跪下叩头：“保证做到……保证做到！”

瑶妹子急着说：“陈老师，我也想拜您为师，学点武艺，行不？”

陈湘山反问道：“怎么？一个妹子家，也想学两手功夫？”

瑶妹子点头：“学点武艺好护身嘛。”

葛健豪支持瑶妹子：“我看行，秋瑾不也是习武之人吗？”

陈湘山立马答应说：“好，还是那句话，葛校长说了算！”

长沙一民宅院里，槟榔等三名男青年与瑶妹子对打。瑶妹子一个飞腿将一男子踢倒在地。葛健豪和蔡畅走来，正好看见这一幕，母女俩为瑶妹子鼓掌。

槟榔讨好地说："葛校长，您看见了吧？陈老师教学有方，瑶妹子功夫见长呀！"

葛健豪很高兴："你们都成了有武功之人啦，要好好谢谢陈老师，咦……陈老师呢？"

虎子答话："他好几天没来了，陈老师是和瑶——"

槟榔忙打断："陈老师是太忙了。"

葛健豪觉察到有什么不对劲，再细看瑶妹子，只见她哭丧着脸，葛健豪越发疑惑了，正准备开口问怎么回事，瑶妹子低头不语，转身跑进屋。葛健豪看着瑶妹子的背影，问槟榔："瑶妹子得罪了陈老师？"

槟榔也不明白："我们也弄不清。"

葛健豪与蔡畅快步向屋里走去。葛健豪看见瑶妹子抹着眼泪，心里猜测到几分，又不敢肯定，便问道："瑶妹子，怎么了？"

瑶妹子哭得更伤心了。蔡畅什么都不知道，只是一个劲的劝瑶妹子："瑶妹子，别哭，受了什么委屈，说出来。"

瑶妹子扑倒在葛健豪的怀中，她抽泣着说："蔡妈妈，陈老师天天来这儿教我们武功，我看他挺辛苦的，便帮他做了一件外衣。"

"这不挺好吗？"葛健豪嘴上这么问着，确定问题果然是出在陈湘山那里。

瑶妹子委屈地说："可陈老师说什么都不收，还说……还说今后再这样，他就不来这儿了！"

葛健豪想了想，思考着："……是吗？"

蔡畅还在劝："也许陈老师为别的事心烦，你别往心里去，他这个人呀，什么都好，就是有些怪异。"

葛健豪对待瑶妹子像对待自己的亲生女儿一般，女儿初涉世事、情窦初开，做母亲的哪有不关心的道理？葛健豪要弄清陈湘山的真实想法，对瑶妹子说："这样吧，我找陈老师聊聊。"

葛健豪在周南女校的操场上找到陈湘山，陈湘山对葛健豪找上门来并不奇怪。葛健豪是个耿直人，开门见山地说道："陈老师，这件事是你不对，一个妹子，为你做衣服，是把心掏给你了。"

陈湘山冷冷地说："可我不能接受。"

葛健豪追问道："为什么？"

"我没有资格接受！"陈湘山的话让葛健豪一惊。

"这么严重呀？能说说吗？"葛健豪知道陈湘山的老婆不在人世了，他说的"资格"绝不是因为家室拖累，她想，既然陈湘山开口说话了，就要让他敞开心扉。

"我是一个罪人！"陈湘山说。

葛健豪一惊："罪人？"

陈湘山埋着头痛苦地说："我是一个杀了自己亲人的罪人呀！"

葛健豪完全没想到是这样："啊？！"

陈湘山慢慢地说："十二年前，我是一个忧国忧民的激愤青年，在家乡浏阳，因为参加反清的萍浏醴起义而入狱，家父变卖了全部家产救我出狱……"

往事不堪回首，陈湘山向葛健豪讲述了不曾对任何人提及的经历：二十岁的他在起义中奋勇战斗，被捕后在大牢里被清兵毒打……出狱后，目睹国将不国、众生涂炭、惨不忍睹的黑暗，他辗转日本继续从事反清活动。

陈湘山悲痛地说道："可怜我的妻子山妹，在我出走的那个冬日，悬梁自尽！待我从日本归来回老家时，故乡人骂我绝情绝义，我落得个众叛亲离的下场，从那以后，我精神近乎崩溃，成天疯疯癫癫的！"

葛健豪静静地听着，内心受到强烈的震撼，她没想到陈湘山有这么复杂的经历。陈湘山打开了话匣子，继续说道："我本想隐居山林，却不想，您创办女校的义举让我重返世俗。我想，如能通过教书，启迪女界的民众，也不失为人生一次新的选择。"

葛健豪内心希望陈湘山和瑶妹子结缘，于是试探道："既然你有了人生新的选择，为什么要这样对待瑶妹子呢？"

陈湘山没有回答，他从内衣的口袋里掏出一个发黄的信封交与葛健豪。葛健豪打开信封，里面是一束长发和一封家书。

葛健豪读信：

夫君，见发如见人！当你看到我的这束头发时，我已离开人世了。我是一个平常的女子，我只想和你过平常人的日子。但我明白，我不能牵连你，我更明白，你离开我，是为了去干一件更值得你干的事情。所以，我只能以结束我的生命支持你！我走了，我在天堂等你……永远！——你的山妹子。

葛健豪禁不住热泪盈眶，似乎明白了陈湘山的想法。

陈湘山深情地说："山妹永远是我的好妻子！我曾发誓，再不娶亲，而且，我将名字改为湘山，就是纪念湘乡的山妹子！男儿当自强，男儿当报国！可如今革命似乎成功了，可国呢？……我的国在何处呀？！天下为公……天下为公，无公则无国呀！每每想到这里，我的心都在流血，我怎么忍心瑶妹子变成第二个山妹子呀！"

陈湘山越说越激动，号叫着离去。

葛健豪目送陈湘山离去的背影，心里久久不能平静……

夜里，葛健豪对瑶妹子讲了陈湘山的故事，瑶妹子若有所思："我懂了……可我不懂的是，他为什么要走呢？难道，我就这么让他厌恶吗？"

葛健豪轻声说："不是的，他有他的苦衷。自古都是一片芳心千万绪，人间没个安排处。你不要自寻烦恼，一定要好好生活！"

瑶妹子神情黯然扑入葛健豪的怀中，突然放声哭喊："妈妈呀……您是我在这世上唯一的亲人啊！"

葛健豪抚着瑶妹子的头发，柔声说："你、贞妹子、警予、润之、子升，还有槟榔他们，都是我的好孩子，要不，润之怎么称我为'大家长'呢？你们的事，我都要管，一定会管的！最近我在琢磨着，贞妹子如果也能来长沙就好了。”

这天天刚亮，蔡家院里静悄悄的，晾衣绳上的一大一小两套衣裙随风摆动，蔡家人都还没起床，

屋子里，蔡畅和刘千昂挤在一张小床铺上，两人睡得正香，突然外面的说话声吵醒了蔡畅，她听到蔡庆熙惊喜的声音：“哎呀，爸，林蒸，你们来了！妈，快出来！”

蔡林蒸兴奋地说：“不光我们来了，看，还有谁？”

蔡庆熙看着门口，热情地喊道：“黄婶！贞妹子！……你们也来了！”

蔡畅坐起来，穿着内衣裤，忙乱地叫喊：“刘千昂，快起来，快起来。”

睡得迷迷糊糊的刘千昂被叫醒，她撒娇道：“干吗呀，今天是星期天，可多睡会嘛。”

蔡畅惊慌地说：“快帮我把衣服收进来，外公他们来了。”

刘千昂也只穿了一件小衣服，显得很害羞：“我……我的衣服也是昨晚洗了在外晾着，没换洗的衣服。”

蔡畅着急地问：“怎么办，你说怎么办？”

刘千昂赤脚跳下床，把门打开点缝隙，高喊：“外婆——”

院落里，葛健豪正和几个人打招呼，突然听见刘千昂的喊声。蔡和森边向屋子走去边问：“千昂，什么事？”

刘千昂慌忙说：“舅舅，你别进来。”

蔡林蒸纳闷了：“是不是出什么事了？”

蔡畅灵机一动对外面高喊：“后面的墙壁被人挖了一个洞。你们快到后面去……”

院里的人都往屋后跑去。刘千昂忙出来收外面的外衣，又快步跑回屋。两人边穿衣服边说：“快，快……”

蔡畅和刘千昂穿好衣服跑出屋子，葛健豪一帮人从院子后回到屋前，葛健豪望着空荡荡的晾衣绳，全明白了，她叹了叹气，摇了摇头。

蔡庆熙还在问:“毛妹子,哪儿的墙挖了洞呀?”

蔡和森也恍然大悟:“我们被两个细妹子给耍了。”

葛健豪看着蔡畅和刘千昂惊慌失措的样子,想笑,可笑不出来。葛健豪对黄婶和贞妹子说:“让你们见笑了,两个女孩子没衣服换,衣服脏了只有晚上洗第二天再穿,今天你们来得早,她俩的衣服晾在外面没来得及拿进去……”

蔡畅和刘千昂露出不好意思的神情。刘千昂跑到黄婶跟前亲热地说:“黄外婆,我小姨这叫调虎离山!”

葛健豪笑着说:“好了,你们都去堂屋坐着说话,我和庆熙去做辣子面……”

一大屋人每人都捧着一碗辣子面津津有味地吃着。蔡和森匆匆吃完,拎着一篮子书出门了。黄婶疑惑地说:“他用菜篮子装书啊!”

蔡庆熙向黄婶解释:“不上课的时候,和子都是这样去山上看书。往常呀都是一大早就出门了,在外面早饭、中饭都不吃,很晚才回来吃晚饭。”

刘千昂在一旁对外公说:“哎呀,我有好久没吃到面条了。每天不是菜粥就是菜团,吃得我吐酸水……”

蔡庆熙忙打断道:“千昂……”

蔡林蒸愧疚地说:“我和爸猜你们在长沙过得一定很艰难,心里放不下,一合计,就赶来了。”

蔡庆熙贴心地说:“你们既然来了,就别回去了啊?我们刚好搬到大房子里了,还有这么大一个院子和空地。”

蔡林蒸告诉母亲和姐姐:“我们就是来和你们团聚的,老屋东西都收拾好了。我去和舅舅、黄婶告别,贞妹子说很想来长沙开开眼界,黄婶被说动了,大家就一起来了。”

葛健豪赞许道:“来了好!来了好!黄婶真是变了不少!”

黄婶开玩笑地问:“变老了还是变丑了?”

葛健豪笑了:“当然是变年轻变美了!心是和善的,面相自然好看!”

蔡蓉峰从怀里拿出一个小袋子递给葛健豪：“兰英，我和林蒸把积蓄都带来了，你拿去改善生活吧，买点肉吃。”

蔡林蒸站起来望着屋外说：“我看，那一大片空地可以整成菜地，我来种菜，咱家吃不完我就拿到集市去卖。”

蔡蓉峰闻言放下碗筷往外走：“我出去转转，买几只鸡回来喂着，每天可以捡点鸡蛋。”

葛健豪满脸笑容：“老头子会过日子了！”

蔡林蒸也放下碗筷往外走：“我去地里看看！”

蔡庆熙打心眼里高兴：“他们来了，家里的气氛真是不一样啊！”

黄婶和葛健豪拉起了家常：“听说你和庆熙也在念书？”

葛健豪叹了一口气：“唉，日子过得太艰难，我和庆熙只读了半学期，不得不辍学了……”

黄婶拿出一个荷包：“我来看你，也没带东西来，这点钱你拿去用。”

葛健豪推辞道：“哪能用你的钱！你看，家里来了两个赚钱的哩！”

贞妹子在一旁说：“蔡妈妈，这是我妈的心意，您就收下吧！”

葛健豪坚决不要。刘千昂对黄婶说：“黄外婆，您就和我们一起住在长沙吧！别回去了！”

黄婶笑着说：“傻丫头，我们不会赚钱，住长沙，谁养活我们？在乡下，好歹种点粮食收点租子糊口。”

蔡畅对黄婶说：“贞妹子可以赚钱呀！”

黄婶不以为然：“她哪会赚钱？”

蔡畅认真地说：“怎么不能？您看，我当教员了，瑶妹子靠炸臭豆腐养活了自己，我姐学了缝纫、绣花，找她做衣服的人越来越多了。”

葛健豪鼓动道：“是啊，人不会被尿憋死的！我看，你们娘俩完全有条件到长沙来居住，换个环境，换个心情，生活只会越来越好！”

贞妹子一脸兴奋地对黄婶说：“妈，我们也来长沙住下吧！放心，我一定会找到工作！”

黄婶没有思想准备，她心里还想着儿子："可是我……我儿子还在乡下长眠，我要陪着他啊！"

葛健豪耐心地劝道："黄婶，过去的一切，就让它过去吧！如果你儿子在天有灵，一定希望你和贞妹子过上好日子的！"

还是贞妹子了解黄婶，她说："长沙离荷叶也不远，我答应您，一定经常回去扫扫墓、烧点纸钱。妈，您不是喜欢看花鼓戏吗？到了长沙，我赚了钱，天天给您买戏票！"

黄婶一听高兴了："长沙就是比乡下热闹！好，我考虑考虑！"

葛健豪马上盘算好了："如果你们决定来长沙，贞妹子要趁早去女子学校学习。黄婶，你们先在我家住下，吃住的费用省下给贞妹子作学费吧！"

黄婶难得爽快了一回："恭敬不如从命！不过，贞妹子呀，荒年饿不死手艺人，你就去学缝纫算了，庆熙还可以带带你。"

蔡庆熙很赞同，她提议道："好呀！黄婶，你知道吗？瑶妹子也想学缝纫，不如她们俩结个伴一起学，我在家里做，大家边学边挣钱，三个女裁缝一台戏啊！"

黄婶双眼放光："……一台戏？"

黄婶想找个店铺，她不停地奔走在长沙街头，挨家挨户询问。她走进一处门庭冷落的杂货铺，跟房主讨价还价，终于把事情定了下来。走出铺面，黄婶望着招牌，脸上露出笑容。

过了几天，杂货铺招牌上蒙着红布。店铺前站着蔡家一家人及黄婶、贞妹子、瑶妹子。槟榔带着几个弟兄忙进忙出。一阵鞭炮声后，黄婶挑下红布，"三姐妹缝纫店"几个字露出来。众人连声叫好。

毛润之和萧子升照例是经常来蔡家，他们和蔡和森一谈就是通宵，葛健豪劝不动他们回房睡觉，有时干脆就坐在不远处听他们谈话，渐渐听进了很多新鲜道理。

毛润之喜欢开玩笑："三姐妹缝纫店开了张，我们三兄弟什么时候停止争吵，也开一家店？"

萧子升一副文质彬彬的样子说："你就会开玩笑！我们之间虽然有不同意见，但总的目的是一致的嘛。"

蔡和森的表情总是很严肃："是的，有不同意见，这很正常。当前中国，面临国破家亡，有志者都在寻求救国良策，只有经过争论比较，方能找到正确答案。"

毛润之言归正传道："答案在哪里？不在我们的脑子里，而在民众之中。"

蔡和森说："对。我想起，去年夏初，二位仁兄身无分文，游历了好几个县，这倒是一条有效的探索之路。"

萧子升猜测和森想去游历一番。蔡和森似乎早就有出行的打算："不入虎穴，焉得虎子！不知二位仁兄，愿否与我同行？"

萧子升实说了："这次我可能去不了，俗事缠身呀。"

蔡和森急着问毛润之道："那你呢？润之兄。"

毛润之犹豫着："我当然乐意奉陪，只是家母近日来长沙看病——"

蔡和森忙说："你先陪伯母看病，看了病，就请她住在我家中休养，你便可与我一起游历洞庭湖了。如何？"

毛润之有点不放心："给蔡伯母添了麻烦，我心中不安哪。"

蔡和森最了解自己的母亲，这种事情她是全力支持的，便大包大揽道："这没什么，你的母亲即我的母亲，而且，两位老太太住在一起，家长里短地聊着，兴许比你自己侍候还要好些。"

葛健豪走了过来，她接过话茬说："润之，把你母亲接到我家来吧，我这个老太婆正好缺个伴哩！"

第二天，葛健豪就开始准备了，忙着和蔡畅、蔡庆熙一起整理房间。蔡庆熙有点好奇："听说，和子和润之要出一趟门，他们去哪里呀？"

葛健豪也不太清楚儿子要去哪里，但她对儿子很是信任："我不去打听。反正呀，我相信，这两个年轻人要干的事肯定是好事，让他们出去闯闯吧。"

第十一章　岳麓山下

葛健豪在门口迎接毛母，她拉起了毛母的手，边寒暄边将毛母请进大门，众人看着两位小脚老太如此亲密，自然十分开心……

葛健豪笑着说："老妹子，你是韶山人吧？"

毛母答道："我娘家在湘乡唐家坨。"

"哎呀，越说越近了！我也是湘乡人，生在荷叶，后来就嫁到永丰。"葛健豪没想到毛母和自己是同乡，感觉两人的距离更近了，和毛母拉起了家常。"我们两个还真有说不完的话，你说你娘家人都叫你七妹，我也叫你七妹吧！"葛健豪亲热地对毛母说。

"行，那我就称你老姐姐。老姐姐呀，你知道，我那三伢子和和森要急着出门，他们干吗去呀？"毛母想，葛健豪兴许知道儿子的行踪。

没想到葛健豪也不太清楚："我真的不知道。哎呀，随他们去吧，年轻人有年轻人的事。"

毛母的想法很简单，她问道："他们瞒着我们，是不是出门找媳妇去了？"

葛健豪知道和森他们绝不是去找媳妇的，可她顺着毛母的话说："也许……可能吧。"

毛母高兴地说："那就是菩萨保佑了，三伢子他爹和我做梦都想抱孙伢子呀。"

葛健豪抿嘴笑了。

"怎么？老姐姐难道不想？"毛母感觉葛健豪在笑自己，有点不好意思了。

"想……想，和你一样，做梦都想！告诉你一个秘密：和子收到一封女伢子从溆浦寄来的信……"葛健豪见毛母这么信任自己，自然也对毛母毫无保留地说起心里话。两位老太太神秘地耳语起来，越说越投机……

葛健豪提起的这封信正让蔡和森苦恼。

蔡和森、毛润之在乡间走着，蔡和森有点心神不宁，前面有一户农家，他俩走进去向老乡要碗水喝。毛润之忍不住问道："和森，这一路走来，你似乎有点心事。"

蔡和森实话相告："不瞒你说，离家时，突然收到警予的来信。"

"那好啊，说明警予心里惦记着你。"原来蔡和森是为这个，毛润之松了一口气。

蔡和森心里却不轻松："也好……也不好！"

毛润之问："怎么说？"

蔡和森说："她回家乡办学，很有成效，这自然好。"

毛润之想知道后面的消息："不好的是——"

蔡和森掏出信递给毛润之："你自己看吧。"

毛润之接过信，开玩笑地说："能看？……这可是情书呀！"

蔡和森很认真的样子："对你不保密。"

毛润之打开信纸："那我就看了——"

警予在信中写道：

和森，我在家乡办学很有成效，惊动了湘西镇守使、湖南第五区司令周则范……

溆浦女校操场上，男女学生们有的在跑步，有的在做操，有的在玩球，有的在踢毽子，显得生机勃勃。

湖南第五区司令周则范一身戎装，在向警予父亲陪同下，走进学校。后面跟随着副官和卫兵。学生们惊奇地看着周则范一行人。

向警予迎了上去，对父亲说："爸爸，您来了。"

向父和蔼地笑着:“我是陪周司令前来视察的。”

向警予落落大方地对周则范说:“欢迎周司令大驾光临!”

周则范赞扬道:“向校长客气了!女校办得如此轰轰烈烈,美名远扬,惊动四乡,贵校学生由一百多人,猛增到三百多人,整个县城为之振奋呀。”

向警予礼貌地说:“这多亏了我爸爸的支持,还有……周司令的关照。”

“惭愧!惭愧!鄙人只是护国军中一个末将,从来都很敬重读书人,对于向校长倾心教育之举更是敬慕不已呀!”周则范望着向警予,露出爱慕的神情。

向父赶紧对向警予说:“警予,周司令日理万机,今天专门抽空来视察你的学校,这是对你最大的奖励。”

向警予矜持地对周则范说:“多谢周司令!请多指教!”

周则范继续说:“向校长,恭喜你呀!”

向警予不解:“喜从何来?”

周则范派头十足地说:“我今天一来是参观学校,二来是通知你们,县府和督军府为了表彰女校的成绩,决定命名女校为全县教育模范学校!今后我们将全力以赴支持你办学!”

周则范说完,手一挥,两名卫兵抬着写着“教育先锋”字样的横匾走到向警予面前。霎时,校园里爆竹声齐鸣,师生们都聚到操场看热闹。向警予忙叫两名学生接匾,她说:“多谢!实在是不敢当。”

周则范也不多说话,笑着频频点头,他的一双眼睛,久久地盯着向警予……

那天晚上,父亲告诉警予,周司令有意娶她为妻。向警予一听,顿时感到一阵惊惶!因为这桩令人啼笑皆非的婚事,不但决定着她个人的命运,更影响女校的存亡呀!为此,向警予在信中求助于蔡和森:“和森,怎么办?我应该怎么办呀?……”

毛润之看到此,大声说:“此等大事,如同燃眉,你还不赶紧采取行动!”

蔡和森正愁没主张，忙问："怎么行动？"

毛润之提议道："赶快去溆浦呀！"

蔡和森反问："中断游历？"

毛润之点头："等你游历回来再去，黄花菜都凉了！"

蔡和森内心很矛盾，他往地上一蹲，说："此次游历可是我们了解社会的良机，我不想放弃。"

"那你就宁愿放弃警予？"毛润之也没工夫绕圈子了，直截了当地问道。

"不……我想给她回封信。"蔡和森说着自己的想法。

葛健豪和毛母有谈不完的知心话，她们谈儿子小时候的趣事，谈儿子读书的波折，谈着谈着，她们发现，不光彼此像姐妹一样投缘，她们的儿子性格也很相像！

堂屋门口小炉子上，药罐里的药汤漫了出来，葛健豪快步从卧室出来端药罐。葛健豪端着药罐说："嗨，我与你呀，真有说不完的话，这不，煎着药都忘记了，都快煎干了。"

毛母笑了："没事的，与老姐姐聊家常，比吃药还管用。"

葛健豪把药汁倒进碗里端给毛母。"七妹呀，等你的病好一些后，我带你去长沙城走走。"葛健豪真心想让毛母开心一点。

晴空万里，阳光明媚，毛母心情很好，她问葛健豪："老姐姐，我问你呀，我家三伢子经常和你儿子在一起，有没有人给他做媒？如果没有的话，我想托你帮个忙，帮我三伢子找个好妹子。"

葛健豪哈哈大笑："天下的母亲都会操这个心！可是，他们的婚姻，我们包办不了，我更帮不了这个忙。你知道吧？你家润之和我儿子和森都一样，都说过不结婚不娶亲哩！"

毛母惊讶道："这可使不得，使不得呀！当一辈子光棍，可要被人笑掉大牙的！你当妈的一定要托媒人给他们找呀。一个男人，怎么能不娶亲呢？不娶亲怎么生伢呢？不生伢怎么续香火呢？不行，绝对不行！这是我们当妈的最大心事。”

葛健豪笑了起来：“我说了，润之和和森都是干大事的人，婚姻之事我们别操心，船到桥头自然直。你不是相信缘分吗？”

毛母激动起来：“缘分也得自己去找不是？儿子想干大事，我不反对，可什么是大事？我看，我那三伢子和你的和森一样，去教书最好，教书就是先生嘛，不愁吃，不愁穿，讨个好老婆，多生几个好崽好女，延续香火，有了后，我死了也放心了……”

葛健豪看着毛母，顺着说了一句：“对对对……我们都一样，等着抱孙子。”

蔡蓉峰望望毛母，又望望葛健豪，茫然地问：“和子呢？”

两人正谈在兴头上，蔡蓉峰冷不丁地这么一问，葛健豪和毛母这才想起两个志趣相投的年轻人不见了，他们去哪儿了？她们当然不会想到，她们的儿子今夜在山洞里过夜哩。

山洞内点着篝火，蔡和森对毛润之说：“点着火，祛寒又驱鬼，早点睡吧。”

毛润之一点不觉稀奇：“我和萧菩萨上次还不是这样。”

“这就叫好男儿四海为家！明天我们到了县城，先帮人写几副对联，换几文钱。”篝火映照下，蔡和森的脸发红，眼发光，他都想好了以后几天的行程打算。

蔡和森不知道，他的父母正替他担着心，睡不着觉，为了节约，连灯都没点，摸黑在屋内说着话。

葛健豪有一搭没一搭地说：“蓉峰，我们现在总算熬过来了。”

“怎么叫熬过来了？你说你，带着孩子来城里求学，学出来又怎样？还不是没事做。”蔡蓉峰的口气明显流露出不满。

葛健豪不乐意了：“谁说没事做？毛妹子当上了先生，每月有八块钱呢。庆熙带着贞妹子、瑶妹子开了个‘三姐妹缝纫店’。我也没闲着，缝纫店的活做不完，我在帮她们。”

蔡蓉峰明说了:“我说的是和子!怎么好多天没见到他?”

葛健豪知道,蔡蓉峰希望儿子正儿八经地找份事做,早点养家糊口,但她是支持儿子的,她不是口口声声对毛母说和森、润之是要干大事的吗?所以她对丈夫说:“和子心中装的可不是我们家的这些坛坛罐罐。你别指望他重振你的辣酱园了!”

蔡蓉峰瓮声瓮气地说:“民以食为天!不装这些装什么?”

葛健豪趁机向丈夫灌输一下儿子的理想,便说:“他心中装的是大事,装的是改造中国的远大理想和抱负。”

蔡蓉峰哪里听得进,他气急败坏地说:“你给我住嘴!进城读了点书,就满腹经纶起来。和子从省高等师范毕业,连工作都找不到,读那么多书,挣不到钱有狗屁用!”

葛健豪耐心地劝说道:“蓉峰,话不能这么说。和子想干大事,这没错。”

“干大事这么容易?真有本事,马上找份差事看看,先从九品官干起。”蔡蓉峰还是家长作风那一套。

葛健豪嘲笑道:“现在是民国了,还什么几品几品官的。”

蔡蓉峰见这样争论下去一点用都没有,只会让夫妻二人又吵一架,他索性不说了,只问道:“那你快告诉我呀,和子究竟去什么地方了?”葛健豪不搭理蔡蓉峰,她也不知儿子去了哪儿,她心里比谁都惦记儿子。

农田里,几个农民在收割谷子。毛润之和蔡和森脱下鞋子走进田里,帮助农民捆绑稻谷,边干活儿边和农民交谈。农民们的抱怨声不绝于耳。

“这地里有了点收成,租子就往上涨。”

“没收成时,交不起租子,只有欠着。欠到第二年利滚利,越发交不起。”

蔡和森和毛润之认真听着,见农民对他们没有反感,田里的农活忙完,便帮着农民把稻谷挑到他们家门口。

在一处破烂不堪的茅草房前,农民感激地要毛润之、蔡和森放下担子歇歇,农妇从家里端出茶水递给他们喝。

儿行千里母担忧,葛健豪安慰着家人,实际上她自己心里也没底,不知道蔡和森和毛润之到哪里去了、去干什么了。

蔡畅领着刘千昂准备去上学，葛健豪追了出来："毛妹子，你等等。"

蔡畅停下来，疑惑地看着母亲："妈，有事吗？"

"你和子哥没一点音信，你跟妈说实话，你知道他们去哪里了吗？"葛健豪猜想蔡畅多少会知道一点。

蔡畅本来也不是太清楚，见母亲这么焦虑，便说道："妈，我也是猜测。润之兄和萧子升去年暑假走遍了长沙、宁乡、安化、益阳和沅江等地，这叫游历，读无字书，收获很大。和子哥一直想去，这次，没准是和润之兄去游历了，我看见哥和润之兄查过洞庭湖周围各县的资料，他们要是去了那一带，不是三两天就回得来的，您就别担心了……"

葛健豪恍然大悟："哦……如果是这样，也没啥好担心的。"

蔡蓉峰从屋子里出来，虎着脸大声说："今天都别出门，去找和子！"

葛健豪连忙说："没事了，没事了。不用去找。"

蔡蓉峰疑惑地说："你们知道他去哪儿了？"

蔡畅忙打圆场："爸，哥没事，他要同学带信回来说，过几天就回来。"

蔡蓉峰恼羞成怒："他到底干啥去了？！"

葛健豪想了想说："润之的妈知道——"

蔡蓉峰追问道："她说什么了？"

葛健豪故意轻描淡写地说："她说是去给你找儿媳妇去了呗。"

蔡蓉峰一喜："什么？真的？儿媳妇……会是个什么样子？"

"到时候你就知道了。"葛健豪见这一招果然很灵。

蔡蓉峰还在追问："嗨，这可是我们蔡家的大喜事呀……谁是媒人呀？"

葛健豪应付自如："到时候你自己问他去！"

蔡蓉峰高兴地自言自语："和子读书读成了一个书呆子，如今睡醒了，晓得找媳妇了，好事……好事呀！"他转念一想，又冒出一个问题："不对呀，出门找媳妇，他身上没带一分钱呀，一分钱都没有，他到哪儿去找媳妇？”

葛健豪还是不动声色地说：“你别操心，年轻人自有年轻人的办法。”

蔡蓉峰不相信老婆的话，他说：“你别糊弄我！人是英雄钱是胆，一分钱难倒英雄汉，有钱处处好，无钱步步难。没钱能找媳妇？你拉倒吧！你又在骗我。你得给我说实话！”

葛健豪被逼无奈，只好说：“说实话，我真不知道他们去哪儿了，不过，和森跟着润之出门，肯定不会有事的。”

蔡蓉峰火了：“肯定不会有事，肯定不会有事，万一有什么事，你赔我儿子！”

蔡蓉峰吼叫着，拂袖而去。

毛母在里屋听见外面的吼叫声，来到堂屋门口。葛健豪歉意道：“七妹，孩子他爹就是这臭脾气……”

毛母很会安慰人：“没事。他算是好的，我家那位，根本不听我说话。我家三伢子呀，早在韶山冲里就变着法和他父亲斗，每次三伢子都斗赢了，他从韶山冲出走时，身上也是没带钱的！可他有办法！”

葛健豪很赞同毛母的想法：“是的，他们会有办法的！走，我们也出去走走！”

毛母随口问：“去哪儿？”

葛健豪脸上阴转晴，她笑着说：“我带你去一个好地方散心去！”她朝往里屋喊：“林蒸，走，陪你毛伯母散心去！”

蔡和森和毛润之在长沙周边调查时，就农民普遍反映的收税高的事，替一个农民打官司。官司打输了，两人十分气愤，毛润之大声对县太爷说：“农民说得对，天下乌鸦一般黑！”

县太爷有点尴尬，仍十分客气地说：“下官早就听闻新民学会乃湖湘进步团体，今日有幸与二位相识，亲身领会学子为民上访、抨击不平之精神，本官钦佩之极。特备薄酒，以款待二位，请予以赏光！”

蔡和森没好气地说：“你已经款待了我们，你给我们上了一堂很好的课！”

县太爷叫屈道：“哎呀……千万别误会，本官岂敢得罪上面？还望二位见谅！”

蔡和森意味深长地说：“官官相护，历来如此！”

毛润之对蔡和森说：“这就是为什么要彻底革命的原因所在！回去后，我们要对萧子升——这个菩萨心肠的萧菩萨好好说说！”

县太爷疑惑地问：“萧子升？萧子升是个什么官，他能管住张大帅？”

蔡和森笑道：“萧子升是无冕之王，见官大一级。总有一天，我们会将你们的张大帅赶出湖南的！”

县太爷目瞪口呆：“啊？”

朝霞满天，山间瀑布飞流。一群小鸟飞向空中。蔡和森和毛润之准备回家了。突然在他们身后传来一声呼唤：“学生伢子……秀才伢子呀！”

毛润之、蔡和森蓦地回头，看见一群农夫站在他们面前。乡亲们一双双粗糙的手捧着野鸭蛋、红薯饼、苞谷和野菜……一个农民诚恳地说：“苦了你们了，秀才伢子呀，带上这些，路上吃。”

蔡和森很感动，推辞道：“不不不！你们这么苦，我们怎么能要你们的东西。”

那个农民说：“可你们为我们出了气呀！世世代代，我们都受压受欺，有谁为我们说过一句话呢？没有……从来没有！只有你们两个秀才伢子为我们农夫打官司，虽然官司没打赢，可让我们有了指望啦！”

毛润之、蔡和森激动得无言以对。乡亲们一窝蜂上来，将手中的土产食品塞进了两人的行囊。两人的眼眶湿润了，他们向父老乡亲们深深鞠躬。

在长沙，葛健豪带着毛母来到湖南第一师范学校，她俩迈着小脚走到学校大门口，蔡林蒸在旁边跟着。

葛健豪挽着毛母的胳膊，指着学校的教学楼说：“七妹，看见了吧，这就是你家润之在长沙上的学校啊！”

毛母不住点头：“好！真气派！我还是第一次看见这么漂亮的房子、

这么大的学校！”

葛健豪无比自豪地说：“我家和子也在这里上过学，他们俩，在学校写文章可是出了名的！”

毛母高兴得不得了：“儿子的事，你什么都知道！你真是一位称职的妈妈！”

葛健豪开心地说：“七妹，今天，我还要带你去一个好地方，润之、和森，还有我们全家人都经常去的地方。”

蔡林蒸有点担心：“妈，毛伯母身体不好，会不会走累了？”

毛母忙说：“不累！老姐姐说的好地方，我一定要去看看！”

葛健豪鼓动道：“是呀，既然来了，就要去走走孩子们走过的路，这是一个母亲最大的心愿呀！”

岳麓山山脚下，葛健豪指着郁郁苍苍的山峰对毛母说：山上有座亭子，叫爱晚亭。毛母重复了一句：“爱晚亭？”

蔡林蒸接过话：“对，就是喜爱的爱，晚上的晚！”

葛健豪赶忙纠正：“是晚年的晚、晚秋的晚！”她又对毛母说：“站在亭子里，可以看见湘江上帆船往来、橘子洲头绿草如茵，最绝的是秋天，漫山红叶把整个岳麓山点染得一片火红……”

毛母听得入迷，她说：“灵！山灵必有仙，愿神仙保佑我俩的伢子。”

葛健豪自顾自介绍道：“你家的三伢子和和子一样，除了喜欢去湘江游泳，就是喜欢到这里来爬山、读书、看枫叶。来，七妹，我身体比你好，我自己走上去，你让林蒸背着上去，去找找我们儿子的脚印。”

毛母不好意思了：“……那不行。”

蔡林蒸爽快地说：“毛伯母，我妈要我一起来，就是想要我背您去爱晚亭！——来，我背您上山！”

蔡林蒸蹲下身子，葛健豪把毛母扶到蔡林蒸背上，他们一步步往山上走去。

毛润之、蔡和森提着袋子大步往长沙赶。蔡和森拍拍袋子说：“这次游历,我俩真是满载而归呀!”

毛润之感触很深:“这袋子里装满了农民兄弟的深情!”

蔡和森接过话:“更承载着民众对我们的希望!老乡们送别的情景真让人感动,让我一生都难以忘怀!”

毛润之说:“是呀,回去以后,我们要将这些感受尽快告诉萧子升,告诉新民学会的所有会员,我们要一起强烈呼喊:鲲鹏击浪从兹始!”

两个年轻人激动地交谈着,他们加快了脚步……

爱晚亭前,两双小脚围着亭子走动着。两位母亲停下脚步眺望远处的湘江。“怪不得三伢子和和森他们都喜欢到这里来,我都舍不得离开这里了!”毛母兴奋地说。

“我说,今天带你来的地方都是好地方吧!”葛健豪无比得意地说。

毛母佩服道:“老姐姐样样猜到我心里去了!”

两位老人高兴地说笑,蔡林蒸背着毛母慢慢下山。岳麓山下,毛母回头望着山顶伤感地说:“这好的地方,我不知还能不能再来?”

葛健豪大声说:“能!能!你快治好病,下次,我们要和润之、和子他们一起来!”

毛母感激地说:“我家三伢子都没像林蒸这么背过我呢,你们一家人真是重情重义。”

蔡林蒸突然发现了什么,他惊喜地指着前方:“三伢子?和森?你们看……那是不是他们俩呀?妈,毛伯母,你们看,他们在马路那边哩!”蔡林蒸大声呼叫道:“和森……”

葛健豪和毛母急切地看过去,两位老太太脸上现出惊喜的表情。

“和森!”

“三伢子呀!”

第十二章　家庭会议

蔡和森、毛润之在岳麓山下的马路上走着，听到马路对面的喊声，抬头望过去，脸上现出惊喜的表情。

蔡和森招手呼喊："妈妈！"然后欣喜地对毛润之说："哎呀，润之快看，是我们的妈妈！"

毛润之很感意外："还有你哥哥！"

两人跑过马路来到母亲身边。蔡和森问道："妈，伯母，哥，你们怎么到这里来了？"

葛健豪故意说："我们来接你们啦！"

毛母笑得合不拢嘴："今天真是巧啊，才求菩萨，菩萨就显灵了！润之，今天你蔡伯母带我出来散心，逛了一天，看了你上学的学校，还去了你们经常去的爱晚亭。"

毛润之吃惊道："您还上了爱晚亭？这山，您怎么爬得上去呀！"

毛母用手指着蔡林蒸："你蔡伯母一定要我上去看看，看看你们最喜欢去的地方，林蒸这孩子硬是一步步把我背上去，又一步步把我背下来，我还说，你都没这样背过我呢！"

毛润之感激地对蔡林蒸说："真不知道怎样谢你才好！还有蔡伯母！谢谢你们！"

蔡林蒸说："谢什么！一家人别说两家话。快回家吧，我爸天天逼着我们出来找你们哩！"

葛健豪笑着说："是呀，老头子天天唠叨，我真拿他没办法，只好骗他说,你和润之一起,出门找媳妇去了。"

众人哈哈大笑。

葛健豪等人一路欢声笑语回到家里。蔡畅和刘千昂从屋里出来,看见他们,蔡畅高喊:"和哥,润之哥,你们回来了!"

刘千昂也跟着喊:"舅舅回来了,润之叔叔回来了!"

蔡蓉峰、蔡庆熙闻声从屋里出来。毛润之伸出手同蔡蓉峰打招呼:"伯父,您好!"

蔡蓉峰握住毛润之的手:"好好!回来就好!哎哟,这么多野鸭蛋,好东西。你们在什么地方弄的?"

蔡和森忙说:"是乡亲们送的。"

葛健豪趁机对蔡蓉峰说:"我说,两个孩子在外面不会有事吧!"

蔡蓉峰白了葛健豪一眼:"你们不出去找,会回来?"

蔡蓉峰边说边朝他们身后看。蔡和森见状问道:"爸,您在看谁呀?"

蔡蓉峰表情失望:"唉,就只你们俩?"

蔡和森更诧异了:"怎么啦?"

蔡蓉峰不知怎么表达才好:"不是说……你们去找……找那个……那个……"

葛健豪心里觉得好笑,忙接过话茬,边说边给蔡和森使眼色:"和子,事办得不顺,是吗?"

蔡和森忙顺着说:"是不顺,不过,慢慢会顺的。"

蔡蓉峰认真地教训道:"和子,我早说了,你们俩身上分文无有,哪个姑娘愿意跟着你们呀,怎么会顺呢?"

蔡和森和毛润之窃笑着。蔡畅在旁边偷笑。

葛健豪对蔡蓉峰说:"你这老头子,干吗非要打破砂锅问到底?会顺的,你就等着吧。走,我做饭去了。"

蔡蓉峰大声地说:"站住!别给我遮遮掩掩的,有话我们当面说清楚!"

毛润之和蔡和森一愣。蔡和森问:“爸,怎么了?”

蔡蓉峰直截了当地说:“你们身无分文,在外游荡月余,难道去抢去偷了?”

蔡和森耐心地答道:“爸爸,没有的事。”他又对毛润之说:“润之,对不起。”

毛润之赶紧说:“没事。”毛润之很有礼貌地对蔡蓉峰说:“伯父,您误会了。我们新民学会的会员大都是一师的学生,都是读书明理之人,怎么会干偷鸡摸狗之事呢。伯父,我们这次出门游历,叫读无字书。是锻炼在社会上的生存能力,了解社会。”

蔡和森在一旁补充说:“我们沿路吃野果、帮人写对联、干农活,还帮农民打了官司。”

葛健豪吃惊道:“还打了官司的?赢了没有?”

蔡和森说:“这次没赢,以后会赢的,会大赢的!”

蔡蓉峰不屑道:“什么叫这次没赢,以后会赢的?听不懂!”见儿子平安回家了,当着毛母和毛润之的面他不想多说什么,他明显感觉到,儿子和自己的想法差距越来越大了。

大家边说边向堂屋走。蔡畅对蔡和森说:“哥,杨昌济老师去北京大学任教了,萧子升收到过他的来信,杨老师欢迎你们去北大看看。”

蔡和森很感兴趣:“北大?我太想去了!不仅杨教授在那里,蔡元培先生、李大钊先生也都在那里。”

“好呀,‘德先生’、‘赛先生’在召唤我们。”毛润之很兴奋地说。

葛健豪忙问:“等等,这德先生是谁?赛先生是谁?我第一次听说呢,要不先请他们到家里来坐坐?”

蔡畅笑了:“妈,他们说的不是哪个人,德先生就是民主,赛先生就是科学。”

葛健豪有点难为情,琢磨着:“哦……”

蔡蓉峰怕儿子又异想天开,嘱咐道:“和子,你哪里也别去,好好找个事做！”

蔡和森绕开父亲的话题，问：“爸，我问您，您说北京大还是长沙大？”

蔡蓉峰脱口而出：“当然是北京大！”

蔡和森顺势说：“对呀，我去北京找个事做，是往高处走，您不是更应该高兴吗？”

蔡蓉峰如同被泼了一瓢冷水，悻悻道：“我等你在长沙找工作头发都等白了，再等你去北京赚钱……猴年马月呀！嗨，算了，不说了！越说越离谱！”

葛健豪在一旁说丈夫：“你也在外见过世面，别成天工作工作的，儿子有多大的志向，我们做父母的就要给予多大的支持。”

蔡家父子久别重逢，一见面就撞出不和谐音。而作为母亲的葛健豪，不用儿子多说，一下就理解了他的所思所想。相比之下，蔡和森自然觉得母亲最贴心。

夜里，葛健豪仔细地看着蔡和森，心疼地说：“和子，我虽然一直对你爸说没事，可是心里真为你们俩担忧啊。”

蔡和森温和地说：“妈，看您这样子，好像我不回来了。”

葛健豪激动地流出热泪，捶打着蔡和森：“你这孩子，出门这么多天，也不跟妈说实话，你看，又黑又瘦的……”

蔡和森说：“我要是说出门一两个月，您还让我出去啊？”

毛润之和毛母进来了。毛母拉着葛健豪的手说：“老姐姐啊，刚才我跟润之说，住在你们家，不用吃药病都好多了，可是，我还是放心不下家里，打算明天就回家去。”

葛健豪开着玩笑：“儿子一回来就走呀？”

见毛母执意要回去，葛健豪不再强留，她见毛母精神比来时好些，但脸色不太好，隐隐地有种不祥的预感，便提议毛润之带母亲去照相馆照张合影，毛润之答应了……

第二天，照完合影照，毛润之便把母亲送回韶山。从韶山回到长沙，他和蔡和森、萧子升等新民学会会员在蔡和森家开会。葛健豪为大家倒完茶水后坐在角落里听。

萧子升对毛润之和蔡和森说："看来你俩这次读无字书，真是收获不小啊！"

蔡和森点头："我们不是倡导动的生活、团体的生活吗？这样的调查确实很有必要。"

毛润之说："这次，我们从无字书中，读到了中国农村真实的现状。"

蔡和森感慨道："真没想到我们的农民是如此的贫穷，农民在水深火热之中生活啊！张敬尧来湖南后，实行残暴统治，肆无忌惮地鲸吞湖南人民的财富，将民众推入了灾难的深渊！"

萧子升说："张敬尧这几个月在霍邱马店、龙潭寺一带买田几万亩，又在桑郢子大兴土木修建极其华丽的督军府，搜刮民财，无恶不作！"

毛润之很激动："对于这些，我们新民学会不能熟视无睹，一定要展开抨击。"

萧子升很赞同："对……对！我告诉你们，在你俩游历这段时间，又有一大批青年加入了新民学会，现在我们有八十多名会员了。"

蔡和森连声说："好啊，我们要把新民学会快快发展起来，用我们新民学会会员的力量，和张敬尧作斗争！让他这个害群之马，滚出湖南！"

葛健豪在一旁听得入了迷，她没想到这些后生们知道得这么多。

萧子升说道："我主张用教育的方法使有产阶级觉悟，不要因为抗争引起战争和流血。"

蔡和森不赞同这个观点，他说："这在理论上说得通，但事实上做不到。"

萧子升坚持己见："即便如此，我也不希望有牺牲。"

毛润之急了："不牺牲岂能改造社会？按子升这种想法，社会革命的理想一百年也实现不了！"

萧子升偏激地说："一百年……即使一千年我也能等！"

毛润之苦口婆心地对萧子升说："子升呀，对于你愿意等一百年或一千年的惊人耐心，我非常欣赏。但我却不能等，中国几万万受苦难的同胞不要等呀！"

蔡和森严肃地说："对，民意即责任！在这个国弱民穷的时代，菩萨心肠绝对救不了中国！"

葛健豪看着儿子，不由自主地点头。

蔡畅进来，气喘吁吁地说："哥，润之哥，杨教授又来信了。"

蔡和森接过信，疼爱地看着妹妹说："不要急，看你跑得汗流满面。"

蔡和森边看信边说："好事，大好事呀！杨教授说北大校长蔡元培与曾在法国留学的李石曾、吴玉章等人正在组织赴法勤工俭学。要我们速去北京联络这一事项，为我们湖南有志于赴法的学生找条出路！"

毛润之和萧子升同时看信，蔡和森兴奋得手舞足蹈："太好了！这下我们新民学会向外发展的计划就可以完全实现了。从严复、梁启超，一直到孙中山，都向西方学习，现在，我们的学习机会来了！"

萧子升显得很冷静："向西方学习，关键是要找到向西方学习什么。我认为，我们就是要学习西方的无政府主义。"

蔡和森摆头："我不赞同无政府主义是救国之路。俄国发生了革命，建立了劳工政权，无产者才真正获得了解放，我以为，苏俄的经验值得我们认真研究。"

萧子升提议说："那就走出国门去研究、去比较吧，看看哪条路更适用于中国。"

毛润之说："好，既然在走出去这一点上，我们之间没有分歧，那就赶快着手留法之事吧。我母亲病未痊愈，我暂时不能远行，我提议和森先去北京，全力以赴组织留法勤工俭学之事。"

蔡和森同意毛润之的提议，葛健豪也在场，没有表示反对。

晚上，葛健豪、蔡庆熙在为蔡和森收拾行李，蔡畅在埋头写信。葛健豪嘱咐道："和子，你不要为家里的事担心，做你的大事去吧！"

蔡和森心里的千言万语只化作几个字:“谢谢妈妈!”

蔡和森对蔡畅说:“毛妹子,尽快把这个消息告诉警予啊!”

蔡畅头也没抬地说:“和哥,我这不是在给警予姐写信吗?连话都没顾上说哩。”

蔡畅将一封信递给蔡和森:“警予姐来信,说她刚做了一项重大决定,看样子,她很苦闷彷徨,她也和你一样,在苦苦寻求自身发展和报国之路。”

蔡和森接过信读起来,向警予的音容笑貌如在眼前——

向警予走进家门,向父忙对女儿说:“九儿,你回来了,周司令再次亲自登门,给你送来了金匾,表彰你的功绩。”

向警予压抑着心里的不快问:“他人呢?”

向父边说边走进客厅:“走了。你看,这就是他送来的金匾。”

向警予看见金匾上写着“女界之光”四个字,她凝视着陷入沉思。向父得意地说:“这是女校的光荣,也是我们向府的荣耀啊!”

向警予显得无动于衷,沉默不语,仍然凝视着金匾……

向父继续说:“九儿,周司令确实器重你呀!”他又揭开红木桌上的红绸缎,露出衣裙、首饰等礼品,“你看这……”

向警予惊诧地问:“这是什么?”

向父说:“订婚的聘礼!”

向警予非常惊讶:“什么?爸……您——”

向警予的继母在一旁观察好久了,忍不住过来劝说:“九儿,周司令虽是一名武将,但他是前清的秀才,熟读诗书,办事精明,如今他选中了你,也是我们向家的福分呀!”

向警予激愤地说:“周则范是个披着羊皮的狼!就是他,为了讨好张敬尧,把我的学生进贡给张敬尧的公子做姨太太,我学生被逼自杀,幸好发现及时,才没酿成大祸。”

继母脸上的笑容僵住了,她和丈夫交换着会意的眼色。向父说:“此事与周司令喜欢你毫不相干,你立志教育事业,周司令已拿出行动出来在帮你了，你们的结合，可以说是珠联璧合呀！对你、对女校、对我们家，都有利无弊，所以，我当场答应了这门亲事。”

向警予说：“爸，他绝不是真心支持女校。跟这样的人生活在一起，我便失去了一生的自由，这是九儿最不愿意的。何况，还是给他做姨太太，你们怎么能答应呢？”

继母说：“九儿，你可别乱说，如果不答应，后果可想而知。还有，社会上的人们会怎么议论你？”

向警予高高举起金匾，用力摔在地上……“砰”的一声巨响，向警予满脸通红地说：“说我不知好歹又能怎样！”

向父愣了片刻，终于忍不住发火了：“你这是干什么！你就不考虑我们的家业和你办的学校吗？周则范可是在溆浦最有权势的人呀！”

继母一旁点头，继续劝说道：“你父亲在此地经商，怎么能得罪他？这样的人家，多少人想高攀也攀不上呢！”

向警予冷冷地说：“爸爸、妈妈，你们就不为女儿想想吗？如果逼我与他成婚，我会在新婚之夜，带一把匕首将他刺死！”

向父、向母大惊失色！向父责怪道：“九儿，你太固执了！”

向警予说：“这不是固执，儿是要做一个有人格的人！而且，兴办女校目的在于追求自由，我怎能将追求自由的女校拴在一个权贵的马车上！如果父母亲为此事为难，我自己找周司令去退婚！”

继母惊讶道：“什么？你自己谈婚事，岂不遭人笑话？！”

向警予说：“几千年立下的规矩，都是不让我们女人替自己命运做主，这个规矩不知道害了多少女子的命！今天，我就是要破掉这个规矩！”

向警予说完，向外跑去。她一口气跑到了周则范的办公室，落落大方地喊了一声：“周司令！”

周则范满脸堆笑：“向校长，请坐！为了表示我对您本人的敬意，刚才我亲自登门，给府上送去了金匾。同时，我也向令尊大人表达了我对您的敬慕之情。”

向警予说:“还送去了那么多绸缎和首饰,周司令,您未免太费心了!”

周则范高兴地说:“令尊大人已做主了,这叫高山流水,知音难寻呀……”

向警予说:“周司令,我感谢您对女校的支持,但我是二十世纪的新女性,我要对自己的婚事做主。”

周则范一愣:“……什么意思?”

向警予不动声色地说:“我想用笔墨纸砚回报司令的厚爱!”

周则范颇感意外:“浪漫!……新鲜!好!”他喊来手下:“笔墨侍候!”

侍卫拿来了笔墨纸砚,几个军官和侍卫跑过来围观。向警予在众人注视之下,挥毫写下八个大字……

周则范看了脸色突变,只见纸上写着:

以身许国,终生不婚!——向警予

……　……

蔡和森从向警予的信中隐约看出几分躁动,他思绪纷乱,感到不安,自言自语地说:“警予真有个性!我担心,她如此刚烈,会遇到麻烦。”

蔡畅安慰道:“哥,你放心,警予最有主见了,她一定会处理好的!”蔡畅急着问:“哥,女子能不能去法国勤工俭学呀?”

蔡和森反问道:“怎么,你想去?”

蔡畅豪爽地说:“我想和警予姐一起去。”

蔡和森喃喃道:“我也希望如此!但警予她……现在的处境——”

向警予回到家中,向父听完女儿的讲述后担心地说:“九儿,你拒绝了周司令,不说他要报复,起码女校再遇到困难,他是不会帮助的,到时候,我也无能为力啊!”

继母胆小怕事,她说:“九儿,你不要意气用事,我去托人向他道个歉。”

向警予说出了自己的打算:“妈,您这是何苦哩?我想过了,我走!离开溆浦,去长沙!”

父母听后一愣,沉默不语。

向警予动情地说:“爸,妈,你们为支持我办学,付出了太多的心血,我何尝不想守在你们身边,好好报答,让你们开心、放心。本来,我是想通过办学,改变家乡的风气和落后闭塞的面貌,可是,事与愿违,我空有一腔热血,无法实现教育救国的抱负。”

继母问道:“你一个女孩子去长沙,靠什么生活?”

向警予答道:“这一点,你们放心吧,九儿在长沙,有一批志同道合的同学和朋友,大家团结在一起寻求个人发展、追求真理,力量很强大。我要尽快到长沙去!”

向父了解女儿,他知道女儿去意已决,再阻拦于事无补,疼爱女儿,就该顺从女儿的意愿,于是说:“九儿,我了解你的志向,你从小喜欢读《木兰辞》和屈原的诗,你有自己的理想和追求!事到如今,先避开那个姓周的也好,你……你走吧!”

向警予眼泪夺眶而出,她跪在父母面前:“爸,妈,请原谅女儿的不孝吧!儿是父母身上的一滴血,这滴血滴到这个世界,已经汇入了社会洪流!她已不属于自己,而是属于整个社会了!她是要为这个社会放出一点点光的!我还是那句话:九儿一生如果不能做到这一点,我宁愿粉碎自己!……爸、妈,原谅你们不孝的女儿吧!……愿你们多加保重!”

向警予向父亲和继母深深地鞠了一躬……

向警予再次离别故乡。溆水河边,一条小木船靠过岸来。向警予拎着箱子上了船,在船头,她久久凝望着这片养育她的故土。

溆浦古镇渐渐远去……

向警予眺望前方,碧水连天中,她的眼前不断展现蔡和森、蔡畅和葛健豪的形象。

湘江上,一艘轮船破浪前行。天上乌云翻滚。蔡和森面对江水站立在船舷边,任凭狂风吹乱他的头发和衣衫,一动不动地眺望着远方。大雨倾泻而下,雨水溅在身上,他吟哦道:“大陆龙蛇起,乾坤一少年;乡国骚扰尽，风雨送征船；世乱吾自治，为学志转坚；从师万里外，访友人文渊……”

水天茫茫的江面，轮船逐渐远去，船舷边的身影依稀可见。

1918年6月，蔡和森受新民学会委托，奔赴北京联络赴法勤工俭学事宜。在北京期间，他的思想经受了又一次洗礼，得到又一次升华。

蔡和森背着行囊走在古朴庄重的北京城里。

蔡和森在一烧饼摊前问路，然后进了一个胡同，走到一家宅院门口，上前敲门。

杨昌济在异乡见着蔡和森，感到说不出的亲切，马上将蔡和森让进屋，嘘寒问暖。

蔡和森问道：“先生，您到北京来，还习惯吧？这里冬天比湖南要冷得多呢。”

杨昌济开朗地说：“我一向不怕冷的，你注意到没有，我把长沙家里的大澡盆都搬过来了，每天照样洗冷水浴。”

蔡和森赞叹道：“您真有毅力！”

杨昌济笑着说：“这是我们湖南人共有的一股辣劲、犟劲！你们不也是四季在湘江游泳吗？我们师生总是心有灵犀一点通啊！我的信寄过去，你马上就来了！”

蔡和森说：“看了老师的信，我恨不得插上翅膀飞过来。”

杨昌济介绍说，赴法国留学活动是华法教育会发起的，华法教育会由蔡元培与李石曾在法国创办，蔡先生特别推崇勤工俭学这一平民留学方式。杨昌济认为，这是湖南学生出国留学看世界的一次难得的机会。

蔡和森说，目前，好多同学已经毕业，都在思考如何把解决个人出路与改造社会的理想结合起来。湖南在汤芗铭、张敬尧的统治下，连年军阀混战，教育摧残殆尽，省内无法就业与升学，好的出路就是向外发展。

杨昌济连连点头说：“你来得很及时，留法勤工俭学预备学校将在近期开学，我建议你去预备学校边教书边学习法语和一些工作技能。华法教育会可以资助贫困学生，我介绍你去拜访一下蔡元培、李石曾和李大钊，如何？”

蔡和森答道：“太好了！我尽快去拜访他们。”

出了杨府大门，蔡和森犯愁了，拜访那些先生，总不能空手去啊！他眼前一亮，临走时，母亲不是往他行李袋中塞了好几罐永丰辣酱吗？那不是很好的礼物吗？蔡和森打心眼里佩服母亲的周到和精明。

蔡和森赶到李石曾府上，把两罐永丰辣酱放在客厅桌上，彬彬有礼地说：“李先生，不成敬意！这是我家祖传的辣酱，不知您喜不喜欢。”

李石曾脸上露出欣喜：“杨教授向我介绍过你家的情况，这辣酱曾是皇家贡品，是大豆做的吧？你不知道，我李石曾这一生与大豆有不解之缘哩。”

蔡和森有点疑惑：“您与大豆有不解之缘？”

李石曾侃侃而谈：“是啊！我是学农的，对大豆颇有研究。当年在法国用法文编写的《大豆》一书曾轰动一时，引起洋人对中国豆制品的极大兴趣，我干脆和老乡齐笠山在巴黎开办了一家豆腐公司。吃惯了牛奶黄油的洋人对豆制品大为称赞，送给我一个雅号——豆腐博士。当年好多华工去法国没有任何协议，只能去卖苦力、备受欺凌。我的豆腐公司为他们提供了做工创业的机会。勤以做工、俭以求学的主张正是我豆腐公司的工人最先提出来的！”

蔡和森会意地点头：“哦，原来，勤工俭学四个字是这样来的。”

李石曾热心地说：“你代表湖南的学生来联系勤工俭学一事，我当尽全力支持！我会与法船公司交涉，凡持有‘华法教育会’证件的学生，船票一律半价。你们到了法国后，我还会跟法国各处工厂商洽，安排你们做工。”

蔡和森没想到初次相见，就得到这么大的帮助，连声说：“谢谢李先生！”

李石曾叮嘱道：“现在还不要言谢，我尽量为你们湖南学生多争取几个名额。预备班生活学习的费用还得靠你们自己负担，所以，对你们这些家庭贫困的学生来说，筹款是目前最艰巨的任务！”

蔡和森表态:“我们新民学会的会员会团结努力的!”

蔡和森在北京筹备留学事宜,毛润之也没闲着。挑了个日子,他去蔡家看望蔡伯母,问:“蔡伯母,毛妹子也要去法国勤工俭学,您老人家舍不舍得哟?”

葛健豪毫不犹豫地回答:“舍不得!”

蔡畅急了:“舍不得我也要去!”

葛健豪逗蔡畅:“你去,叫你哥把你装进麻袋当行李运过去!”

毛润之哈哈大笑。蔡畅一本正经地说:“我不但自己要去,我还要动员警予姐一起去哩。”

毛润之问:“警予不是在溆浦吗?”

蔡畅回答说:“她明天就到长沙,我要去码头接她。”

第二天,蔡畅赶早来到湘江边,等了一会儿,一艘船停在码头旁边,许多人从船上下来。蔡畅在岸边观望,看见向警予提着一个箱子从船上走下来,欣喜若狂地高喊:“警予姐——”

向警予惊喜地喊道:“蔡畅!”

向警予快步上岸。两人高兴无比,拥抱在一起。

蔡畅说:“警予姐,可把你盼来了。”

向警予问:“你哥呢?”

蔡畅装着生气的样子说:“见面就问我哥!他呀,还在北京,说是那里办了留法预备班。”

向警予喃喃道:“留法预备班?”

蔡畅拉着向警予往前走,说:“警予姐,走,先到我们家去,回家慢慢说!”

在蔡家,久别重逢的向警予和葛健豪有说不完的话,向警予对葛健豪说要暂住蔡家,葛健豪忙说:“警予呀,你是大户人家的小姐,住在这里可委屈你了。”

向警予轻声说:“伯母,您别这么说。我就是喜欢你们这个家呀!”

葛健豪说着走出门，一会儿端了一碗水煮荷包蛋进来，对向警予说：“警予，一路很辛苦的，快趁热吃了吧！”

向警予接过碗，大口吃起来，边吃边说：“伯母，我最喜欢吃水煮蛋了，小时候，都是我妈亲手给我做。”向警予说着眼里泛起了泪光。

葛健豪心疼地问：“怎么啦？有什么委屈就跟我说啊！”

向警予深情地说：“我想起了我妈妈。您真像我妈妈呀！我没说，您就知道我爱吃什么，这一碗荷包蛋，暖进了我心里。”向警予擦了一下眼睛继续说：“我妈妈几年前病故了，几年来没有谁像您这样贴心地对待我。伯母，那您就把我当您的女儿吧。”

葛健豪点头：“好好，我就把你当我的女儿。那妈问问你，你定亲了吗？”

旁边的蔡畅赶紧嗔怪道：“妈，你怎么问这个？哪壶不开提哪壶！”

葛健豪也意识到自己有些唐突，赶紧用手捂了捂嘴，连声说：“我这老婆子，口无遮拦……警予，真不好意思，我问得太多了。”

向警予被葛健豪的举动逗乐了：“您是妈妈，问问女儿的终身大事有什么不可以的。我告诉您，我没定亲。”

葛健豪对向警予拒婚的事耳有所闻，很想知道原委，又不好意思问，就说了声：“哦？”

向警予看出葛健豪的疑惑，爽快地说：“提亲的倒是有，父母答应了别人，我当面拒绝了！”

葛健豪说：“你也是逃婚出来的？我们蔡畅也是的。”

向警予毫无保留地说出了自己的想法：“您是蔡畅的主心骨，我想，我妈在，也会支持我的！我反对封建包办婚姻，事业没成功，不想考虑婚事。我立志以身许国，终生不婚。”

葛健豪看着向警予，思索着，说道：“怎么和我们家和子这么相像，和子也是这么说的。”

向警予嗔怪道：“和森？伯母，我正要告他的状哩。”

葛健豪惊奇地问:“告他什么状呀?”

向警予一股脑说出心里的不满:“他去北京了,不直接给我写信,还要蔡畅代笔!”

蔡畅忙说:“警予姐,你误会了……”

葛健豪制止蔡畅道:“去去去……”又对向警予说:“是他不对,他回来后我来教训他。”

葛健豪拿出一张纸递给向警予:“警予,你看,我写了一首诗,鼓励和子他们去法国。”

向警予接过纸认真地看着……

大清早,蔡畅从睡梦中醒来,翻了个身,突然睁开眼睛,发现身边的枕头空着。蔡畅坐起来自言自语:“警予姐起这么早,干什么去了?”

蔡畅准备躺下继续睡,发现枕头上有一张纸条,她拿起看,是向警予留的:

毛妹子,你们别担心,我到北京去了,等我回来告诉你好消息……

蔡和森已到河北蠡县(今属高阳县)布里村留法工艺学校,在那里为文化程度低的学员补习文化课,同时学习一些劳动技能,为赴法勤工俭学作准备。

在一间简陋的教室里,留法预备班的几十个学生正在听蔡和森讲课。外面,两个伙计抬着一筐玉米面窝窝头朝教室走来。向警予跟在两个伙计后面。

教室里已下课,两个伙计把箩筐抬进来,学生们围上去,看见窝窝头,牢骚满腹。

“又吃窝窝头,我的肚子饿得咕咕叫,可就是吃不下这玩意!”

“别那么挑剔吧,蔡老师和润之先生帮我们多方奔走,才筹集到了开办预备班的费用,等到了法国,想吃这个还吃不到哩!”

向警予走进去大声说:“到了法国,我做辣酱面给大家吃!”

众人吃惊地抬头看着向警予,向警予大方地自我介绍:“我是从湖南来的,专程来找你们蔡老师讨教赴法勤工俭学之事!”

蔡和森听见向警予的声音,转过身来,惊喜地喊道:“警予!……你怎么会突然出现在这里的!来,先体验一下我们预备班的生活,我再好好向你汇报!”

蔡和森递给向警予两个窝窝头,向警予接过大口吃起来:“嗯,好香!我还是第一次吃这个哩!”

学校操场上,蔡和森和向警予边走边谈。蔡和森告诉向警予,他在北京联系勤工俭学时,拜访了蔡元培、李大钊、陈独秀等前辈,他特别欣赏李大钊关于十月革命的理论文章。

向警予说:“马上要留学法国了,我相信你去西天取经,一定能找到改造中国的路子的。”

蔡和森深情地看着向警予:“谢谢你的鼓励。”

“我的鼓励算什么?看看,这是来自你妈妈的鼓励呢!”向警予拿出一封信,蔡和森打开念道:“昼劳劳夜孜孜,勤工俭学吃苦亦救苦;情真真意切切,扶危济困助人即做人。”

蔡和森读着母亲的诗文,脸上露出开心的笑容。向警予敬佩地说:“你的妈妈呀,她身上的每一个细胞都是为了儿女,这就是母爱的伟大!”

蔡和森很是激动:“是呀,见到母亲的文字如同见到母亲本人,我好激动,也特别谢谢你!”

向警予说:“客气什么!”

蔡和森微笑地看着向警予:“你来得正是时候,明天我带你去北京参加一个集会!蔡元培先生要演讲,我们一起去听听如何?”

向警予欣然应允,两个年轻人的手紧紧拉在一起了。

北京天安门前,人头攒动。人们手上拿着庆祝“一战”胜利的小旗子。蔡和森和向警予手拉着手随人群往主席台前挤,风很大,吹乱了向警予的头发,她兴奋地仰望着台上,把蔡和森推到前面,撑着他的肩蹦跳着往前看。

蔡元培在台上演讲:“我说的劳工,不但是金工、泥瓦工、木工……凡是用自己的劳力做成有益他人的事业,不管他用的是体力、是脑力,都是劳工。所以农是种植的工;商是转运的工;学校职员、著述家、发明家,是教育的工……都是劳工!”

向警予把头搁在蔡和森肩上,两人全神贯注地听演讲。

蔡元培用洪亮的声音讲道:“我们不要羡慕那凭借遗产的纨绔儿!不要羡慕那卖国营私的官吏!不要羡慕那克扣军饷的军官!不要羡慕那操纵票价的商人!”

蔡和森回过头,与向警予相视而笑。

广场上响起蔡元培激情的声音:“此后的世界,全是劳工的世界啊!我们要认清我们的价值!……劳工神圣!”

广场上,人们激动地跟着喊:“劳工神圣!”

向警予和蔡和森并肩站在一起,两人举起手臂高喊:“劳工神圣!”

见到蔡和森之后,向警予下定决心要去法国。她怀着激动的心情一个人先回到长沙,她要和蔡畅一道,动员更多的女子去法国。向警予提议,首先从她们的母校周南女子学校的校友开始动员。

蔡畅笑了:“警予姐,我哥写信回来也是这么说的,你俩又想到一块去了,这叫——”

葛健豪接过话:“心有灵犀一点通!”

第二天,向警予和蔡畅开始在周南女校动员,忙了一整天才回家。

葛健豪和蔡庆熙在院落里做绣花枕头,两人看着绣好的一对鸳鸯,憧憬着笑逐颜开。向警予、蔡畅匆匆忙忙回来。葛健豪仔细看了看她俩的表情,说:“蔡畅,今天好像不高兴?”

蔡畅垂头丧气地说:“别说了,去找分管教育的议长,吃了个闭门羹,他明明在办公室,却不愿意见我们,气死我们了!”

葛健豪劝道:“求人办事,总得有几个回合,别着急。我想呀,能不能把你们的想法登在报纸上,让更多人知道这件事。”

向警予茅塞顿开："对对对，还是蔡伯母有办法！这样一来，影响力更大。"

蔡畅转忧为喜，兴奋地说："对呀，报纸登载后，我们拿着报纸去省里找议长，再去各县动员，这样不就有希望了？"

葛健豪又说："不过，我提醒你俩，求人的事，不能来硬的，拳头呀，先缩回来，再打出去，力量更大。"

蔡畅乖巧地说："妈，我们会按您说的去做的。"

向警予笑了："姜还是老的辣哟！"

很快，湖南《大公报》登载了《湖南女子留法勤工俭学简章》的内容。

蔡和森回到长沙，蔡畅向他汇报说："和哥，你没想到吧！湘阴、浏阳、长沙、湘乡四个县的知县，给六名女生发补助津贴，那都是警予姐的功劳。"

蔡和森对向警予道："警予，你这两年回老家办女子学校，可大有长进啊！"

向警予谦虚地说："好多想法都是蔡畅想出来的，蔡畅功不可没，还有，蔡伯母也为我们出谋划策。"

葛健豪笑得合不拢嘴："你没想到吧，只要想干，我们女子也照样干得好！"

向警予搂着葛健豪的肩膀，感激地对蔡和森说："若不是蔡伯母在我们身后出谋划策，我们也没有那么大的本事啊！"

葛健豪忙摇头："丫头，我可没做什么，只在家做饭给你们吃。"葛健豪神秘地对蔡和森说："和子，我还忘了告诉你，警予说对你有意见呢，你不想听听她有什么意见？"

蔡和森莫名其妙地望着窃笑的向警予和蔡畅。

蔡和森邀向警予出去散步，不知不觉到了爱晚亭，微风吹拂，四周一片宁静。蔡和森说："你对我有什么意见尽管提吧！"

向警予的意见还不少，她说："你听着啊，三条意见：第一，你不会照顾自己，不注意休息。"

蔡和森解释道:“这个意见我不完全接受,我可是很注意锻炼身体的,还坚持游泳,在北京,坚持洗冷水浴。”

向警予接着说:“第二,你没有问过我的家里情况。”

蔡和森说:“哦,我这人,不喜欢打听别人的私事,你办学、拒婚,我都从蔡畅那里知道了……”

向警予打断他的话:“别人的私事……我是别人吗?所以第三条意见是,你什么都通过蔡畅告诉我,像赴法勤工俭学这样的大事,你怎么不亲自告诉我?”

蔡和森笑了:“哦,我明白了,你是生这个气啊!我们的心是相通的。不过,我今后一定改正,凡事向你请示、汇报!”

向警予急着说:“我一定要去法国!”

蔡和森深情地说:“我就知道你想去!”

向警予笑着向山下跑:“你不会知道的!”

蔡和森愣了一下,朝着向警予的背影大声叫道:“哎!……警予!你别跑呀!没给你写信,你别生气呀!……我现在就给你写信好不好?不是用笔写,我要用心写!”

向警予回头看着追上来的蔡和森,她不禁哈哈大笑起来——这笑声如此爽朗,散发出少女心中的无限甜美。

夕阳如血,染红了整个天宇……

眼看儿女去法国的准备工作紧锣密鼓地进行着,葛健豪内心也泛起了波澜。不用说,她是支持儿女出去闯闯的,儿女在这样窘迫的家庭环境下,终于有了留学的机会,这不是老天眷顾是什么?秋瑾的话在耳边响起:有机会一定要出去走走!

这样想着,一个念头冒出来,她自己也吃了一惊!

葛健豪正在剥毛豆,她抓起一把豆子,丢一颗,说声“去”,又丢一颗,说声“不去”,这样,丢下最后一颗豆子时,正好说到“不去”!葛健豪怔住了。她心烦意乱,收拾好篮子进了屋。

一大早，葛健豪对蔡蓉峰说，一家人要在一起商量一件重要事情，蔡蓉峰心里犯了嘀咕，不知他们娘几个又要鼓捣什么新名堂。吃过早饭，葛健豪、蔡蓉峰、蔡和森、蔡畅、蔡庆熙、蔡林蒸坐在一起，葛健豪说起蔡和森、毛妹子去法国留学一事。

蔡蓉峰惊讶道："什么？和子和毛妹子都要去法国？"

蔡庆熙、蔡林蒸看着葛健豪。葛健豪料到蔡蓉峰会反对，她轻声说："蓉峰，你听我说……"

蔡蓉峰十分恼怒："我不用听！这是谁的主意？"他指着蔡和森说："肯定是你！你在外混了这么长时间，到头来，就是想混到法国去当流浪汉吗？！不但你去，还要带走你的妹子！"

蔡和森冷静地说："爸，有理不在声高。您别这样大声嚷嚷。"

蔡畅小声说："爸，我们这是在开家庭会议哩。"

向警予一个人在房间里看几本杂志，上面登着李大钊的文章《法俄革命之比较观》、《庶民的胜利》、《布尔什维克主义的胜利》，传来堂屋里蔡家人争吵的声音，她注意听起来……

蔡蓉峰生气地说："开会？这是老子的家，有什么事老子做主，开什么会？"

葛健豪本来不想来硬的，但看不惯蔡蓉峰这样耍家长作风，忍不住大声说："就是要开会！你听着，从今以后，家里大大小小的事，我们都要开家庭会决定，让所有的人发表意见，少数服从多数。"

蔡蓉峰不服："我说呢……把你们革命的一套……搬到我家里来了，革命，革命，革到我家里来了？！"

葛健豪不以为然："开个家庭会，算什么革命……"

蔡蓉峰打断她的话："你别糊弄我！他们经常来这里开会，谈论革命，你把这一套都学会了！告诉你，我不同意和子出国留学！"他指着蔡畅说："你更别想去！"

蔡和森镇静自若地说："爸，这事由不得您，妈刚才说了，开家庭会，少数服从多数,我们举手表决。”

蔡蓉峰气得吹胡子瞪眼:“举手表决？狗屁！”他指着蔡林蒸和蔡庆熙威胁道:“你们俩,谁也不许同意。”

葛健豪在一旁说:“这由不得你呀,由他们自己决定。”

蔡蓉峰拍了一下桌子:“这几年,我对你们睁只眼闭只眼,你们越来越不讲规矩了,今天老子要按家规办事,老子说了算！”

蔡和森发起倔来:“我自己的事,我自己说了算！我要去法国勤工俭学,谁也阻挡不了,连举手表决都不需要！”

蔡畅连忙跟随和森说:“是的,我也要去法国勤工俭学,谁也阻挡不了,不需要举手表决！”

蔡蓉峰气愤地说:“你们……你们都翅膀硬了！”

蔡和森语气坚决:“爸,我说了,我自己作的决定我自己负责！”

蔡蓉峰蛮横地说:“负责个屁！老子就是不同意,看你们怎么的！”

葛健豪站起身来大声说:“蓉峰,你不能这样蛮不讲理！少数服从多数,你不服也得服。和子、蔡畅去法国的事就这样定了！”

葛健豪停顿了一下,大声说:“告诉你,老头子,我也想去法国勤工俭学！”

全家人吃惊地看着葛健豪。

蔡蓉峰瞪圆了眼睛,抓起茶杯摔在地上:“你……你……”

葛健豪镇静地看着蔡蓉峰……

第十三章　女界创举

围绕赴法勤工俭学一事，蔡家平地起了轩然大波。

我要去法国！我也去法国！

葛健豪自从冒出这个念头，就找出各种理由为自己打气。为什么不能去法国呢？世界说大也大，说小也小，下决心走出去，没有到达不了的目的地。当年去上海是这样，回荷叶、永丰是这样，到县城求学是这样，来长沙是这样，那么，去法国何尝不是这样！法国怎么了，年轻人能去，我葛健豪为什么不能去？！何况，去两年而已，又不是不回来，去开了眼界，回来办学会更有优势。

葛健豪不断听到自己内心的声音：做自己想做的事情！以前没有机会出国，一辈子后悔，如今有机会却不把握，将后悔一辈子。

葛健豪决定听从内心的召唤，让下半辈子活得无怨无悔！

葛健豪知道，正儿八经地征求蔡蓉峰的意见，他多半会端着架子，不会同意。对付老头子，葛健豪有了丰富的经验，那就是"走"为上策，来个先斩后奏，他发一通脾气后也就没辙了。

蔡蓉峰没想到，先是儿子说要去，后是女儿说要去，最后竟然老婆也说要去，他们一个个哪把自己放在眼里？蔡蓉峰只觉一股气冲上脑门，狂叫起来："胡闹……你们胡闹呀！在老家就开始闹，闹到长沙不说，如今竟要闹到法国去丢人现眼呀！"

刘千昂在院里跳绳，跳了几下，隐约听见屋子里妈妈的哭泣声。刘千昂忙停下来，听屋里的动静。

葛健豪、蔡蓉峰、蔡畅、蔡和森、蔡庆熙、蔡林蒸在屋里，蔡庆熙扑在葛健豪怀里哭泣："妈，我不让您去法国，您是家里的主心骨，家里不能没有您！我舍不得您走！您这么大年纪了，去那么远的外国，我们担心啊！"

葛健豪情真意切地说："庆熙，妈懂你的心。"

刘千昂突然闯进来，急切地问："外婆，您要到什么地方去？"她也哭起来，"我不让您走！"

葛健豪耐心地对刘千昂说："千昂，外婆和你舅舅、小姨要去很远的地方读书，过两年就回来了。"

蔡蓉峰说道："你看，就连千昂都不同意。"

葛健豪反驳道："同意我去的有四票。不同意的算上千昂的一票，也只有三票。"

蔡蓉峰恼怒道："什么三票四票，这里不是你们新民学会，这是蔡家！蔡家不兴你们这一套！"

蔡和森调整了一下情绪，心平气和地对父亲说，母亲一直想学习，以后还想再办女子学校，这是她的心愿，出国留学是学习的好机会。

蔡蓉峰没好气，想办女校就办女校呗，干吗漂洋过海去那么远的地方？已经是五十多岁的老太婆了，还拖着一双小脚，还真想创造一个史无前例呀！

蔡畅接着说："爸，妈的性格您又不是不知道，她想办的事，没人能拦得住，她想出国去看看中国以外的世界，这也不错呀。当年秋瑾还不是小脚，她不是照样去日本留学了吗？要不是为了我们兄妹几个，妈只怕是早就跟着秋瑾去日本了哩！"

蔡蓉峰不耐烦了："别提秋瑾！你妈就是被秋瑾害的！我告诉你们，学秋瑾，结果就是一个'死'字！"

蔡林蒸一直没说话，终于开腔了："爸，您别这么说，妈去法国，是想去照顾弟妹他们，说实话，妈在和子、毛妹子身边，我们更放心。"

葛健豪感叹道："除了你爸，你们一个比一个理解我！"

蔡和森还想说服父亲："爸爸，您是好心，我们都知道……"

蔡蓉峰恼羞成怒："知道个屁！"他气冲冲地向外面边走边叫嚷着："你们抱成团气我！我……我走！行了吧……"

蔡蓉峰走到门口，一下愣住了，向警予站在门外。蔡蓉峰打量着向警予，显然不满她偷听："向警予？"

向警予忙说："蔡伯伯，家家都有一本难念的经。像你们家这样开会商量事情，很难得哩。"

蔡蓉峰怒火中烧，对向警予道："这是我们蔡家的事，外人少插嘴！"

葛健豪护着警予，训斥道："蔡蓉峰，警予是客人，不得无礼！"

蔡蓉峰气急败坏吼了起来："这是我的家！我连说句话的权利都没有了吗？！你这个老婆子越来越放肆了……今天我要教训你这个灾星！"

蔡蓉峰举起拐杖欲打葛健豪。蔡林蒸一把夺过拐杖："爸爸，您又乱来！"

蔡蓉峰怒吼道："好！好！你们都是一个鼻孔出气，这个家就只当没有我！……我走……我回永丰！我收拾东西马上就走！"

蔡蓉峰边吼边跑进屋子，不一会拎着一只箱子出了门。

蔡蓉峰拎着小木箱来到船码头，排队买船票，在售票窗口，伸手到衣襟里掏钱时，一双手拉住了他。蔡蓉峰抬头，看见了葛健豪。

葛健豪将钱递进售票窗口："买两张票！"

买好票，蔡蓉峰跟在葛健豪后面往码头走去。蔡蓉峰没弄明白："你这是……"

葛健豪说："我这是和你一起回家。"

蔡蓉峰问："你不是要到法国去吗？……不去了？"

葛健豪诡谲地眨了一下眼睛："嗯，不去了！"

蔡蓉峰看了一眼老伴，他笑了……

山路上，一双小脚在前面走，一双男人的大脚在后面跟着。

山上，树木葱茏，鸟鸣声声。山下是一块块碧绿的农田，蜿蜒的小溪穿流其中。

葛健豪被家乡的美景打动，激动地说："荷叶，我又看到荷叶了！……蓉峰，你说我的家乡美不美？"

蔡蓉峰心情大好，赞叹道："美！不光你的家乡美……你也美！"

葛健豪叹息着："老了！"

蔡蓉峰眼里满是温柔："我就是喜欢看你温顺的样子，像刚嫁给我时的小堂客。"

葛健豪看了丈夫一眼："看你美的！"

蔡蓉峰要去找辆轿子，葛健豪轻声说："算了，让我这双小脚，在家乡的路上再多走走，再留一些脚印！"

蔡蓉峰扶着葛健豪往前走，葛健豪一路指点着山下的景物，兴奋地说着，不时发出开心的笑声。

葛健豪柔声说："嫁给你那天，我坐在轿子里，好像没看到这样好的景色哩！"

蔡蓉峰调侃着："你当时还不是急着想看到我！"

葛健豪望着远方说："当时，我真是这样想的……蓉峰呀，时间真是过得快啊！你看，一晃眼，树木长这么高大了，儿女都成人了，你我头发都白了。"

蔡蓉峰爱怜地望着葛健豪："我不嫌你老，我们回去好好过日子，从头再来！"

葛健豪看看自己的丈夫，似乎有许多话要说："……蓉峰，这一路，你辛苦吗？"

蔡蓉峰扶着葛健豪："我不辛苦！你才辛苦哩！你看你这双小脚，走路真吃力，以前我没注意到……我照顾你太少了！"

葛健豪说："我习惯了，习惯了这双小脚，习惯了你的粗心大意。我不是问你今天走路辛不辛苦，我是想说，……为了这个家，你也辛苦了！"

蔡蓉峰停下脚步，深情地望着葛健豪："兰英，我是第一次听你这样说话哩！说实话，我心里如明镜一般，为了这个家，为了儿女成才，你比我辛苦！我是你男人，可是好多地方不如你，所以每次你倔起来，我最终还是依了你，事实也证明你的坚持是对的。兰英呀，我曾经反对你们读书，那是因为家里负担不起，看着现在孩子们读书读得那么好，乡亲们都羡慕我，我哪有不高兴的道理呢！”

葛健豪由衷地笑了：“听你这么说，我心里暖烘烘的！”

蔡蓉峰继续说着体己话：“是呀，我还要说，兰英，以前我总让你失望，没好好干事。现在眼看也干不成什么事了。可是，只要我还有一点精力，都会用来照顾你的，我们一起回家过日子，你不要再在外面奔波了，啊？”

葛健豪久久地望着蔡蓉峰，眼里闪着泪光。

葛健豪把蔡蓉峰拉到树下坐着，手指着眼前的两棵树说：“你看这两棵树，好像是各长各的，可是，它们的根交相盘结，紧紧缠在一起。”

蔡蓉峰看着两棵大树若有所思。

葛健豪又说：“还有，你看，它们的枝叶在空中也是连在一起的，像是撑开的一把大伞，它们像不像一对手拉着手的夫妻？”

蔡蓉峰马上悟过来：“太像了！它们就是手拉着手的夫妻，就像现在的我们！”

蔡蓉峰把葛健豪拉起来：“来，让我们在树下多站一会，沾点灵气。”

葛健豪望着树枝说：“听老人说，这样的树叫夫妻树。”

蔡蓉峰很是兴奋：“夫妻树下老夫妻，今天老夫我聊发少年狂，看我的！”蔡蓉峰对着夫妻树高喊：“老夫妻是夫妻树！”

山野回响着：夫妻树……夫妻树……

老夫妻相携着回到永丰老屋。葛健豪在院子里来回走着，无限感慨地说：“屋子越来越旧了，可老屋的每一个角落，都隐藏着我们曾经的岁月，欢喜、忧愁、争吵……都是抹不去的情呀，无论我走到哪里，都会想念老屋的！”

蔡蓉峰有点不安：“听你这口气……你还是想走？”

葛健豪没有正面回答，她说："蓉峰呀，人生自古难两全。你看，我们就剩这点家业了，几乎是一贫如洗。好好想想，我们能留给子女什么？"

蔡蓉峰低头不语。葛健豪继续说："我一直在想，对待子女，与其给他们留下财富，不如给他们留下精神宝藏。财富是用得完的，精神宝藏却是长久的。"

蔡蓉峰闭上眼睛好像在养神。葛健豪走到蔡蓉峰身后，替他捶着肩。葛健豪像是对丈夫、更像是对自己说："人生不完美，生活也不完美，最重要的是我们的心要尽量完美！这样，人生就会少去许多缺憾。也只有这样，将来我们便可以对自己、对后人说：我曾为这个家、为延续一个好的家风，我努力过，我不后悔。"

蔡蓉峰幽幽地冒了一句："你已经够努力了，如今，也该歇歇了！"

葛健豪不以为然："蓉峰，人生到什么时候才可歇歇？现在为了儿女，以后还要带着孙辈，所以，永远没有歇息的时候。老话说，伸脚才伸头呢！"

蔡蓉峰说了一句中肯的话："你还是一直想着儿女。"

见丈夫终于对自己有所理解，葛健豪的心里话如泉水般涌出来："作为父母，不想着儿女想什么呢？蓉峰，你应该理解我，我所有的决定，其实都是为了我们的儿女，在长沙这么几年，儿女们的进步太大了，你我是赶不上他们的，我们能做到的是支持他们、成全他们。帮助儿女成就大业，这是我的梦，也是你的梦，是所有天下父母共同的梦呀！"

蔡蓉峰无言以对，他慢慢站起身，拉起了葛健豪的手，把她拉到躺椅边，扶着她坐下，然后动情地说："这道理我懂！可我……我就是舍不得你！……兰英，你跟着我受苦了，我从没好好伺候过你，今天，让我来为你揉揉脚吧。我真担心你呀……这么一把年纪了，拖着一双小脚，去那么远的地方，万一……"

蔡蓉峰蹲下身，脱下葛健豪的鞋，替她揉着脚，葛健豪忍着泪水笑着说："我知道，你是怕这把老骨肉丢在了法国……蓉峰呀，我知道，你是为我好，但是，哪里的黄土不埋人呢？我们做父母的，如果能成全儿女干出一番事业，那不是我们人生最快乐的事吗？……我们夫妻在一起快四十年了，我和和子、毛妹子走得再远，我们的亲情割不断，即使我死在了那里，到了天国，我们还是一家人呀！”

蔡蓉峰再也忍不住了，他伏在葛健豪膝盖上哭起来，哭得很伤心，葛健豪替他擦拭着泪水……

葛健豪回到刘家台子家里，她手捧着秋瑾送给她的那方手帕看着，蔡畅敲门进来，神秘地说：“妈，告诉您一个秘密。”

葛健豪莫名其妙地看着蔡畅：“什么事？”

蔡畅假装生气地说：“妈，哥从北京回来后，警予姐天天找机会同和哥在一起，她不理我了……现在两人又去湘江边上散步去了……”

葛健豪笑了：“你这傻丫头，我以为什么秘密呢，这还看不出来呀？”

蔡畅明白了：“妈，您早就想让警予姐当我的嫂子了，是吗？”

葛健豪反问道：“这得问你呀，这么好的姑娘，当你嫂子有什么不好？”

蔡畅有点不解：“妈，我闹不明白，警予姐是逃婚出来的，她说‘以身许国，终生不婚’，我哥也这样说过的，他俩……”

葛健豪想了想，说：“我琢磨呀，他们这么说，是反对封建包办婚姻。怎么可能说不婚就真不婚呢！”

蔡畅没想通的问题，从母亲那里得到答案，她心里轻松不少，看样子哥哥和警予的交往没有障碍啰！她忍不住对母亲撒娇道：“还是妈看问题透彻，看来，您是非常满意这个未过门的儿媳妇喽！”

葛健豪要蔡庆熙多给她准备一些绣线，去了法国，她还准备靠湘绣手艺谋生求学哩。想到谋生，葛健豪就想到钱，她皱了皱眉，蔡林蒸觉察到了，他关切地问母亲：“妈，还有什么困难？需要我做什么您只管说！”

葛健豪也不回避，她透露了实情：“现在，是万事俱备只缺钱，我们一家两代三人去法国，得一大笔钱啊。你们外婆留下的首饰，这些年都卖得差不多了，剩下的几样，我准备都卖了，可是远远不够，要想方设法筹措资金……”

蔡庆熙为难地说："妈，我身上的钱不多……我可以想办法借钱。"

葛健豪惊讶："你能借到钱？你去借，拿什么还呢？"

"靠我这双手啊！"蔡庆熙自信地说。

蔡庆熙上哪去借钱呢？原来，她的湘绣作品很有名气，她因而结识了长沙蘅萃女校校长，校长经常带学生到三姐妹缝纫店学艺，学校也经常给缝纫店接订单。校长是个热心快肠的新派人物，蔡庆熙决定去找她借钱。

校长室里，校长见蔡庆熙来访，很高兴，笑眯眯地拿着订单给蔡庆熙看，又拿出铜板："这是你上次的工钱。"

蔡庆熙接过钱："谢谢。唉，还是太少了。"

校长有点意外："你是说工钱少了吗？"

蔡庆熙知道校长误解了，忙说："不，不，校长，我是说，这点钱给我妈他们太少了！校长，您能不能先借二百块钱给我？我家里等着急用，回头我用工钱相抵！"

校长是明白人，她恍然大悟："听说你妈妈、弟弟、妹妹三人都要去法国留学，值得钦佩，这钱，我借给你！"

蔡庆熙喜出望外："谢谢您！"

蔡和森把一个铜墨盒递给刘千昂说："千昂，舅舅要去法国了，我把这个送给你做个纪念。"

刘千昂接过墨盒，见上面刻着"铿作、染翰，和森赠"字样，她高兴地说："谢谢舅舅！"

葛健豪在一旁说："千昂，舅舅最疼爱你了。'铿作'是舅舅给你取的别名，别忘了。"

刘千昂回应道："我知道，铿作，就是'铿铿然作声'之意。"

蔡和森抚摸着千昂的头十分高兴地笑了。

蔡林蒸则在做另外的准备，他在后院树下做一根拐杖。他用一小块砂石，在拐杖上刨光打磨，又在拐杖上面刻字……

院子里，葛健豪正在替蔡林蒸洗衣裤，蔡林蒸拿着一根崭新的拐杖走了过来。递给母亲说:“妈,这是我给您做的拐杖,让它伴着您那双小脚在法国行走得更加有力。”

蔡畅和蔡庆熙走了过来,抢着看那根拐杖。蔡畅连连称赞:“哥,你这个想法太好了。”

蔡林蒸指着刻在拐杖上的字说:“妈,这上面刻有字:画工须画云中龙,做人要做人中雄。这是您教我的,儿子不才,还没做得那样优秀,将这几个字刻在拐杖上,也就是刻进了我的心里,我会努力的!”

葛健豪凝视着拐杖上的字,眼睛湿润了……

一个星期后,葛健豪带领几个出国留学的孩子来到了阔别十年的上海。

黄浦江上波浪滔滔,各式各样的船只往来穿梭,洋船上挂着花花绿绿的万国旗。繁华的街上人流如潮,熙熙攘攘。上海的变化太大了,变得葛健豪都认不出了。她在想,自己的变化不是也很大吗?上海怕是也认不出她了吧。她清楚地记得自己当年写下休夫书回湖南时,在码头边回望上海时绝望的眼神和心情。

蔡和森领着葛健豪、向警予、蔡畅和三十多个提着行李的湖南赴法留学人员走在人群中,他们的眼睛四处张望,新奇地看着周围的一切,谁也没注意到葛健豪的神态。

蔡和森见母亲走得很慢,嘱咐道:“妈,上海人多,跟紧一点。”

向警予和蔡畅立刻过来一边一个挽着着葛健豪的胳膊。葛健豪不甘示弱:“和子,你还担心妈在上海走丢了?我还是在上海生的你哩。”

蔡畅说:“是呀,和哥,妈是老上海了!”

蔡和森不好意思地:“是的,是的,我忙晕了头。”

向警予看着蔡和森憨厚的样子,暗自发笑。

葛健豪指着外滩上那一排排高耸的洋楼、穿梭来往的车辆,感慨万端:“那个时候哪有这么多洋楼,这么多洋汽车……上海变样了,全变样了呀!”

蔡畅对母亲说:“妈,时间过得快吧?”

葛健豪点头:“物景尚变,人焉得不老!还是曹孟德的诗说得好,老骥伏枥,志在千里;烈士暮年,壮心不已。妈虽然老了,但我的心不老。所以,才能和你们这些年轻人来到这里,准备漂洋过海。”

葛健豪边说边爽朗地笑起来,接着对向警予说:“但是,不服老也不行!曹孟德的话是对我们说的,岳武穆的话可就是对你们说的。三十功名尘与土,八千里路云和月。莫等闲、白了少年头,空悲切。”

环球中国学生会会所坐落在上海南京西路51号,蔡和森、葛健豪、蔡畅、向警予和众多学生一路找到会所,与先期到达、等候在此的同学们握手,大家得知,三天之内各地学生将陆续到齐。

这一路没见到毛润之的身影,又没听和森提起,葛健豪好生奇怪,但她习惯了,好多事情,和森不主动说,她不去打听。

毛母病故的消息,葛健豪上个月才听和森说起,她难过了好多天,责怪润之不通知她去送七妹最后一程,润之反倒安慰她,说他的母亲终于脱离了病魔的折磨。葛健豪想起和毛母在长沙相处的点点滴滴,无比伤感,又无比欣慰,因为毛母生前最开心的一段时光是在蔡家度过的。

葛健豪在想,可能润之还未从丧母的痛苦中走出来,又或许,因了母亲的去世,他对人生有了新的思考。那么,他还去法国吗?

想着毛润之,毛润之就到上海了。葛健豪真高兴,她不仅将和儿女蔡和森、蔡畅一起去法国,而且她喜欢的向警予、毛润之、萧子升都将一同前往。可是,葛健豪很快察觉到,毛润之似乎不怎么高兴,甚至有意无意地躲避着自己的目光。

葛健豪见毛润之把蔡和森拉到一边,就有意站在不远处留意听他们说话。

毛润之对蔡和森说他不能去法国留学了。蔡和森惊讶:“什么?你不去了?”

毛润之显然是经过了深思熟虑的,他肯定地告诉蔡和森,他准备留下来研究中国的问题!

蔡和森有点措手不及，语气中明显带着不满："留法是我们共同发动起来的，你说不去就不去，这叫新民学会的会友们怎么看你？"

毛润之诚恳地说："所以啊，我想请你帮我多做做解释工作！你们去喝洋墨水，我留下来把中国的问题研究清楚，这样我们国内国外共同努力，遥相呼应，不是更有利于寻找救国真理，解除中国人民的苦难吗？"

蔡和森还是有点接受不了："润之，你不去，我都觉得有些遗憾！"

毛润之耐心做着工作："鱼和熊掌不能兼得嘛！再说，湖南驱逐军阀张敬尧的运动如火如荼，大伙要我领头……这也是一件大事呀。"

几个同学见毛润之、蔡和森两人说话说得面红耳赤，好奇地围过来，大家聚集在一棵大槐树下。毛润之索性对同学们说了自己的决定，他又强调了一下理由："我真想和你们一起去往法兰西，但在湖南大家推举我为驱张请愿团团长，我实在无法推托。"

蔡和森脑子飞快地转着，除开个人的不舍之情，他认为润之的想法不无道理，便对毛润之说："润之兄，驱张乃湘事之第一要务，你担任请愿团团长，当然义不容辞。你要研究透中国的问题，这样也好，我们新民学会兵分两路，一路向外发展，另一路在国内坚守阵地，我们来一个里应外合，一举达到改造中国的目的！"

毛润之见蔡和森终于和自己想到一起了，忙说："对！我们都要长个顺风耳互通情况。现在，子升兄已经捷足先登，到了法国，你们到巴黎后，子升兄定有安排。"

毛润之走到葛健豪面前，深深地向老人一鞠躬说："蔡伯母，我不能陪您远行了。您是赴法勤工俭学同学中最年长的，是我们的大家长，一双小脚行走天下，您真可谓历史上的第一人呀！"

葛健豪笑了笑淡定地说："润之，你就别抬举我了。我一个从深山里走出来的小脚老太婆，只不过是为人之母尽点责任罢了。"

毛润之将一纸包交给葛健豪："这是我准备买船票的钱，送给您路上用吧。"

葛健豪推辞不要。毛润之诚恳地说："蔡伯母，您和我母亲像亲姐妹一样，我母亲走了，您就是我的母亲啊！我不能随你们一起远行，这点钱算是我孝敬您的吧！"

葛健豪含着泪捧住毛润之拿着纸包的手。毛润之转身嘱咐蔡畅："蔡畅呀，莫忘了你是我的毛妹子哟，照顾老母亲的任务，今日我这个当哥的就交与你了！你要做不好，我就刮你的鼻子！"

蔡畅调皮地立正说："遵命！润之哥交代的事，妹子无条件照办！"

毛润之匆匆告辞："我得马上赶到北京去，不能送大家上船了，我祝大家一路顺风、马到成功！"

葛健豪和学生们住在上海法租界某旅馆内，蔡和森在给三十多个湖南学生发护照。一个同学慌慌张张地跑进来说："和森，不好了，出大事了！去法国的船票价格涨了一倍，法国怕是去不成了！"

众人大吃一惊！

葛健豪着急地说："船票的价格涨了一倍，这……"

蔡和森稳定大家的情绪道："大家先别急，我们一起来想办法！"

那位同学继续说："我碰到一个刚从法国回来的留学生，他说'一战'结束后，法国经济遇到很大困难，政府现在排斥华工，华工去后根本找不到活干……"

房间里顿时像炸开了锅，有的同学在摇头，有的学生在小声议论。

"这如何是好？"

"不如打道回府吧。去了，怕是连生活都难保障呢。"

蔡和森急了，高声说道："同学们，听我说，我们去法国勤工俭学当然很苦，不苦就不叫勤工俭学。如果认为到外国去勤工俭学是享福，那是白日做梦。苦，能磨砺我们的意志。为了挽救中华民族，我们心甘情愿！"

葛健豪是下定决心不退缩的，她更不愿意看见有同学掉队，她说："青年同学们，你看我们这三十多人中间有六位女同学，我都不愿放弃，你们难道不如一个老太太吗？"

蔡和森语气坚定地说："同学们，天无绝人之路，我们一起来想办法。"

葛健豪苦口婆心地为同学们鼓劲："我们既然认准了目标，走到今天这一步，就不要轻言回头！唐僧去西天取经，行走五万里，历时十余载，九九八十一难都没难住他！"

葛健豪的话显然鼓舞了同学们，大家兴奋起来。向警予大声说："同学们，蔡伯母这么大年纪都没失去信心，我们应该一起想办法！绝对不能打退堂鼓！"

葛健豪突然拿出两瓶永丰辣酱往桌上一放，她以命令的口气对蔡和森和蔡畅说："你俩跟我走一趟！"

蔡畅疑惑地问："妈，拿辣酱到哪儿去呀？"

葛健豪对蔡和森、蔡畅说："走呀，让大伙看看，我们都在想办法！"

向警予催促蔡和森："和森，你先跟蔡伯母去。"

蔡和森和蔡畅跟随着葛健豪往屋外走去。

同学们疑惑不解，很是惊讶，一个同学问："蔡伯母，您这是怎么了！难道真想用两瓶辣酱去换钱？"

葛健豪提起辣酱说："辣酱是不值钱，但乡情值钱、乡情无价呀！我带他俩去找一个湖南老乡，我就不信活人能被尿憋死！"

蔡畅心里没底："他能认我们这个穷亲戚吗？"

葛健豪介绍说："聂家的人很念乡情，在你还没出生的时候，你爸爸就是通过聂大人才来上海的。"

蔡和森接过话："我在长沙、北京接触了许多名人、官绅、富贾，只要谈起求学、兴教、救国，他们中的大多数都十分支持……"

葛健豪把蔡和森和蔡畅往屋外推："和森这样一说，我就更有信心了！走，找聂云台去！碰碰我们的运气嘛。"

一双小脚在上海街头快步向前。蔡畅指着母亲的背影对哥哥说："看妈走路的精神气儿，哪像五十多岁的人呀！"

蔡和森感叹道："是呀，而且还是一位小脚女人！我们的妈妈真了不起！”

葛健豪回头催促着儿女：“走快点呀，你们年轻人走路，怎么还没我这个小脚老太婆利索呢？”

葛健豪、蔡和森、蔡畅来到聂云台豪宅大门口。

蔡畅上前按门铃。

大门旁边的小门打开了，管家问：“请问你们找谁？”

葛健豪彬彬有礼地自我介绍道：“我叫葛兰英，是聂云台聂大人的亲戚。”

管家上下打量了一下他们三人，边说边准备关小门：“对不起，聂大人的亲戚太多了……”

葛健豪急着说：“我可是他家湖南的亲戚。”

蔡畅一把抢先，卡住小门，不让管家关上。

管家不为所动：“这里每天像你们这样的人来得太多了……走吧！”

葛健豪不卑不亢地说：“先生，烦你去通报一声，我的名字叫葛兰英！如果他不见，我们立马走人。”

管家犹豫不决。

蔡和森恳切地看着管家说：“麻烦你通报一声，就说聂大人老家荷叶镇来人了，是秋瑾的好姐妹葛兰英。”

管家眨眨眼，看着葛健豪问：“你们刚才说什么？……秋瑾？”

葛健豪矜持地笑着点头，管家见惯了奴颜婢膝的访客，看着气宇不凡的葛健豪，他打算帮帮她。

聂公馆是一幢十分气派、中西合璧的建筑。聂府用人带领着蔡家娘仨穿过一个大花园，在回廊转了几转，走进了豪华的会客厅。

不一会儿，聂云台从佛堂走出来。葛健豪赶快起身施礼，自我介绍道：“聂大人，我是从湖南荷叶镇来的……”

聂云台请她入座，热情地说：“葛大姐！早就听家父说过，你和秋瑾、唐群英是家乡荷叶镇的女中豪杰呀！”

葛健豪谦虚道："哎唷唷！聂大人，您把我和秋瑾、唐群英相提并论，实在是不好意思，我哪儿比得上她们呀！"

聂云台对葛健豪说："我一直想见家乡的女杰，可苦于公务缠身没机会。今日相见，幸会，真是幸会啊！"

葛健豪把蔡和森和蔡畅介绍给聂云台："这是我儿子蔡和森，这是我小女儿蔡畅。和森这孩子就是在上海出生的。生下来第一个抱他的就是你爸爸！"

聂云台看着蔡和森："是吗？光阴似箭呀……"

蔡和森和蔡畅异口同声问候道："聂老板好！"

聂云台笑着纠正："亲戚之间，就别叫什么大人、老板了，叫叔叔即可！"

葛健豪捧上两瓶辣酱："这是我们从老家给您带来的……"

聂云台见到辣酱更是欣喜异常："啊！永丰的辣酱呀，这是先父的最爱！家母生前回荷叶娘家，外公总是要母亲带几瓶你们蔡家的辣酱到上海来，今见此物，如同又见到了慈父、慈母，谢谢你们了！"

聂云台陪葛健豪、蔡和森、蔡畅在客厅坐下。

聂云台听罢葛健豪的诉说，惊讶地问："什么？……你刚才说什么？你也去法国勤工俭学？我是不是听错了？"

葛健豪认真地回答："你没听错，我确实准备和年轻人一起去法国留学。"

聂云台疑惑地看着葛健豪："啊！你五十多岁了，还是一双小脚，也想漂洋过海去法国勤工俭学？简直难以想象！我早听说过，你带一家三代五口人到县城求学，感动了县长，在家乡办女校，又随儿女去长沙……"

葛健豪不动声色地笑着："让您见笑了。"

聂云台露出钦佩的神情说："只要是湖南来这儿的客人，说起家乡之事，都会说起你。今日一见，我信了，我服了！"

蔡畅说："叔叔，您早年不也留学美国吗？我们向您学习，将来学业有成，回来报效祖国……”

聂云台打断蔡畅的话：“好……好！”他对葛健豪赞赏有加：“我的姐姐啊，我们湖南这么多有志青年去留法勤工俭学，这本身就是一个壮举。您这小脚老太太出国留学，可是壮举中的大壮举呀！我为此感动，我相信所有的人都会感叹你的雄心壮志的！”

葛健豪有点不好意思了，她转入正题道：“蔡和森是这次留法勤工俭学的组织者。”

聂云台不住点头：“真是长江后浪推前浪，一浪高过一浪啊，不简单，不简单！”

蔡和森有礼貌地说：“您过奖了。”

聂云台十分开心：“后生可畏！蔡和森，你能把如此复杂之事组织得有条不紊，日后定有大出息。”他对葛健豪说：“我的老姐姐啊，你有这样能干的儿子，是当母亲的福气啊！育人报国乃为人之根本，你们家的困难我耳有所闻，我理当出力相助！……差多少银钱？”

葛健豪试探着说：“您真是善解人意，我还没开口您就猜到了，我想，借六十块大洋应该够了……”

聂云台突然大笑：“这么多人赴法读书，六十块大洋怎么够？！我给你们六百块，不用还！如果你们坚持要还，学成后能报效国家，便是对我聂云台最好的偿还！”

葛健豪、蔡和森、蔡畅喜出望外，他们异口同声道：“谢谢……谢谢！”

葛健豪感慨万千：“到底是名门出贵人！聂老弟真是我们的大贵人！”

聂云台由衷地说：“我的姐姐，你一个小脚太太，带着儿女出国留学，这才是我们湖南出的大贵人哩，您的所作所为，定将载入史册！那才叫光宗耀祖啊！”

葛健豪说：“聂老弟，我没想这么多，我是一位母亲，我只想帮孩子们圆梦。”

聂云台无限感叹地说：“有其母，必有其儿女！如果中国的家庭都像你们一家这样，国家必定兴旺！我祝你们……成功！你们上船那天，我要亲自去送送。”

同学们都在旅馆房间内等着葛健豪他们的消息，葛健豪、蔡畅匆匆进了房间，葛健豪兴奋地告诉大家，他们筹到了六百大洋！

蔡畅对同学们讲述着筹款经过，动情地说：“同学们，聂云台先生慷慨相助，我们赴法有望了！我妈妈说了，这六百块大洋，我们家不留分文，全部作为大家赴法国急需之用，因为，它饱含着国人和乡亲父老对我们的希望呀！”

同学们惊喜交集……

葛健豪说：“亲戚还答应帮忙再找别的老乡、老板鼎力资助我们。”

蔡畅掩饰不住高兴的神色说：“还有，警予姐在路上碰到我们，她说上海有几个她哥哥在日本留学时的同学，她和我哥去借钱去了。”

葛健豪稳定着大家的情绪：“这样，算上华法教育会的资助，去法国留学的旅费基本可以解决了。”

葛健豪和儿女们的法国之行终于开始了！

上海杨树浦码头停着法国“央脱来蓬”号邮轮。码头上人来人往，川流不息。

聂云台带着各界人士来到码头送行，众人互相握手……葛健豪不断致谢：“感谢你们对我们的资助，谢谢你们！”

蔡和森风度翩翩地说：“女士们、先生们，今日蒙诸君欢送，感甚！我辈此次赴法留学，必奋力自勉，改造自己的思想及学问，方无愧于诸君厚意。我们此去法兰西，为的是寻求救国真理，以改造世界与中国，振兴我中华……”

众人热烈鼓掌：“好……”

葛健豪大声说：“为感谢诸君的热忱相助，我献小诗一首——有志竟成，喜今朝乘长风破万里浪；苦心不负，乐明日攀高岭采千年芝。”

所有人拍手叫好……

“呜——呜——呜——”汽笛鸣响。

江面上的法国“央脱来蓬”号邮轮徐徐起航，葛健豪和众多留法学生，站在船舷向送别的人们招手……

葛健豪的一头银发在一片黑发中显得格外夺目，和一群意气风发的年轻人在一起，她笑得灿烂无比……

“央脱来蓬”号驶离码头。

宽广的海洋上，邮轮劈波斩浪向前航行，葛健豪站在船舷边微笑着，心潮逐浪高！

第十四章　勤工俭学

夜晚，“央脱来蓬”号邮轮上，葛健豪和几个女学生挤在狭小的船舱内，兴奋地说着话。蔡畅像个小孩子似的说：“终于起程了！”

葛健豪在看报纸，她边看报纸边说：“这是我在上海买的几份报纸。《上海时报》说我赴法留学是中国女界之创举。”

向警予拿起一份《大公报》念给葛健豪听：“伯母，您看，这张报纸说，葛健豪年过半百，还携儿女去万里之外的法国做工求学，此乃吾湘的一点生机！”

葛健豪说：“这些有学问的人如此称赞我们，说明我们的路走对了！”

船舱里一片欢声笑语。“央脱来蓬”号邮轮劈波斩浪，继续在海上航行。

翌日清晨，东方渐渐发白。

蔡和森站在船舷边，眺望宽广的大海。

向警予从船舱里走出来，发现了蔡和森，她高兴地喊：“和森！”

蔡和森略感惊讶：“警予！这么早，你就起来了？”

向警予笑着对蔡和森说：“莫道君行早，更有早行人。”

蔡和森有点不好意思：“我睡不着，不如上来吹吹海风，吸吸新鲜空气。”

向警予说：“你们把床位都让给我们几个女同胞了，底舱里又闷又窄，你们席地而卧，肯定睡不好。”

蔡和森说，这不算什么。在北京，他和润之他们曾经八个人挤在一张炕上睡。也许是大海吸引了他，所有的劳累都忘了！

向警予扶着栏杆，看着大海："我也是第一次看到大海，大海是有性格的，百川归大海，说的是海的包容。"

蔡和森说："是呀，看似平静的海面下，蕴藏着强大的力量。"

向警予看着蔡和森消瘦的脸庞说："你的内心也像大海一样，蕴藏着强大的力量！"

蔡和森双手按在向警予的肩上，深情地望着她，发自内心地说："你的眼睛……看到我心里去了！我真喜欢看你的眼睛，你的眼睛像大海，平静时宁静而又深邃。"

向警予莞尔一笑："你真是……越来越会说话了。"

蔡和森受到鼓舞，话越来越多："那是你带给我的灵感。警予，我庆幸，在漫长的旅程中，我不但可以天天聆听大海的浪涛，还能天天听到你的声音，我真快乐。——咦，你怎么会知道我在这里看日出？"

轮到向警予不好意思了："纯属偶然吧。"

蔡和森风趣道："不，这叫心有灵犀！……"

天大亮了，向警予和蔡和森更紧地偎依在一起。

船舱里，葛健豪和蔡畅从床铺上坐起来。蔡畅打着哈欠问母亲："船舱里好闷。妈，您睡好了吗？"

葛健豪答道："哪睡得着呢？有点晕船。和森他们在下面肯定更难受。不过，我们要尽快适应，船在海上还要走一个多月哩。等到了法国，就是明年一月底了。"

蔡畅看了看旁边的空铺："妈，警予姐昨晚说想去看日出的，她起来了也不喊我们，我也想去。"

几个女学生都起来了："走，我们一起看海上日出去……"

蔡和森、向警予偎依在船舷边，两人正在窃窃私语……

这时天边露出浅蓝，一道红霞慢慢地晕染开来。轮船迎着喷薄欲出的朝阳前行。太阳终于冲破云霞和晨雾，在水天相接处跳出了海面，冉冉升起，火红的圆球越变越大……

葛健豪、蔡畅和几个女生从船舱走上甲板,她们看见船头的蔡和森和向警予,轻声议论起来。

蔡畅指着蔡和森、向警予的背影惊喜地告诉母亲:“妈妈,您看见没有?比海上日出更令人欣喜的情景——”

葛健豪笑了:“看见了……看见了,他们俩在一起,托起了太阳!”

夜晚,枯燥的海上航行加上底舱恶浊的空气,男生们实在忍受不了,走出底舱到甲板上呼吸新鲜空气。酒吧里,乐队在演奏舞曲,外国绅士、贵妇们在跳舞。两个湖南学生走到酒吧门口,用新奇的目光朝里看。

“走,我们也进去喝两杯吧。”

“可是,我……”

“我请客!大不了到法国后饿几天肚子!”

两人往酒吧里走,侍者把他们拦在门口,说着他俩听不懂的英语。一个学生推开侍者,另一个学生冲进了酒吧,掏出钞票重重地往吧台上一拍。侍者在一边手足无措,舞池里的宾客都朝吧台看,吧台女赶紧给两人倒了酒。

两个学生从酒吧出来,有些醉意,他们相互搀扶着,哼着湖南小曲在甲板上东倒西歪地走着。

蔡和森和向警予在船舷边说话,听到小曲声,回过头,看见两个湖南留学生摇晃着走过来。

蔡和森有点不高兴地问:“你们这是?”

一个学生大声说:“我们喝了酒了,开了洋荤了!”

另一个学生满脸通红地说:“酒吧里可是消磨时光的好去处!”

向警予见不惯同学这样消极,责怪道:“你们……你们还没到法国哩,先把这个学会了!”

红着脸的那位同学顶撞说:“怎么啦?不就是喝点酒,成天在舱里,都快闷死了。哎,你们可以谈情说爱,我们就不能喝酒啊?”

向警予气得说不出话来,转身往船舱跑,一进船舱就开始抹眼泪。葛健豪见状忙问:“警予,怎么啦? 跟和森吵架了? ”

向警予边摇头边指船舱外:“他们太不像话……”

葛健豪仔细听完向警予的诉说，赶紧出了船舱。蔡和森和那两个同学还在船舷边,蔡和森激动地说着什么,那两个同学一副无所谓的样子看着蔡和森。葛健豪过去,把两个学生劝回底舱,蔡和森跟进去。

葛健豪第一次到底舱来,里面杂乱不堪,咸腥潮湿的气息混合着汗味、尿味,她体贴入微地对那两个学生说:“船舱里像闷罐子一样,真不是人待的地方。你们有什么委屈,跟我说说啊? ”

一个学生抱住葛健豪,哭诉道:“蔡伯母,我想我妈了! ……在家的日子多好啊! 这里晕船、睡不着、吃不好。”

葛健豪安抚着他:“也难为你们了,还是孩子哩! 这一去,离家千里万里的,想家的感觉不好受,是吧? ”

蔡和森有些生气地说:“可是,出来是为什么? 你们难道忘了读书、寻求真理、志在四方的豪言壮语了? ”

葛健豪制止道:“和森,冷静一点! 都是自家人,他才说出心里话,想家,是人之常情啊! ”

旁边一个学生感动地说:“蔡伯母,就冲您这句话,这么体谅我们,以后我们再也不惹麻烦了! ”

葛健豪心里略微宽慰了一点,她忍不住多说了几句:“好……好! 听我的,现在就躺下休息,慢慢习惯就好了。人的一生哪,总会遇到许多烦恼。记住了,苦闷的时候,要想到快乐;困难的时候,要想到光明;人在旅途,要想到家乡亲人的希望。想想吧,我们在离开上海时,那么多不相识的人前来送行,他们解囊相助为什么呀? 为的是希望我们留学成才、报效国家呀! 年轻人呀,时时处处都要把握好自己,才不会愧对家乡的父老乡亲! ”

那个红脸学生感动地说:“谢谢您,蔡伯母! 您真像我的妈妈,临别时,我母亲也是这么对我说的! 我们记住了,永远! ”

一望无际的海面，浪花朵朵。轮船载着葛健豪和她的儿女们的梦想与希望,向法兰西驶去……

经过三十五天的漫长航行,“央脱来蓬”号邮轮终于到达法国的马赛港。葛健豪、蔡和森、向警予、蔡畅等一群黄皮肤黑头发的留法勤工俭学学生提着行李,随着人群,慢慢走下船……

萧子升在码头迎接,他激动地喊道:“和森……蔡伯母……”

萧子升同蔡和森紧紧拥抱,然后,同葛健豪、向警予、蔡畅等新民学会成员们一一握手……

萧子升拉着葛健豪的手说:“蔡伯母，真没想到您这么大年纪也和年轻人一起漂洋过海来法国留学，这肯定是我们留法勤工俭学史上的一大奇迹啊！”

葛健豪抑制住内心的波澜,淡淡一笑说:“子升,我这小脚女人,不是也想为中国女人争一点光吗?”

萧子升连连点头,他告诉大家说,马上去巴黎……

一行人提着行李跟着萧子升往前走。萧子升介绍:这一批三十多人,由华法教育会统一安排,在巴黎游览两天后,再到蒙达尼去边做工边学习。蒙达尼是法国南方的一个小城,法国男女不同校,分设男子中学和女子中学,六名女学生被安排在女子中学。所有人员先进行三个月的法文补习,然后,再到豆腐公司和附近几家工厂做工。

萧子升带大家进了一家餐厅。餐厅里原本很冷清，几个法国人在闲聊,学生们进去后,气氛马上就大不一样了。桌子上空空的,葛健豪焦急地四处张望,她的肚子早饿了,不知道在法国的第一顿饭会吃到什么。

萧子升和蔡和森坐在葛健豪身边。

萧子升对蔡和森说:“我对润之有意见,我们新民学会商量好的事,向外发展,他说不来就不来。”

蔡和森帮着毛润之打圆场:“润之想留下来研究国内的问题,再则,他没法离开,新民学会的会友大多参与了‘驱张’运动,他是团长！润之下决心研究中国的问题,我们应该支持他！”

“好吧,我保留我的意见。我们既然来到了法国,就得抓住这个机会,多看看,多了解了解。法国《人道报》登载的东西比较多,我建议你多多关注。”萧子升对蔡和森说。

“是的,我已经把《人道报》定为第一要看的报。”

“你现在用法文看报行吗？”

“现在恐怕还不行,但我有决心,先攻三个月拿下法文这个碉堡！到了法国,不能用法文读书报,岂不成了睁眼瞎？”

“好,和森,我们湖南人不怕辣,辣不怕,我相信你！”萧子升很欣赏蔡和森的坚强意志。

葛健豪频频点头:“这话说对了！”

正说着,服务员端上硬硬的长面包,有同学饿极了,抓起面包就吃,但啃了几口,很快就放下了。每张桌子上只有一块牛排,同学们眼巴巴望着牛排不知如何下手。葛健豪看了看远处进餐的法国人,学着他们一手拿刀、一手拿叉,像模像样地切起牛排来,可是怎么也使不上劲。

一位进餐的法国太太见此,过来教他们,边咕嘟边比划着,原来葛健豪左右手拿反了,在场的人哈哈大笑。葛健豪神情自若,认真地把牛排切成小块,像变魔术样拿出筷子,替每个同学夹了一块。

法国太太新奇地看着葛健豪拿筷子的动作,葛健豪把筷子在茶杯里涮了涮后递到法国太太手上,教她用筷子。

法国太太拿着筷子笨手笨脚的,不会用,在场的人又是哄堂大笑。法国太太要将筷子还给葛健豪,葛健豪示意送给她,法国太太笑着竖起大拇指。

接下来,葛健豪和学生们开始在巴黎参观,他们仔细听、认真看,仿佛进入另一个世界。

一双小脚在巴黎街头行走着。

高耸入云的埃菲尔铁塔前,几个法国人看着人群中的葛健豪,觉得新奇,不断地回眸看着她的那双小脚。

金碧辉煌的巴黎圣母院里,葛健豪的那双小脚特别引人注目。

风景如画的塞纳河畔,葛健豪拄着拐杖,迈着那双小脚走着、走着,引来法国人新奇的目光。

萧子升领着葛健豪、蔡和森、向警予、蔡畅等人来到博物馆参观。展品中摆放着一双"三寸金莲"绣花鞋,葛健豪一下愣住了,久久伫立着。

几名法国男女盯着葛健豪的小脚,又指着绣花鞋的展品,比划着,嘲笑着,一位法国小姐口中喃喃道:"啊!中国……小脚!……"

被嘲弄的葛健豪再也忍受不住了,她大声斥责道:"怎么了?!中国的小脚行程万里,走到了法兰西!……"

顿时,葛健豪的声音引来了更多看热闹的法国人……

葛健豪干脆放开了嗓门说:"法国朋友们,你们不应该嘲笑我这双小脚,这是祖宗留给我们的痛苦!今天,我和我的同胞来到这里,就是为了死里求生路,为了永远结束这种痛苦!"

所有看展览的中国人都使劲儿地鼓起掌来……

法国小姐忙过来问萧子升(法语):"请问先生,这位老太太刚才在说什么?她好像很气愤!"

萧子升用法语翻译道:"当然气愤,因为你们污辱了她!"

法国小姐很不以为然:"啊?……"

萧子升义正词严地说:"是的!老太太刚才说你们不应该嘲笑她这双小脚,她说这是祖宗留给中国妇女的痛苦!今天,她和她的同胞来到这里,就是为了死里求生路,为了永远结束这种痛苦!"

法国小姐忙对葛健豪说:"啊!……老太太,我伤害了您,很对不起!我向您道歉。您是一个很了不起的中国妇人,我向您致敬!"说完,向葛健豪深深地鞠了一躬……

萧子升将法国小姐的话翻译给葛健豪听,葛健豪笑着点头回礼。

一行人参观巴黎公社革命遗迹——庄严肃穆的"公社社员墙"。白色的大理石上镌刻着闪闪发光的金色大字:“献给 1871 年 5 月 21 日至 28 日的公社死难烈士”。

蔡畅对母亲说:“公社有许多女战士参加了战斗……”

向警予沉痛无比:“最后她们都壮烈牺牲了!”

葛健豪深沉地点了点头说:“我们中国女人要是都能像她们这样,中国就有希望了!”

萧子升插话说:“恕我直言,我对这样的牺牲似乎有些不同的看法。”

蔡和森知道萧子升的想法,但还是问了一句:“子升,你有什么不同的看法?”

萧子升直截了当地说:“公社社员的精神值得赞颂,但如此不珍惜生命,是不是有些得不偿失呀?”

蔡和森以犀利的目光看了萧子升一眼:“这要看从什么角度说,要奋斗就会有牺牲。”

萧子升反驳说:“难道要奋斗,就必须牺牲个人生命吗?生命是最宝贵的。”

蔡和森说:“你读过匈牙利伟大诗人裴多菲的著名诗句吗?生命诚可贵,爱情价更高——”

向警予接着下句:“若为自由故,二者皆可抛!”

萧子升不以为然的样子:“这只是诗人的夸张、浪漫而已。”

蔡和森神色庄严地说:“不!裴多菲在革命中牺牲了,他用宝贵的生命实践了诗中的理念。”

“所以,裴多菲的诗和他的生命一起永存!”向警予总是和蔡和森站在一边。

萧子升苦苦一笑,他摇了摇头说:“别争了,我一张嘴,怎么争得过你们两张嘴巴!——休战!”

蔡和森颇有点失望地说:“萧子升,我预感到,你和我俩,还有毛润之,虽然是挚友,但是,我们几人之间的分歧和彼此之间的思想差距却越来越大了。”

“这一点我承认。我们在新民学会成立时观点就有分歧,但是争论很正常嘛！今天是参观,我们不深谈,以后,我们有的是机会辩论！”萧子升无心争论下去,匆匆结束话题。

葛健豪长长地叹了口气,她一脸忧虑地看着萧子升和蔡和森……

萧子升把他们一行送到蒙达尼,随后便回巴黎去了。

蒙达尼是法国的一个小城,河流蜿蜒、小桥流水的景致让葛健豪生出几分亲切感,恍如回到荷叶镇。

葛健豪、向警予、蔡畅等众多女生每天去女子公学学法语。法国女教授在讲台上领读,下面的女学生跟着读,葛健豪、向警予、蔡畅学得十分认真……

葛健豪读着读着感到有点跟不上,心里一急,皱起了眉头开起了小差,想着自己年过半百,思维反应远远不及年轻人,觉得自己不服老不行。

蔡和森和众多男学生在男子公学学法语。老师在上面领读，他在翻看课本……老师皱起眉头看了看蔡和森,走到他旁边,质问道:“你为什么不好好听讲？”

蔡和森用法语回答道:“老师,您讲得太浅了,我想看深一点的内容。”

老师恼怒道:“什么？你自己去看？你从中国跑到法国来自学？”

来法留学的中国学生越来越多,巴黎,中国政府驻法国公使馆办公室里,华法教育会副会长李石曾在向公使陈箓汇报。

李石曾说道:“陈公使,我们现在来法的留学生已达到一千四百多人了,人员还在不断增加,预计今年底将达一千六百人。”

陈箓傲慢地说:“这个我不管,给你们的补贴费不能增加了。”

李石曾有点不甘心,补充了一句:“公使大人,政府一直是按人数核定补贴费的……”

陈箓有点不耐烦:“自己挣钱补贴嘛,不然,怎么叫勤工俭学呢？”

李石曾无可奈何地离去。

一会儿,公使馆的秘书王曾思进来,递给陈箓一份绝密电报。陈箓看完电报,大吃一惊,但很快镇静自若,哈哈大笑起来:“中央政府被北京的五四游行吓怕了,他们要我们注意留学生中的激进派！不可掉以轻心！”

王秘书点头哈腰地说:“可是,留学生中哪些人是激进派,我们没底啊。”

陈箓边说边把电报递给秘书:“这事,是你的工作……”

王秘书接过电报不敢推辞:“是……是！”

葛健豪、蔡畅、向警予等同学在女子公学宿舍练习说法语。

葛健豪说:“这法语,我怎么越听越别扭呢？在课堂上,就只见教授在讲台上指手画脚,口沫飞溅,我不知道他们在说什么,看同学们笑,我也笑,看他们愁眉苦脸,我也如丧考妣,嗨,我简直成了一个傻子了！”

蔡畅笑了:“妈,别说是您这个年纪,就是我们,也觉得好难学的,得慢慢来。”

向警予附和着:“是呀,得从一个一个单词学起。”

葛健豪接着说:“我是从一个个单词学起呀,可法语单词很奇怪,伤痛,读什么……‘爱过你’。怎么‘爱过你’就是伤痛呀？”

向警予和蔡畅哈哈大笑,笑弯了腰……

葛健豪着急道:“你们笑什么嘛,我都快急死了！不行……你们都得帮帮我！”

蔡畅安慰着母亲:“我们都会帮您的！不攻下语言关,在法国寸步难行！您说以后还想去卖湘绣,那怎么卖呀！”

葛健豪正儿八经地对蔡畅和向警予说:“可不是吗？从现在开始,你俩就是我的老师,警予老师……蔡畅老师！学生葛健豪此厢有礼了！……”

正说着,一个女学生跑进来,慌慌张张地说:“蔡伯母,听说男校出事了。”

众人一愣。

葛健豪紧张地问:“什么事？”

蔡和森自学一事,蒙达尼男子公学告到了华法教育会,李石曾和萧子升不得不来到蒙达尼处理。

事关外交,李石曾像个家长一样,肯定首先教训自己的孩子。萧子升也劝道:“和森,你谦虚点!”

蔡和森见李石曾和萧子升都这么软弱,倔劲上来了,赌气说道:“用不着处理,我自己处理。我不读了!……行了吗?”

李石曾恼怒道:“你不读了?”

萧子升忙着和稀泥:“和森,你可别要性子。我们好不容易来法国留学啊!”他又对校长和李石曾说:“他瞎说的,他一时在气头上,我了解他,他脾气倔,我慢慢跟他说。”

蔡和森大声说:“既然我在课堂上看其他的书籍,影响了同学,又伤了老师的自尊,我决定了,离开课堂,选择自学!”

李石曾强硬地对蔡和森说:“蔡和森,你可得考虑好,不读书,你也就没补贴费了!”

蔡和森毫不犹豫地答道:“我考虑好了!”

李石曾转身命令萧子升:“萧子升,我命令你,一定要做通蔡和森的工作!”

蔡和森同萧子升走出办公室,两人边走边争论。

萧子升说:“和森,你别固执己见,你不会刚来法国,就想回去吧?”

蔡和森反问道:“回去?我还没取到真经,怎么会回去?”

萧子升生气地说:“那你想怎么样啊?假如润之知道这件事,也绝对不会同意你这样做的。”

蔡和森平静地说:“我自有打算。”

萧子升追问道:“自有打算?什么打算?”

葛健豪、蔡畅、向警予赶过来。葛健豪看见萧子升,热情地打招呼:“子升,你从巴黎过来了?”

萧子升点头后说:“蔡伯母,您来得正好,快劝劝和森,他说他不读书了。”

葛健豪扫了一眼向警予，问蔡和森："什么？好好的怎么就不读书了呢？和森，你是新民学会的成员，好不容易争取到资金来法国，刚来没几天，你就带这个头？！"

向警予质问："你不上课，今后怎么办？"

蔡和森倔强地说："我说了，我自学！学校的功课太简单，那简直是爬行！那不是白白浪费在法国的宝贵日子吗？"

萧子升、向警予异口同声惊讶道："自学……能行吗？"

萧子升挑明了说："和森，你自学，这补贴费就没了，你考虑好了没有？你不能天天空着肚子自学吧？"

蔡和森意味深长地说："我决定了，就是饿着肚子，也要选择自学，为了更快地寻找一条道路，为了中国四万万同胞早日不空着肚子，我想这种选择值得！"蔡和森特意对母亲说："我这样做，是想以最快的速度精通法文，然后，翻译马列的书。"

葛健豪不解："那在中国也可以，还用这大老远的跑到法国来自学？"

蔡和森答道："国内没有这些原著，妈妈，这是我深思熟虑后作出的决定，我想干我自己想干的事！"

还是向警予最理解蔡和森，她说："我想，和森还有许多打算……"

葛健豪快言快语："和子，那你说说你的想法，不然，我们都想不通！"

蔡和森耐心地说起来："我是带着问题来留学的，要做的事实在太多，不允许拖拖拉拉的。必须尽快把法文弄清，把各国社会党、各国工团以及国际共产党，尽快弄个明白，在最短的时间内，猛看猛译法文版的马克思主义著作，这样才能尽快地为中国革命寻找经验！"

向警予看着蔡和森，点了点头："和森是一个不安于现状的人，是一个跑步前进的人！我同意蔡和森的想法！"

蔡和森一把抓起向警予的手："谢谢你，警予，你最理解我！"

向警予有点担忧地提醒道："我理解你，可是，你必须要有思想准备，你不上课，华法教育学会不会给补助，也不会帮你找工作，不做工也就没收入。”

蔡和森顿时没有了底气，嗫嚅道：“我想，等有了翻译成果之后就有稿费了……”

葛健豪在一旁认真地思索着儿子的话，听到这里她果断地说：“我听懂和森的意思了。我相信，他有倔劲，更有自学能力！我支持他！至于经济上的压力，我们一起想办法克服，豆腐公司的那个老板不是说过吗？我们湖南的湘绣在法国很有市场，我想办法多做些湘绣去销售，保证和子读书应该没问题。”

向警予心疼地说：“伯母，您这么大年纪了，我真不忍心看着您受累。”

葛健豪爽朗地说：“不累！既然和森的想法是正确的，我就应该支持他，儿子的困难就是我的困难，儿子想的，就是妈要做的……我不会觉得累的。”

蔡和森感激地对母亲说：“谢谢妈妈！当年在长沙，您不也支持我自学吗？”

“是啊，我不是一味顺着你，而是觉得你这样做是对的……”葛健豪说出支持儿子的理由。

白天，蔡和森到公园自学，他身边放着一本法文字典、一本笔记本、《人道报》等几张报纸和几份杂志，他边啃面包，边看边查边译。

公园勤杂工在扫地。蔡和森看着报纸，有点疑惑，他忙上去向勤杂工请教，用法语打招呼：“老师，请教您一下！”

勤杂工有点惊讶：“啊！先生，你弄错了，我是公园的勤杂工，不是老师。”

蔡和森递上字典和报纸：“您是老师！我是中国的留学生，请您教我一个单词！”

勤杂工赞赏地看着蔡和森：“我天天看见你在这里看书看报，你真是好样的！我试试看。”

勤杂工很快对着字典和报纸，给蔡和森讲解起来，蔡和森认真地听着，他跟随勤杂工读了起来……

晚上，蔡和森在昏暗的灯光下坚持自学，狭小的宿舍里，书刊、报纸、小册子堆积如山，里面有法文版的《共产党宣言》等马列著作。蔡和森一边咳嗽，一边看书写笔记，他不停地翻动《法语字典》。

向警予在一旁专心地翻着蔡和森的书，她感到惊奇："你在啃《资本论》？"

蔡和森说："马克思主义的信徒，必须读懂《资本论》！"

葛健豪听着他俩的对话，焦急地说："和子，你能读法文，能看法国的报纸，能把法国的书翻译成中文寄回去……我可怎么办哟？"

蔡和森安慰着母亲："妈，您别着急！您一定能攻下法语关的！"

葛健豪摇着头说："能不着急？我怎么也记不住这些法文单词，记住了后面学的，忘记了前面的……"

蔡和森告诉母亲："妈，您不要急，饭得一口一口吃，您一天不要指望记多，只记一个单词，便积少成多了。"

蔡和森说完马上动手裁起小纸片来。

向警予也在一旁打气："伯母，和森说得对，积少成多嘛，贵在坚持。"

葛健豪从来没这样不自信过，她担心地说："坚持不住哟，我真担心拖了你们的后腿！"

蔡畅说："妈，您不要着急，和哥说得对，您一天只背一个单词，一年也有 365 个了，这样持之以恒，总会有成效的！"

蔡和森拿出一张张小纸片给母亲，说："妈，我替您做了些纸片，法语单词都写在这上面了，您慢慢学。"

葛健豪回到新近租住的小木屋，照搬了儿子学习的劲头：她宿舍的床头、桌面、墙壁上，只要能粘贴纸片的地方，都贴着一张张小纸片，纸片上都是法语单词。

黄昏，葛健豪对着琳琅满目的小纸片十分认真地练习读单词。窗外传来风笛声，葛健豪停下来，凝神细听。

又是一个黄昏，葛健豪在做绣花枕头，老人显得有些忧愁，一不小心刺到手指了，她忙把手指放在嘴里吮吸。窗外又传来风笛声，葛健豪停下手上的活，凝神细听。

葛健豪忍不住走出家门，循着笛声而去，看见小木屋旁的山坡上，一座破旧房子前，一位法国老人在孤独地吹着风笛。

葛健豪眼前浮现出蔡蓉峰的身影，她的眼睛湿润了……

一天，葛健豪上完课，拄着拐杖往校外走，她身上挎着一个包，包上面绣着美丽的图案：几只鸟在湖上飞跃，还有"洞庭春晓"几个字。

法国女教授看着葛健豪背的挎包，饶有兴趣地追上来说："葛健豪，你这个包太美了，让我瞧瞧。"

葛健豪把包递过去，用生硬的法语说："老师，这是我的湘绣作品。湘绣是我家乡湖南特有的刺绣工艺。"

法国女教授仔细看了看包上的图案，爱不释手，惊讶道："湘绣作品？这么美！"

葛健豪很高兴，她继续说道："这是我们湘绣中最普通的了，很美吗？"

向警予、蔡畅和几位女同学围拢过来，她们看着葛健豪用法语同女教授交流。

法国女教授央求道："你能把它卖给我吗？"

葛健豪吃惊道："您真的想买？"

女教授立即掏出皮夹，抽出一张纸币，递给葛健豪。葛健豪迟疑不决，显得十分惊讶："老师，这……"

女教授以为太少了，又加上一张："少了我再加，行了吧？"

葛健豪只接过一张钱，不好意思地说："老师，谢谢您，希望您帮我宣传我的湘绣作品！"

女教授高兴万分："我太喜欢了，我期盼你再出好作品，只要我看上的，我都要！"

葛健豪笑道："我的下一件湘绣作品，要绣法兰西的塞纳河，肯定比这还要好！”

女教授有些激动：“啊，上帝呀，湘绣塞纳河！它会让人陶醉的！”

向警予、蔡畅等众多女同学簇拥着葛健豪……蔡畅夸奖道：“妈，你的法语说得不错嘛！”

葛健豪一怔，问向警予：“说法语？……哦，警予，我刚才说的是法语吗？”

向警予用法语回答：“是的！”

葛健豪惊喜交集（法语）：“真的？！我会用法语对话了！……啊，上帝！”

蒙达尼的一个公园里，法国民间舞曲的旋律在空中回荡。葛健豪身穿法兰西的民族服装，随着舞曲的旋律跟着几个法国太太学跳着法国民间舞蹈。

一个法国太太边纠正，边做着示范，说：“这个动作应该是这样的……这样——”

葛健豪看着她的动作，又模仿着跳了起来，她用法语问：“对吗……现在对了吗？”

法国太太答道：“对对……好极了！”

随着音乐节奏加快，葛健豪旋转起来，人们惊讶地看着她那双跳跃着的小脚，啧啧称赞。

音乐停止，大家正要休息，只见葛健豪哼着每天黄昏在家里听到的风笛旋律接着跳了起来。

法国太太很是惊奇：“你还会唱《樱桃时节》？”

葛健豪停止跳舞，感兴趣地说：“哦？这首曲子叫《樱桃时节》？太美妙了！我天天黄昏都会在家里听到！”

法国太太们羡慕地看着葛健豪。葛健豪拿出湘绣方巾，一件件展示：“你们看，这些美丽的图案，都是在《樱桃时节》的旋律中绣成的，能不美吗？”

法国太太们围住葛健豪，葛健豪手上的方巾被一抢而空，法郎不断递到她手上。

蔡和森在宿舍一边啃面包,一边查字典,他在翻译那本法文版的《资本论》。“砰”的一声门被撞开,葛健豪进来大声喊道:“和子!”

蔡和森被吓了一大跳:“妈,您吓我一大跳!出什么事了?”

葛健豪高兴万分地挥舞着手中的钱,用法语说:“大事啊!在法兰西,妈会说法语了!妈能挣钱了呀!”

蔡和森看着母亲手中的钱,也用法语说:“真的……这么多?”

葛健豪的手心全是汗水,纸币被汗水浸湿了一大半。葛健豪很兴奋地用法语和蔡和森交谈:

“今天妈妈太高兴了!”

“您的湘绣作品被法国人认可了,祝贺您!”

向警予、蔡畅跑进来,几人高兴地拥抱在一起……葛健豪兴奋地用法语说:“洋人的钱原来是这么好赚啊……”

众人哈哈大笑起来……

蔡和森凝视着母亲异常兴奋的神情,说出了自己一直想说的话:“妈妈……我的好妈妈!将来,我们的事业有成,您的儿女……还有许许多多的中国人,都会感谢您这位来自湖南山村的小脚母亲的!”

葛健豪诡秘地说:“那似乎有些遥远,妈希望你们现在就用行动感谢我。”

众人没听懂:“啊?……您是想——”

葛健豪直说了:“妈想了却一桩心事。我说和森、警予呀,你俩早点把婚事办了吧,我也好向你们的老爸有个交代呀……”

蔡畅立即叫了起来:“我举双手赞成!”

蔡和森和向警予互望一眼,他俩会意地笑了。

葛健豪慈祥地看着自己的儿女们,幸福地微笑着……

第十五章　新式婚礼

黄昏，葛健豪走到自家小木屋门口，又听到风笛声，她看了看山坡屋前的吹笛老人爱德华，迟疑片刻。

俗话说，远亲不如近邻，这个法国邻居看来有点特别，一个人孤单单的。葛健豪不禁动了恻隐之心，走进家门，到厨房里包起馄饨来，她明白，在法国也需要交朋友，特别是像自己这样勤工俭学过来的中国人，不主动示好，别人不会找上门来。做点中国特色食品给他们尝尝，或许是不错的开端。

不知不觉馄饨做好了，葛健豪端起一碗，忐忑不安地一步步走到老人跟前。爱德华冷漠地看着她，不说一句话，转身回屋了。葛健豪一个人愣在那里，只得回家去。好在葛健豪生性开朗，没有把这事放在心里，她想，那些法国人多少对中国人有偏见，想和他们沟通，得慢慢来。

一大早，葛健豪提着一个大包，来到公园里，她拿出自己的湘绣作品——鞋面、袜子、枕头套、小布袋、钱包等，摆了一地。

葛健豪开始用法语吆喝起来："这里有最新的湘绣物品！中国丝绸上绣着塞纳河，还有埃菲尔铁塔……看一看，瞧一瞧，中国的湘绣，绣出了法兰西的美景呀！"

随着葛健豪的吆喝声，更多的游客围了上来，他们争先恐后地挑选起来，葛健豪忙着作介绍、收着钱，十分高兴……

黄昏，葛健豪走到家门口，没有听到风笛声，她朝山坡望去，没有看到爱德华，她惆怅地进了家门。

葛健豪依然做了馄饨，端着馄饨向山坡上的屋子走去，在门口，她哼起《樱桃时节》的曲子代替敲门，里面老人痛苦的呻吟停止了，老人刚打开门就要拥抱葛健豪，一看不对，愣住了，连说对不起。

葛健豪放下馄饨，见屋内只有爱德华一个人，转身就走了。

夜里，葛健豪身穿法兰西的民族服装，跳着法国民间舞蹈，一双小脚灵巧地旋转着……向警予和蔡畅回来，在一旁惊喜地看着。

蔡畅大声说："哎呀，妈，您又在跳法国舞蹈了？"

向警予连连称赞："您越跳越好了！"

蔡和森来了，吃惊地看着母亲在跳法国民间舞蹈。葛健豪跳完，儿女们情不自禁地鼓起掌来。

葛健豪很有风范地用法语说："谢谢！谢谢！"

蔡和森忙把毛巾递给母亲，说："妈妈，您这么快就入乡随俗了，竟然跳起法兰西舞了。"

葛健豪边擦汗水边喘气道："我跟你们说呀……前些天，我去公园里卖湘绣品，很快被抢购一空，那些法国朋友拿着我的湘绣品高兴极了，当时，没抢到的夫人们拉着我跳舞，要我抓紧时间给他们再绣……我这个中国的小脚老太婆，哪儿会呀？尽出洋相，于是我就下决心学……"

蔡畅了解母亲的心思："妈，您是想通过跳舞，交到更多的法国朋友？"

葛健豪答道："是啊，跟她们混熟了，我的湘绣品不是更好卖吗？用中国生意人的话说，这叫和气生财。"

天亮后，葛健豪提着一个大包，来到公园门口。她把一批湘绣制品摆在公园门口的地上，许多男人、妇女、姑娘、小孩子在看，有的在购买……

突然，两个法国警察匆匆忙忙过来，他们上下打量着葛健豪，挥舞着警棒吆喝道："走走走，这儿不准卖东西！"

葛健豪边收拾着货物边说："对不起，我马上走，我走……"

葛健豪刚收拾好，一个警察嘴里突然冒出一句话："肮脏的中国妇人！"

葛健豪听后只觉血往脑门冲,感到受了莫大的侮辱,她上前质问:“你说什么?……你再说一遍!”

那个警察索性一不做二不休,眼睛盯着葛健豪的脚,满含鄙夷与嘲讽地说:“你们中国人拖长辫、缠小脚、吸鸦片,难道不肮脏吗?”

葛健豪理直气壮地驳斥道:“拖长辫、缠小脚又怎么了?好歹是我们的风俗习惯。可鸦片是你们洋鬼子贩运去的……你们不是讲究文明吗?用鸦片毒害中国人,难道这就是你们的文明?我这把年纪可以当你母亲了,你居然当众侮辱我!没门!”葛健豪一把抓住警察,不依不饶地说:“走,找你们警长去……走!”

一下子围来许多看热闹的人,葛健豪抓着警察不放,对方大声喊:“你放开我!”

葛健豪一手提着布包,一手死死地抓住警察怒吼:“我不放,不见到你的警长我不会放你的!”

警察无可奈何,被葛健豪拉着,跟随而去……

在警察局,警察局长对葛健豪说:“老太太,您别着急,有何要求,请说。”

“他侮辱我们中国人,我要他赔礼道歉!向中国人赔礼道歉!”葛健豪指着骂人的警察说。

“不可能!”那个警察在抵赖。

葛健豪倔强地说:“那我到公使馆告你们去!”

警察局长深恐事态扩大,影响到自己,严厉地对两个警察说:“你们若真说了不敬之词,就给她道歉,小纠纷到此为止!”

两人低下头,然后又抬起头,那个骂人的警察无奈地对葛健豪说:“对不起。”另一警察也跟着说:“我们错了。向您道歉!”

葛健豪见状,心软下来,通情达理地说:“这还差不多。我以后也要注意,不乱摆摊就是了。”

葛健豪挎着布包出了警察局。

葛健豪兴高采烈地回到小木屋,蔡和森、向警予、蔡畅急匆匆地赶来。蔡和森喊道:"妈!有同学看见您去警察局了……您没事吧?"

"嗬!这消息比我的小脚跑得还要快!没事,我不犯法,他们能把我怎么样?"葛健豪轻描淡写地说。

"伯母,真把我们急死了!"向警予心有余悸地说。

"妈,您吓死我了。"蔡畅的脸因着急而微红着。

葛健豪很坦然:"没什么大不了的!"她望着孩子们说着肺腑之言:"孩子们呀,你们来到这个世界,正逢乱世,吃了好多苦,妈好心疼!我得想一切办法多挣钱,资助你们读书,还要给你哥和警予办婚事哩。"

蔡和森对向警予说,趁豆腐厂停工几天,准备带她去巴黎!向警予惊喜道:"没想到你也学会了浪漫。"

蔡和森笑着说:"这叫革命加浪漫嘛!"

蔡和森首先带向警予去了先贤祠。

先贤祠是法国伟人的墓地,在巴黎的左岸,那里安葬着伏尔泰、卢梭、维克多·雨果、爱弥尔·左拉、马塞兰·贝托洛、让·饶勒斯、柏辽兹、安德烈·马尔罗、居里夫妇和大仲马等先贤。

蔡和森和向警予手牵着手欣赏着圆顶、廊柱以及精美的壁画、雕饰。向警予惊叹道:"真没想到,在喧哗浪漫的巴黎,还有一个如此庄严肃穆的圣地。和森,你是怎么知道的?"

蔡和森答道:"我是看了好多法文书才知道的。"

两人边走边谈,向警予不时用赞许的目光看着蔡和森。

入夜,蔡和森和向警予并肩坐在塞纳河畔观赏巴黎夜景。

蔡和森兴奋地说:"革命的热情和理想主义的气息,这是法兰西最吸引我的地方。"

向警予接过话:"我们坐的地方是塞纳河的左岸。有位哲人说得好呀:左岸是政治,右岸是经济。"

"是的!左岸和右岸,给人以启示:左岸是理想化的,右岸是物质化的。"蔡和森大发感慨。

"左岸是梦想,右岸是现实。"

"左岸是我,右岸是你!"

向警予马上纠正道:"不,我们之间没有塞纳河,我们不是左岸右岸,而是同一条河流——叫向上同盟。"

蔡和森激动地说:"好一个向上同盟!警予,我是你的同盟!……不!你是我的同盟!"

两人深情地对望着。蔡和森把向警予的手握在自己的胸口上,说:"今天到巴黎来,我是想在这里,在美丽的塞纳河畔,实现我的一个最大心愿——"

向警予猜不到,问:"什么心愿?"

蔡和森一字一字认真地说:"我要正式向你求婚!"

向警予没有思想准备,轻轻地"啊"了一声……

蔡和森有点不安地问:"警予,你愿意吗?"

"当然愿意!"向警予连忙答道。

两人紧紧拥抱在一起。

塞纳河边,蔡和森和向警予手牵着手奔跑着,他俩边跑边喊:"向上同盟……向上同盟!"

葛健豪在蒙达尼街头出售湘绣品,许多法郎源源不断进了她的口袋,在葛健豪眼中,这些纸币将化为一本又一本马克思、列宁的著作……

黄昏,《樱桃时节》笛声中,葛健豪在做湘绣。

笛声停止,葛健豪陷入沉思,这样一位法国老人,孤身一人,天天吹着风笛,他心里埋着什么秘密呢?

一阵敲门声响起。葛健豪去开门,门口站着吹风笛的老人爱德华,一手拄着拐杖,一手拿着一把野花。葛健豪有几分惊喜,请老人到屋里坐下,她这才注意到爱德华的腿有残疾。

爱德华用中文说:"对不起,夫人,打扰了,我是特意来向您致谢的!

谢谢您送给我的馄饨。”

葛健豪惊讶道：“您会说中国话？”

爱德华点点头：“因为我结识过一个中国女人。”

“中国女人？”葛健豪有些好奇。

爱德华讲述着：“她叫翠玉，爱穿绿色衣裳，她是千千万万华工中的一个，在医院当护士，我在战场上受伤被送到医院，她精心照料我，让我鼓起信心战胜了死神。”

葛健豪忍不住问道：“那她现在……”

爱德华面有戚色：“她救了我，我却没能力救她！……那一年，我们准备结婚，她感染疟疾而身亡。我不相信她走了，一直等她回来，所以，我每天在家门口吹着她喜欢听的曲子——《樱桃时节》……”

爱德华深情地说：“啊！多美的歌曲啊，她让我心醉……”接着哼唱起来：“待到那樱桃红艳时节，你们也会有爱情的痛觉！我永远怀恋那樱桃红艳的美好时节，为逝去的年华，心痛欲裂！命运女神的青睐，也不能为我的创伤止血。我永远怀恋樱桃时节，心中的记忆总是那般亲切……”

葛健豪听着，眼中闪着泪光……

在《樱桃时节》的乐曲声中，葛健豪眼前闪现出蔡蓉峰、庆熙、林蒸和小千昂的面容……

很快就到中国的节日除夕了，葛健豪在赶着做一件旗袍，她要给向警予一个惊喜。葛健豪一边做着衣服，一边思念着国内的丈夫、儿女、外孙女，每逢佳节倍思亲，这话一点不假。她想着，新的一年，无论如何，要张罗着把和森和警予的婚事办了，让国内的亲人放心。

蔡和森、向警予、蔡畅在屋里大声说话，葛健豪忍不住问：“大年夜你们还在讨论马克思？”

向警予高兴地说：“蔡伯母，您也记住了马克思？”

葛健豪幽默地说：“记住了，大胡子是马克思，中胡子是恩格斯，小胡子是列宁！”

葛健豪的话引起儿女们的朗朗笑声。向警予大方地亮出一本小册子说:“我们俩的诗作合编在一起了,书名就叫《向上同盟》!”

葛健豪闻言开朗地笑了起来:“好呀,古语说,诗言志,志合一,好一个向上同盟呀!”

蔡畅调侃道:“这诗合在一起了,人也合一起了。我也该改口,叫嫂子了哩。”

葛健豪笑了:“和森、警予,你们俩快把婚事办了吧,我为警予做的结婚礼服都做好了呢!你们看!”

蔡畅说:“哎呀,真漂亮!”

蔡和森不以为然地说:“按老家的风俗,接新娘不是还得用花轿吗?免了……免了,我和警予商量了,咱俩一定要来一个新式的婚礼。”

葛健豪高兴地说:“不管新式的还是旧式的,你俩在一起就好,妈睡着都笑醒了。”

向警予害羞地看着葛健豪,一脸的幸福……

葛健豪善解人意地说:“妈可不懂什么哲理不哲理,只晓得男大当婚、女大当嫁是人之常理。哎,你和警予的事,写信告诉润之了吗?你们当初可是都说不要婚姻的。我早就琢磨了,你们不要的是封建包办婚姻,新式婚姻还是要的,是吧?”

蔡和森觉得母亲就是不一样,一下就能说到自己心里去。

向警予在卧室里伏案写着一张明信片,蔡畅轻手轻脚过去偷看,看见上面有两个快乐的小娃娃,便在她身后喊了一声:“嫂子!”

向警予一惊:“你吓了我一大跳……”

蔡畅抢过明信片:“写信?……能看吗?”

向警予十分开朗地说:“明信片明信片,就是可以公开的信件。”

蔡畅阅信,是向警予写给国内的父母的:

爸爸妈妈,和森是九儿真正所爱之人,志趣没有一点不同的。这明信片上的两个小孩也合他与我的意。我同他是一千九百二十年产生的新人,又可叫做二十世纪的小孩……

蔡畅呆看着明信片,心底涌起一股暖流,深情地说:“嫂子,你和我哥志同道合,真是太幸福了……”

向警予笑着说:“蔡畅,你将来有了意中人,就会真正体会到这种幸福!”

天亮后,葛健豪、向警予、蔡和森、蔡畅几人互祝新年快乐,绿旗袍已做好,醒目地搭在椅子上。蔡畅拿起旗袍,高兴地说:“新娘子的衣服多漂亮啊!”

葛健豪顺势递给向警予:“警予,这是我给你准备的,婚礼上穿吧。”

蔡畅假装吃醋,对向警予说:“我妈对你格外好!”

向警予小心地抚摸着那件绿绸旗袍,赞叹不已:“漂亮,真是太漂亮了!”

葛健豪要向警予穿上试试。向警予把旗袍打开在身上比试了一下,面露难色,歉疚地对葛健豪说,自己习惯了穿粗布衣服,这件旗袍虽然非常漂亮,但是……

葛健豪露出不快的神情,向警予很快察觉到了,她笑着说:“妈,我穿我穿……我穿它一个小时,让您看个够!”

蔡和森对母亲说,他和警予是新式结婚,不用准备礼服。再说,警予从小就不喜欢穿艳丽的衣服,这件丝绸旗袍就别让她穿了。

葛健豪气恼地走出了屋子。向警予急了,这是妈的一片心啊!我怎么能……能这样呢?……都怪我,都怪我!

蔡和森有办法,他对蔡畅说:“蔡畅,你去跟妈妈说说……”

蔡畅故意说:“你现在说话不算数,嫂子没请我去,我不去!”

向警予连忙乞求道:“蔡畅,就算我和你哥求你,行了吧!我现在就把旗袍穿上,让你们好好看看,让妈高兴!”

蔡畅说:“这还差不多!”

葛健豪一个人走到小河边,独自坐在河岸,显得很疲惫,眺望远处。蔡畅过来，坐在葛健豪的旁边。蔡畅说了几句家常话，然后直奔主题，劝说着母亲：“妈吔，和哥同警予姐一直说您开明，谢谢您支持他俩自由恋爱。他俩决心要做二十世纪的新人，不要旧的婚嫁习俗，这也是反封建呀！”

葛健豪嘟囔着，反封建她赞成，但，结婚毕竟是人生大事，不讲排场，起码也要让人看得过去！

蔡畅耐心地开导着母亲，结婚是两颗心的结合，这叫心心相印，结婚又是两个人志向的合一，这叫志同道合，所以，不在于形式如何。

葛健豪恼怒道：“好心给她专门做的结婚礼服不穿，我真想不通！”

蔡畅说：“警予不想在婚礼上穿这件旗袍，一是因为她从来不喜欢艳丽的服饰，更重要的是，她想彻底破掉旧式婚姻的习俗！在中国，老式的婚礼埋下了多少苦痛？热热闹闹的结婚场面背后酝酿了多少悲剧！”

葛健豪看着蔡畅，有点惊讶：“你这毛妹子，来法国没几天，什么时候嘴巴这么会说了。”

“妈妈呀，您一直主张妇女解放，就依警予姐这一次吧，让和哥和警予姐的结合，从形式到穿着，都为国人做出一个榜样吧！”蔡畅说得头头是道。

葛健豪欣喜地看到女儿也一天天成熟了，她想着，点了点头：“蔡畅，你大有长进，会给妈做工作了。”

蔡畅说：“我天天在跟您、跟和哥、跟警予姐学，还能不长进吗？”

葛健豪心里想转了，说：“好！妈想通了，就听你们的，好了吧？”

蔡畅拽着母亲说：“妈，警予姐见你不高兴，急得差点哭出来……那样子呀……我见了好心疼！”

葛健豪忙说：“走，去看看，别让她着急！”

向警予穿上绿旗袍，蔡和森惊叹道：“你别说，穿上这件旗袍还真漂亮，这才像个新娘子。”

葛健豪和蔡畅进来，她俩从没见过这么美的向警予……向警予热情地说：“妈，您看，连和森都说好看哩！”

葛健豪心里美滋滋的，所有不快烟消云散，忙说："警予，妈不为难你了，你们讲求新式婚礼，就按你们的心愿办事吧！妈决定了，支持你们办一场崭新的婚礼！……"

深夜，葛健豪躺在床上，心潮澎湃，久久不能入睡……葛健豪在对丈夫讲话：蓉峰，你儿子要结婚娶媳妇了，你知道吗？记得庆熙结婚那天你有多高兴呀……你马上五十九岁了，我却不能为你做碗长寿面……庆熙和林蒸过得好吗？还有瑶妹子和贞妹子两个苦命人，如今怎样了？……

蔡蓉峰回永丰老屋居住后，蔡林蒸为了照顾父亲，也回到了永丰，他隔三差五把永丰辣酱拿到长沙卖，再顺路进点针头线脑、布匹鞋袜等货物回去卖。

为了节省开支，蔡庆熙退掉刘家台子的房屋，带着刘千昂到三姐妹缝纫店和贞妹子她们一起住。小小缝纫店一下住了五个人，显得很拥挤，好在她们都是勤快、能干的女人，白天用床板当案板，裁剪衣物，晚上铺上被褥就可以睡觉了。蔡庆熙负责管账、接单、裁剪，瑶妹子负责缝纫，贞妹子负责钉扣子、锁扣眼以及采买生活用品，黄婶负责做饭，几个人分工协作，把生活安排得井井有条。

贞妹子一大早走出三姐妹缝纫店，拎着菜篮子，出门买菜。

"砰！砰！砰！……"贞妹子刚走进一个巷子，就听到枪声！她害怕地回头张望。

统治湖南的皖系军阀张敬尧作恶多端，湖南人用水深火热来形容自己的痛苦，湘军担负起"驱张"的重任。奉命执行侦察任务的湘军某部侦察队长李志明和两个部下都被巡逻的皖军士兵击中，倒在地上……

看到这一幕，贞妹子吓得惊慌失措，忙躲藏到巷子的一拐角处。士兵的追赶声和枪声远去……

巷子里恢复寂静，贞妹子胆战心惊地从躺在地上的三个"死人"身边走过，发现李志明微微地喘着气……

李志明慢慢睁开眼睛，他见贞妹子走过来，十分吃力地喊："妹子，救救我！”

贞妹子本想一走了之，以免惹是生非，但看到李志明求救的眼神，她于心不忍，壮着胆走近李志明，慢慢扶起他。李志明借助贞妹子的力量，站了起来说：“扶着我……快离开这里。”

贞妹子本能地扶着李志明，走进另一条巷子里，走进一个空院里，她让李志明躺在地上，赶紧关上大门……

李志明肩膀上被子弹击中的伤口在流血，贞妹子忙掏出手帕，给他包扎。李志明虚弱地说：“谢谢你救了我……”然后十分吃力地从衣内掏出一封信：“先别管我……帮我把这封信送到城西郊的金坡村，村里驻有湘军，你把信交给他们……”说着又昏迷过去……

贞妹子拿着信，向外走了几步，又犹豫着回过身来，摇醒李志明，捡起地上的枪放入衣服内，然后搀扶他向门外走去……贞妹子雇了一辆马车，往长沙城郊金坡村赶……

在蒙达尼，葛健豪左盼右盼，想见识一下蔡和森和向警予的新式婚礼是什么样的，这一天，终于到来了！

葛健豪的小木屋挤满了留学生，大家簇拥着蔡和森、向警予来到屋外花坛边。有同学高喊：“蔡和森，向警予，恭喜你们……”

蔡和森穿着西装系着领带，脚上的旧皮鞋擦得油光发亮。向警予穿着粗布竖条纹旗袍，他俩微笑着招呼来客……

蔡畅大声宣布道：“同学们！今天，是我哥与警予姐结婚的大喜日子！此前，他们没有什么父母之命、媒妁之言，这是一次完全自由结合的新式婚姻！既然是新式婚姻，就要举行新型的婚礼！今天，新郎新娘说了，不拜天，不拜地，只拜我们信奉的马克思主义！”

葛健豪把爱德华请来了，他们看着热闹场面，眉开眼笑。葛健豪嘴里自语：“这毛妹子，口齿这么伶俐，怎么变了一个人似的。”

有人在喊：“蔡和森，你这婚礼太简单了吧！”

蔡和森笑着说：“这叫喜事新办！”

有人喊:“再新办,也不能把喜糖喜酒给免了啊!”

向警予笑着作答:“大家放心好了,我妈给大家做了好吃的……”

葛健豪给大家发着喜糖,边说:“来,大家吃喜糖!这是大喜事,谢谢大家前来赏光!”

有学生调侃:“蔡伯母,再简单,婚宴可不能少啊!”

葛健豪爽快地答道:“我早准备好了,热腾腾的辣酱面等着大家呢!”

又听有人喊:“我请的摄影师到了,新郎新娘应该在一起照张相吧!”

几个人把蔡和森、向警予簇拥到一棵法国梧桐树下,又抬来一张椅子,让两人坐下。几个同学催促摄影师:“先生,快照……快照呀!”

摄影师似乎不满:“这太单调了,哪有这么简单的结婚照呀?”

有学生说:“等等,蔡伯母拿道具去了。”

葛健豪拿来一条红缎子被面过来说:“来,加点儿红色,增加点喜气洋洋的气氛。”

蔡畅在旁边惊叫道:“妈,您把我的被子拆了?”

众人哄笑起来……

两个男生把红缎子被面高高举在蔡和森、向警予的后面作为背景,摄影师很满意:“对,这下可以了,准备照了——”

蔡畅高喊:“慢,等一等!”

众人惊诧地看着蔡畅,蔡畅把那本法文版的《资本论》拿了过来,递给蔡和森:“哥,把你们俩最喜欢读的书拿上!”

一对新人的手一起捧起了《资本论》。

众人高喊:“好好好……”

镁光灯闪过……

在热烈的掌声中,蔡和森对着向警予笑了笑,两人站起来用一口浓重的家乡话,兴致勃勃地朗诵起来:

向上的风吹着向上的云

向上的梦牵着向上的心

向上飞呀

向上翔吧

共同飞翔!

步步向上!

向警予举起《向上同盟》的册子大声说:“同学们! 这是我们在赴法的邮船上及在蒙达尼的这些日子里,共同写的诗作,总题目叫《向上同盟》,请各位斧正!”

萧子升一手拉着蔡和森、一手拉着向警予大声说:“你们两位都是我最好的朋友,向上同盟,只能向上,不能向下哦。”众学生起哄般大笑,萧子升又正儿八经说:“我祝贺你们两位,并献给你们四个字——比翼双飞!”说完把新郎新娘使劲往一起拉,让他们拥抱在一起。众人发出开心的笑声和热烈的掌声……

长沙街头鞭炮阵阵,锣鼓喧天。

报纸上面刊登着军阀张敬尧被驱出湖南的消息,市民们在街头巷尾热议“驱张运动”成功……

李志明带着卫兵随贞妹子来到三姐妹缝纫店,他向黄婶敬了个军礼后,简要介绍了贞妹子救他的经过,然后诚恳地说:“事情经过就是这样的。伯母,这些天让你操心了。”

李志明挥了挥手,副官送上礼盒。李志明说:“算是给您全家压惊吧,不成敬意!”

黄婶哪见过这阵势,忙说:“您太客气了!”

几个人坐下来喝茶,黄婶看着仪表堂堂、威风凛凛的李志明,想起了自己的儿子,心里一阵唏嘘,怕话不投机扫了大家的兴,便借故起身去了厨房。

李志明心里藏不住话,他冒昧地对蔡庆熙说:“我和贞妹子也算是生死之交了,我一直没有妻室,求你做个媒,让贞妹子嫁给我!”

贞妹子闻言大吃一惊,拼命摇头往厨房跑去。

蔡庆熙对李志明说:“按说,你们俩很般配,只是太突然。来,我们俩需要单独谈谈。"

过了几天，一身戎装的李志明及副官又来到三姐妹缝纫店，门口围满了看热闹的邻居。黄婶听见邻居的夸奖声，心里很受用，忙和李志明打着招呼："哎呀，你们这是贵客啊！"

蔡庆熙接过话："大家进屋说吧。"

看样子，蔡庆熙把黄婶和贞妹子的工作做通了，夜里，贞妹子告诉瑶妹子，她要嫁人了！瑶妹子还在担心黄婶："你婆婆怎么办？"

贞妹子说："李志明说了，我们住在一起。"

蔡庆熙在一旁夸奖道："值得庆贺啊！看来，你嫁的这个李志明，真是个讲情义的人哩！"

瑶妹子非常高兴："黄婶被他说服可不容易啊！我看得出，李志明是个好男人！贞妹子，你要珍惜哟！"

贞妹子有点不好意思了，她想起了婆婆的话，忙对蔡庆熙和瑶妹子说："我婆婆说，缝纫店是她出钱租下的，我们搬走后，她还是继续付租金，她说这是她对远在法国的兰英姐的最好报答。我们是共过患难的姊妹，今后，你们若遇到什么困难，尽管对我说……"

法国蒙达尼小木屋里，蔡和森在看书，边看边做笔记，向警予拿着两封信进来，高兴地说："润之兄来信了。"

蔡和森停下手中的工作，忙接过信拆开看，他念道：

两人将自由恋爱过程中的赠诗汇编成集，题名"向上同盟"，以示革命理想事业向上的同盟，我为之一喜！这样的结合，实在是对千年封建礼教的重重一击！我想，我们正好奉向蔡为首领，组成一个拒婚同盟，实行不要婚约……

向警予高兴地说："润之兄在鼓励我们哩。"

"萧子升也来信了，他提议邀集在法国的新民学会会员来蒙达尼开会，进一步探讨新民学会的发展方向，他问我们的意见如何。"蔡和森放下信，和向警予谈起萧子升的提议。

向警予当然赞同,又有点顾虑:“开会当然可以,但他同你和润之兄的观点不一致,你俩在会上又要争论。妈每次见你俩争论,都挺着急的。”

蔡和森说:“妈会慢慢理解的。争议免不了,干脆把不同意见都放到桌面上来吧,我将在会上旗帜鲜明地提出我们的主张!”

向警予沉思了一会儿然后说:“你的主张,必须有一个鲜明的核心点!这样才能说服萧子升。”

蔡和森说:“我的核心点很明确,那就是:为了改造中国,必须在中国成立中国共产党!”

向警予头一次听说这个名称,重复道:“成立中国共产党!?”

蔡和森坚定地说:“对,我们应该明确提出,成立中国共产党!你觉得如何?”

“我同意!我第一个支持你!”向警予觉得这个名称相当好。

“太好了!我马上将这个想法写信告诉润之。”得到向警予的肯定,蔡和森很是兴奋,恨不能马上让毛润之知道。

蔡蓉峰五十九岁生日时,蔡庆熙回永丰老屋看望父亲,她拿着礼品递给蔡蓉峰:“爸,祝您生日快乐!”又将一张照片给蔡蓉峰看:“爸,我给您带来了最好的礼物!”

蔡蓉峰看着照片高兴得合不拢嘴:“和子娶媳妇了,好呀!……这个书呆子,终于有女人跟他了!”

蔡林蒸笑着说:“爸爸,和子和警予两人这叫志同道合。”

蔡蓉峰看着照片笑:“你看和子,还真像过去的状元……”

蔡林蒸把药递过去:“爸爸,听到和子和我妈他们的消息,您的病都好了,是吧?”

蔡蓉峰感慨老伴还真有能耐,在国外把儿子的婚事都张罗了。他仔细看照片,问道:“咦,他们结婚怎么……还捧着一本书?”

蔡林蒸说:“润之说,这本书叫《资本论》。”

蔡蓉峰不懂装懂地说："资本？……唔，资本倒是我们做生意不可缺少的，可'论'……论个什么呀？啊！我懂了！……资本，不就是钱吗？两人捧着《资本论》结婚，就是想发财呗……想发财好……想发财好呀！"

法国蒙达尼小河畔，葛健豪凝视着水面沉思着，蔡畅陪伴在旁边。葛健豪问女儿："毛妹子，这条小河可以通往洞庭湖不？"

蔡畅顺着母亲的话说："这里的河水通往大海，大海连着长江，长江连着洞庭湖，所以和老家的涓水、湄水全是通的……"

葛健豪陷入沉思："哦！……"

蔡畅知道今天是爸爸的生日，母亲一定是想家了！

葛健豪噙着泪将她手中的一只荷花灯放在水中，她长叹一声说："你爸也快六十岁的人了，我特地做了这只荷花灯，让它去吧……去到家乡，带去我的祝福，但愿……全家平安！"

荷花灯在水中漂浮，渐渐地消失了。葛健豪在河边久久伫立着，她的眸子里噙着泪水……

第十六章　大爱无垠

蔡蓉峰五十九岁生日，按家乡的风俗，男做九、女做十，是要大办寿宴为他贺六十大寿的，此时远在法国的葛健豪只能望洋兴叹了。

葛健豪坐在蒙达尼的小河边思念亲人，一幕幕往事涌上心头。蔡畅望着母亲，欲言又止。蔡和森和向警予走过来，蔡畅示意他们不要打扰母亲。

葛健豪转身看见向警予、蔡畅都在擦着眼泪，忙自责道："哎呀，我这是怎么了？……让你们跟着我流眼泪！看来，妈还是不够坚强啊。"

蔡和森说："妈，您的心情我们都很理解，我也是几次做梦都梦见爸爸和哥哥姐姐他们哩！妈，坚强未必不多情，您是世界上最坚强、最富有人情味的母亲！所以，您的儿女们，哦，还有这位媳妇，都学着您，一个比一个坚强！"

葛健豪一下子就恢复了爽朗的模样："你们都是好样的，我和你爸为你们感到骄傲！走，回去我给你们下面条吃，你们一人替你爸吃上一大碗！"

蔡和森告诉母亲一个好消息，虽然在异国他乡，可是一切困难阻挡不了有志者追求真理的步伐，勤工俭学的队伍越来越壮大了，好多学生还在来法国的路上，子升的弟弟子暲也要来……

葛健豪听后很高兴："子暲也要来呀？太好了！那孩子喜欢写诗作文，一张小嘴特别甜，每次去刘家台子都是伯母长伯母短地围着我说话……"

蔡和森随口说道："子暲来了，兴许可以做做他哥哥的工作……"

几个人边说边往回走，他们身后，小河闪着粼粼波光。

此时此刻的上海，黄浦江上波光粼粼。巨大的邮轮停靠在码头。人们在忙着告别、登船。

毛润之紧紧拉着萧子暲的手说："子暲，我们新民学会的会员大部分去了法国，你哥子升去的时候我没有送他，和森全家去的时候，我只是在上海匆匆与他们见了一面，唯有你，我是送到码头送上船啊！"

萧子暲充满激情地说："润之兄，谢谢你！离别的时刻虽然有点伤感，但这几天我们在上海聚会、讨论，相处的日子是那么美好。我会把你的问候带给在法国的会员们！"

汽笛声声，萧子暲要上船了，毛润之依依不舍道："子暲呀，我们两个都和'三'有着不解之缘，我是石三伢子，你是萧三伢子，两个'三'加在一起是'六'，祝六六大顺，一路平安！"

萧子暲说道："润之兄多保重！"毛润之和萧子暲握手道别。

邮船缓缓离开码头。

邮船在海上航行了一个多月，终于到达马赛港。萧子暲和同学们拎着行李箱走出码头。萧子升、蔡和森、向警予在码头外等着。向警予看见同学们走出来，兴奋地喊道："萧子暲！……同学们！欢迎你们！"

萧子暲走过去，放下箱子，拉住向警予和蔡和森的手说："和森兄，警予姐！我们终于在法国相见了！"

蔡和森连连说："子暲，一路辛苦了！"

萧子暲和蔡和森紧紧拥抱在一起，萧子暲说："真是辛苦，和森兄算是深有体会的，在船上感觉度日如年，我恨不能插上翅膀飞到法国来。"

萧子升过来和萧子暲拥抱说："你要是孙悟空就好了，一跟头就翻到这儿了！"

萧子暲风趣地说："哥，我们都不是孙悟空，可我们是'八仙'啊，这叫八仙过海各显神通！"

众人哈哈大笑。萧子暲兴奋地说："看见你们，我所有的疲倦一扫而空。说慢，其实也不慢，好像昨天润之刚在上海为我们送行，今天你们就在马赛接我们。润之让我代他向你们问好！”

萧子升笑容满面：“好！好！国内的、湖南的话题我们等会儿谈，先说说他们两位。”

萧子升指着蔡和森和向警予对大家说：“同学们！首先，我想请大家一起分享一下他们的喜悦，他们俩在蒙达尼结婚了！和森，来，你给他们说说，你们俩是什么组织？”

在同学们的祝贺欢笑声中，向警予笑着说：“我来说吧，我们俩在长沙相识相知，寻求光明，一路向上，在异国他乡举行了新式的婚礼，从此结成了向上同盟！”

蔡和森接着说：“向上同盟是我们俩的组织，也是我们这一代热血青年的共同组织！我希望大家在救国救民的道路上结成更广泛的同盟，同心同德，努力向上！”

同学们发出欢呼声，蔡和森和同学们拥抱在一起。

蔡和森、向警予、萧子升、萧子暲在巴黎夜色中漫步。萧子暲灵机一动，问蔡和森：“和森兄，你来法国半年多了，对法国的印象如何？”

蔡和森不假思索地答道：“法国素来以浪漫闻名，可是她浪漫的外表下包含着理智，这一点给我印象最深。法兰西是一个用思想和文化来引领潮流的国家，历次思想解放之后所产生的一种民族精神，为她带来了辉煌的文明和灿烂的文化。理解这样的文化，发掘这样的文明，这对于我们这些来自遥远东方的青年来说，尤其重要呀！”

萧子暲受到感染：“看来，异国他乡，藏有玉石，他乡之石，必为我用，我一定抓紧时间好好学习！”

向警予反过来问萧子暲：“子暲，你最爱写诗了，不知在这样迷人的夜色中你有什么感慨？”

萧子暲答道：“警予姐，我的感慨太多了！巴黎的美无与伦比，我会热爱巴黎的。可是，我无时无刻不想到我的故乡，我的祖国！我在想，总有一天，我们中国会强大起来，向世界展示她的东方魅力，那时，世人都以去中国学习、观光为荣！”

向警予赞叹说：“真是诗人的感慨，这一天一定会到来！”

萧子升兴致勃勃地说：“说起诗，我最喜爱雪莱的诗……”

萧子暲马上忘情地说：“雪莱！……我喜欢他的诗！啊……狂野的精灵，你正在四处巡行，既拉朽摧枯又保护。哦，你听！”

萧子升接过来：“而黑雨、电火和冰雹也都将从这浓云中迸发而下。哦，你听！”

向警予赶紧接着：“哦，就当我是枯叶、云朵或浪涛！我，跌倒在人生荆棘上，滴着血！我，太像你：倔强、敏捷又高傲，但岁月的重负把我拴牢、压倒。”

蔡和森富有激情地接下来：“但愿你这刚烈的精神我也有！但愿一往无前的你也就是我！请把我已死的思想扫出宇宙，就像你为催新生把落叶扫除！而且凭着我这一诗歌的经咒，把我的话语传遍这人间各处，像由未灭的炉中吹送出火花！愿你通过我的嘴响亮地吹出，让预言的号角奏鸣！”

他们四人激情迸发、异口同声地呐喊起来：“哦，西风啊！如果冬天来了，春天还会远吗？”

四人手拉着手在街上忘情地诵读着，他们发自肺腑的呼唤声打破了夜的宁静，几位路人惊异地回头看了看他们……

为了省钱，向警予执意要和他们三个人挤在一间房里，她说她喜欢听他们说话，她可以在沙发上将就一晚上。几个人都是熟得不能再熟的朋友，大家就说，随她吧。

萧子暲往床上一躺：“哎哟，这才有点到家的感觉，四十多天没睡个好觉了，我先睡了啊！”萧子暲嘟囔着闭上眼睛。

刚躺下，萧子暲就揉了一下眼睛，从床上坐了起来。

萧子升看了弟弟一眼，心疼地说：“你睡吧！”

萧子暲打了两个喷嚏，说道：“我打喷嚏了，这是润之在骂我呢，润之兄在国内肯定着急了，他在责怪我，怎么还不把上海会议情况告诉你们，阿嚏！阿嚏！……哎哟，我的喷嚏要打破天了！”

萧子升见状就说道：“那你赶快说说你们在上海开会的情况吧。”

萧子暲介绍说，他们在上海半淞园开了会，原本是欢送这批赴法的六名会员，谈着谈着变成了一次讨论会。按润之兄的总结发言，归纳起来，就是提倡新民学会会员发扬三种精神——

蔡和森很感兴趣：“啊？……哪三种精神？”

萧子暲如数家珍地介绍，第一是容纳新思想的精神；第二是为寻求真理的奋斗精神；第三是自我牺牲精神。

蔡和森、向警予和萧子升认真地听着……

窗口透出黎明的晨曦，四人站起来，向警予在沙发上和衣而卧，其他三个人走到床边倒头就睡，很快进入梦乡。

葛健豪见到萧子升、萧子暲兄弟俩后非常高兴，知道他们是来蒙达尼开会的，连连嘱咐道：“子升啊，难得你们来蒙达尼聚几天，我做湖南辣子面给你们解馋。不过，有言在先，和森和你在一起，不许吵架！”

蔡和森说：“妈，看您说的，我们在一起不是吵架，而是要讨论中国走何种道路的问题。”

葛健豪急了，讨论根本问题也不兴干仗，湖南老乡跑到法国来干仗？那可不行！

向警予开导着母亲：“不是干仗，是辩论！真理是越辩越明的，您老人家不要为此担心了。”

葛健豪又强调了一遍：“辩论……当然可以，但我不许你们吵嘴，俗话说得好，友情为重嘛！”

蔡和森表态说：“妈，您说得对，我和子升都会听您的话的。”

萧子升附和着说：“蔡伯母，您放心，我们只争不吵，更不会打起来的。”

萧子暲笑着说：“是啊，蔡伯母，我们打不起来，倒是您，如果看谁不顺眼了，可以动手打！”

葛健豪提议道："你们不是定在后天开会吗？我说呀，后天如果是晴天，那就是天意了，你们就在学校的花园里晒晒太阳开开会，我为你们做好吃的，学着洋人，咱们来个露天聚餐！如果是阴雨天哩，你们这会就别开了，好不好？"

萧子升和蔡和森互相做了一个鬼脸说："好！……就听蔡伯母的，大家说呢？"

众人拍手赞同。

回到小木屋，蔡和森和向警予就着手为会议准备资料。深夜，蔡和森先睡下了，向警予还在抄写《共产党宣言》内容节选。

蔡和森在床上翻过身，说道："警予，不早了，抓紧时间休息吧。"

向警予答道："好，总算抄完了，我的上下眼皮都在打架了，可以安心睡一下了！"

天亮了，向警予从睡梦中醒来，睁开眼睛，立马起身拉开窗帘往外看，曙光照在她脸上，她开心地笑了。向警予兴奋地走到床边，摇醒蔡和森："和森，快起来！你看呀，今天是个大晴天哩！咱们这个会开定了！……快起来，我们快去学校吧。"

蔡和森一骨碌从床上起身："太好了！……老天有眼，批准我们开会了！"

蒙达尼男子公学的花园里，葛健豪和蔡畅在花园摆课桌、往课桌上放茶壶和水杯。蔡和森和向警予走过来，向警予将手上的几张纸板并排靠放在课桌边。

蔡畅仔细看了看说："哎呀，警予姐，你将《共产党宣言》都抄在纸板上了？好……好，你想得真周到！"

蔡和森告诉妹妹，这是警予昨晚熬夜的成果，葛健豪在一旁听了，心疼地看着向警予，说："警予，这种事情该让蔡畅帮帮忙的，你一个人累坏了。"

萧子升和众会员陆续到来，萧子升看着纸板上的文章，有些不悦地对蔡和森说:“这是你有意安排的吧?”

向警予抢过话头:“不! 这是我想的点子。”

萧子升直言不讳:“我认为这样不妥!”

蔡和森没觉得有什么不妥。萧子升不满地说:“这分明是先入为主嘛,为什么要把自己的观点强加于人?”

蔡和森真诚地说:“子升,你这话欠妥,我相信今天来的每个人都会用自己的头脑思考问题的。”

萧子升摇摇头:“你真是个理论家,什么事都有道理!”

蔡和森笑了笑:“萧菩萨啊萧菩萨,但愿你不是泥菩萨。”

葛健豪在花园边不悦地看着他们俩说:“怎么? 说好了不吵的, 你们俩怎么一见面就干上了呢? 和森,不摆就不摆吧。”

葛健豪把纸板拿走。蔡和森欲阻拦又停止:“好,拿走纸板,停止争议,先开会吧。”

大家席地而坐。萧子升走到前面课桌旁说:“人员都到齐了,开会了。这次会议的中心议题是讨论将新民学会宗旨改为‘改造中国与世界’, 此前毛润之在上海的半淞园会上提出提倡三种精神, 建议明确新民学会的宗旨就是改造中国与世界,大家意见如何? ……”

众人开始交头接耳, 低声议论。萧子升巡视着众人说:“大家发表自己的意见,谈谈感想……”

蔡和森抢着发言:“我个人认为,这个新的宗旨,比学会成立之初‘革新学术,砥砺品行,改良人心风俗’的宗旨前进了一大步!”

许多会员都赞同地点头。

葛健豪给众人端茶水,蔡畅上来帮忙,忙碌完,两人又退到花园边。葛健豪轻声地对蔡畅说:“看来,他们还挺给我这个老太婆面子的,拿走纸板,不吵了。”

蔡畅对母亲笑了一下, 轻声地回答: “我看不见得, 会议才刚刚开始哩!”

葛健豪一愣,露出疑惑的神情。

夜里,向警予对葛健豪说:"妈,连着开了两天会,把您也累着了,您早点休息吧。"

蔡畅进屋,她手中拿着一封信:"妈,长沙来信了!"

葛健豪看过信,知道家里人都好,刘千昂改名叫刘昂了。贞妹子和护国军的一位团长结了婚。瑶妹子马上要和槟榔结婚了。

葛健豪高兴地想,好……好呀!女子自食其力,这是女子解放的第一步。两个月前,我给她们的信应该收到了,我在信中对她们这样说:女人呀,不但要从死里求生存,而且一定要生存得有尊严,生存得有意义!……

白天,会议继续在花园里举行。经过这两天的深入讨论,大家一致同意将新民学会宗旨确定为"改造中国与世界"。

萧子升接着说:"改造中国与世界,这个提法大家无异议,但是,改造中国与世界该走什么样的道路,采取什么手段和方法呢?这是我们这次会议要重点探讨的问题。下面,大家就这个问题充分发表自己的高见!"

蔡和森站了起来,抢先道:"我先发言。我来法国后,看了法文报刊,对各种社会学说作了对比研究,眼界大开。我认为,无产阶级革命已经在俄国获得成功,这个事实告诉我们,苏俄式的社会主义——马克思主义,是改造世界之良方,将来中国革命也不能例外!"

众人在下面开始议论,有的点头,有的摇头……

葛健豪端着碗筷走来,她在一旁听着、注视着,露出焦急的神色……

有人提问:"和森兄,你的意见是不是说,中国也要走苏俄的道路?"

蔡和森斩钉截铁地说:"对!中国要像俄国一样组织政党,建立无产阶级专政。这个政党,我连名称都想好了,就叫中国共产党!"

向警予带头鼓掌:"我同意蔡和森的观点!"

有人提出:"和森,你能不能说具体点?"

蔡和森侃侃而谈:"具体来说,我认为马克思的论断是非常科学的,社会主义是资本主义发展的必然趋势,它的重要使命是打破资本经济制度。

其方法就是实现无产阶级专政，而共产党则是这个政权的发动者、领导者、领袖者、先锋队、作战部，是无产阶级运动的神经中枢。”

萧子升站了起来：“我不同意和森的观点！”萧子升理了理额前的头发，不紧不慢地说：“我认为，世界进化是无穷期的，革命也是无穷期的，不能以一部分人的牺牲，换取另一部人的福利，我认为应该采取温和的革命——以教育为工具的革命，以工会合作社为主的改革。这样比较和而缓，虽缓然和。”

蔡和森犀利地反驳说：“你这种所谓温和的革命，不过是资产阶级改良主义的一种幻想，在中国根本行不通的。如果我们要进行改造，就必须来场革命！如果我们希望革命成功，上策便是学习俄国。”

萧子升坚持己见：“通过教育达到改革，是和平的和永久的。这是和平的改革，亲爱的会员们呀，你们说说，是和平地改造中国和世界好，还是将人们拖入战争的泥潭好呀？！”

有几位会员叫了起来：“子升说得对！不要牺牲，这是大多数善良人们所希望的呀！”

蔡和森针锋相对：“不对！中国近百年的历史告诉我们，中华复兴走康梁的变法之路行不通，农民起义也终将失败，资产阶级民主革命也行之无效，种种善良的愿望只是空想而已！你主张改良，但统治者不会施仁政，所以必须革命，必须走俄国革命的道路，首先应该夺取政权！而领导这一过程的，是无产阶级政党！”

向警予站起来说：“我完全同意蔡和森的观点。我来法国之前，也曾有过教育救国的追求，可是无情的现实粉碎了我的梦想！国将不国，还谈何教育！教育又怎么能拯救国家？”

会员们凝神静听。蔡和森赞许地点着头，葛健豪对向警予竖起大拇指。向警予声泪俱下地大声说：“亲爱的会员们呀，我的同学们呀！中国的现实给了我们太多的教训，我们应该痛定思痛呀！”

萧子升摇着头：“你们俩果真是同盟！”他把目光转向一位同学，想寻求支持,问:“你看过不少无政府主义方面的书,想必和我是同盟啰?”

不料那位同学说:“子升啊,人家是夫妻,称同盟是表示亲密恩爱,你和我可不能随意仿效!要说啊,我们只有一个同盟,那就是新民学会!”

会员们鼓掌叫好!

萧子升脸色相当难看,他缓缓地说道:“反正,我主张个人的绝对自由!”

蔡和森有点激动地说:“无政府主义者诸君呀!在一个国家、一个社会,人人都要绝对自由,那是办不到的,也是不可能的!我举个不太雅的例子:我们现在正在开会,可是有人想撒尿,这当然是他的自由,但能不能就在此时此地撒尿呢?当然不能!不受任何限制的自由是不存在的!”

会员们哄堂大笑。萧子升站了起来,激动地说道:“这个会没法再开下去了,我重申一句话,我坚持我的观点决不动摇!”

葛健豪连忙大声说:“开饭了!开饭了!大家先吃饭吧!”

蔡畅把菜盘端进来,都是头天准备好的土豆沙拉、面包等。会员们七手八脚地把课桌拼成餐桌。大家闷头吃饭。萧子升匆匆放下面包,起身欲离去。向警予起身欲对萧子升说什么,被蔡和森拦住。蔡和森走到萧子升面前:“子升兄——”

萧子升不听,十分气愤地说:“蔡和森!你简直像个牧师,企图说服一些老朋友相信你的宗教,这是不可能的!”

萧子升拂袖而去。

众会员面面相觑,葛健豪呆站在那里,说实话,这主义那主义的她不懂,但听他们争论的内容,她还是大致有点明白,起码,那些统治者是不会自动退位的,俗话不是说嘛,扫帚不到,灰尘不会自己跑掉。所以,她赞同和森、警予的观点。但是,没想到萧子升会这么激烈地反对和森的观点,好像在长沙时,他和润之、和森就经常为这个话题争论得脸红脖子粗。葛健豪预感到这样下去,子升和和森、润之的关系肯定会受影响,她真是干着急,没办法。

向警予对蔡和森使了一个眼色,蔡和森赶忙去追萧子升……

萧子升往操场快步走着,蔡和森跟在身后喊道:“子升,你听我说……”

萧子升不理,自顾自围着操场大步走。蔡和森追着大声说:“子升,你倒是说话呀!”

萧子升仍然一言不发,围着操场小跑起来。蔡和森也一言不发,跟在后面跑。阳光中他们两个人越跑越快,脸上的汗水不停地往下淌。

葛健豪从教室出来,惊异地看着他俩,随后迈着小脚艰难地追着,大声喊着他俩的名字:“子升!……和森!你们停下!”

葛健豪没跑多远,一下子坐在地上了,开始揉起脚来。

萧子升和蔡和森体力不支,脚步开始踉跄。萧子升坚持着跑到葛健豪身边,瘫坐下来,蔡和森也瘫坐下来,两人喘着粗气。

葛健豪生气地说:“你们跑呀!……倒是跑呀!我和你们一起,干脆跑步回国,回长沙去算了!”

萧子升和蔡和森怒气未消地低着头不说话。

葛健豪继续说:“你们忘了为什么要到法国来吗?我以为你们有多大的抱负、多大的胸怀,原来连我这个老太婆都不如!你们愧对你们的恩师杨昌济教授啊!他若知道你俩如此不讲情义,在九泉之下也会不安的!还有那些会员,你们俩还是他们的头儿哩,这样做叫他们怎么团结起来?”

葛健豪从怀里掏出手帕,走过去给萧子升擦汗,萧子升捧住葛健豪的手,脸埋进手帕里抽泣起来。蔡和森用手擦了一下眼睛,站起身,把母亲和萧子升拉起来,然后对萧子升说:“子升,要不,我们这个会先不开了,好不好?”

萧子升坚定地说:“开!明天接着开!”

蔡和森赞同道:“开就开!子升兄果然气度不凡!你尽管放开阐述你的观点,毕竟它代表了一部分会员的想法。你放心,我蔡和森决非小肚鸡肠之人,如今国难当头,中国何去何从?各种主张都可以讨论。我会尊重你的,尊重你的才气,更会尊重你的选择!”

葛健豪阴沉着脸问："啊？你们还是要继续争吵是吧？"

萧子升宽慰葛健豪道："不会的，伯母！"他对蔡和森说："明天是会议的最后一天，我建议暂时把分歧搁置起来，把团结放在第一位，重新设定一个议题。"

葛健豪放心了："那还差不多，你呢，和森，表个态吧。"

蔡和森同意萧子升的提议，他对母亲说："还是您说过的那句话：友情为重！"

第二天一大早，葛健豪在小木屋和着面粉，蔡畅在忙着洗菜、切菜。萧子升领着一个中等个子、衣着整洁的小伙子进来了。萧子升笑着和葛健豪打招呼："蔡伯母，您这是准备做面包还是馒头啊？"

葛健豪一语双关地说："我呀，不做面包，也不做馒头，就做面条！今天你们的会议就要结束了，我和蔡畅商量给大家加个餐，这叫团结餐！希望你们的友情像面条一样长长的！"

萧子升帮李富春把拎着的东西放在桌子上，高兴地说："蔡伯母，您看，这位同学和你们想到一起了，他买来好多吃的，给今天的团结餐再加一点内容！"

葛健豪问道："这位同学是——"

萧子升忙介绍道："啊，我忘了介绍了，他叫李富春，我们都叫他李富翁，这些香肠、猪肉、蔬菜、面包什么的都是他买的。"

李富春有礼貌地说："蔡伯母您好！久闻您的大名，今日相见，有幸有幸！"

葛健豪客气地说："你好！看你，买这么多东西，要花好多钱哩，勤工俭学，哪来的富翁？大家都是穷学生，以后别这样了。"

李富春憨厚地请葛健豪别担心，说自己是第一批到法国的，一直在做工，有点积蓄。李富春朝蔡畅点了点头："如果我没猜错的话，你就是和森兄的妹妹蔡畅吧？"

蔡畅落落大方地答道："没错没错！哎呀，你买了这么多香肠，馋死我了！我最喜欢吃香肠，就冲这一点，我欢迎你常来我们这里做客！”

葛健豪笑了：“好，好！欢迎！富春啊，前几天会场上没看见你哩，你怎么今天才来？”

李富春说，他不是新民学会的会员，所以没参加会议。但他听说会开得很精彩、很热烈，所以特地赶来学习一下。葛健豪对这个说话很有分寸的小伙子生出好感。

李富春打量着屋内的陈设，仔细看了看煤炉。萧子升催促富春快去会场。葛健豪看着他俩离去的背影，开心地笑着。

花园里，同学们在热烈交谈。萧子升宣布，会议进行到第五天，也是最后一天，先放一放“主义”之争，选一个较轻松的话题：每个人介绍一下自己的个性，大家来进行评价，这样，更利于今后相互学习，相互帮助。

蔡和森习惯了抢先发言：“我先说，我呢，生性很倔，发起倔来，用湖南人的话说是九头牛拽不动！凭着这股倔劲，我从辣酱店学徒成为永丰的大龄学生，一路走到长沙、走到北京、走到法兰西！倔，让我一路走来，得罪了不少人，首先是因为不想当学徒非要读书得罪了父亲，后来呢，我坚持自学得罪了湖南师范的校长和这儿的法国教员！我觉得，倔，不一定是坏事，咬定青山不放松，立根原在破岩中，千磨万击还坚劲，任尔东西南北风！”

蔡和森的目光突然停留在李富春身上，他问道：“这位是？”

萧子升忙介绍，他叫李富春，是湖南老乡，第一批到法国的，一直在北方做工。听说新民学会在这儿开会，他非常想来听听。

蔡和森说：“欢迎……欢迎！我们倒是需要听听非会员的心声。李富春同学，不如你先向大家自我介绍一下吧。”

李富春起身向大家鞠了一躬，开始讲话：“大家好，今天我是特意来学习的——”

小木屋里，葛健豪不住地夸奖李富春：“蔡畅，我还正愁没肉给大家吃呢，那个小伙子就给送来了，他可真细心啊！对了，他叫什么来着？……

富什么？”

蔡畅答道：“李富春！我一下就记住了！”

葛健豪边擀面边说：“在法国，赚点钱不容易啊！他肯定会做技术活，有技术才赚得到钱嘛。”她边说边去拨弄煤炉，被烟雾呛得咳嗽起来。

李富春还在讲台上作自我介绍：“我在军工厂熟练掌握了钳工技术，会制作一些产品，后来，还和法国同行一起包修了三台火车头，小赚了一笔钱……”

台下同学窃窃私语，有的竖起了大拇指。李富春憨厚地笑着：“你们很羡慕我是吧？你们应该知道，法国老板瞧不起咱中国人，就算我有技术，他们给的仍然是最低的工钱。我给你们念念这段歌谣：做工苦，做工苦，最苦莫过‘马老五’（散工），‘舍尖’（工头）光喊‘郎德舅’（他妈的），‘加涅’（挣钱）不过‘德桑苏’（200小钱，合10法郎）。”

大家哈哈大笑。李富春接着说：“下面，我要向诸位汇报一下我的思想。开始，我读过一些无政府主义和空想社会主义的书刊，对于书中描绘的没有人剥削人、人压迫人、人人劳动、人人读书、平等自由的境界非常向往。可是，用什么方法、走什么道路才能达到这个目标呢？我还在进一步探索。年初，我和李维汉、张昆弟几个人组织了勤工俭学励进会，想通过勤工俭学的道路找到救国的真理并改善个人生活……”

萧子升和蔡和森认真地听着，表情各异。

李富春说，最近，他听同学说起蔡和森关于走俄国十月革命道路的主张，很感兴趣，所以他决定搬到蒙达尼来，便于向蔡和森兄就近请教——

蔡和森高兴地站起身向李富春致意。萧子升在一旁脸色有些难看，站起身说：“富春，以你的经历，你不坚信普鲁东主义，这实在有些可惜呀。”

李富春犹豫了一下，没有说话。

蔡和森说：“可是，子升兄，我倒为你惋惜，你不接受马克思主义何等可惜啊！”

萧子升有些激动：“我认为各走各的路没什么不好！你主张的俄式革

命,固然有立竿见影的效果,可那是以牺牲为代价的,为达到目的,要作这样大的牺牲,那我宁可不去行动!”

蔡和森严肃地说:“我们就是需要立竿见影的效果!天天空想自由组织的社会出现,再过几百年,被压迫的劳动阶级也没有翻身机会!不说等几百年,就是五年我也不能等,三万万五千万受苦难的中国同胞不能等呀!”

李富春点点头说:“是呀,是呀!……”

蔡和森继续说:“无产阶级的革命是为绝大多数人谋利益的革命,革命会有牺牲,如果我们选择了这条为大多数人谋利益的道路,又何惧牺牲呢?!我用司马迁的一句话表达我的决心吧:以义以难,视死如归!”

会场沉默了几秒,忽然爆发出热烈的掌声。

蔡畅跑进来:“报告,我们的法式加湘味大餐准备完毕,随时恭候大家!”

萧子暲找到了结束话题的台阶,他说:“啊……蔡畅来得太及时了,我们还是先放下主义吧,填饱肚子再说!我提议,最好把争论的内容整理成文,寄给润之,征求国内会员的意见如何?”

蔡和森表示赞同。萧子升勉强同意,萧子暲走到他面前低声劝道:“哥,君子和而不同嘛。”

萧子升没好气地说:“你别在中间和稀泥!”

萧子暲顶了一句嘴:“我……我怎么是和稀泥呢?今天不谈主义,这不是你开会时向大家宣布的吗?”

萧子升语气有点不耐烦:“可李富春说到这上面来了,我怎么能避而不谈!”

萧子暲劝道:“哥……你消消气,去吃饭吧。”

萧子升越想越气,赌气道:“我气都气饱了!我不吃了!惹不起躲得起,我这就走!”萧子升说完,拂袖而去。

萧子升在蒙达尼街头疾步走着。蔡和森等同学追赶着他。

葛健豪在餐桌上摆满酒菜,不见人来,问蔡畅:“人呢? ……怎么都不来上桌呢? ”

蔡畅答道:“萧子升生气走了! ”

葛健豪脸色立刻变了:“不是说好了不争吵的吗? ”

蔡畅小心地看着母亲的脸色,说:“不争论是不可能的。”

葛健豪“啊”了一声跑出门。

萧子升一气之下去了火车站。蔡和森、向警予、萧子暲等人赶去相送。葛健豪和蔡畅也气喘吁吁地赶到。

葛健豪轻声说:“我说子升呀,和森又惹你生气了是吧? ”

萧子升看着葛健豪,心生愧疚,忙说:“伯母,没有……”

葛健豪要蔡和森向萧子升赔个礼,萧子升阻拦道:“伯母,他又没做错什么,谈不上赔礼道歉,您别担心,大家只是观点不同而已,虽然我和和森意见不一,但这不会影响我们之间的友情。”

葛健豪摆出家长的架子命令道:“那就都跟我回去吃饭! ”

萧子升婉言谢绝了,说巴黎还有事等着他。

这时,火车轰隆隆发出怒吼,由远而近,徐徐进站。

萧子升深情地看了看大家说:“同学们,对不起,用什么方法改造中国和世界,这个问题实在太重要了,我们存在不同主张,这也很正常,我相信,历史会有正确答案的。我有事,先走一步。”

萧子升与同学们握手,他转身向葛健豪鞠了一躬说:“蔡伯母,让您操心了,对不起! 您多保重! ”

萧子升转身上了车。众人呆呆地站在那里,听到一声笛鸣,接着,列车缓缓滑行,哐哧哐哧,渐渐加速,很快消失得无影无踪。

蔡和森连夜给毛润之写信,葛健豪过来提醒他早点休息,蔡和森指着信把其中的一句话念给母亲听:“我以为先要组织党——共产党。因为他是革命运动的发动者、宣传者、先锋队、作战部……”

葛健豪心里从此记下了一个新鲜而庄严的名称:共产党。

过了些日子，向警予对葛健豪谈到毛润之时，说蔡和森再次给毛润之写了长达六千多字的信，信中提议：正式成立中国共产党。葛健豪记得蔡和森上次说的“共产党”这个名称，这回听到的是“中国共产党”，她连连说好，说这个名称更响亮。

向警予兴奋地告诉母亲，“中国共产党”这个名称，是蔡和森第一个用文字方式正式提出来的。

葛健豪渐渐明白，儿子日夜废寝忘食考虑的是国家的大事，中国，这是多么庄严的字眼，儿子提出建立中国共产党，他的命运注定和中国、和党连在一起了。她最心爱的儿子，此时对她来说既熟悉又陌生，熟悉到闭上眼就能画出儿子的鼻子眼睛，陌生到觉得儿子像换了一个人，不是她的儿子了。是的，她确信，这个儿子不再是她一个人的儿子了，他是中国的儿子，他是成千上万穷苦老百姓的儿子，因为中国更需要他，成千上万穷苦老百姓更需要他。想到这里，葛健豪虽有几分伤感，但更多的是骄傲和自豪。

葛健豪有着不甘落后的个性，这种个性加上母爱，一直是她帮助、支持儿女们的动力，越确信儿女们追求的理想是崇高的，这动力越足。以前，她生怕儿女们落后，现在她生怕自己落后，她暗暗为自己鼓劲，一定要做儿女们的贴心人，陪着他们走下去。

没过几天，李富春专程来蔡家拜访。李富春和蔡家老小一见如故，蔡家像吸铁石般吸引着他，在这里他感觉似乎回到了自己的家，有说不出的亲切感。

李富春心里有点不安，他说：“嗨，萧子升走了以后，连封信都不来了，都怪我在会上不了解情况乱放炮！”

蔡畅说：“这不怪你，李富春，你不知道呀？他们之间的争论由来已久，唇枪舌剑的战斗迟早会爆发的，挑明了反倒好。”

李富春指着他带来的一个手提煤炉说：“伯母，您看，这是我做的煤炉，您试试好不好用。”

葛健豪半开玩笑地说："哎呀！你这个李富春，不但会乱放炮，还会修炉子哩！怪不得比别人挣的钱多。"

李富春憨笑道："蔡伯母，我上次看见您做饭时，炉子冒烟，您呛得直咳嗽，所以我就帮您做了一个。"

葛健豪觉得这个小伙子很不错，不仅有文化，还会做技术活，于是和他拉起了家常："你真是个好伢子，能干还特别细心。……富春呀，你和毛妹子谁大呀？"

李富春不假思索地说："当然是我大。"

蔡畅不服气地说："我大……我比李富春大！"

葛健豪笑着说："别争了，富春，你是哪年出生的？"

"光绪二十六年。"李富春立马答道。

"你俩同年呀！"葛健豪高兴地说。

"那就比月份！"蔡畅快人快语地说。

"我是五月……"李富春说道。

葛健豪惊喜地说："真巧……同月呀！"

蔡畅还不依："同月也要比个日子呀！"

李富春还是傻傻地笑着："五月……二十二日……"

蔡畅高兴地跳了起来："我赢了！我是五月十四日，比你大八天，你得喊我姐……叫姐呀！"

"我叫……叫你姐……大姐！"李富春憨态可掬，逗得葛健豪大笑起来……

李富春说起了家事："我祖上在长沙三兴街开了一间扇子铺，我就是在三兴街出生的。"

"长沙三兴街？蔡畅她大姐的缝纫店在三兴街附近呀。"越谈越近乎，葛健豪觉得这个小伙子和自己家真是有缘。

李富春忙提醒道："那可得要他们注意，三兴街挺乱的……"

葛健豪"哦"了一声。

李富春接着说:“我在三兴街46号长大,从小到大,连火车都没坐过,没想到到法国来,还会修火车头了。”

葛健豪关心地问:“你真不容易,来法国吃了不少苦吧?”

李富春点点头:“吃苦是免不了的,正是这些经历,让我接触了一些生活在法国社会底层的人。天下乌鸦一般黑,对于穷苦人来说,法国也不是什么天堂。”

李富春从衣袋里拿出一张报纸递给蔡畅说:“你不是问我还会做什么吗?我还会写小说呢,这上面刊登了我写的小说《一个法国兵的忏悔》。”

蔡畅睁大眼睛看着李富春:“李富春,我真是服了你了,看来,没有什么你不会做的!”

葛健豪不住地夸奖:“能文能武,堪称全才啊!”

不知不觉,三人谈了许久,最后李富春说还要和和森兄谈励进会的事,蔡畅坐不住了,她想去听听,就说:“我和你一起去!”

葛健豪看着他俩出门,脸上露出笑容。

第十七章　巴黎抗争

为了便于向蔡和森请教，李富春在蒙达尼住下了。李富春爱吃葛健豪做的辣子面，蔡畅开着玩笑："妈，您别给他吃那么多，长胖了，路都走不动，还怎么革命呢？"

李富春诙谐地说："大姐，你就让我把这碗面条像革命一样先革掉吧！"

看着李富春狼吞虎咽，众人哈哈大笑。

向警予说起毛润之来信的事，蔡和森兴奋地说："润之对我在蒙达尼会议上提出的建立中国共产党和实行无产阶级专政的观点十分赞同，他说，对我的见地没有一个字不赞同！"

葛健豪说："我就知道润之会赞同你的观点的！"

"还是妈最了解我。"蔡和森朝母亲眨了眨眼。

向警予带着撒娇的口气嗔怪道："还有我，我们可是同盟哩！"

蔡畅抢着说："我也是你们的同盟！"

李富春不甘示弱："我也是！"

蔡畅喜欢逗李富春："早干什么去了？我倒是看出来了，李富春，你呀，事前比诸葛亮还'猪'，事后比诸葛亮还'亮'，不过，你从无政府主义转变过来，速度还真快，我们欢迎你！"

李富春讨好地对蔡畅说："大姐，谢谢你鼓励我！告诉你们，我不光是自己转变了，我还决定，召集工学励进会的成员开会，争取更多的人加入你们的同盟中来！"

蔡和森一听来劲了："好呀！我们的同盟军又壮大了！富春，谢谢你！我坚决支持你，我回去马上给陈独秀先生写信，进一步说明我们的观点，征求他的意见……"

葛健豪在寻思：听说子升回国了，在这个问题上，他同润之还有一搏！葛健豪的第六感觉确实灵验。

萧子升回国后，立马和众多新民学会成员聚会。毛润之握着萧子升的手，风趣地说："萧菩萨回来了。快，来给我们讲法国的情况，让我们这些土包子也开开洋荤！"

萧子升滔滔不绝地讲起来："我们在法国的新民学会会员七月份召开了蒙达尼会议……"

大家围拢在萧子升周围，听他讲述着。说着说着，萧子升又是摇头，又是叹气："我不同意牺牲一部分去帮助另一部分的原则！"

毛润之说："我的萧菩萨，你别空发慈悲了！要奋斗就会有牺牲，如果没有牺牲，社会革命一千年也实现不了。你的信仰呢？你的信仰到哪里去了？"

萧子升郑重其事地说："恕我直言，我的信仰就是普鲁东主义！我现在就是要奉劝你和蔡和森，你们不能越走越远！"

毛润之尖锐地指出："你不要将无政府主义这一套强加于人！是的，我、蔡和森和你，虽情同手足，但决不能因私人友情改变自己的信仰！和森在给我的信里，明确提出建立中国共产党，我现在，再次明确地告诉你，对和森的主张，我没一个字不同意！"

萧子升一字一句地说："对于你俩的极端观点，我也没一个字同意！"

毛润之严肃地说："好，我佩服你的直率！但我告诉你，我已经将这个主张告诉了陈独秀、李大钊先生，他们的想法与我们不谋而合，并主张立即成立马克思主义政党，这个政党的名称，就叫中国共产党！"

萧子升无奈地说："既然你们都已作了决定，还来问我干吗？"

毛润之的语气缓和了一些："我们不是挚友吗？当然想争取你。"

萧子升不为所动："对不起，恕我不再奉陪了！"

毛润之气极，激愤地说："不奉陪就不奉陪！人各有志，决不强求！萧菩萨呀萧菩萨，从今以后，你去当你的绅士，我们走我们的独木桥！"

黄昏的爱晚亭，残阳如血，见证着萧子升和毛润之、蔡和森的决裂。

在法国，李富春和蔡和森越走越近。受蔡和森的影响，李富春等勤工俭学励进会的组织者由信仰工学主义转而信仰马克思主义，他们开始考虑将工学励进会改名为工学世界社。

回到小木屋，蔡和森还沉浸在兴奋中，小声哼着《国际歌》。

葛健豪有点好奇地问："什么事让你激动成这样？"

蔡和森说："李富春他们的工学励进会正式改名为工学世界社，他们很支持我的观点，邀请我去做宣传。看来，建立中国共产党是人心所向！"

葛健豪补充说："这叫得道者多助！"

蔡和森对母亲说："可现在，勤工俭学陷入了困境，我准备去巴黎，组织留学生同华法教育会交涉！"

这样的事，葛健豪自然是支持的，她说："你们安心去吧！妈支持你们！你刚才哼的歌我听着好耳熟，萧子暲说要翻译一首歌，是不是这首歌呀？"

蔡和森点头道："您记性真好！这首歌叫《国际歌》，是全世界无产者战斗的号角！"

葛健豪来了精神："号角？我也要和你们一起吹响号角！和森，你大点声——教我唱！"

小屋里，葛健豪一字一句跟着蔡和森学唱《国际歌》。

因工作难找，求学不成，许多勤工俭学生去了巴黎，向华法教育会讨说法。一个学生对李石曾说："我们无钱租房子，只有过流浪生活。冬天了，我们连御寒的棉衣都没有，可怜大林病得不轻，恳请我们背也要把他背来，恐怕他一条命都要丢在法国了……"

一位工作人员跑进来对李石曾说："李会长，不好了，学生们在院里搭起了帐篷！有几个是从蒙达尼来的激进分子。”

李石曾大吃一惊，忙向外跑去，华法教育会的院里搭起了几个帐篷。帐篷里的学生们说，没工做，补贴费也没发，没钱租房子住，只有来这里搭棚子，华法教育会是我们的家呀！

李石曾恼羞成怒，命令学生们拆掉帐篷。

突然，另一个帐篷里传来哭声："大林……大林……你醒醒……我怎么向你家里交代呀……"

几个学生跑了过来，惊慌失措地说："大林死了……"蔡和森、向警予、蔡畅和几个学生刚刚进院子，闻言大吃一惊。

蔡和森问："大林是怎么死的？"

一位学生说，大林被鞋厂辞掉后，一直没找到工作，这上十天他发高烧，没钱治病。吃饭的钱都没有……拖到现在……

蔡和森、向警予、蔡畅等众学生忙向那个发出哭声的帐篷跑了过去，帐篷内，大林躺在地铺上，已经断气了，蔡和森把被单盖在大林身上。

李石曾也跟随进来，一副爱莫能助的样子："同学们，我也无能为力呀！政府给的补助金，驻法国公使馆只给了我们一半……听说以后一半也没有了。再说，在法国找工做，他们公使馆不积极努力，不去争取，我们华法教育会有什么办法呢？"

蔡和森愤怒地喊道："同学们，走，我们去公使馆！"

蔡和森等学生去了中国政府驻法国公使馆，陈箓有点心虚，客气地把学生们请进会议室。

蔡和森代表学生们请求公使馆出面，帮助勤工俭学生解决做工的困难，急需解决的是发放应该发的补助金。

陈箓不以为然地说，现在法国经历着战后的经济萧条，这么多学生，一时难找到工作，这很正常。再说，有的工作，留学生不愿意干。政府给的补助金他们都发下去了……

向警予揭露："还有一半的补助金没到位！"

陈箓圆滑地说："上面只给了这么多，我们有什么办法？"

蔡和森步步紧逼："可是，我们的一个同学得了重病，因为无钱医治死在了异国他乡！我们请求向政府再追加经费。"

陈箓敷衍着说："此事我们天天在催促哟。这样吧……我们再电告政府，请求追加！行了吧？"

蔡和森无奈，只得给陈箓一点回旋的余地，便说："陈公使，我们留学生信任您，希望您快给答复。"

陈箓看着蔡和森一行离去，对王秘书说："这几个人来头不小，非同寻常，盯住他们！"

王秘书点头："我已经注意他们了！"

陈箓对王秘书神秘地说："你心里要有数，政府真正担心的是这些勤工俭学生宣传马克思主义，影响国内政局稳定，所以停发了补助金，并且同法国当局打了招呼，一定不能让勤工俭学的学生在法国做工，慢慢把他们全部遣送回国！"

陈箓要王秘书以华法教育会的名义草拟一份通告。

华法教育会院内，学生们围在一起看一张公告。蔡和森、向警予、蔡畅等人走近细看，十分愤怒……蔡和森一把撕下公告："这简直太无理了！"

蔡畅气愤地说："公使馆是两面派！"

几个法国警察冲进院子，一个警察用法语大喊："这里不许搭帐篷，这是扰乱治安，有碍市容！"几个警察开始拆除帐篷。蔡和森上前阻拦："你们拆了帐篷，学生没地方住，怎么办？"

有警察在喊："没地方住，准备回中国吧！"

李石曾仗着法国警察在场，高声对同学们说："你们这些人，既无勤工之能，又乏俭学之志。告诉你们，华法教育会从现在起，与勤工俭学学生脱离经济关系！"

蔡和森怒视着李石曾……

蔡和森、向警予、蔡畅几人神情沮丧地在街头边走边谈。

蔡和森边思索边说："中国政府停发补助金，法国当局拒绝勤工俭学生在法做工，两国政府勾结起来排挤我们，这分明是个阴谋！他们这样做只有一个原因，就是中国政府害怕留法勤工俭学生宣传马克思主义！"

蔡畅赞同道："和哥，你分析得有道理，我们决不能屈从，屈从了就是死路一条呀！"

向警予很着急的样子："和森，事不宜迟，我们得赶快想个办法！"

大家异口同声："和森，你说怎么办吧！"

蔡和森拿定了主意："我说呀，中法政府都害怕马克思主义，他们乃一丘之貉！我们必须与他们针锋相对——争生存权、争求学权！"

众学生紧紧围在一起，大家七嘴八舌地发表意见。蔡和森知道这个时候同学们必须团结起来，一致对外。他见同学们如此信任自己，义不容辞地当起了大家的主心骨，安排道："现在我们分头行动，把在法国各地的中国勤工俭学生都动员到巴黎来……我们要用留法勤工俭学生的集体力量同他们斗争！"

蔡和森要向警予、蔡畅先回蒙达尼，把蒙达尼的学生组织来，人越多越好！他特别嘱咐了一句："对了，别让妈知道，不然，她老人家又要为我们操心了。"

蒙达尼的冬天寒气袭人。葛健豪一人坐在河边的大枫树下，拿着那本《秋瑾诗抄》，深情地看着，又从地上拾起一片枫叶，浮想联翩……

葛健豪也不知坐了多久，直到身上有彻骨的寒意，才起身往回走。她遇见了向警予和蔡畅，便上前拽着女儿问："警予、毛妹子，你们从巴黎回来了？和森呢？他怎么没回来？"

向警予边走边说："他在巴黎有事，还要过几天回来。"

蔡畅心不在焉地说："妈，我们也有事，您先回家吧。"

向警予和蔡畅匆忙离去。葛健豪看着向警予、蔡畅行色匆匆的背影，她好生疑惑，想了想，决定去找学生们打听打听……

蒙达尼男子公学操场上,许多勤工俭学生聚在一起议论着什么,他们见葛健豪走了过来,立即停止了议论,笑着同她打招呼。

葛健豪问他们，怎么没去做工？在这闲扯什么呢？一个学生支支吾吾地说:“啊,没扯什么,今天……今天有点事,我们在等候通知哩！”

葛健豪惊讶道:“等候通知？……出什么事了？”

这个学生说:“我们明天出发去巴黎。”

葛健豪感到发生了什么大事,她“啊”了一声,赶忙出了校门……

女子公学教室内,同学们也在紧张议论着,葛健豪赶到时,正听到蔡畅对同学们说:“我们同华法教育会、驻法公使馆进行了交涉,但是毫无结果,他们居然对我们下了逐客令！他们不把勤工俭学生全部赶出法国不肯罢休！”

葛健豪突然冲了进去,大声问道:“为什么？……这是为什么？！”

蔡畅、向警予不知所措地看着老人,蔡畅含糊其辞地对母亲说:“妈,没什么……没什么。”

葛健豪看见了屋里墨迹未干的大字标语:“求生存权”、“求读书权”。葛健豪明白了:“啊,你们都在瞒我呀！”

葛健豪说完,转身离去了。向警予、蔡畅一下子愣住了,她俩忙跟随着而去,追喊:“妈！……”

葛健豪十分生气,她边走边说:“别叫我妈！……你们心中还有我这个妈吗？”

向警予急着解释:“妈,和森说怕您操心……”

葛健豪气呼呼地说:“这么大的事儿,你们也瞒着我？！”

向警予劝道:“妈,您先消消气！”

蔡畅调侃道:“我妈生气的样子吓得死鬼。”

葛健豪被蔡畅逗得笑了起来,向警予笑着说:“妈,好了,这事瞒不住您了……”向警予在操场边对葛健豪讲起事情的经过。

蔡畅对母亲说:“妈,我们是去斗争,担心您一双小脚——”

葛健豪质问道:"又是嫌我年龄老、嫌我脚小!可你们想过没有,我从湘乡到长沙、又从长沙到法国,不都是顶着这一个'老'字一个'小'字走过来的吗?!"

蔡畅撒着娇:"妈,您看您,又发火了。"

葛健豪态度坚决地说:"告诉你们,我发过誓,要像唐僧去西天取经那样,纵使九九八十一难,我也决不会回头的!你们不要我去,我一个人去,不与华法教育会辩出个是非来,我誓不为人!我要求,以一个勤工俭学生的身份,和你们一起去巴黎……"

向警予被婆母的执著感动了,连忙答应:"好……太好了!"

葛健豪对向警予说:"你们用纸写标语怎么行?那纸标语,风一吹就吹飞了……看我的!"

当天夜里,葛健豪小木屋的窗口彻夜亮着灯,灯下的老人,一针一线,正赶着绣一幅特殊的湘绣作品。

巴黎华法教育会门口,葛健豪绣赶制的红旗展开。红旗飘飘,上面绣着的法文"求生存权"、"求读书权"字样特别醒目。

扛旗帜的人是葛健豪,她的后面紧紧跟随着向警予、蔡畅。蔡和森看清扛红旗的人,大吃一惊:"妈!怎么是您呀?……"

葛健豪精神抖擞地说:"怎么不能是我!我也是勤工俭学生的一员,我不能来吗?"

蔡和森很佩服的样子:"能来……能来。"

蔡畅自豪地问哥哥:"这旗帜是妈绣的,怎么样?"

蔡和森连连夸奖:"太好了,这是革命的大旗呀!凭我妈这磅礴的气势,就得把他们吓倒!"

葛健豪幽默地说:"说不定他们看在我是一个老太太又是小脚的份上,发了善心哩。"

向警予点头,眼睛一亮,说:"妈,我们跟着您一起打头阵!"

蔡畅立即响应:"对对,我们女同学全部站到最前面来……"

女同学们纷纷聚拢过来。

此时,一名操着四川口音的小伙子大声叫着:“蔡和森!”

蔡和森回头一看,原来是在蒙达尼公学学法语的同学陈毅,他赶忙迎上前去:“陈毅同学!你不是在施耐德炮厂当杂工吗?”

陈毅告诉蔡和森,他是代表施耐德炮厂的学生来的!他们在那个工厂没日没夜地干,每天只挣十法郎,就这样,还不知干不干得长,说不定一夜之间就会被解雇。

蔡和森坚定地说:“所以你们前来参加斗争?好呀,我们大家要团结起来,争取我们的生存权、求学权!”

李富春带着一队学生也赶来了,向蔡和森报告:“和森兄,我们工学世界社的大部分人都来了。”

蔡和森拍着李富春的肩嘱咐说:“好,李富春,你们排在女同学的后面,要注意保护他们。”

李富春看了看正在组织女同学排队的蔡畅,他们两人目光对视,互相点头致意。

蔡和森走到高处,大声宣布:“争生存权、争求学权的游行请愿开始!”

向警予领头高喊:“争取读书的权利!”

众学生跟随高呼口号。

蔡畅高喊:“争取吃饭的权利!”

口号声响成一片。

葛健豪的一双小脚在行走着,她扛着旗帜,带头向华法教育会的大门挺进。

李石曾从办公楼里出来拦阻学生们,他大声说:“同学们,华法教育会不是不支持你们,我们实在是无能为力……无能为力呀!”

蔡和森拿着那张公告,质问道:“你帮助勤工俭学生无能为力,驱赶留学生回国倒是一马当先,请问,这究竟是谁的主意?”

李石曾推说是上面的意思。蔡和森对大家说:“好!那我们去驻法公使馆……”

众人往街上行进，蔡和森从母亲手中接过旗帜，带领学生们往公使馆走去。巴黎市民驻足观看，朝拄着拐杖的葛健豪竖起大拇指……

看见众多学生打着旗帜、喊着口号、排成方队来到公使馆，陈箓和王秘书及工作人员惊慌失措，办公室里乱成一团。

陈箓站在窗前，他一边惊惶地看着即将冲进公使馆的游行队伍，一边命令王秘书：“快打电话通知警察局！”

王秘书慌忙中接通电话，陈箓立即上前抢过电话：“局长先生，我请求您支援……请你们赶快出面……我求你们了……我会重谢的！”

陈箓和王秘书等工作人员走出公使馆，陈箓抢先高喊：“同学们！安静，请安静！听我讲，听我讲……你们围攻我们驻法公使馆，这可是要产生国际影响的呀！”

蔡和森针锋相对道：“我们不是围攻，我们只是要求对话。”

陈箓故作镇静地说：“好，对话……对话，有什么问题，你们提吧。”

蔡和森义正词严地说：“公使大人，学生无处做工，即使勉强有工做的学生薪水也很低，根本无法生存。我们要求政府发放补助费！”

陈箓看着蔡和森，又将目光转向众同学：“同学们，我知道你们目前生活拮据，困难重重，但你们是华法教育会组织来的，有困难你们也应该去找他们呀！”

蔡和森严肃地说：“你不要推卸责任，不要把我们逼上绝路，不要把我们当皮球踢来踢去！现在，已经有来法的勤工俭学生被逼死在异国他乡，你们必须对此负责！”

陈箓慌忙拿出一张电报说：“王秘书，你把回电念给同学们听听。”

王秘书接过电报念道：“救济在法勤工俭学学生问题已交付国务会议，议决谓现时国库奇绌，在法学生之无钱无工者，唯有将其分别遣送回国，责成使馆办理！”

陈箓得意地说：“听清楚了吧，中央政府都没有办法，我这个公使能有什么办法？我已经着手成立‘留法勤工俭学学生善后委员会’，办理相关善后事宜。你们先回去吧，聚众闹事是不能解决问题的嘛！”

向警予责问：“公使大人，政府既然能出钱将无工者遣送回国，为什么不能用这笔钱资助同学们在法做工学习呢？”

蔡畅大声说：“对，这个遣送费可以变成维持费！”

众人觉得有道理，齐声喊：“对对……”

陈箓摆着手说：“大家都安静，事情闹到这一步，你们留学生难道就没有责任？”

蔡和森问道：“我们留学生有什么责任？”

陈箓说得头头是道：“据我所知，你们当中有不少学生留学的目的不纯，一心想着挣大钱，无俭学之意，对工作挑三拣四……”

葛健豪在旁边终于忍无可忍，她怒气冲天地说：“你胡说八道！”

陈箓吓了一大跳，他呆看着葛健豪这位年过半百的老太太。

葛健豪一字一句地说：“这样的学生也许的确存在，但这不能成为打击一大片的理由，更不能成为坐视大多数学生挨饥受饿的借口！”

陈箓疑惑地看着葛健豪，惊奇地问：“您……想必您就是那位年纪最大的留学生？”

葛健豪不卑不亢地回答：“正是！我叫葛健豪，是勤工俭学中年龄最长的学生！”

王秘书忙在陈箓耳边低声咕嘟了一阵，陈箓点头，装出十分大度的样子：“哎呀呀……我知道了，您就是葛健豪，是来自湖南的，久闻大名，久闻大名！今日相见恨晚，荣幸……荣幸呀！”

葛健豪讥笑道：“还荣幸哩！告诉你，公使大人，我这名老学生，再被你们这样克扣补助金，就只有将这把老骨头丢在法兰西的土地上了！”

陈箓忙说：“您别这么说，快别这么说嘛。老姐姐，说我们克扣补助金，这是捕风捉影的事，我们可真是冤枉啊！”

葛健豪冷冷地回答：“哼哼，无风不起浪！你是公使，可谓海外华人之父母官，自然有义务去同法国政府交涉，让工厂多招收一些学生去做工，至少要他们不能对学生有明显的歧视和排挤吧！”

陈箓的脸阴沉下来：“老姐姐，我知道您很有能耐，会写诗词、会绣花……但会绣花也不见得懂我这个当公使的职责，我的工作责任没这一条——”

葛健豪怒吼道：“那还要你这个狗屁公使干什么！”

向警予怒道：“你不如滚回家种红薯去！”

众人跟随高喊：“滚……滚回去！”

蔡和森一针见血地说：“陈公使，看来，你是一个不错的演员，在这里表演半天，是不是在故意拖延时间呀？”

有人在喊：“警察来了！”

巴黎街道上，警笛长鸣，大批法警手持警棍，向公使馆门前的游行队伍冲了过来……

学生们将满腔仇恨发泄在陈箓身上，追打着他。陈箓捂头弓腰，在法警的掩护下向人群外面逃窜……

蔡畅站在高处喊：“女同胞们，我们不要怕！”

迎面跑过来的警察用警棍向蔡畅打过来，蔡畅挨了一警棍。眼看另一个警察的警棍就要打在蔡畅头上，李富春急忙跑过去将蔡畅推倒在地，压在蔡畅身上，拼命保护着她。警棍像雨点似的打在李富春的身上，李富春头上鲜血直流……

葛健豪看见了血流满面的李富春，急忙跑到他身边：“富春，你……你受伤了？”

蔡畅从地上爬起身，看着满身是血的李富春大吃一惊。葛健豪又看看蔡畅，心疼地喊：“蔡畅，毛妹子……”

李富春的兜里掉出一本手抄本《共产党宣言》，蔡和森拿起那本染着鲜血的《共产党宣言》，目睹着眼前的境况，他怒火中烧……

法国警察用枪指着蔡和森、葛健豪、向警予、蔡畅和李富春等学生：“你们是作乱的首要分子，——带走！”

法国警察把蔡和森、葛健豪、向警予、蔡畅、陈毅、李富春等十几个学生押进拘留所。

葛健豪环顾黑暗的拘留所，问：“这是什么地方？”

法国警察指着拘留所的牌子：“你看看这个，就知道了。”

葛健豪大叫起来：“拘留所？这是监狱……监狱！不……我不进去，不进去，我活了五十六岁，从来没进过这种地方。”

法国警察准备动武，葛健豪跳了起来，怒吼：“你打，我可以当你妈了，你打我就是打你妈！你打呀，打……”

法国警察被葛健豪气势汹汹的样子吓得退却了……一个年纪大的警察过来说：“夫人，您必须先进去呆着。等候处理！”

葛健豪再次跳了起来，她理直气壮地责问道：“我问你，你们凭什么关押我们？我们不过是请求我们的父母官援助而已，这与你们法国人有何干系？这也能成为我们坐牢的罪状吗？”

法国警察一时语塞，耸了耸肩膀说：“无可奉告！……我们只是奉命行事。”

蔡和森把母亲护在身后，对警察说：“此事与我妈无关，请先把老人放了！”

葛健豪爽朗地说：“不必求他们了，儿子，能与自己的子女一起坐牢，而且是在法国坐‘洋牢’，也算当妈的福气！”

警察局里，局长要陈箓必须尽快拿个处理办法，立即平息此事，不然造成国际影响便不可收拾了！陈箓点头哈腰地答应：“我知道，我知道。”

局长说：“我们一定要考虑国际影响，不能长时间关押这些学生，特别是其中的女人。这事捅出去，我们都不好交代！”

陈箓乞求道：“能不能多关几天，杀杀他们的威风？”

局长斩钉截铁地说：“不行！绝对不行！据可靠消息，被冲散的学生又在重新集结，在法兰西有两千名勤工俭学生，如果他们再聚集闹事，我这个警察局恐怕对付不了！”

陈箓想了想说：“局长先生，既然这样，我只提一个要求。”

局长问：“什么要求？”

陈箓要求将那个小脚老太婆单独拘禁。

局长盯着陈箓：“难道你害怕一个老妇人？”

陈箓鬼头鬼脑地说：“她不是一个一般的老人，这次闹事的几个头儿，都是她的儿女。”

局长淡然一笑：“啊，我明白了。”

拘留所房间的铁栅门开了，一名法国警察进来，走到葛健豪身前说：“老太太，请您跟我们走。”

葛健豪问：“去哪儿？”

警察公事公办的语气：“上司有令，您年岁大了，给您安排单间。”

葛健豪傲慢地说：“不用，我和女儿在一起，挺好。”

警察坚持道：“但我们必须执行上司的指令，请您配合。”

向警予警惕了：“你们是不是又要要什么花招？”

警察假笑道：“不会的，我们是尊重老人。”

蔡畅不服气：“无缘无故地抓老人来这儿坐牢，这叫什么尊重老人！”

葛健豪见多说无益，不如随他去，看他们要什么花招，便说：“好吧，单间就单间，我看你们敢关我们多久！”

葛健豪随警察走出铁栅门。

隔壁的一间房内，关押着蔡和森、李富春等男生。蔡和森伫立窗前沉思着。李富春问：“和森兄，你在想什么？”

蔡和森转身，他扬了扬手中的那本小册子：“我在想这本《共产党宣言》。”

李富春说：“那是你借给我读的。”

蔡和森面色严峻地说：“如今，血迹斑斑！”

李富春说：“我的血溶进了《共产党宣言》里，我很自豪。”

“是的,这本带血的《共产党宣言》应该让有些人看到。”蔡和森仰天长叹。

李富春一下反应过来:“你是说萧子升?”

蔡和森答:“对,事实胜于雄辩!我们和平请愿,他们却使用了暴力!所以,无产阶级不夺取政权,幻想无政府主义状态下的改良,那只能是自欺欺人!”

李富春和几名男生听着,纷纷点头。

葛健豪一个人在单间里沉思,她的眼前,不断出现蒙达尼会议上蔡和森和萧子升争论的身影。她自言自语:我明白了他们为什么争论得那么激烈……子升呀,如果你能来这儿看看,就知道你的主张是何等苍白!

铁栅门开了,陈箓笑容可掬地进来。葛健豪冷冷地问:“你?……你来这儿干什么?”

陈箓毕恭毕敬地答道:“我特地前来看望您老人家。”

“啊……黄鼠狼给鸡拜年来了?”葛健豪一点不留情面。

陈箓脸皮很厚,依然笑着说:“老姐姐真幽默。说实话,我真担心老人家的处境!我听说您被关押在此,一夜未眠,天一亮就赶来了。”

葛健豪想知道陈箓葫芦里到底卖的是什么药,就试探着问:“公使大人好像很讲礼教,是不是可怜我了?”

陈箓假惺惺地说:“人心都是肉长的嘛,谁没有父母长辈!”

“你这话,很动听。”葛健豪表面像是在赞美陈箓,其实是想麻痹他。

陈箓还真会说话:“真的!我心疼您呀,老人家!一位子孙满堂的小脚老太,摆着清福不享,跑到万里之外的异国他乡,还被送进了牢房……何苦哟!”

“这一点,恐怕你是永远不会懂的!”葛健豪冷静地说。

“可我懂得一点,您老人家是无辜的,您只是出于对儿女的爱才这样做的。所以,我决定帮您,先放您出去。”陈箓观察葛健豪的反应。

葛健豪问:“条件呢?”

“没有条件。”陈箓回答得很干脆。

葛健豪不愿意一个人先出去，她怒斥道：“你身为中国政府驻法国的公使，不尽职保护自己的同胞，反而勾结洋人，将棍棒对准手无寸铁的贫苦学生，你还是一个中国人吗？！”

陈箓恼羞成怒：“我来这里，是一片好心，你别把我的好心当作驴肝肺！”

葛健豪反唇相讥：“好心？好心你就立即放了学生们！好心你就答应我们为求生存提出的起码条件！”

在葛健豪义正词严的责问中，陈箓步步后退，退到了铁栅门外。葛健豪追了出去，更加大声地斥责道：“陈箓！你在法国迫害你的同胞，你将受到全体国人的唾骂！你克扣勤工俭学生的生活费，就像偷吃粮食的老鼠，不得好死！”

关押男生、女生的两间房内发出吼声：“老鼠过街，人人喊打！……打倒陈箓！……”

陈箓看见两个房间的铁栅门后围满了被关押的学生，学生们向他挥动着拳头、吐着唾沫……

一群法国警察赶来制止。葛健豪怒吼道：“警察先生们，你们不要上当了！这个陈箓不能代表中国！他是中国人的败类呀！”

铁栅门内，蔡和森、李富春带头高呼：“还我生存权！”

向警予、蔡畅高呼：“还我读书权！”

群情激奋了，学生们高唱起《马赛曲》：“前进，祖国的儿女们！那光荣的时刻已经来临；专制暴政在压迫着我们，我们的祖国鲜血遍地……”

歌声震荡，陈箓仓皇离去……

警察局长带着他的助手和几个警察来到公使馆，焦急地说：“公使大人，这事很糟糕！我们明天早上必须放人，不然，学生还有可能围攻我的警察局。我这警察局长就要引火烧身了！”

陈箓简直要崩溃了，但他还想拖一拖：“这……这……没这么严重吧！”

警察局长说:“比你想象的还要严重! 此事已经惊动了法国最高当局,我准备天亮后马上释放关押的学生。”

陈箓说:“你也害怕了? 但被关的人都是头目,他们如果出来,学生们就将如虎添翼,我们更招架不住。”

警察局长用半生不熟的汉语说道:“你们中国有句古话,叫识时务者为俊杰!”

陈箓无可奈何,长叹一声,瘫在椅子上了。

第二天,巴黎警察当局释放了被关押的勤工俭学生,中国驻法公使馆也不得不以“发放学生半年维持费”为条件,平息了这场风波。

获得自由的葛健豪、向警予、蔡畅、李富春等留学生聚集在蒙达尼的小木屋里。大家很兴奋地交谈着。一个同学说:“我们应该记住游行的那一天——二二八!”

向警予激情地附和道:“对! 这是一次革命的实践,是一次小小的十月革命!”

蔡和森领着几个人进来了。葛健豪注意到其中一个学生浓眉大眼、英俊潇洒,禁不住多看了一眼。那个学生连忙向葛健豪致意:“不用问我就知道,您是在这次运动中扛大旗,带着所有女同学冲锋在最前面的蔡伯母。”

葛健豪打量着那位学生说:“你是……啊! 气宇轩昂,英气逼人,你这个伢子帅气得不得了哟! 我好像没见过你。”

那位学生彬彬有礼地说:“可我早就耳闻蔡伯母大名了! 我叫周恩来。”

葛健豪点头微笑。

周恩来说:“我和和森相见恨晚,但却神交已久,和森,是吧? 蔡伯母,您这儿是我们留法勤工俭学生的大本营,我在英国考察社会状况,刚从伦敦来到巴黎,就迫不及待地赶到蒙达尼来了。”

葛健豪热情地说:“以后你们就来我这儿集会! ……我在长沙的家,

曾经也是新民学会的聚集地,可热闹了！”

周恩来诚恳地说:“蔡伯母,您在我们勤工俭学的学生心目中,已经不只是个老学生了,而是我们的老船长！大家说,是不是？”

众人鼓掌:“对……老船长……老船长！”

葛健豪乐呵呵地笑着说:“我不是老船长,充其量算是一个老水手吧,我要和我的儿女们一起划船,无论狂风巨浪,一定要将这艘航船划到理想的彼岸！”

同学们再次热烈鼓掌。周恩来对老人的口才和胸怀敬佩不已，对大家说:“蔡伯母说得真好！不过,我们的航船刚刚起航,前方还会遇到许多艰险。告诉你们,这次我从伦敦回巴黎的途中,得到一个确切的消息,中国政府正在向法国借款！”

蔡和森一怔:“借款,借什么款？”

周恩来拿出一张法文报纸:“你们看……此中隐藏着一个极大的阴谋！”

众人惊讶:“啊？！……”

第十八章 赤子护国

勤工俭学生们聚在法国蒙达尼蔡家小木屋，还沉浸在“二二八”示威游行活动的胜利喜悦中，周恩来带来了欢笑，也带来了一个惊人的消息：法国国务会议将中国借款列入议程！

蔡和森看着报纸问：“中国政府为什么偷偷摸摸找法国措款？他们想干什么？”

周恩来说：“听说，这是蒙蔽国人的一笔肮脏交易！我们身在法国，决不能让这笔肮脏交易在我们眼皮底下进行，必须揭露它、阻止它！具体情况是这样的……”

原来，中国政府以出卖中国五十年印花税、验契税和滇越铁路建筑权为抵押，向法国政府秘密借款三亿法郎购买军火。法国政府基本同意了，中国政府已派人来巴黎缔结协定。

蔡和森激动地说：“真的吗？原来中国政府干的是卖国勾当！”

周恩来一脸严肃地望着大家说：“赵世炎也调查了，证实消息属实！我们不能让这一卖国行径得逞！”

葛健豪一直在旁边默默听着，忍不住恼怒地说：“腐败呀！……出卖主权，国人还都蒙在鼓里哩！我们身在法国，应该想尽一切办法戳穿他们！”

蔡和森想缓和一下紧张的气氛，笑着对众人说：“看我妈，比我们还着急哩！”

葛健豪很认真地对周恩来说：“只要是中国人，知道了他们的卖国行为，没一个能容忍！我听从你们的指挥，参加你们的行动，我保证还是和上次一样，与女同学们一起，冲在最前面。”

周恩来关切地对葛健豪说：“蔡伯母，您真了不起，可这次行动危险更大呀！”

葛健豪笑道，有过坐洋监狱的经历，什么困难都难不住她！

周恩来高兴地说：“好一个蔡伯母呀！”

葛健豪见大家都不是外人，拉着向警予的手嘱咐道：“警予，你肚子里的这个孩子，也许是特地赶来参加这场战斗的，这说明我们的事业后继有人！但是，你要注意身子，别太累着。”

周恩来脸上现出惊喜的表情：“哦，警予怀上孩子了？祝贺！祝贺！这不光是蔡家的喜事，也是我们留学生的喜事啊！”

蔡畅看看母亲，又看看哥哥、嫂子，开心地说：“和哥，嫂子，恭喜你们要当爸爸妈妈了！”

葛健豪沉浸在喜悦中：“我要当奶奶啦！毛妹子，你是不是有些羡慕啊？赶快找个婆家嫁了吧！”

向警予是个直爽人，她对蔡畅说：“蔡畅，我觉得有个人不错……”

蔡畅要捶打她，又突然停手，害羞地说：“嫂子……”

向警予故意问李富春：“李富春，你说呢？”

李富春憨厚地笑着，不知如何回答。葛健豪护着李富春：“富春是老实人，你们别逗他了。”

蔡畅对李富春说：“李富春，别理她，她在说我们的坏话哩。”

李富春憨厚但不失精明，忙问：“我们？我……和你？”

周恩来指着李富春和蔡畅诙谐地说：“当然是你们，而不是我们！”

众人笑了。

陈箓最近被勤工俭学生们弄得心情很不爽，又有棘手的新任务来了，他心事重重地在办公室的窗前伫立着。

王秘书跑进来报告：“公使大人，来了一个学生代表要求见你。”

陈箓一愣："学生代表？又有什么事？"

王秘书说："我问过他，他说要当面跟你说。"

陈箓气不打一处来："什么大不了的事，不见，要他滚远点！"

王秘书站着没动，低声说："大人，千万不可，这个学生代表是上次二二八游行示威的领头人蔡和森！"

陈箓心里很烦，什么？……又是蔡和森！此时，走廊里传来吵嚷声，蔡和森已经大步走进来。

陈箓装出十分热情的样子："这位同学代表，快请坐，叫什么名字呀？是哪个学校的？有什么事呀？"

蔡和森大声地说："公使大人太健忘了！上次，你指使法国警察抓了我和学生代表，现在不认识我了？"

陈箓装腔作势地说："哎哟，你看我这记性！是你，蔡……蔡和森！我想起来了。哎呀，怎么还记着上次的事呢？你们当时冲击公使馆，法国警察能不管吗？"

蔡和森打断他的话："上次的事暂且不谈，我此次来，不是算旧账的，我代表留法学生来请你参加我们的第二次拒款大会。"

陈箓阴阳怪气地说："你们怎么总是缠着我呢？……你们学生不好好读书，难道想到这里来指挥我这个驻法国公使不成！"

蔡和森条理清晰地说："我们不想指挥你，只是想提醒你，你是代表国家政府驻在这里的！我们对政府的重大决策有疑问，不找你找谁去？公使先生，第一次拒款大会之后，我们希望你对中国政府向法国借款之事给予一个正确的解释。可是，至今杳无音信。所以，我们只有请你亲自去参加三十日召开的第二次拒款大会。"

陈箓强忍着："可……在会上我能说些什么呢？"

蔡和森挑明了："我们想知道政府为什么秘密派朱启钤、吴鼎昌来法国借款三亿法郎？为什么不敢公开？"

陈箓摆出一副官架子："啊，这是政府的事，我怎么知道！我只是奉劝你们，留学生在法国，就应该好好读书！再说了……”

蔡和森打断陈箓的话说道：“请你不要扯远了！这次秘密借款是出卖国家主权的交易，是卖国的勾当，每个有良心的中国人不能不管！皮之不存，毛将安附焉？请问，国家被人出卖了，我们读书起啥作用？此事关系国家民族生死存亡，我们不管能行吗？”

陈箓一副官腔道：“嘿嘿，讲得倒是冠冕堂皇，可是，国家有国家的难处……”

蔡和森马上顶回陈箓的话：“陈公使，请你想一想，中国向日本借款所造成的伤痛至今犹在，难道你们还要为了自身的权力，在未愈的伤口上再撒一把盐吗？！”

陈箓终于忍不住说了句：“我说你们学生是不是管多了一点？”

蔡和森闻言愤怒道：“面对不惜出卖国家主权的肮脏交易，我们不能无动于衷！在此，我代表学生正式约请你参加拒款大会。至于你在会上怎么说，你自己看着办！反正，我们几百名学生等着你！……告辞！”

陈箓望着蔡和森离去的背影，自言自语道：“好个厉害的蔡和森，说起话来滴水不漏啊！”

王秘书感叹：“这个人确实厉害，是个人才啊！”

陈箓长长地叹息：“唉，人才倒是人才，只是不知道这样的人才对政府来说，是福还是祸哟！国家花那么大的气力培养他们，我就担心养虎为患啊！”

王秘书劝道，这些学生消息灵通得很，不好惹，拒款大会还是得去应酬一下。陈箓犯难：“不去吧，学生和民众说我是卖国贼。你说我到底是卖政府，还是卖国啊？这样吧，我就不去了，你去帮我应付。”

王秘书想推脱：“我……我去能行吗？”

陈箓鼓励道：“能行。你是一等秘书，我不靠你靠谁呀？这也是对你的考验，是你升迁的机会嘛。以后，凡有学生在场或者来访，你就直接代表我出面斡旋，无需请示。”

王秘书受宠若惊:“谢谢公使大人栽培,其实学生也没什么可怕的。我们也是从那个时代走过来的嘛。”

陈箓连连说:“对对对,你说得太对了,真是年轻有为,前途无量啊!就这样,你去开会,把学生稳住,显显你的才华!”

葛健豪随儿女们再次去了巴黎,参加拒款委员会在巴黎哲人厅举行的会议。她独自坐在最前排的椅子上,没有一点疲态。

蔡和森和周恩来走向主席台,与会人员陆续寻找位置坐下。

王秘书穿着笔挺的西服,头发油光发亮,显得十分儒雅,他手持拐杖、风度翩翩、态度傲慢地步向主席台。

台下人在议论:“王秘书?……公使自己不来,派秘书来?”

王秘书走上台,他居高临下地说:“各位好!陈公使今天有要事不能前来参加这个非常重要的会议,特委派我来。鄙人是公使馆的一等秘书,姓王,我很荣幸能和在座诸君一起开这个会……”

葛健豪对蔡畅轻声说:“你看他自以为是,不知道自己姓什么了,他也不看看台下是个什么架势。”

蔡畅轻声地说:“哼!真是不知天高地厚,还真以为是我们请他来做演讲的!”

向警予站起提问:“王秘书,你能不能代表陈箓回答我们提出的问题呀?”

王秘书说:“当然能呀,不然,公使大人怎么会派我来呢?”

周恩来走上主席台:“好,既然陈箓派他的一等秘书来参加我们的拒款会议,我们表示欢迎……”

周恩来带头鼓掌,所有的人跟随鼓掌,王秘书紧抿嘴角,显得十分得意。

公使馆里,陈箓在办公室来回走动。电话铃响,工作人员接电话后,对陈箓小声说:“公使大人,总统专使朱启钤先生找您。”

陈箓快步走过去接电话:“专使大人,你快露个面呀,拒款委员会要闹事了,我一个人顶不住了!”

电话那边说:“陈公使,你一定要顶住,这是外交部的命令!”

陈箓急了:“我怎么顶嘛!这些学生政治敏感性强,他们已经掌握了全部情况,你千万别疏忽大意呀!”

电话那边继续说:“陈公使,我知道你是个精明强悍之人,而且,你有处理二二八事件的成功经验,我相信你,总统那边嘛,我会给你美言记功的……”

电话线挂断,传来忙音……

陈箓十分恼火,把电话筒子用力一甩:“他妈的,老滑头!”

巴黎哲人厅内,会议继续进行……

蔡和森向王秘书提问:“请秘书先生回答,中国政府是不是向法国政府借款三亿法郎,后来又增加到五亿法郎?借款将用于国内购买军火,是吗?”

王秘书一口官腔:“诸位提的问题,是国家机密,鄙人不便作答。我奉劝诸位,学生嘛,当然应该以学为主,学好了才能报效国家、服务民众是吧?”

蔡和森顾不上礼节了,他说:“你别扯这些了,今天请你来,不是要你来给我们上课的!”

周恩来厉声质问:“秘书先生,请你正面回答我们的提问!你们公使馆知不知道借款一事?”

王秘书绕着弯子说:“要说不知道,你们不相信,要说知道吧,这件事在这里不便说清楚。我只知道一件事,那就是我们公使馆正在努力请示中央政府给留学生发放维持费。为大家服好务,是我们不可推卸的责任嘛……”

蔡和森追问道:“秘书先生,我们问东,你在扯西,你还是一等秘书!请正面回答,你们公使馆是否参与了借款的谈判?”

王秘书支支吾吾:“这……我说了,是机密!”

周恩来义正词严地说："你们把国家的主权拿来做争斗权力的交易，居然还大言不惭，当什么机密掩人耳目，简直就是卖国贼！"

众人齐声喊："打倒卖国贼！"

蔡和森呼吁："同学们，侨胞们，我们每个中国人对出卖国家主权的行为不能无动于衷，视若无睹。要制止借款，誓死捍卫国家的主权！"

众人响应："对，捍卫国家主权！"

蔡和森拿出一张公文挥舞着，要求公使馆以他们的名义向法国政府发一份函件，声明中法借款条约作废！

周恩来对王秘书说："王秘书，你既然是代表陈箓公使来的，你就得代表他在函件上签字！"

王秘书没料到会上会有这一招，他赖道："这……这个字……我签了也不起作用呀！"

葛健豪在台下再也坐不住了。蔡畅拉着母亲的手："妈，您别激动……"

葛健豪用力推开蔡畅的手，蓦地站起身来大声说道："他代表陈箓来，又不替他签字，这是在糊弄我们，欺骗我们，他和公使一样，也是个卖国贼！"葛健豪挥舞着拐杖，往台上冲去，边说："我要代表留法学生打你这个卖国贼！"

台下众人一拥而上，围住王秘书，拉扯他的衣服。王秘书喊叫着："你们别打我，我不是陈箓，我只是公使馆的一个秘书……你们打错人了！"

葛健豪愤怒地说："打的就是你这个一等秘书！中国有句古话，不怪杀人的，只怪递刀的。借款这件事，都是你们这些大大小小的跟屁虫出的歪主意！"

王秘书带着哭腔喊："我真冤枉呀！我来了反而挨打……"

葛健豪用拐杖指着王秘书说："好，我们不打你，你签字！"

蔡和森将那份写好的文稿摆在王秘书面前。王秘书嘟囔道："不是我不签字，我签字无效，这样的声明非得由陈箓签署才有效！"

周恩来不让步："你今天代表他来，就代表他签字吧。以后我们要他补签。”

葛健豪说：“你今天不签就别想离开这儿！”她帮王秘书支招，“你回去对陈箓说，你是怕挨打才签的。你告诉他，他如果不承认你的签字，我们全体留法人员就要把他当卖国贼痛打，这叫痛打落水狗！”

周恩来催促道：“你签吧，你签了字，我们再找陈箓去……”

王秘书无可奈何地说：“好……那好吧，我签字！”

王秘书拿起声明看了看，他拿起笔，战战兢兢地写上了自己的名字，签完字后，一下子瘫坐在椅上呆若木鸡。

蔡和森告诉王秘书：“好了，王秘书，你的任务完成了。我们凭此据去找陈公使，然后在报纸上发表。”

王秘书大喊：“我回去后……回去后怎么交代啊！”

葛健豪宽慰着王秘书：“你这差使确实不好当。可再怎么也比当卖国贼强呀！……是吧？”

众人还在继续开会，葛健豪借故出了会议厅，她拄着拐杖，迈着小脚在巴黎街头走着，一步步往公使馆走去，到了公使馆门口，她将随身带的湘绣在门口摆开……

警卫人员走来干涉：“这里不准摆摊。”

葛健豪说：“是陈箓公使大人叫我来的，他说我们都是中国人，都喜欢家乡的产品，要我来这儿推销家乡的产品……对了，麻烦你把陈公使叫出来，他太太要的湘绣品，我专门给他带来了。”

警卫有点怀疑：“这是……真的？”

葛健豪大大方方地说：“假不了！不信你去问问公使！”

警卫赶忙点头：“如果是这样，我马上去通报。”

陈箓听了警卫的通报，琢磨片刻后说：“湘绣品？……走……去看看。”

陈箓从楼里走出来，看见是葛健豪，有点尴尬：“是你？你跑这儿来摆摊？”

葛健豪笑着说：“我给你带来了一幅湘绣品。”

陈箓一怔:“你怎么说是我太太订的呢?”

葛健豪坦然的样子:“我如果不这样说,你不会出来的。”葛健豪拿出一件湘绣品打开,这是一幅小窗帘,上面绣着一幅中国地图,长城、长江、黄河特别醒目……

陈箓有些疑惑:“你……你这是想干什么?”

葛健豪说:“送给你呀!我要你记住,你是中国人,我们的祖先在这块大地上繁衍生息,你不能忘记我们的祖宗,更不能将我们的大好河山让给洋人!”

陈箓恼羞成怒:“你这是在教训我?”

周恩来、蔡和森、向警予、蔡畅、李春富等人从巴黎哲人厅出来。蔡和森没看见葛健豪,便问道:“怎么没看见妈?”

蔡畅、向警予面面相觑,四下张望:“哎呀,妈一个人去哪儿了?”

周恩来说:“别着急,大家慢慢找找吧。”

蔡和森冷静地思索着说:“让我想想,你们不用去找,走,跟我去一个地方,她肯定在那儿!”

公使馆门前的空地上,葛健豪继续在教训陈箓,陈箓已变换了一副嘴脸,他客气地说:“老太太,你讲的都是对的,但你要体谅我们的难处啊。”

葛健豪逼问:“难处?……什么难处?不管你是两头受气,还是四面受夹磨,作为一个中国人,你总得有个原则吧!”

正在这时,王秘书狼狈地回来了,他的西服皱了,头发乱七八糟……他惊讶地看着葛健豪,向陈箓告状道:“这个小脚太婆跑得比我还快!大人,就是她带头围攻我的!他们要以公使馆之名发声明,说中法借款条约作废,逼着我签字,不签字就不放我回来,我只有……我只有代表您签字了!”

陈箓气急败坏:“废物!政府怪罪下来怎么办?”

葛健豪训斥道:“公使大人,你派一个秘书去搪塞拒款委员会,以为这样就完事了?告诉你,你们想暗箱操作,秘密借款,没门!世上哪有不漏风的墙？乌云是遮不住太阳的！”

蔡和森、周恩来、向警予、蔡畅、李富春等人赶来，周恩来接过话：“说得好！蔡伯母，您说得太好了！”

陈箓想躲藏，已来不及了。蔡和森拿出那份声明：“你今天派的一等秘书代表你在这份声明上面签了字，为了慎重起见，我们请你再补签一个字！”

陈箓看着声明内容：“你们……这是与政府作对！”

葛健豪说：“公使大人，我们这是护着你，别和民众作对！”

周恩来晓以大义：“蔡伯母说得对，公使大人，在这关键时刻，你和几万万同胞作对，就是历史的罪人，将遗臭万年！”

陈箓不知所措。

向警予说：“这上面你的代表签了字，即使你不签也已经表明了你的态度。”

蔡畅劝道：“是呀，你签了还可以落得个好名声。”

陈箓犹豫片刻，沮丧地说：“唉！事到如今，我是猪八戒照镜子，里外不是人呀！……好，我签！去我办公室签！”

陈箓往办公楼内走，蔡和森等人跟在后面。

葛健豪喊住陈箓，把那件绣有中国地图的窗帘递给他，说：“陈公使，为了感谢你今天的配合，这件湘绣品送给你作纪念。我建议你把它挂在公使馆里，天天看着这上面绣着的长城长江，这样，你就不会忘记自己是个中国人了！”

陈箓接过：“好……我把它挂在公使馆里，天天看……”

周恩来边走边对葛健豪说：“蔡伯母，您这件礼品送得好啊！一个中国人，无论走到天涯海角，永远不变的是一颗爱国心！”

一行人回到蒙达尼，周恩来被葛健豪邀请到小木屋做客，他兴之所至写了一副对联。蔡和森过来问：“恩来，你在写什么呢？”

周恩来把写的对联赠给葛健豪：“蔡伯母，我送您一副对联……”

葛健豪念道:“为儿女出洋,人老心不老,老当益壮;反借款护国,脚小心不小,小中见强。”然后高兴地说:“谢谢!我将用这副对联,不断鼓励自己。”

蔡和森满脸喜色地说:“还有一个好消息告诉大家:七月份,润之兄参加了全国各地共产党小组代表在上海的聚会,在这次会上,中国共产党正式宣布成立!”

众人激动不已:“太好了,中国共产党成立了!我们有了自己的主心骨了!”

周恩来说:“这是大喜事,特大的喜事,开天辟地的大喜事呀!”

葛健豪无比自豪地说:“想当初,和子第一次提出用中国共产党这个名称时,我就是第一个拥护者!”

蔡和森证实道:“我妈是第一个知道我提这个名称的人,也是我的第一个拥护者。”

周恩来很有感触:“蔡伯母,您了不起呀,您是中国共产党从孕育到成立的见证人!”

一屋人正热烈地谈论着,一个学生跑了进来,告诉大家一个坏消息:勤工俭学人员的维持费全部被停发了!

葛健豪大声说:“我早就有预感,我们的求生存权、争读书权和拒款斗争都深深地刺痛了国内政府,他们是决不会善罢甘休的!”

周恩来表情严峻:“蔡伯母的意思是。他们要报复我们这些留法学生?”

葛健豪肯定道:“是的!我有预感。”

李富春说道:“这事确实很严重,公使馆和华法教育会停发维持费后,下一步,必将遣返无工可做无学可上的学生回国。”

葛健豪着急地问:“怎么办?”

蔡和森坚定地说:“斗争……继续斗争!唯有斗争,才有出路!”

陈毅赶到蔡家来,告诉大家一个更坏的消息:中法里昂大学本是为留法勤工俭学生而办的，现在，校方发出通告说，只招收具有财力的学生入学。

周恩来说："果然不出蔡伯母所料，他们步步紧逼，是要狠狠报复勤工俭学生哟。"

"真可谓山雨欲来风满楼，一波未平一波又起！大家先谈谈对这个问题的看法。"蔡和森镇静地对大家说。

中法里昂大学是用一部分庚子赔款创办的，建成之后却拒收勤工俭学的学生，而国内160名富家子弟即将前去上学，这不是明摆着要霸占本属于勤工俭学生的入学名额吗？蔡和森他们义愤填膺。

蔡和森说："说穿了，国内政府就是害怕我们宣传共产主义！"

周恩来赞同："和森的这一说法一针见血！所以，我们必须尽快行动起来！"

葛健豪认真地听着，她激动地说："和森说得对，除了斗争别无他法！不斗争，我们只有卷起铺盖回国！"

"我建议，尽快动员组织各地的勤工俭学生，与中法里昂大学交涉，在斗争中戳穿他们的阴谋！"蔡和森提议。

"我赞成！共产党旅欧支部的赵世炎他们也在筹办此事，我看，是不是请赵世炎一起来商量对策？"周恩来问道。

众人异口同声地说："好好好！"

蔡和森脑筋飞快地转着，他又出了一个主意："我们先礼后兵，他们不同意我们去里昂大学，我们就自己去！我提议，组织一个先发队，我率领先发队前往里昂大学！"

陈毅立即响应："先发队算我一个！"

葛健豪急着表态："还有我呢，你们这次又把我给忘记了！"

周恩来郑重地说："伯母，这次行动不同以往，它虽然只是勤工俭学生为争取自己权益的又一次斗争，却有可能引起火山爆发！"

蔡和森劝道："妈，这些反动势力想借此挽回他们丢失的面子，达到彻底瓦解我们的目的，为此，他们的手段必定更加严酷。”

葛健豪不高兴地：“你们都怕我添乱？”边说边噘着嘴，向里屋走去。蔡和森朝向警予和蔡畅递了一个眼色，两人很快明白他的意思，跟进里屋。

周恩来感叹道：“蔡伯母真是一位有个性的母亲呀！”

蔡和森点头：“我妈就是这样，谁想仗势欺人，她决不信这个邪！”

蔡畅和向警予跟进里屋，葛健豪气冲冲地说：“不去就不去，不用你们来做我的工作！”

蔡畅为了缓和气氛，又半开玩笑地说：“我妈发脾气的时候吓得死鬼。”

这次葛健豪没笑，向警予边摸着肚子，边说：“妈，您看我肚子里的孩子在动了，您要当奶奶了，还生儿子的气呀？”

一番话触动了葛健豪，她看着向警予，心疼地说：“警予，你肚子里有孩子，可得当心点。妈最担心的还是你。”

葛健豪拿出笔墨纸砚，开始写字，她想了想，提起笔一挥而就——

暴风西域飞骏马；狂涛东海起蛟龙……

向警予和蔡畅在一旁看着，她俩会意地笑了。

葛健豪把对联拿出去递给周恩来：“恩来呀，前几天，你为我写了对联鼓励我，有来无往非礼也！今天，我也送一副对联给你，你们不让我一同前往，我就用这副对联为你们壮行吧——”她豪爽地念道：“暴风西域飞骏马；狂涛东海起蛟龙！”

周恩来赞赏不已：“伯母，您真是豪气冲天啊！您这壮行诗抵得上千军万马！”

蒙达尼的夜无比宁静，月儿高高地挂在天空……

小木屋内，葛健豪躺在床上，睁大眼睛，想着心思。她隐隐约约听见隔壁屋子里的声音。

蔡和森、向警予、蔡畅准备出门了，蔡和森把大门打开，几人相互做着别出声的手势，蹑手蹑脚慢慢走出木屋……

葛健豪听见声响，本能地从床上一跃而起，突然，她又颓然地坐下。外面传来轻轻的关门声……

葛健豪从床上起来，站在窗子旁边，向外望去，蔡和森、向警予、蔡畅几个人的身影慢慢消失在夜幕里……

葛健豪叹了一口气，拉亮灯，穿上衣服，拿起绣花针，开始在一个小肚兜上绣花。她心里有些乱，预感和森他们此行凶多吉少，一不留神，绣花针把手刺了一下，手被针刺流血……

实在无心绣花，葛健豪突然想起好久没听到爱德华的笛声了，她想去看望一下他，其实她是想找个人说说心里话，她信任爱德华。

她走出屋子，来到爱德华门前敲门。爱德华为葛健豪开门，两人分别坐下来，爱德华摸着胸口喘气。葛健豪说："哦，亲爱的爱德华，我好像好长时间没听见你的笛声了，原来你病成了这样。"

爱德华听葛健豪说完她的打算，吃惊地问："什么？你说你要去里昂大学？"

"亲爱的爱德华先生，请你理解我，作为一个母亲，我是想和儿女们一起做点事！"葛健豪解释道。

爱德华点头说："我对外界的事一概不感兴趣了，不过，你的勇气和正直让我敬佩！"

爱德华从柜子里拿出一个盒子，打开后里面有一枚勋章。

爱德华对葛健豪说："我自知时日不多，在这世上，我已没有亲人，是你，给了我亲人般的关爱！这枚勋章是用我的一条腿换来的，送给你做个纪念吧！去吧！快去到你儿女们身边，母亲的力量是不可估量的，但愿这枚勋章能给你们母子带来好运！"

"谢谢，愿你多加保重！"葛健豪接过盒子，朝爱德华深深鞠了一躬，转身走出门。

《樱桃时节》的风笛声重新响起，葛健豪在门口止步静听，老人在屋里泪流满面地吹着……

蔡和森、陈毅和几个先发队员到巴黎后直奔公使馆，陈箓却要他们找学校。蔡和森和众多学生立即去了里昂。在里昂火车站，蔡和森要大家先在车站休息一会儿,他去里昂大学摸摸底。

众学生在车站候车室里打开行李,席地而卧……

蔡和森和两个学生代表径直找到里昂大学秘书长褚民谊，和他进行谈判,褚民谊打着官腔说:“对不起,校长还没回来。你们要进入里昂大学的心情我是可以理解的,可是我这个秘书长没这个权力答应你们入学。你们要谈判……必须等吴校长回来。”

蔡和森想了想说:“可以,我们等吴校长回来再谈判。褚秘书长,我们的一百二十五名先发队的学生已经到了里昂，请学校先借一部分房子供我们住宿。”

褚民谊连连摇头说不行。蔡和森争取道：“学校宿舍能容纳上千人，而且新招的国内新生还未到校，就是到校了也不影响他们住宿。你连这点小小的要求都不能答应吗？”

褚民谊又是敷衍又是下逐客令:“我不是不答应，我是没这个权力答应。你们快走吧,想别的办法去。”

蔡和森气愤地大声说:“我们在异国他乡举目无亲,你也是中国人,举手之劳的事都不给我们办，难道要我们去找法国人想办法吗？你如此对待自己的同胞,勤工俭学生是不会答应的！你等着瞧吧！”

蔡和森在火车站对先发队员们讲:“同学们,华法教育会现在名存实亡,公使馆和校方明显是串通好了对付我们。”

一个学生说:“蔡和森,你不是说过,我们的策略是先礼后兵吗？既然先礼无效,我们就走第二步！”

蔡和森果断地说:“占领里昂大学！”

众人呼应道:“对！……占领里大！”

蔡和森和众多先发队员悄悄地在夜色之中行进。里昂大学围墙边，学生们爬炮垒,一个拉一个地攀上去,蔡和森第一个翻越炮垒,进入学校，先发队员们一个接着一个进去……

陈箓坐在办公桌前翻阅文件，王秘书匆匆忙忙进来："公使大人，不好了！"

陈箓看着王秘书："别急，慢慢说，慢慢说！"

王秘书说："蔡和森带着一百多名学生占领了里昂大学，惊动了法国外交部！法国外交部来电，请你立即赶到里昂，平息事端！"

陈箓一怔："这事又闹大了！……反正闹大了，干脆一不做，二不休，让他们把事越闹大越好！"

王秘书不解："把事闹大？"

"告诉你，这几个学生我们是没办法治他们的，必须靠法国警察，现在正是机会！"陈箓眼里露出凶光。

电话响，陈箓接电话："……好，我们正准备赶到里昂来……"

陈箓放下电话，对秘书说："法国外交部在催我们，走，去里昂！"

王秘书忙收拾东西，准备走，陈箓提醒道："王秘书，记住了，让法国警察去收拾他们……"

里昂大学内，一百二十五名先发队员在大厅、走廊里把自带的行李铺在地上准备入睡，他们显得十分疲惫。蔡和森站在众人中间，大声提醒道："同学们，我们在里昂大学已经坚守了一天一夜，大家十分疲劳，但是风暴正在向我们逼近，我们要准备战斗！"

法国警方迅速采取行动了。天亮后，全副武装的警察开始包围学校……警察局长命令道："先别开枪，向里面喊话，要他们全部出来！"

拿着话筒的警官向校园里面高喊："中国学生都听着，你们占领里昂大学是违法行为，你们被包围了！请你们立即撤出！"

第十九章　异国送别

众多法国警察持枪进入里昂大学，蔡和森和先发队员迎了上去，两边形成对峙，情势一触即发！

警官发出警告："你们扰乱治安，必须立即撤出！这是最后通牒，听见了吗？……最后的通牒！"

蔡和森走出学生队列，走到警官面前说："请问警官先生，我们中国学生不能来自己的学校吗？到底是谁扰乱了治安？你们没来之前，学校里还安安静静的……"

警官打量着蔡和森，听他说一口流利的法语，直接问道："你是他们的头领吗？"

蔡和森点头："我是学生代表！"

警官盛气凌人地质问："我问你，你们经过谁的允许占据里昂大学？"

"警官先生，这是我们自己的学校，进来不行吗？请不要说'占据'两个字。"蔡和森一副不容侵犯的样子。

"你们的学校？这是在我们法国，是在里昂！"警官有点不屑。

蔡和森不慌不忙地说："请先生别忘了这所学校的全称叫中法里昂大学，是中国出钱办的。"

警官强硬地说："我不管那么多！学校办在里昂，我们就有责任维持这里的治安！我奉上司命令来此执行公务，请你们配合——立即撤离！"

蔡和森大义凛然道："我说了，这是我们的学校，你们没有权力赶我们走！"

警官用缓和口气劝道:“先生,你不要这样逼我们,记得中国人有句话说得很精彩:敬酒不吃吃罚酒!”说完,他一挥手:“给我上,将他们全部带走!”

瞬间,众多警察一窝蜂地冲了过来,他们把学生团团围在校园中间,而后,每两个警察押一个学生往校外走去,蔡和森和学生们激烈抗争着:“我抗议……强烈抗议!”

警官吼道:“少废话!”

陈毅挣扎着喊道:“法国不是个讲民主自由的国家吗?你们怎么能剥夺我们的自由?”

警官大声叫着:“你们没有占领学校的自由!……统统给我离开校园!”

蔡和森愤怒地说:“同学们!我们进驻中国人办的学校争取读书的权利,何罪之有?我们决不屈从强权!”

学生们奋力抗争,与警察厮打起来。几辆卡车开了过来,众多警察强行挟持着学生,将他们一个个押上卡车。几辆载满学生的卡车很快驶进法国芒特吕克炮台旧兵营。卡车停下,学生们被押进兵营里……

在巴黎学生联合会一间屋子里,周恩来、向警予、蔡畅等众多学生围在一起紧急商量对策。

向警予说,法国各地的中国留学生都被这件事惊醒了,越来越多的学生要求参加声援斗争!

周恩来点了点头:“好呀!在实践中发动群众,这就是我们占领里昂大学的目的之一!”

蔡畅十分着急,各地学校被警察和教育会控制了,中国的勤工俭学生根本出不了校门,看来,公使馆和法国当局勾结在一起了!

“即使声援的外地同学来不了,我们也要通过各种途径让他们看清反动势力的阴谋,让更多同学觉醒起来,长期参与我们的斗争!”周恩来坚定地说。

“现在怎么办？先发队的同学已经关了这么多天了，和森……和森还患着哮喘病哩！”向警予强忍着眼泪。

蔡畅安慰道：“嫂子，你别急！车到山前必有路！”

周恩来思考着，在屋子里来回走动。李富春跑进来说：“我打听清楚了，先发队员全部被法国警察抓进了芒特吕克炮台旧兵营！”

周恩来很震惊，他气愤地说：“这就是法兰西的民主和自由！……走！我们去公使馆！”

向警予犹豫着：“可是，公使馆和法国当局勾结在一起了。”

周恩来接过话：“我们去公使馆，不是去乞求他们，而是通过谈判，逼他们有个公开的态度，以便于将他们的阴谋公布于世，争取舆论的支持，然后确定下一步的斗争策略！”

周恩来、向警予、蔡畅、李富春等众多学生走进中国驻法公使馆办公室。陈箓推脱道：“这件事……你们找到这里来干什么？蔡和森他们要求进入里昂大学去勤工俭学，我是极力支持的，我还资助了二千法郎的路费哩。”

向警予严厉地问：“公使大人，请问为什么法国各学校的中国留学生都被警察和教育会控制了，不让他们出校门？”

陈箓故作惊讶：“有这样的事？……这我可不知道，这不是我的事，我管不了……”

周恩来也愤怒地问道：“还有，中国的一百多名留学生被法国关押了，作为驻法公使，你也想说那不是你的事吗？现在我们迫切要求你和法国当局沟通，营救被关押的一百多名中国留学生！”

陈箓拿出桌子上的一个文件夹，假惺惺地说：“哎呀，你们是有所不知，对于学生被关押这件事，我天天在努力呀，你们看，这是给警察厅的报告，这是给外交部的，这是给领事馆的……”

向警予打断道：“陈公使，你现在说这些有什么用？我们要求马上见到被关押的学生！”

陈箓敷衍着:“行……行呀,我马上打报告!”

周恩来步步紧逼:“说个期限吧,什么时候放人?”

陈箓不紧不慢地说:“这个嘛……我就说不准了,又不是我们抓的人,你们说是不是?再说了,放不放人,何时放人,里昂当局还得听巴黎的,巴黎这边很复杂呀……我争取快点,好吗?”

周恩来、向警予、蔡畅、李富春等几个学生看着陈箓一副圆滑的样子,怒不可遏。周恩来放下话:“这样吧,三天之内,如不放人,我们就将这次事件的来龙去脉公布于世,看你们如何向国人交代!”

陈箓慌张地说:“别急……千万别把事情闹大了,我这不是正在努力解决吗?”

在蒙达尼,葛健豪拄着拐杖,站在小木屋外的街道上,眺望远处,她似乎看见蔡和森、向警予、蔡畅三人神采飞扬地走了过来,她走上前去想拥抱儿女们,突然,眼前的幻觉消失了……

葛健豪有些失落,她忧郁怅惘,焦急万分,仰天长吁:“孩子们呀,你们现在在哪里呀!”

警察持枪守卫着芒特吕克炮台旧兵营,一个个营房的铁门都锁着,被捕的学生关押在里面,房间里传出乱哄哄的声音。

一个房间里,蔡和森和几个学生代表在开会,警察送来食品。蔡和森对警察说:“为了抗议你们非法拘捕,从现在开始,我们绝食……”

学生代表积极响应:“对,绝食!”

蔡和森轻轻地哼唱起来:“起来,饥寒交迫的奴隶,起来,全世界受苦的人!……”

同室的学生一起唱了起来:“满腔的热血已经沸腾,要为真理而斗争!”《国际歌》的歌声越来越大,震撼着整个兵营……

葛健豪拄着拐杖、挎着包裹出了蒙达尼小木屋,像是要出远门的样子,她远远看见向警予和蔡畅两人走过来。葛健豪告诉她们,她准备去里昂大学!

蔡畅忙说:“妈,您不能去!”

葛健豪疑惑地问:“为什么不能去? 和子……和子呢?”

向警予一阵难受,她强装笑脸:“妈,和子他……他留在里昂,正在和同学们商量事情。”

葛健豪审视着两人的神色变化,半信半疑,说:“十多天了,我天天站在这里,真是望眼欲穿呀!”

葛健豪发现向警予低头不语,蔡畅似乎也有难言之隐,她追问道:“不对! 你们俩的脸上挂满了焦虑……快对我说实话,和子到底怎么啦?”

向警予的眼眶里噙满着泪水,蔡畅看着她的样子,心里也很难受,劝慰着:“嫂子! ……”

葛健豪用锐利的目光看着她俩。回到小木屋,蔡畅终于对母亲说了实话:“和哥和一百多名先发队员都被关在芒特吕克炮台旧兵营里,现在暂时无法见到他们!”

葛健豪一点不感到惊奇:“我从你俩的脸上看出来了。”

葛健豪在凝重地思考着。向警予接着说:“现在,法国警察和教育会,把各地的中国留学生都控制起来了,不让他们外出,所以,我们的声援行动遇到了困难。”

葛健豪点了点头,她心中似乎拿定了主意,淡淡地说了一句:“事已如此,你们早点休息吧。”她说完便走进自己的卧室。

天蒙蒙亮,葛健豪轻轻地把门打开,她蹑手蹑脚地走出小木屋……葛健豪的一双小脚在法国行走,在蒙达尼街头、火车站,在里昂,她沿路不停地向路人询问着……

葛健豪拄着拐杖,挎着一个包,走到芒特吕克炮台旧兵营门口。法国警察迎了上来,用法语说:“夫人,请留步,这里闲人免进!”

葛健豪用法语答道:“我来看我儿子。”

法国警察见葛健豪会说法语,惊奇之余,冷冷地说:“上面有令,一律不准探视!”

葛健豪柔声说:“小兄弟,你也有母亲,难道你不想你母亲吗?你行行好,我只想见我儿子一面。”

警察毫不为之所动:“夫人,这让我很为难,我就是放你进去了,里面还有几道关口!”

葛健豪干脆说:“你们不让我进去,我就在这里等,我天天在这里等,等到我儿子出来!……”葛健豪把包袱放在门口一棵树下,慢慢坐了下来。

葛健豪在芒特吕克炮台旧兵营门口静坐,里昂市警察局加快了驱逐中国学生的步伐,几名法国官员、里昂市警察局长、中国驻法官员在警察局开会。

一名法国外交官员说:“中国政府对勤工俭学生毫无办法,法国政府亦无能为力,现在两国政府商定,将关押的学生全部遣送回国。陈公使,你还有什么要说的吗?”

陈箓点头哈腰地说:“给你们添麻烦了。我看,现在也只能这样了,如果再拖下去,他们会借用舆论给我们施压,那就更不可收拾了!所以,我的意思是——宜早不宜迟!”

警察局长说:“那就——明天晚上行动!”

陈箓点头,笑了……

向警予、蔡畅赶到巴黎。蔡畅对李富春说:“我妈一个人悄无声息地出门了,她老人家会去哪儿呢?”

向警予肯定地说:“妈妈肯定去兵营看和森去了。”

周恩来匆匆忙忙进来,掩饰不住悲愤,沉重地说:“我们刚刚得到消息,被捕的学生要全部被遣送回国,就在明天晚上。”

向警予十分焦急:“这可怎么办?……我们能见到和森吗?”

周恩来说兵营是不会让任何人进去看望学生的,要见上和森一面,只有一个办法!

蔡畅问:“什么办法?”

周恩来果断地说:“去马赛港!现在赶快先找到蔡伯母,将老人家接到马赛港。”

李富春主动说:“我想办法弄辆车,去芒特吕克炮台附近寻找蔡伯母。”

周恩来说:“好,我们分头行动!”

在芒特吕克炮台旧兵营,几辆囚车停在兵营院子里,车灯在暗夜里显得特别刺眼。法国警察把蔡和森等被捕的学生从一间间房里带出来,警长大声宣布:“你们未经许可,擅入校园,擅发传单,有‘从事布尔什维克活动’和‘过激党’之嫌疑,现经中法两国政府商定,将你们遣送回国……”

蔡和森大声地抗议:“这是压制中国勤工俭学生的正当要求,我们抗议!”

葛健豪半躺在兵营大门附近一棵树旁边,囚车发动的声音让她警觉起来……大门内传来蔡和森的声音:“你们可以用强权遣送我们回国,但你们永远封锁不了马克思主义的传播!抽刀断水水更流,马克思主义必胜!”

葛健豪惊喜,和子?……是和子的声音!葛健豪从地上一跃而起,她迈开小脚跑向大门口,卫兵用枪挡着她:“不许进!”

葛健豪发疯似的叫喊:“你们没有权力不让我见我的儿子!我要见我儿子!”

又上来几个警察,把葛健豪拦住,不让她往前走,警官冷笑着说:“老太太,你不要在这儿等了,你儿子和所有闹事的中国学生,马上就要被遣送回国了!……你们回中国再见面吧!”

警察把蔡和森、陈毅等留学生押上囚车,一辆一辆囚车的门关上了,囚车发动,驶出兵营。看着几辆囚车从兵营驶出来,葛健豪奋力推着阻拦她的警察,但她势单力薄,被警察推倒在地。

囚车开走,警察散去。葛健豪指着离去的警察大声责骂道:“你们不是人!你们连禽兽都不如呀!”葛健豪拼命追赶囚车,她边跑边大喊:“和子……我的孩子们呀!”葛健豪跌倒了,她又站立起来追赶,踉跄在囚车扬起的尘土之中……

突然，一辆卡车驶来，停在了葛健豪的身边。李富春和蔡畅从车上下来，葛健豪大吃一惊：“你们？！……”

李富春扶着葛健豪说：“伯母，快上车！”

蔡畅简要地说道：“妈，他们要把学生们押往马赛，我们这就去马赛……”

李富春把葛健豪扶上车，卡车启动，向马赛港疾驰而去……

夜色中，“宝勒加”号邮轮停在马赛港码头。几辆囚车驶近码头停下，警察押着蔡和森、陈毅等学生下车往港口走去，学生们个个义愤填膺。

周恩来带着学生们赶来，蔡和森看见了他们，他冲着周恩来喊道：“恩来，回国不要紧，回国我们照样干革命！在法还有许多学生和华工，你要继续组织发动他们呀……”

周恩来大声回应道：“和森，你放心，我们会继续坚持斗争的！”

向警予大喊：“和森——”蔡和森不顾一切地跑过去，两人拥抱……向警予流着泪说不出一句话：“和森！……”

蔡和森安慰道：“警予，不要沮丧！我们虽然被遣送回国，但这次行动，激发了更多青年信仰马克思主义！现在，国内已经正式成立了中国共产党，在那儿，有更多的工作等着我们去做，你要注重身子，照顾好妈妈！”

向警予不住地点头：“我会的……你放心！”

众多警察拦着周恩来等学生，几个警察开始拉蔡和森。

一辆卡车停下，李富春扶着葛健豪、蔡畅从车上下来，蔡畅眼尖，一下看到了蔡和森，她激动地大声喊道：“和哥——”

葛健豪踉踉跄跄地冲向蔡和森，老人撕心裂肺地叫喊：“和子，我的儿子！……”

一名法国警察使劲拉着蔡和森。陈毅看见了，他快步走到警察身边，对警察说：“警察先生，我们就要离开贵国了，亲人前来送行，你应该行个方便。”

警察指着葛健豪问：“她……是学生的亲属？”

陈毅答道:“是的,他们是母子俩,是举家前来贵国的一家人,你作为东道主,应该让他们留下在法兰西最后一点美好的回忆。”

警察动了恻隐之心:“你,很会说话。那就让这位老太太和她的儿子说几句吧。”警察引着葛健豪和蔡和森到一个隐蔽处。

蔡畅高兴地对陈毅说:“陈毅,看不出你还真有点外交才能哩。”

陈毅笑着戏言道:“等革命成功了,你们都选我当外交部长吧!”

在一道围栏前,蔡和森向母亲道别,法国警察在不远处监视着。蔡和森歉疚地说:“妈妈……让您受惊了。”

葛健豪豪爽而又悲壮地说:“没什么。和子,妈知道,你做的一切,都是为了追求你的理想,妈支持你!……是呀!我们满怀希望来到万里之外的法兰西,没想到还不到两年,你就这样结束了留学生活,妈有些……难过!”

蔡和森说:“妈妈,您不要难过。自‘二二八’到拒款斗争,一直到这次占领里昂大学,我们都是在探寻。”

葛健豪迫不及待地问:“儿子,你们在探寻什么?”

“我们在探寻救国救民的道路,这个过程充满曲折和艰险。我们的敌人确实很强大,而且他们不分国界串通一气对付我们!所以,全世界无产者必须联合起来与他们斗争,这是历史发展的必然趋势。”蔡和森第一次直接面对母亲讲这些道理。

这些对葛健豪来说不陌生,但也不怎么熟悉,她说:“你说的,妈不一定全懂,但是我相信你是对的。”

蔡和森望着母亲,千言万语不知从何说起,此时,他只想让母亲多一点信心、多一点快乐,他充满激情地说:“妈妈,谢谢您一直支持我!儿子不会让您失望的!经过在法国的三次革命实践,我们成长了,而且,有更多的同学开始信仰马克思主义。现在,国内已经成立了中国共产党,从此,我们的斗争有了组织者和指导者,我们把在法国的收获带到国内,一定会大有作为的!只是,您还要呆在法国……苦了您了,妈妈!”

葛健豪顾不上考虑自己，她想到的是警予，便说："我说过了，只要儿女有出息，我这个当妈的吃什么苦都不在乎！我担心的是警予，警予怀有身孕，你这一走，她……"

蔡和森很自信地说："妈妈，您要像相信儿子一样相信警予，警予决不是懦弱女子。妈妈，有您在警予身边，我很放心！"

传来邮轮的汽笛声。警察走过来催促道："船快开了，先生，走吧！"

蔡和森向母亲深深地一鞠躬："我走了，妈妈，您多保重！"然后一步一回头离去。

在众多华人送行的呼喊声中，蔡和森大步走向"宝勒加"号邮轮。葛健豪深情地目送着儿子，她的眼里泪光闪烁。向警予和蔡畅、李富春走到老人跟前，李富春担心葛健豪受不了这样的场面，扶着她，向警予、蔡畅都关切地看着一动不动的母亲："妈——妈……"

葛健豪充满感慨地喃喃自语："一年多前，我们怀揣着梦想，第一次踏上法兰西的土地，也是在马赛港呀！……来时一腔热血，走时满怀抱负！和子……好样的！"

邮轮的汽笛声划破夜空。

周恩来引领着留学生和旅法华人向邮轮挥手告别。蔡和森、陈毅等在船舷边向送行的人们招手致意。向警予和蔡畅、李富春搀扶着老人向轮船方向一步一步走去。

眼泪在葛健豪眼眶里打转，可是她告诉自己：就在心里哭泣吧，我不能流泪！不能让孩子们看见母亲流泪，更不能让那些法国佬看见一个中国母亲流泪！葛健豪迈着小脚坚定地走着，她满是皱纹的脸上写着坚强和刚毅……

尽管葛健豪不断地给自己鼓劲，回到蒙达尼的小木屋后，她还是病倒了。葛健豪凝视着一张蔡和森的照片，伤心地自言自语："和子呀，到法国这一年多的时间，你好辛苦！……说实在的，妈也有些累了。但是，我记着你的话，无论发生什么情况，一定要坚强，我不能拖累警予和毛妹子……

妈决不会拖累她们的！”

葛健豪在床上转了下身，她发现了放在床头的那个小肚兜。老人眼睛一亮，拿起小肚兜看着，幸福地微笑着。

葛健豪突然想起什么，她将照片和肚兜放在床上，支撑着身子，慢慢下了床，她扶着墙壁走进厨房，拿出一只鸡煨汤，突然，一阵眩晕……

蔡畅和向警予在屋外花园坐着交谈。蔡畅说：“警予姐，自和子哥回国后，妈妈像老了很多！特别是这几天，妈妈身体虚弱得很。”

向警予说：“妈毕竟是快六十岁的老人了，表面上，她总是显得非常精神，但我知道，妈心里一直受着煎熬，也许是为了我们儿女，她一直撑着！”

蔡畅点头：“是的，妈是这样一个人，她宁愿将所有苦水一个人咽了，也不愿苦了她的儿女们！”

向警予感慨道：“母爱……无私呀！”

蔡畅对向警予说：“警予姐，你想回国，一定要早点告诉母亲，让老人家有个思想准备。”

向警予拿不定主意，蔡畅是个急性子：“迟早都要告诉妈的，你不便说，我去说！”

向警予阻拦道：“你……”

蔡畅改口说：“我先去探探妈的口气——”蔡畅说着，转身向木屋快步走去，向警予跟在后面。

蔡畅走进屋里，大声喊着：“妈……妈！”

屋内没有回音。蔡畅跑进母亲的卧室，房内空无一人，床上放着和森的照片和小肚兜。向警予进来，纳闷地说：“妈呢？……”

蔡畅说：“不在屋里，床上放着这——”向警予从蔡畅手上接过照片和小肚兜，她看了看，伤感地说：“可怜的妈妈！她整天想着的就是儿子和未出生的孙儿！”

房间里没有葛健豪的人影，向警予急了，大声喊叫：“妈……妈妈！”

厨房炉子上罐子里的鸡汤滚开着，葛健豪晕倒在墙边。向警予、蔡畅跑进来，发现倒在地上的母亲，急忙上前搀扶老人："妈！……妈！您怎么了？"葛健豪没有反应。

向警予、蔡畅急得手足无措，蔡畅要哭了："怎么办？"

向警予急着说："快送医院！"两人使尽浑身力气将老人扶起，蔡畅背着昏迷的母亲走进卧室。

周恩来、李富春和不满十七岁的邓希贤走进小木屋。向警予忙说："哎呀！你们来得正是时候！我妈晕倒在厨房里了！"

李富春一听急了："赶快送医院！我这就去拦一辆车！"李富春说着便转身跑出木屋。

邓希贤说："我听老人说，人累了、饿了，都会晕倒的，喝点糖水说不定可以缓过劲来。"

周恩来边往卧室走边说："希贤说得对！我们喂她喝点糖水……"

葛健豪躺在卧室的床上，蔡畅给她喂糖水，周恩来、邓希贤和向警予围在床边，他们紧张地注视着葛健豪。

葛健豪苏醒过来了，慢慢地睁开了眼睛。蔡畅、向警予惊喜地说："妈妈……妈妈醒了！"

周恩来、邓希贤喊道："蔡伯母！"

葛健豪环视着众人说："我是怎么了？……好像睡着了……"

蔡畅噙着泪水说："妈，刚才，您晕倒在厨房里了！"

向警予心疼地说："妈，您是太劳累了！"

葛健豪若无其事地说："我没累着呀，怎么就……啊，让你们受惊了，妈真不争气！"

蔡畅说："妈！您快别这么说。"

葛健豪对周恩来说："啊！……恩来，你来了？"

周恩来轻声喊道："蔡伯母！"

葛健豪打量着邓希贤："你是——"

邓希贤乖巧地说："蔡伯母，我叫邓希贤，是来自四川的勤工俭学生。"

葛健豪笑着说:“啊……那我们是同乡哩!”

蔡畅纠正说:“妈,您弄错了! 人家邓希贤是四川人,我们是湖南人,不是同乡。”

葛健豪坚持着说:“是同乡! ……”

蔡畅急了:“妈! 您该不是在说胡话吧!”

葛健豪虚弱地笑了笑:“怎么是胡话呢? 妈清醒着哩,四川人、湖南人都喜欢吃辣椒,同一个‘辣’字,不就是同乡吗?”

众人哈哈大笑起来。此时,李富春跑了进来,他气喘吁吁地说:“我拦了一辆车,快,送伯母去医院!”

葛健豪有气无力地说:“去什么医院? 我这不是挺好的吗?”

蔡畅劝道:“妈,李富春见您晕倒了,就出去为您拦了一辆车,看您,说话都没力气呢,您就去医院看看吧。”

葛健豪倔强地说:“我没病,看什么病! ……我这就起床,为你们做饭吃。”

葛健豪欲起床,众人紧张地将她按在床上。李富春说:“伯母,您千万别起床,您不愿意去医院,我这就让车开走,但您可得好好躺在床上。”

葛健豪微笑着说:“那还差不多,快让车走,别耽误了人家的事儿。”李富春应声出门。

葛健豪躺在床上休息,周恩来等几个人来到外屋,周恩来说:“虽然一百零四名勤工俭学生被遣送回国了,但是,通过我们的斗争,在法国的华人,信仰马克思主义的人越来越多了。巴黎共产党小组成立后,工作越来越繁重。”

蔡畅要求加入巴黎共产党小组,周恩来表示赞同,他随后将目光转向向警予:“今天,我和希贤、富春专程来这里,是有一件事要告诉大家,我们中间,一部分人继续留在法国工作,有些同志则需要回国充实国内斗争力量——”

向警予立刻意识到了:“你是说我?”

周恩来郑重地说："是的。国内刚刚建党，工作千头万绪，我们的革命离不开妇女群众，党的妇女工作更是急切需要有经验、有才干的人去牵头。"

卧室内，葛健豪早已从床上起来，她听见周恩来说："这件事，和森兄回国前有过交代，如果可能，希望警予尽快投入国内的斗争中去。"

葛健豪又听见蔡畅说："警予姐自己也想回国，只是她身怀六甲，怕妈妈不放心她走。"

向警予的话传到葛健豪耳边："我也舍不得离开妈妈，我想，等她老人家身体好一些后，再和她商量。"

葛健豪推开卧室门走了过来，大声说："不必商量了！"

众人一惊。向警予、蔡畅走上前去："妈妈，您没睡？"

葛健豪说："我想睡也睡不着呀！你们刚才说的话，我都听见了，既然是和森的意思，是党的需要，又是警予的心愿，我怎么能反对！"

蔡畅观察着母亲的表情，有些担心地问："妈……您生气了？"

周恩来赶忙说："伯母，您在病中，需要静养，这件事以后再商量吧。"

葛健豪最怕拖累了子女，她说："为什么要等'以后'？应该做的事就该马上做！警予这个时候走，我当然会很心疼，但是，一切都得服从工作需要，我这个当妈的，决不拖你们的后腿！"

向警予感动地扑向母亲："妈——妈！"

李富春提着牛奶和水果走了进来，笑容满面地说："我到商店买了些营养品。"

葛健豪责怪道："富春，你买这么多东西干吗呀！"

李富春憨厚地说："孝敬您老人家呀！"

向警予夸奖李富春就是一个实心眼儿的人！葛健豪疼爱地看着李富春。周恩来起身说："富春重情义呀！蔡伯母，您就领了这份情，好好养病吧。希贤、富春，走，我们马上回巴黎。"

葛健豪挽留道："吃了饭再走。"

周恩来说："来不及了。"

葛健豪推了一下蔡畅："那……毛妹子，你代我去送送他们。"

蔡畅把周恩来、邓希贤、李富春送到蒙达尼火车站。

一列火车徐徐离站，蔡畅只看见车上的周恩来、邓希贤，她跟着出站的火车往前走，看着一节节车厢，似乎在寻找着什么，心里纳闷：咦？……李富春呢？

突然传来李富春的声音："我在这儿哩。"蔡畅回头看见了李富春，一脸惊喜："你不是上了车吗？"

李富春憨憨地回答："我上了车，又从另一个车厢下车了。"

蔡畅问："你不去巴黎了？"

李富春说："我决定留下来。"

蔡畅看着李富春："为什么？"

李富春含糊地说："不放心。"

蔡畅故意问："不放心谁？"

李富春深情地说："你！……"

盼着听这个回答，真的听到了，蔡畅又有点不好意思了："我？……"

李富春也有点不好意思，支支吾吾地说："啊……不！是你的母亲。"

蔡畅的脸红了："这……"

李富春说："蔡畅，警予快回国了，你们家在法国这边就剩下你和伯母，伯母要是再像今天这样晕倒了，你怎么办？"

蔡畅心一动，极力掩饰着："你……你想得真周到。"

向警予在小木屋里伏案疾书。葛健豪端着一大碗鸡汤进来，看了看向警予写的内容，念道："女子解放与改造的商榷。"然后望着向警予，"又在赶写文章？"

向警予说："这篇文章是我去年写的，我想再修改一下，带回国内。"

葛健豪嘱咐道："警予，你怀着孩子，别太辛苦了。喝汤……鸡汤得趁热喝。"

向警予推让着："您喝……您身体不好。"

葛健豪摇头说："我没事。你怀着孩子回国，旅途又这么长，你得多喝呀。在我们老家，女人怀了孩子，至少得吃十只鸡！"

向警予说："妈妈……我的好妈妈！您病了，该由我侍候您呀，您怎么反倒……"

葛健豪深情地说："嗨！这汤呀，不只是妈要你喝，和森也要你喝，你肚子里的孩子更要你喝，你不能不喝！……警予，你的预产期是明年四月吧？"

向警予说："明年三月。"

葛健豪疼爱地看着向警予："你瞧瞧，还有不到五个月就要生了，你还要怀着孩子在船上漂泊一个多月，妈心疼呀！"葛健豪的眼睛湿润了。

"妈！……我的好妈妈！"向警予忍不住扑倒在婆母的怀里抽泣起来。葛健豪抚摸着向警予的头发："傻孩子，你是女圣人呀，怎么还会这样！我很少看见你掉眼泪哩！"

向警予赶忙擦干眼泪，哭中带笑地说："妈妈！您真是我的好妈妈！……这几年，您让我真真切切地感受到了母爱，谢谢您……警予永远……谢谢您！"

葛健豪贴心地说："不用谢，说心里话，能和你在一起，也是我上辈子修来的福气！"

向警予说："妈妈，说心里话，我多么想，您说一个'不'字。"

葛健豪不明白了："为什么？"

"这样，我就可以陪在您的身边了！"向警予柔声说道。

葛健豪马上说："那我就陪你一起回国。"

向警予通情达理地说："不！……蔡畅妹妹比我们更需要您。妈妈，蔡畅是一个聪明而又重感情的好妹子，和森和我一直都希望她能早日有一个好夫君……这件大事，恐怕就仰仗您了。"

葛健豪答应着向警予："嗯……嗯！这件事，妈心里有底。啊……汤快凉了，快喝了吧。”

向警予端起碗：“妈，我俩一起喝，好吗？”

葛健豪说：“好！我们娘俩分工合作，我吃鸡肉，你喝汤，这样总可以了吧？”葛健豪说着，从汤里拣起一块鸡骨头啃了起来。向警予凝视着老人啃鸡骨头的样子及丝丝银发，眼睛再次湿润了……

蔡畅和李富春从车站出来，在蒙达尼街头边走边交谈着。蔡畅有点埋怨地说：“你真不该留下来的，你在巴黎还要做工赚钱哩。”

李富春语气坚决地说：“可……你们家有难处，我不能不管。”

蔡畅说：“家里真的遇上了难处，我再找你求援就是了。”

李富春不以为然：“远水岂能解近渴！要是像今天这样，伯母又晕倒了，你一个人，那才是叫天天不应，叫地地不灵哩。”

蔡畅看了一眼李富春：“你真是一个……实在人。”

李富春大着胆子说：“做人就得实在一点，特别对你……”

蔡畅又害羞了：“对我？”

李富春诚恳地说：“啊……对你这个家！和森是我的好友，他回国了，我理应对这个家负责。而且，蒙达尼这座小城，在我心目中是个十分美好的地方，上次，我来参加蒙达尼会议，就深深地爱上了这座小城，爱上了你们全家。”

蔡畅不由自主喊了一声：“富春！”

李富春心里一喜：“你叫我什么？”

蔡畅撒娇道：“富春……不可以这么叫吗？”

李富春异常高兴地答道：“可以！大姐……可以！”

蔡畅看着李富春憨态可掬的样子，脱口而出：“你真好！”

李富春装傻：“什么？你说我——”

蔡畅大声地说：“说你真好！”

“两好合一好，才叫真正好！”李富春其实很会说话。

蔡畅羞涩地说：“你坏！”

李富春一愣："你刚才不是说我好吗？怎么又坏了？"

蔡畅边跑边说："你真傻！"说完便跑开了，身后撒下一串铜铃般的笑声。

李富春一摸脑袋，憨憨地笑了……

"妈的话我听懂了，两好合一好，才叫真正好！"小木屋内，向警予也是这样对婆母说。

葛健豪说："如今呀，是两好又加了一好，就是你们的孩子。"

葛健豪说着，拿出她亲手绣的小肚兜："给，……这是妈的心意，带着它回国去。"接着叮嘱道，"我想，你回国生了孩子，你和和森肯定没时间照应，就将孩子放在湖南吧。"

向警予深情地点头……

葛健豪又郑重地说："还有一件事我要托付与你，你林蒸哥是个很实在的人，多年来，我们在外面闯荡，家里的事苦了他了。一个男人怎么能让他老窝在家里呢？我心里一直为此很内疚，应该让他去外面闯闯世界。如果和森和你能理解妈的这点心思，你们就带着他一起干吧，林蒸一定会干好的。"

向警予点头："妈妈……我记住了。"

葛健豪和蔡畅、李富春再次来到马赛港，送别向警予。

海上浪涛汹涌，一艘海轮破浪向前。向警予上船后，朝亲人们挥手告别，岸边站着的亲人们久久地挥手，默默祝福她一路顺风……

第二十章　携孙回国

时光荏苒，一年半过去了，在长沙三姐妹缝纫店里，传出孩子"咯……咯……咯……"的欢笑声，向警予和蔡和森刚满周岁的女儿蔡妮穿着小肚兜，在爷爷蔡蓉峰怀里撒娇。

蔡蓉峰坐在椅子上，乐呵呵地逗着小孙女："妮妮，你这小肚兜好漂亮唷！这是你奶奶做的哩！你爸爸小时候也穿过这样的肚兜……"

蔡妮望着蔡蓉峰笑，咿呀学语。

蔡蓉峰故意说："妮妮的爸爸妈妈在上海，他们不要你了……"眼看蔡妮要哭起来，蔡蓉峰忙说："妮妮乖，爷爷喜欢你，要把你养得胖胖的，你奶奶回来看到你，不知多高兴哩！"蔡蓉峰逗着蔡妮："叫奶奶……奶奶……"

蔡妮口齿不清地学着。

门外，蔡林蒸站在木梯上搭雨棚，槟榔扶着梯子递钉子。蔡林蒸从木梯上下来，收拾着工具。

槟榔说："林蒸哥，你还是要去上海？"

蔡林蒸答道："嗯，妈说得对，男人家不能老窝在家里，得出去闯世界。警予回来说，和子在上海忙得不可开交，正缺人手，我去了，给他俩当个帮手。"

瑶妹子送一位顾客出门，她听见了蔡林蒸和槟榔的对话，上前说："我也想去上海。"

槟榔很感意外："你？去上海？"

瑶妹子看来早就想好了："葛校长五六十岁了还去了法国哩！我这么

年轻怎么不能去上海？我就是喜欢和警予姐在一起！”

槟榔不想惹老婆生气，说：“我没反对的意思，我们好好商量商量……”

屋里，蔡蓉峰对蔡庆熙说：“林蒸要去上海？……那怎么行！”

蔡庆熙说服着父亲：“爸，警予送妮妮回长沙时说过，这是妈妈的意思，妈妈说，这几年苦了林蒸了，男人嘛，应该出去闯世界！”

蔡蓉峰正欲说什么，蔡林蒸、瑶妹子、槟榔走了进来。蔡林蒸对父亲说：“爸，您就让我去上海吧，和子和警予那儿忙得很，缺人手哩。”

蔡蓉峰的脾气比年轻时好了许多，他担心地说：“我不是不让你去，你是家里的顶梁柱，你要是一走，这个家怎么办？”

蔡庆熙接过话：“这个家有我哩，爸，刘昂在外求学，林蒸去了上海，家里就我、您、妮妮三个人，我照顾得过来。”

瑶妹子进来对蔡庆熙说：“我也想去警予姐那儿。”

槟榔跟着说：“还有我。”

瑶妹子有点意外地看着槟榔。

“看来，这个家留不住你们了。”蔡蓉峰无可奈何地看着几个年轻人。

瑶妹子动情地说：“伯伯！我的这条命是蔡妈妈给的，这儿，永远是我的家。这次警予姐回来，我们谈了好多心里话，她说，我从死里求了一条生路，为女子解放做出了榜样。可是，在这个世界上，还有许许多多的姐妹像我过去一样生活着，她们需要帮助。警予姐的话，我听进心里去了！”

蔡庆熙鼓励道：“我支持你们走——走出一条属于穷苦百姓的光明大道来！昔日的苦命人贞妹子现在是师长太太、湖南的女议员，她也在尽力帮穷苦人呼吁。三姐妹缝纫店走了两姐妹，变成了祖孙缝纫店。你们放心，实在不行，我们就回乡下去，绝不拖你们的后腿……爸爸，您说呢？”

蔡蓉峰茫然道：“你问我？……”

蔡庆熙想让父亲开心一点，哄着他说：“您是我们这个家的家长呀，这么大的事，当然要您这个家长做主。”

蔡蓉峰说了实话：“我若做主，像以前一样反对你们，你们不是又要骂我老封建？……如今呀，你们都长进了，我没话可说，开会举手表决也用不着了，你们好好走自己的路吧！”

众人互望，抿着嘴偷偷地笑了……

上海，蔡和森疲惫不堪地回到住处，向警予在写文章，头都没时间抬一下说：“没时间做饭，你自己去用开水泡饭吃吧！还有一小碟咸菜。”

蔡和森看了看向警予，一脸不悦。向警予还在叮嘱：“吃完了，记得洗洗脚，别不洗就去睡。”

蔡和森没有说话，脱掉鞋，和衣在床上躺下。向警予半天没听到动静，回头看到蔡和森躺在床上，便跑过去拉起他说：“你怎么啦？还在怪我没给你做饭？告诉你，我也是两餐没有吃饭了！”

蔡和森说：“没有，我不是跟你说过吗？我很累！”

家里顿时笼罩在阴云中。向警予看着蔡和森，感到他们之间像是被什么东西隔住了。手头有好多事情要做，她没有时间多想。

传来敲门声。向警予警惕地问：“谁？……”

外面没有反应。蔡和森小声说：“快将所有报纸和文件藏起来！”两人急速地收藏报纸文件。

敲门声更加急促了。蔡和森、向警予紧张地对望了一眼，门外传来轻轻的声音：“和子……警予！……”

蔡和森听出来了，惊喜道：“是林蒸哥！……快开门！”

向警予开门，门口站着风尘仆仆的蔡林蒸。向警予兴奋地喊道：“林蒸哥！”

蔡和森欣喜地将蔡林蒸迎进屋内。蔡林蒸指着门外说：“和子、警予，还有两个人！”

向警予朝门口看去，热情地迎了上去：“瑶妹子，槟榔，你们都来了？！”

瑶妹子、槟榔兴高采烈地进屋。亲人们久别相见，他们热烈地拥抱在一起了……槟榔说：“这里也是我们的家！以后别叫我槟榔了，我有大名，叫熊利明……"

欢声笑语暂时驱散了阴云。

远在巴黎的蔡畅和李富春、邓希贤等几名青年在一面中国共产党党旗前宣誓。宣誓结束,在场的青年学生热烈鼓掌。

周恩来充满激情地说:"我宣布,经中共中央批准,我们在法的中国社会主义青年团改为中国共产党旅欧支部,各位青年团员,从今天起,转为中国共产党党员。同志们,永远不要忘记今天的誓言呀!不要忘记,人民大众是哺育我们成长的母亲!忘记,就意味着背叛!"

蔡畅与李富春互相交换着激动的眼神。

清晨,一群鸟儿在空中飞翔。

巴黎戈德伟鲁瓦大街一家咖啡店开始新一天的营业。咖啡店的楼上是中共旅欧支部编印室,蔡畅、李富春和邓希贤在忙着刻印蜡版。一份又一份名为《少年》的刊物堆放在一角。

邓希贤伸了伸懒腰说:"好了,这期的《少年》刊物总算刻完了。"

《少年》是中共旅欧支部的喉舌,是沟通党和旅欧华人的桥梁,这份刊物不但在勤工俭学生中影响很大,而且越来越受华工的喜爱。邓希贤笑着说:"我一个人在这儿印,你们俩熬了一夜,快去休息吧。"

蔡畅过意不去:"希贤,你不也是一夜没睡吗?我们一起印完了刊物再去休息。"

"用不着,油印机只此一台,你们俩在这儿也插不上手,何必耗费人力?不是说会休息的人才会工作吗?去……去去,你们实在要等我,先去楼下喝咖啡,我一会儿就来。"邓希贤诚心希望留点时间和机会给蔡畅和李富春。

李富春和蔡畅无奈地离去。他俩下楼时回头看了看,油印机前,邓希贤在拼命工作……

楼下咖啡厅刚刚开始营业,客人不多,蔡畅和李富春找了一个僻静的角落坐下。蔡畅用手整理着有些乱的头发,李富春痴痴地看着她,蔡畅调皮地问道:“富春,你怎么这样看着我?不认识了?”

李富春认真地答道:“我看你……你的脸上好像——”

“好像什么?有油墨?……很脏?”蔡畅赶忙用手擦脸,因为手上有油墨,反而弄脏了脸。李富春大笑起来。

蔡畅假装不高兴地说:“你笑什么嘛!”

李富春诡谲地说:“我是说……你脸上好像写着一个字。”

“什么字?”蔡畅有些好奇。

“‘爱’字!”李富春一本正经地说。

“又瞎说!”蔡畅有点羞涩。

“真的!”李富春的眼里满是温柔。

蔡畅说:“那是你心里想的那个字吧!”

李富春轻声说:“也许……可能!这个字真好,是人世间最美好的一个字。看见你、想起你,这个字便占据了我的心身!”

李富春细心地替蔡畅擦去脸上的油墨。蔡畅深情地说:“富春,我们认识也快两年了——”

李富春马上说:“不是两年,是很久很久!……好像上辈子我俩就相识了。”

蔡畅望着李富春:“我也有这种感觉。”

李富春热切地说:“那还等什么呢?”

蔡畅想了想,说:“我想听听妈妈的意见。”

李富春说:“你妈肯定比你还急哩!”

蔡畅犹豫着说:“我还有一个顾虑。……我俩刚入党不久,工作又是那么繁忙。”

李富春打断蔡畅的话:“工作是繁忙,但两个人合力,不是比一个人的力量要强许多么?”他趁热打铁道:“和森兄和警予姐就是我们的榜样。”

蔡畅深沉地点头。

服务人员用盘子端来两杯咖啡,李富春掏钱放在盘子上说:“今天我们不喝咖啡！——来两杯白兰地！”

蔡畅制止道：“富春，你这是干吗？”

李富春壮着胆，提高了音调说：“结婚呀！……喝喜酒！”

蔡畅大惊：“结婚？！……就在这儿结婚？……我的天哪！”

李富春说：“润之兄不是说过吗？我们要奉‘向蔡’为首领，不要婚姻！不要婚约！不要旧式婚礼！”

他俩身旁突然传来一声四川口音：“对啰！……就在这里结婚，我当证婚人嘛！”李富春、蔡畅抬头，邓希贤端着一杯酒笑呵呵地站在他俩面前。

李富春、蔡畅异口同声喊道：“希贤！”

邓希贤兴奋地说：“刚才你们俩的话我都听见了，我举双手赞成，就在这里办一个特殊的婚礼！”

蔡畅毫无准备，问道：“现在？”

邓希贤说：“现在！这叫趁热打铁嘛！”

服务人员端来白兰地，李富春、蔡畅会意地举起酒杯。邓希贤高举酒杯说：“我当证婚人，也是主婚人！我宣布，二十世纪一对新人——蔡畅和李富春的新式婚礼现在正式举行！……来，碰杯！”三个酒杯相碰，酒花四溅……

晚上，因担心葛健豪接受不了蔡畅和李富春这么简单的婚礼，邓希贤抢先来到蔡畅在巴黎的住所，向葛健豪贺喜。

葛健豪惊讶地说道：“怎么？他们俩，就这样……结婚了？！”

邓希贤笑呵呵地说：“是呀！酒杯相碰，两心撞击，爱花绽放！罗曼蒂克……好罗曼蒂克哟！”

葛健豪有些不理解：“过于简单了吧！”

邓希贤随口说道：“您不是主张反封建吗？”

葛健豪不高兴地说：“这么个反法，我适应不了！”

蔡畅、李富春进屋，两人同时喊：“妈！”

葛健豪转过身去不语。邓希贤向李富春、蔡畅暗使眼色。

蔡畅心领神会,撒娇般对母亲说:“妈妈,您……生气了?”

葛健豪背着身说:“能不生气吗?这么大的事,连个招呼都不跟我这个当妈的打!你们比你和子哥和警予结婚还要出格!”

蔡畅轻声说:“妈……我懂您的心,这件事呀,您不是比我们更着急吗?所以我们俩就……”

葛健豪急了:“合着这事还是我的责任!”

邓希贤从中打圆场道:“伯母,不能说是您的责任,应该说是您老的功劳!您不但支持了‘向蔡’自由结合,今天又促成了这桩全新的婚礼。就凭蔡家这两桩史无前例的崭新婚礼,后人肯定会称赞您蔡伯母是二十世纪最开明的母亲的!”

一席话说得葛健豪满心喜悦,她爱昵地瞪了邓希贤一眼说:“就你嘴甜!”

李富春见状马上说:“伯母……啊不,妈妈!在富春心里,我早就是您的儿子了。是吧?既然如此,何必繁琐!我想呀,免掉俗套的婚礼,您肯定会支持的,因为,我们的妈妈,是一位具有新思想的妈妈嘛!”

葛健豪故意生气地说:“哼,你们三人都是吃了蜂蜜来这儿的,一个更比一个嘴甜!”她看着蔡畅委屈的样子,心软了,说:“好吧,既然是水到渠成,我也不说什么了。只是作为一个当妈的,没能为儿女婚事好好操办,这心里呀,总有些不舒服。”

邓希贤宽慰道:“伯母,您别这么想,富春和蔡畅大姐,心心相印,志同道合,他俩一起陪您往前走,是您老的福气呀!”

葛健豪是个豪爽人,见他们三人话说到这份上了,便对邓希贤说:“这话我爱听,我喜欢富春的忠厚机灵,我早就想让他成为我的女婿了。……好,妈祝贺你们,祝你们一生携手向前、白头偕老!”

蔡畅、李富春向母亲深深鞠躬:“妈——妈!”

邓希贤在一旁咧着嘴憨笑着。

葛健豪嘱咐道："你俩成亲毕竟是件大事，赶快写信告诉家里人，特别是和子和警予，他俩一直牵挂着你们……"

喜讯传到了上海。向警予读完葛健豪的来信，兴奋地告诉蔡和森："好呀！妈妈来信说，蔡畅和富春结婚了！"

正在伏笔写作的蔡和森一喜："是吗？好呀好呀，这不仅是我们蔡家的喜事，也是我们党的喜事！从此以后，我们党内又多了一对志同道合的革命伴侣！"

向警予忙说："快将这喜讯告诉二哥。"

蔡和森点头："对！给林蒸哥鼓鼓气，林蒸哥最近的情绪好像有些低沉。林蒸哥本来就不善言辞，加上一口湖南方言，让他给群众做宣传工作，实在难为他了。"

向警予往好处想，说道："是呀，他是心有余而力不足，但我相信他会克服暂时的困难的……"

黄浦江畔，蔡林蒸一个人面对落日余晖在练习说话。他小声背诵着："落霞与孤鹜齐飞……"他一会儿学着上海话念，一会儿又学国语念，但始终念不好。他心里一烦，干脆操一口湖南腔面对黄浦江大吼起来："落霞与孤鹜齐飞，秋水共长天一色……"

"哈哈哈……"身后突然爆发一阵笑声。蔡林蒸猛回头，看见是瑶妹子和熊利明，他不好意思地说："瑶妹子，熊利明……让你们见笑了，我的嘴巴好笨哟！"

瑶妹子安慰道："林蒸哥，没事的，慢慢来。以后你去工厂，语言不通，我给你当翻译！"

蔡林蒸苦笑起来："呵呵，我还带上翻译了，和日本老板的谱一样大！"他突然发现瑶妹子手缠纱布："你的手……怎么了？"

瑶妹子答道："没什么，昨天和工头争斗，受了点轻伤。"

熊利明对蔡林蒸说："林蒸哥，我们前来，就是告诉你，日本老板又要裁人了，他们要将不听话的工人都赶出工厂，瑶妹子带领女工与日本老板理论，挨了一棍子。”

蔡林蒸急了：“那怎么行！砸了工人的饭碗，工人怎么活？决不能让日本老板为所欲为，和子和警予说了，工人们只有拧成一股绳才能斗赢老板，不行就罢工！……走，我们现在就到厂里去看看情况！”

三人赶到上海工人文化补习班，简陋的教室内，蔡林蒸、熊利明和缠着纱布的瑶妹子帮向警予分发《向导》周刊，瑶妹子特意告诉几名女工骨干分子：这一期周刊上面有向警予的文章《丝厂女工哀告书》。

向警予对女工骨干们说：“工友们，日本丝厂欺压中国女工的卑劣行径已经引起了全社会的愤慨！我们应该抓住这个时机，将这份《丝厂女工哀告书》发送到全厂女工中去，我们一定要将这次罢工发动好、组织好，给欺压我们的帝国主义者狠狠一击！各位，按布置行动吧！”

在场的女工骨干们纷纷点头，表示决心……

向警予对瑶妹子说：“跟我出去一趟。”

瑶妹子说：“好的。向大姐，我们去哪里？”

“去百老汇大楼。”向警予急匆匆地走着。

瑶妹子不解地问：“去那儿干吗？”

向警予说：“女子参政会邀请我去出席一个聚餐会。”

“那我回厂去，罢工马上就要开始了。”瑶妹子着急地说。

“你随我同去。”向警予的语气没有商量的余地。

瑶妹子一惊：“我跟你去……那种场合？”

向警予肯定地说：“是的！那儿是女子解放的另一个战场！……”

上海百老汇大楼门口，张灯结彩，衣着高贵华丽的妇人们进进出出。向警予和瑶妹子走到门口，瑶妹子止步说：“向大姐，我还是回工厂吧，丝厂的罢工马上就要开始了，我——”

向警予急了：“我说了，聚餐会是女子解放的另一处战场，你不应该躲避！”

瑶妹子说了内心的疑惑：“我不是躲避，我只是不相信，这些有钱有势的太太、小姐，怎么会关心我们女工的权益！”

向警予说：“瑶妹子，有钱有势的女人大多数养尊处优，但她们之中，也不乏明智的女人，等会儿你要见到的康同璧女士就是其中的一位。”

“康同璧？”瑶妹子第一次听说这个名字。

康同璧是康有为的女公子，能写会画，才华横溢，曾就读于美国的哈佛大学和哥伦比亚大学，她一直致力于女权运动，在国内外享有很高的声誉。

百老汇大楼四楼宴会厅内，一位穿着华丽、气质高雅的中年女人凭窗伫立——她就是康同璧，她的身后，花枝招展的贵妇人们在优雅的乐曲声中翩翩起舞。司仪走过来，对康同璧低声耳语几句，康同璧看了看手表点点头。

司仪对大家宣布：“聚餐会开始！”

音乐停止，贵妇人们望着台上，司仪说：“女士们，先生们，今天，我们女界同仁在这里聚会，一是联络感情；二是庆祝我们女子终于获得了参加国民议会的权利。这是我们康主席领导的女子参政会的伟大胜利！现在，我们请康主席致辞！”

与会者热烈鼓掌。

康同璧颇有风度地向来宾点头致意，然后开始演讲：“姐妹们！女子参政运动虽然起源于欧美，然而，在我们中国，女子参政早有先例。我们女子的才干并不亚于男子，所谓巾帼不让须眉，此言有理呀！……”

与会者频频点头，兴奋地鼓掌。

百老汇大楼门前，两个守门的印度“阿三”用鄙视的眼光打量着向警予和瑶妹子，将她俩拦住。瑶妹子有些不自在，向警予从容地亮出请柬。

印度“阿三”看了看请柬后，马上立正并向她俩行礼。向警予领着瑶妹子从容地向楼内走去，走进电梯，电梯里的几名阔太太斜眼打量着衣着寒酸的向警予和瑶妹子。

向警予、瑶妹子从电梯内走出。通往宴会厅的走廊上，贵妇人和绅士们悠闲地走来走去,有的还抱着巴儿狗,瑶妹子看着这一切,露出新奇和不屑的表情。

向警予很会照顾瑶妹子的情绪,走到宴会厅门口时,对她说:“我们先站一会儿,熟悉熟悉这儿的环境后再进去。”

宴会厅内,聚餐会正在进行。

康同璧说:“今天,本会荣幸地邀请诸位光临,是想最后商定出席国民议会的女界代表人选——”康同璧向司仪点头示意。

司仪宣布:“第一位候选人是我们万国妇女会的副会长,我们尊敬的康同璧女士。”

与会者热烈鼓掌。

司仪继续介绍:“第二位候选人是刚刚从长沙赶来上海的湖南省女议员方淑贞女士。”

在掌声中,衣着华丽的方淑贞走到康同璧身边,她微笑着向大家点头致意。

宴会厅门口,瑶妹子注视着台上,吃惊地说:“方淑贞?……是不是贞妹子呀?”

向警予看了看台上,惊喜地说:“是她!……是贞妹子!啊,真想不到,一位从死神手中跑出来的女子,如今变成了贵夫人!”

宴会厅内康同璧对大家说:“第三位候选人向警予女士,留学法国,学识渊博,她虽然经常出入纱厂及棚户区,但她确实是我们女界不可多得的人才!”

来宾们交头接耳,纷纷议论起来。

“康主席,对于向警予的当选,我不敢苟同,她再有才华,也与我们格格不入!”

“是呀,听说向警予是共产党人!”

“现在虽然是国共合作,但向警予专门写文章鼓动女工造反,这太可怕了!”

“这样的人进了议会，肯定会玷污我们队伍的纯洁和高贵的！”

“不！我经常阅读向女士的文章，我觉得她对妇女解放有独到见解！”

“向先生在我们女学生中很有威信，她绝对应该当选！”

来宾们七嘴八舌地争论着，会场有点乱。

康同璧说话了：“请大家安静！有不同意见，我们可以讨论。据我所知，方淑贞女士与向警予及其家人来往甚密，是不是请方女士再介绍一下她所熟悉的向警予女士？”

会场的议论声渐渐平息下来。

方淑贞站了出来，她颇有风度地向大家介绍说：“诸位！向警予女士出生在一个富贵的家庭，她的父亲是湖南溆浦的商会会长，她本人更是出类拔萃，在周南女校就读时，就被人称为‘女圣人’，留学法国回来后，她全身心地投入到妇女解放事业，她像一块磁铁一般吸引着人们，她创办的中国妇女解放协会，现今已有会员三十万人！……”

来宾们听着，脸上都流露出惊讶的表情。

方淑贞继续说：“所以，我觉得，我们的女子参政运动，非常需要这样有才华、有号召力的女界精英参与！如果把女工农妇的生活环境比作烂泥污垢，那么，我以为，向警予女士便是这烂泥污垢上面长出来的一朵荷花！”

康同璧点头：“对对！这朵美丽的荷花是我们女界的骄傲！”

方淑贞欲继续讲话，当她的目光扫至门口时，她一怔，话语突然中断了……她看到了向警予和瑶妹子。

方淑贞立即快步迎上：“警予！瑶妹子！”

向警予激动地对走来的方淑贞说：“啊！……阔别多年，想不到在这儿不期而遇！”

瑶妹子说：“贞妹子！你刚才的讲话，我听了，你的口才真好，但是我心里有气！”

向警予忙拉了拉瑶妹子的手，低声说：“瑶妹子，先别在这儿说这些！”

康同璧闻声走了过来，热情地说："想必您就是向警予女士吧？久仰……久仰！"

向警予与康同璧握手。康同璧转身向大家大声宣布："女士们！向警予女士到了，我们欢迎！"

康同璧指指向警予，向司仪示意。司仪热情地说："女士们！让我们再次以热烈的掌声欢迎向女士的光临！"

大厅里陆陆续续响起一阵并不热烈的掌声。

向警予向大家点头致意，她虽然穿着褪了色的蓝布衣服，但脸上肤色白净，一双大眼睛亮而有神，她说："今天在这儿见到诸位，深感荣幸。诸位都是名门才媛，能热心妇女解放事业，实在难能可贵！但是，今天我给大家带来的是一个令人扫兴的消息，据北京人士透露，政府准备完全取消妇女代表当选国会议员的资格！"

全场哗然！方淑贞问："警予，这是真的吗？！"

向警予从手提包中拿出一纸公文：这是政府即将公布的国民议会条例！

方淑贞接过条例看了后递给康同璧，康同璧看后，贵妇们传阅着，她们惊讶地发出哀叹！向警予说："女士们，这是预料之中的！军阀政府连起码的人权都不给民众，他们怎么可能尊重女权呢？！"

向警予停顿了一下，开始演说："亲爱的女士们，不要对军阀列强寄托幻想了！当前的中国，列强称霸，武人当道，政治问题不解决，妇女问题是永远不可能解决的！诸位致力于女权，精神可嘉，但是，恕我直言，在当今如此黑暗的世道里，即使有几位女子当上了女官，又能怎样呢？我要毫不隐讳地指出：那只是在这个腐败的社会中增加了几只花瓶而已！那只是在无聊的男官僚群中增加了几个无聊的女官僚而已！于国于民，于广大妇女毫无意义！"

向警予充满激情的演说震惊全场，贵妇们瞠目结舌，为向警予的精彩演说、也为中国妇女的地位。会场沉默良久，方淑贞问："警予，恐怕不能这么说吧，难道中国就不需要女权运动了吗？”

向警予说：“要的！可是首先要争取什么样的女权呢？答案在哪里？答案在她们身上！”

向警予突然转身指向瑶妹子说：“因为，她们是中国妇女的大多数！因为她们生活最痛苦！所以，她们最懂得中国需要什么样的女权！”

康同璧稳步走向瑶妹子问道：“那你说说，中国妇女现在最需要什么样的女权呢？”

瑶妹子被向警予的演说打动了，她早已丢开了拘束，只听她深沉地回答：“生存的权利！”

贵妇们交换着疑惑的目光，互问道：“生存的权利？是吗？”

瑶妹子激动了，她只觉得浑身的热血在涌动，她大声说：“是的！生存的权利呀！太太小姐们，你们知道我们丝厂女工的痛苦生活吗？！……”瑶妹子如诉如泣地接着说：“女工们苦呀！……我们每天清晨四点钟便披星戴月，踏着烂泥污垢，来到阎王殿一样的厂门，然后，就钻进了不透风的潮湿阴暗的车间，没命地干呀干，一直干到晚上九点回家。一到家中，爹妈在床上呻吟，可怜的婴儿等着母亲喂奶！每天，我们就是这样在生死线上挣扎呀！……”

宴会厅内，瑶妹子在控诉着，她声泪俱下。与会的人认真听着，有的摇头，有的流下了同情的眼泪。

向警予激动地大声说：“女士先生们呀！你们是否知道，有多少女工死在车间，有多少婴儿死在母亲的怀抱，有多少妇女在街头乞讨，有多少姐妹投河上吊！……女工也是人呀，她们为什么受着这样非人的摧残呢？！请问，伸张女权的女士们，女权在哪里？人权又何在呀？！……”

突然，不远处传来声声笛鸣。贵妇们惊慌失措，有几名贵妇起身离席。向警予大声喊道：“女士们，不要惊慌！这是丝厂女工罢工的笛声，这是争取女子解放的号角！我们斗争的目标是帝国主义和封建军阀，请诸位理解，请诸位支持！”

贵妇们有的点头,有的慷慨解囊捐款。

夕阳照耀着上海一家高级酒店的屋顶花园。一张圆桌旁,向警予、瑶妹子和方淑贞在叙旧。

方淑贞说:“是的,我不会忘记,我也不能忘记!我曾经是一个童养媳,在我走投无路的时候,是秋瑾救了我;在我获得第二次生命以后,是蔡妈妈为我引的路!……啊,我是多么思念蔡妈妈呀,她快六十岁的人了,为了儿女……不!她是为了改变中国,去往万里之外的法国奔波!我真是想念她,不知道她现在过得怎么样?”

向警予答道:“妈妈在法国过得很充实,毛妹子生了孩子后,老人家更忙了。”

方淑贞惊喜道:“毛妹子都有孩子了?……是个男孩?……”

向警予说:“是个女娃,名叫特特,应该有八个月大了,和我的第二个孩子博博相差不到一个月。”

方淑贞感慨道:“真有意思!……蔡妈妈儿孙满堂了,好人好心有好报,真有福气呀!”

巴黎蔡畅住处,蔡畅八个月大的女儿小特特在熟睡中,葛健豪靠在床头,一边用手轻轻地拍打着小特特,一边哼着儿歌:“宝宝宝宝快睡觉,妈妈摇你到外婆桥,外婆桥边枫树林,枫树林中小鸟叫,叫到万山都红遍,妈妈宝宝拍手笑……”

葛健豪眼前闪现出家乡荷叶镇小桥流水、层林尽染的景象……她轻轻抚摸着特特的面庞说:“特特呀,这首儿歌,是你妈妈小时候,外婆哄她睡觉的时候唱的;是你和子舅舅小时候,外婆哄他睡觉的时候唱的!如今,外婆又给你唱……”葛健豪疼爱地看着特特出神,屋外,月光洒遍大地,她似乎听到亲人们的声音断断续续从远处传来。

周恩来、蔡畅、李富春、邓希贤等人正在一间屋子里开会。周恩来对大家说,国内已进入国共合作时期,急需大批骨干参与领导工作,留法勤工俭学生中的一部分党员同志,如赵世炎、陈延年、陈乔年、聂荣臻等几十人去莫斯科学习后，已陆续回到国内。党中央决定，继续派一批同志前往莫斯科东方大学深造，这其中有蔡畅、李富春……

邓希贤一听，急着说："恩来同志，蔡畅大姐和富春同志的老母亲已近六十高龄，他俩去了苏联，老人怎么安排？何况她还带着八个月大的小特特哩！"

周恩来看着蔡畅和李富春问："你们的意见如何？如果确实有困难，尽早提出，我向中央反映。"

李富春表示马上回去和老人家商量一下。蔡畅认真地说："请组织上放心，有困难我们想办法克服。"

开完会，蔡畅、李富春和邓希贤离开会议场所，在巴黎街头走着，走到一家食品店门口，邓希贤同李富春、蔡畅打了个招呼欲走。蔡畅问："邓希贤，你上哪儿去？"

邓希贤神秘一笑，向食品店快步走去。李富春看着邓希贤的背影对蔡畅说："这个智多星，又不知要耍什么花招了。"

蔡畅说："别管他，我们先走吧。我都急死了，要去苏联，撂下妈和特特，怎么办哪！"

李富春想了想说："实在没办法，我们就向组织上如实反映，等安顿好妈妈和特特，我们再赶往苏联。"

蔡畅不同意："这恐怕不行，这会打乱组织的安排的。"

两人正商量着，邓希贤赶了上来，他乐呵呵的，双手捧着一大堆肉制品、面包和红酒。李富春奇怪地问："哎，邓希贤，你买这么多东西干吗？"

邓希贤说："请客呀。"

蔡畅好奇地问："请谁？"

邓希贤说："我要请蔡伯母。"

蔡畅转而有些奇怪了："请我妈？"

邓希贤答道："是呀！你俩要去苏联了，我琢磨，蔡伯母和小特特咋办呀？”

蔡畅接过话："我俩也正为这事着急哩。"

"光着急有啥子用？要开动脑子想办法嘛！"邓希贤朝蔡畅摇了摇头。

李富春问："你这想的是啥办法？"

邓希贤说了句口头禅："你懂个锤子！"他接着解释："欲谈此事，是不是首先要让伯母高兴起来？伯母一高兴呀，啥子难事就不难了嘛！"

李富春想了想说："对呀，中国人说，酒席上好办事，是不是呀？"

邓希贤狡黠地一笑。蔡畅不得不服，她推了一把邓希贤，说："难怪别人说你是智多星，鬼点子就是多！"三人说着哈哈大笑起来……

蔡畅的住处，小特特在地上爬，不小心碰到椅子上，哭了起来。葛健豪心疼地跑了过来抱起小特特，老太太佯装打椅子哄着特特："这椅子坏！外婆打它……打它！"小特特不哭了，她学着外婆的神态举起小手，做了个拍打的动作，口中还呀呀有声。葛健豪高兴了，使劲儿亲着外孙女。

蔡畅、李富春和邓希贤进屋来。邓希贤满脸笑着说："蔡伯母好高兴唷！"

葛健豪说："特特想学走路，被椅子绊了一跤，她学我打椅子！真可爱，哈……"

邓希贤打趣道："好呀，特特这么小就晓得与'敌人'斗争了！"

葛健豪看见邓希贤买来食品，问："邓希贤，你这是干吗？"

邓希贤豪爽地说："今天，我请客！"

葛健豪问："你请谁呀？"

"请您呀！"邓希贤一脸认真。

葛健豪说："你是客人，到我家来，请我这个主人吃西餐，你弄颠倒了吧！"

李富春和蔡畅摆好了酒桌。李富春说："妈，邓希贤说呀，他总是来我们家蹭饭吃，今天他要表示一下。"

葛健豪接过话说："什么我家他家，我们都是一家！这个邓希贤呀，机灵得很，我早就把他当自己的伢子了。”

邓希贤反应很快：“所以，伢子就更应该孝敬母亲了！伯母……来，坐下……吃……吃！”

众人围桌而坐。蔡畅欲抱特特，小家伙不愿意，把头埋在葛健豪的怀里。邓希贤笑道：“特特连亲妈都不要呀。”

葛健豪笑了笑：“从小跟着我，她认生。”

蔡畅有点苦恼：“嗨！自己生的孩子，见了亲妈还认生，我这个妈没当好！”

李富春马上说：“这没啥，以后，我们加倍补偿就是了。”

邓希贤站了起来，他端起酒杯对葛健豪说：“蔡伯母，您说我是您的伢子，那我就叫你一声妈，敬您一杯酒，我代表所有勤工俭学的伢子们敬您老一杯，谢谢您这么多年，对我们的关照！”

蔡畅、李富春赶忙站起凑兴说：“好，我们一起敬妈，祝妈妈健康长寿！”

葛健豪高兴极了，她端起酒杯一饮而尽后说：“好呀好呀，我是你们的妈，也是你们孩子的外婆！”

邓希贤带头鼓掌：“伯母说得好！我听出了您说此话的意思，您是要让蔡畅大姐、富春哥哥，还有和森警予都去忙革命！”

葛健豪高兴地大叫一声：“对啰！邓希贤就是聪明透顶，一说话就说到点子上去了！”

邓希贤向蔡畅、李富春使眼色。蔡畅、李富春会意了，他俩恭恭敬敬地向老人敬酒：“妈妈……谢谢您了！”蔡畅的眼里泪水在打转。葛健豪与他俩碰杯时，发现了女儿眼中的泪水，问：“咦！毛妹子，我看你不对呀，怎么眼睛里全是泪水？”

蔡畅哽咽道：“妈……妈！我……我……”

葛健豪一惊：“你怎么了？”

李富春说：“妈，是这样的，组织上决定派我俩去苏联学习，大姐是舍不得离开您和特特。”

葛健豪恍然大悟:“啊!……原来,今天喝的是一场告别酒?”

蔡畅连声说:“妈妈……对不起!我真的不知道怎么对您说。”

邓希贤说了实话:“他俩不好说,我就出了这个歪点子。”

葛健豪爽朗地说:“别说了,我明白了……我懂了!其实,为了这点事,你们完全不必费这个脑筋……”

葛健豪对他们三人说,她坚决支持蔡畅、李富春去苏联。说这话的时候,她就替自己安排好了:回国!

法国,这个美丽的国家,在葛健豪眼里从陌生变为熟悉,说离开就要离开了,她心里特别不舍。在这里,她体会到人情冷暖是没有国界的;在这里,她感到世界很大,不明白的事物太多,世界又很小,人的胸怀足以包容它;在这里,她见证了她的儿子蔡和森、女儿蔡畅先后和心爱的人结为志同道合的伴侣;在这里,她看到儿女们忧国忧民,一步步成长为同龄人中的佼佼者……她庆幸自己当初作出的出国选择是正确的。她在心里默默说:无怨无悔,此生足矣!

葛健豪决定马上带李特特回国,和国内亲人团聚,这样,蔡畅夫妻俩和和森夫妻俩就都不用担心她这个母亲了。

夜深了,蔡畅和李富春在商量着,他们不放心一老一小留在法国。李富春说:“这事还真让人为难,妈妈同意我们去苏联,可这一老一小留在法国,真的有些不好办!”

蔡畅也不安地说:“还是再和妈妈好好商量一下。”

李富春小声地对蔡畅说:“这样对妈说……”

两人耳语着走出房间,来到隔壁卧室里,小特特已经熟睡,葛健豪半蹲着身子在清理箱子。蔡畅和李富春进来喊道:“妈妈!”

葛健豪边清理箱子边问:“这么晚了,还没睡?”

李富春说:“妈,我和蔡畅商量了,我们不随这一批同志去苏联。”

葛健豪蓦地站了起来:“为什么?”

蔡畅说:“妈,您都快六十的人了,又是一双小脚……”

葛健豪不高兴:“又是一个‘老’字,一个‘小’字!你们还有没有别的话说了?”

李富春忙解释:“不……不!我们是想说,您这把年纪,一个人带着小特特,会很不方便的。”

葛健豪说:“有什么不方便的!一个人哪,只要有决心做一件事,就没什么做不好的!”

蔡畅耐心地说:“妈妈,话虽这么说,但我们还是不放心撂下您!”

葛健豪生气了:“撂下我?……我是你们的包袱呀?!这话说的!”

蔡畅急了:“不不不……不是这个意思!”

葛健豪说:“什么意思?……反正呀,脚长在你们的身上,你们硬是要不去苏联,我也没办法!不过,我得提醒你们,你们可都是党的人,不听党的安排,被党开除了,我可不管!”

两人听着,互相看了看,笑了……

葛健豪十分严肃地说:“这么大的事,笑什么?!……我说得不对?”

蔡畅说:“妈,您说得对!我们一定服从组织的决定,富春先去苏联——”

葛健豪忙问:“你呢?”

蔡畅答道:“我想先把您和特特送回国内,安顿好了,我再从国内赶去苏联。”

葛健豪连连摇头:“我的天!……那不得耽误好几个月呀!……不行!你们看,我把箱子行李都准备好了,你们放心去苏联,我一个人带着特特回国!”

李富春说:“妈!回国路程可是上万里呀,旅途风大浪急,您一个老人带着八个月大的特特……”

葛健豪说:“你们别小看了我这个小脚老太婆,我既然可以从湖南的深山里来到法兰西,我就一定可以把小外孙女从法兰西带回国内!

不信……试试！”

蔡畅是相信母亲有这个能耐的，她被母亲的决心打动了，久久地凝视着母亲：“妈妈！……”

李富春上前搀扶着老人动情地说：“我们的好妈妈呀！……辛苦您了！您为了支持儿女的革命工作，不辞辛劳，不怕风险，不光是我们，我们的同志、我们的后代都会永远记住您的！……”

浩瀚的大海上，风浪撞击着邮轮的船身。船舷旁，伫立着葛健豪，她紧紧地抱着八个月大的李特特，孤零零地踏上回国的路，是当初无论如何没有预料到的，和儿女们在赴法的邮船上的欢声笑语仿佛还在耳边。

葛健豪把脸挨着李特特的脸，李特特笑得格外甜，这让葛健豪伤感的心里平添了快乐，她一遍遍回味着李富春对她说的话：“妈妈呀！历史，将会记住，在中国共产党诞生的最初岁月里，有这样一位老人，她曾经如此倔强地面对生活，为了追求光明，她迈着一双小脚，与儿女们一起行走天涯！……”

邮轮破浪向前，葛健豪望着朝阳升起的地方，心已飞回中国……

第二十一章　再办女学

葛健豪抱着李特特在邮轮甲板上，看见上海越来越近，轮廓越来越清晰。

葛健豪十分激动，她眼含热泪喃喃自语："啊，到了！……阔别五年，我终于又回来了！五年前，我随同儿女去；五年后，我抱着外孙回！……啊！亲人们呀，你们可好？……"

上海十六铺码头人头攒动，熙熙攘攘。邮轮已靠码头。旅客们鱼贯下船。人群中，蔡林蒸挤着往前移动，他踮着脚，在下船的人流中寻找着。

葛健豪背着李特特，拄着拐杖，提着简单的行李，出现在下船的人群中。蔡林蒸看见了母亲，他在人群中使劲儿往前挤，高喊："妈……妈！我在这儿！……"

葛健豪隐约听见喊声，她抬眼寻找，发现了人群中的蔡林蒸："林蒸！……"

趸船上。别离五年之久的母子相见了，葛健豪高兴万分地端详着儿子："啊！……林蒸呀，五年没见面了，让妈好好看看你……啊，长黑了，结实多了！"

蔡林蒸从葛健豪的白发和脸上的皱纹上感觉到岁月的沧桑，老了，母亲老多了，令他感到安慰的是母亲依然精神矍铄。蔡林蒸急着要看小外甥女："妈，我先看特特。来，给我抱。"

蔡林蒸从葛健豪背后接过李特特，兴奋地对婴儿说："特特，我是你舅舅呀！"小特特像是知道说话的是自家人，可爱地笑了……

上海蔡和森住处，蔡林蒸领着葛健豪和小特特进了门，屋里顿时欢腾起来，桌子上摆放着一桌子酒菜，大家等着为葛健豪接风洗尘。

蔡和森、向警予高兴地迎上，他俩争抢着抱李特特。向警予说：“来，特特，舅妈抱，让外婆歇一会儿。”

蔡和森笑着对母亲说：“妈，我们今天太忙了，没时间去接您。”

“嗨，我知道你们忙，有林蒸接我们就行了。”葛健豪仔细端详着和森，感觉他比在法国时沉稳、干练多了。

葛健豪感慨万分，和森在法国时就提出要建立中国共产党，如今，他是党中央的执行委员会委员、党中央的机关刊物《向导》的大主编，向警予也当选了党中央第一任妇女部长！

葛健豪对蔡和森和向警予不断地点头：“好……好，你们都出息了，我这个当妈的没白操心！”

向警予拿出了几本《向导》杂志给葛健豪看，葛健豪接过杂志翻阅着。蔡和森说：“在法国，我好几次对妈妈说，深感国内言论沉寂，有主义、有系统的出版物几未见之。如今我们不但有了自己的党组织，而且有了我们盼望已久的舆论阵地。”

葛健豪听了非常高兴，她说：“好……好！我们在法国忍饥挨饿遭受迫害，如今都变成了一种……一种财富，改造中国和世界的精神财富！希望这是黑夜沉沉之中国的一线曙光！”

说着说着，葛健豪脸上的笑容消失了，她有点失落地说：“如今，你们年轻人都在实现着自己的理想，可我这老太婆子有一桩心愿还没有了却哩。”

向警予和蔡和森对望了一眼，两人立刻心领神会，向警予说：“妈的心愿我和和森最明白——”

蔡和森抢着说：“您还是想回老家办一所女子学校！”

葛健豪惊喜地说：“还是你们俩最知道妈的心思！”

蔡和森对向警予说：“警予，妈想办女校，这正好是你妇女部长管的事。你可得支持妈妈的工作哟。”

葛健豪说:“警予是中央的妇女部长,是管大事的,我这个小脚老太婆只是想为我身边的妇女们办点具体事。”

向警予说:“妈妈办女子学校,当个校长,只是小菜一碟。”

葛健豪认真地说:“小菜一碟也是菜呀!是不是?……我想,在这儿呆几天,马上回长沙办女子学校。你们这些革命家、中央委员,到时候,都得去给女校的学生们讲妇女解放的课。你们不会拒绝吧?”

蔡和森笑了:“妈真会安排,您的指示谁敢不照办呀!”

葛健豪说:“好,就这样说定了!……不过,你们放心好了,在办好女校的同时,我保证把你们的孩子带好,让你们安心在外面干大事业!”

蔡林蒸一直不说话,敏感的葛健豪感受到儿子似乎有难言之隐。吃饭时,老人给蔡林蒸夹菜:“林蒸呀,你怎么不说话?身体不舒服呀?……”

蔡林蒸欲言又止:“我……”

葛健豪急了:“有什么话,说呀!”

蔡林蒸推开饭碗,低着头离席而去。葛健豪看着儿子的背影,愣了愣:“这孩子……怎么了?”

向警予说:“妈,林蒸哥工作遇到一些困难,他有压力!”

葛健豪思考着:“啊?……”

葛健豪抱着李特特守在上海一家缫丝厂门口,瑶妹子和几个女工边讲话边走出工厂。

门卫喊:“瑶妹子,有人找你。”瑶妹子发现门口站着的葛健豪,大吃一惊:“蔡妈妈!是您!您怎么找到这儿来了?”

葛健豪爽朗地笑着说:“万里之外的法国我都去了,这地方还能找不到?”

瑶妹子忙对随同的几个女工说:“我有点事,你们先走吧,记住,晚上开会,相互通知一声。”

几个女工点头离去。葛健豪观察着瑶妹子,她十分高兴地说:“瑶妹子呀……你还是个小头头?”

瑶妹子点了点头，过来抱着李特特："这是蔡畅的孩子吧？"

葛健豪答道："是的。她叫李特特，她爸爸妈妈去苏联了。"

瑶妹子亲着李特特："哎哟！……你就是李特特啊！……特特……特特，长得真可爱！"

瑶妹子抱着李特特，和葛健豪来到黄浦江边，边走边说话。瑶妹子兴奋地告诉葛健豪她已经入党了，现在，党安排她在丝厂做工，是为了更好地贯彻党的指示，让更多女工团结在党的周围。

葛健豪赞赏道："瑶妹子，看见你今天的样子，我真高兴！你和利明的事，办了？"

瑶妹子羞涩地点了点头，说："组织上派他去了另一家日本纱厂。"

葛健豪十分高兴："几年没见，你们现在都参加了革命，太好了！"

瑶妹子深情地说："蔡妈妈，无论我做什么事，我都不会忘记您的。我的一切都是您给的，要不是在永丰您把我从死亡边缘救下来，要不是去您的女子学校识字，我不会有今天……"

葛健豪连忙说："瑶妹子，别这样说，师父领进门，修行在各人嘛！路，是你自己走出来的。我只希望你就这样走下去！坚定地走下去！"

瑶妹子说："蔡妈妈，您就放心吧，我一定会永远跟着和森哥和警予姐他们一同走下去的。对了，蔡妈妈，您知道贞妹子的情况吗？她的先生现在当上了师长！前不久，我和警予姐还在上海见到过她。"

葛健豪忙问："怎么？贞妹子也在上海？"

瑶妹子说："不，她是从湖南赶来参加一个女子参政会的活动的，贞妹子现在是湖南省女议员！"

葛健豪很惊奇："啊，贞妹子当了大官了！你们还是那么亲密吗？"

瑶妹子叹了口气说："最初见到她，她那身打扮，让我有些接受不了。慢慢地，我理解她了。虽然她和我已经是两个世界的人，但毕竟我们共过患难。"

葛健豪说："这就好。过两天我就回湖南了，兴许见得到她。啊……

一个曾经要寻死的童养媳,如今成了官太太,真是世事难测啊！我真想看到她现在的样子！”葛健豪感叹一番后,想起了蔡林蒸的事,她就是为这事来找瑶妹子的,她问道:“瑶妹子,我问你一件事——林蒸怎么了？”

瑶妹子一下不知怎么回答才好,她知道葛健豪是个急性子,照实说吧,怕老人担心,便支支吾吾着:“他……很好呀。”

葛健豪直截了当地说:“瑶妹子,你别瞒我,他的情绪怎么这么低沉,我很担心！”

瑶妹子只得说:“蔡妈妈,其实……也没什么,林蒸哥是个踏实憨厚的人,只是在上海,他改不了一口湖南口音,组织上分配他做宣传工作,实在是难为他了……”

葛健豪有点心不在焉地点头。

入夜,蔡林蒸一个人在屋里等候母亲,老人白天出门到现在还没回来,他显得有些焦急。终于看见葛健豪抱着李特特回来了,蔡林蒸迎上去说:“妈,您到哪儿去了？我以为您走丢了哩！”

葛健豪说:“嗨！你妈是老上海了,还会走丢？我到瑶妹子那儿去扯了一会儿。瑶妹子参加了革命,进步可大哩。……和森他们还没回？”

蔡林蒸回答:“没有。他们忙,有时候一连好几天不回家。”

葛健豪安顿好李特特,和蔡林蒸谈起了心:“林蒸呀,我准备回长沙了,你在这儿要好好工作,多向和子、警予他们学习。”

蔡林蒸神色有点为难地说:“妈,我正想和您谈这事哩！”

葛健豪看了看蔡林蒸,说:“儿子,我知道你肚里有苦水,跟妈说说吧,说出来兴许会舒坦些。”

“妈,我不想在中央机关工作！”蔡林蒸说出心里话。

葛健豪一惊:“什么？……你说什么？”

蔡林蒸观察到母亲脸上的愠怒,小心翼翼地说:“妈,您别发火,听我慢慢说！”

“好吧,你说,我听听有没有道理！”葛健豪强压着不快。

蔡林蒸慢慢道来:“您要我来上海找和子参加革命,我来后,在他们的引导下,我加入了中国共产党,参加了工人运动,组织过好多次工人罢工……”

葛健豪插话:“这不挺好吗?组织上是看重你能团结人,才调你进机关工作的。”

蔡林蒸执拗地说,他不适合在中央机关工作。

葛健豪劝说道:“有什么不适合的?不就是向工人进行宣传吗?人心都是肉长的,他们听进去了道理,就会跟随你干!”

“妈,做党的宣传工作,可不是您说的这样简单!我没有和子、警予那样的口才和理论知识,又是一口湘乡方言,宣传工作遇到的困难真的很大。”蔡林蒸对母亲说了心里话。

葛健豪继续做儿子的思想工作:“什么事都得慢慢来嘛。妈在法国首先碰到的就是语言障碍,你弟弟妹妹都帮我,把法文贴在墙壁上,贴得满屋到处是法文单词,我睁开眼学,闭上眼睛背,不是慢慢地学会了?……学到后来呀,我可以用法语同法国人交谈了。”

蔡林蒸的顾虑仍然不少:“妈,这是两码子事,冰冻三尺,非一日之寒。我没进过学堂,识字和写字都是跟随您和和子、毛妹子学的……”

听到这里,葛健豪的心被刺痛了,她歉疚地说:“唉!你没能上学,是妈欠你的!我心里一直觉得对你不公,做梦都想让你走出家门去闯世界。现在,林蒸呀,你好不容易进了中央机关工作,这是组织在培养你,你应该边做边学嘛,不能遇到一点困难,就想打退堂鼓!”

蔡林蒸着急地申辩:“妈!不是我打退堂鼓,我是担心这样下去,真的会影响党的工作!您想想,我整天讲一些人家听不懂的土道理,语言又不通,这怎么行哪!……我笨!……我无能!所以,我得走!我得离开这里,找一个适合我的地方……”

葛健豪恼火了,她突然抬起了拐杖,重重地往地上击了两下,大声说:“你……你要当逃兵呀?!当逃兵才是真正的无能!……这是羞耻!你懂吗？！……”

蔡林蒸吓了一大跳，李特特被响声吓得哭起来……蔡林蒸极力解释说：“妈，我蔡林蒸是葛健豪的儿子，我怎么会当逃兵呢？我只是想更好地为党工作！”

“怎么个更好，你说说！”葛健豪盯着儿子问道。

蔡林蒸说：“和森和警予告诉我，孙中山先生在广州成立了黄埔军校，我想，不如当兵打仗去！我相信，在战场上，一定会有我的用武之地的！”

儿子的话令葛健豪又恼又喜，恼的是，儿大不由娘，这个最听话的儿子如今说服不了了；喜的是，儿子的视野超过了她这个母亲，他为自己选择了一条报国之路，这不正是她期待的吗？

葛健豪渐渐消了气，她一贯坚持的家风就是：只要儿女走的是正道，她都会尊重他们的选择。这次也不例外。她指着拐杖上面刻着的字对蔡林蒸说：“儿子呀，这手杖，是我去法国前，你亲手为我做的。在法国，我一直握在手中，每当我想你想得好苦的时候，我便久久地看着手杖上的这句话——”

蔡林蒸接过手杖念道：“画工须画云中龙，为人须为人中雄……”

葛健豪加重了语气强调：“是呀！画工须画云中龙，为人须为人中雄呀！”

蔡林蒸听出了母亲的言外之意，母亲终于同意他的想法了，他激动地对母亲说：“妈妈！儿子不会忘记，这句话是您对我的希望……儿子不会给您丢脸的！……”蔡林蒸扑在母亲的怀抱中：“妈妈！再过一段时间，就是您的六十大寿了，无论儿在何方，一定回来看您老人家！……那时候，儿子一定会给您带来惊喜的！……”

葛健豪轻轻地拍打着怀中的儿子：“好……妈相信你！去吧，像雄鹰一样去天空翱翔！记住了，你是葛健豪的儿子，是党的人，无论去到哪里，都要做一个堂堂正正的男子汉！”葛健豪的眼眶里噙着泪水，将儿子搂得很紧很紧。

葛健豪回到长沙家人身边，在天茂花园一号新家里，蔡蓉峰抱着快一岁的李特特高兴得不得了。葛健豪一个个地指着亲人对特特说："这是外公，这是姨妈，这是刘昂大姐姐，这是蔡妮小姐姐，这个是你蔡博弟弟，他比你小一个月哩，你看，弟弟在地上自己玩……"

刘昂高兴地去拉特特的手，蔡妮和蔡博乖巧地依偎在葛健豪怀里。蔡蓉峰十分高兴地说："啊！……儿孙满堂，人丁兴旺，这是我老蔡家发达的好兆头啊！"

蔡庆熙说："妈，听说您要带特特回来，我们专门在长沙找了这处大房屋。我的缝纫店也搬到这里来了……"

葛健豪沉浸在与亲人团聚的喜悦中，不住地点头："好呀好呀！……房大人多，一派兴旺呀！"她对刘昂说："刘昂，这下可好，你是三个孩子的头领了。"

刘昂神气十足地说："我是他们的司令！"

蔡蓉峰接过话："刘昂是孩子王，我是孩子们的爷，就是太上皇了！"

葛健豪笑了："封建王朝早没了，哪还有什么太上皇呀！"

蔡蓉峰顺从地说："那就……给个副司令我当当好不好？"

葛健豪心里惦着办学的大事，她顾不上多歇息，马不停蹄地张罗开了。或许是天意吧，葛健豪第一次办学，校址在观音阁，这第二次办学，校址在颜子庙，都与神灵有关。

颜子庙废弃多年，早就成了一所旧校舍，院落里面只有几户人家。葛健豪和蔡庆熙走进颜子庙，蔡庆熙惊讶地说："妈，您真是能掐会算呀，怎么知道这个地方的学校刚搬走？"

葛健豪有几分得意："嘿嘿，能掐会算那是神仙！妈不是神仙，只是整天想着要办女校，诚心感动了神仙！我特地去拜访了徐特立先生，徐特立是我留法勤工俭学的同学，人家现在是著名教育家了，他特别理解我，帮我找了这个地方，还答应想办法帮我筹措一笔办学经费。"

蔡庆熙很佩服母亲："妈，您真有办法，您想要做的事真的是没有做不成的！”

院里的人见葛健豪和蔡庆熙进来，都围了上来，七嘴八舌好不热闹：

“葛大妈来了，快请坐。”

“葛大妈，徐老先生跟我们打了招呼，说您要来这儿办学，我们欢迎您！”

“您喝过洋墨水，就先给大家讲讲吧。”

葛健豪谦虚地说：“以后有机会我会和大家一起聊的。今天，我来这儿想和大家商量一件事，你们这里原来的学校搬迁了，我想利用旧校舍和你们这些留守人员一起，办一所平民女子学校。”

一位姓陈的老师说：“这是好事呀！您在这儿办学，我们这些闲着的人，又有活干了，这叫两全其美！葛大妈在法国留过学，是当之无愧的校长。”

众人齐声道：“是啊！是啊！”

陈老师关心地问道：“可是，葛大妈，办学校得要好大一笔钱，这钱，从哪儿来呀？”

葛健豪开朗地答道：“我总说那句老话：活人还能让尿憋死了？事在人为嘛，我们一起想办法！”

一天，刘昂带着蔡妮、蔡博、李特特在玩，蔡庆熙拿着一张报纸跑回家，惊喜地对葛健豪说：“妈，报纸上登了我们的招生简章。”

葛健豪接过报纸，果然看见上面登有女子学校的招生简章，她马上想到：这肯定是徐特立先生帮忙登的，他对她说过，要通过多渠道想办法筹措资金。

蔡蓉峰在旁边接过报纸看了看，脸色不悦，忍不住说：“怎么又要办什么学校呢？老太婆呀，我说你怎么就不停歇一会儿呢？在法国折腾了五年回来，刚过上几天安稳日子，又想这想那的！你在永丰办过学，费老大力，怎么样？最后还是泡汤了！”

葛健豪说：“所以啊，我就是不信这个邪！在哪儿摔倒，就在哪儿爬起来,继续向前走!”

“嗨!别人是不到黄河心不死,你是到了黄河心也不死。这是在长沙,不是在我们乡下的小镇上。办一个学校要多少钱呀!”蔡蓉峰极力反对葛健豪办学。

“这个不用你操心,我来想办法。”葛健豪觉得,丈夫仅仅是因为钱而反对办学,那就好说了。

蔡蓉峰揶揄道:“你能想什么办法?你以为是在法国,可以做点湘绣品糊弄洋人?告诉你,这里是长沙,靠你绣花赚的钱,还塞不了一个牙齿缝!”

葛健豪坚持道:“我不是说了吗?这事不用你操心,我不会用你的私房钱的,你尽管放心!”

蔡蓉峰继续劝道:“嗨,我就是不放心!都快六十的人了,怎么还是改不了老毛病呢?这不是自寻烦恼,自找苦吃吗?”

葛健豪倔强地说:“我生来就是这个命!自找苦吃,乐在其中。永丰办学,虽然没有坚持到底,不还是出了瑶妹子、贞妹子这样有出息的妹子吗?这次留学回来,若不办学,我不是白去一趟法国了?”

蔡蓉峰急得不得了:“嗨,真拿你没办法!你虽然是个留法回来的洋学生,可是一没钱,二没权,办学教妹子,谈何容易!”

葛健豪有点不耐烦地说:“蓉峰,我请你别管这件事!想当年,去法国你都没能拦住我,这次你就更拦不住了!”

蔡蓉峰知道拗不过葛健豪,无奈地说:“好好好……我知道你这个倔脾气,你定了的事,九头牛都拉不回来!我不拦你……你去、你去!……”

葛健豪闻言反倒软下心来,她柔声对蔡蓉峰说:“老头子,往后呀,你就别为这些事生气了,我又不是去做坏事!”说罢,她催促蔡庆熙跟她去街上摆摊子——募捐!

她们走后,蔡妮对蔡蓉峰说:“爷爷,您和奶奶一起去玩,我们和大姐姐也要跟你们一块玩……”蔡蓉峰看着葛健豪远去的背影,长长地叹息:

“唉，我和你这个奶奶呀，怎么也玩不到一块去哟！……”

一条热闹的街上，一条写着“平民女子职业学校招生募捐”的横幅十分醒目地挂在长沙街道上，葛健豪和蔡庆熙等人摆了几张桌子在招生、募捐。众多人上来观看招生简章……

葛健豪向过往行人叫喊：“我们要办的这所平民女子职业学校，以招收贫困家庭女子为主，目的是让贫穷无力上学、年长失学的女子获得教育机会……我们的教学不单是读书识字学文化，而且要传授手工刺绣、缝纫等妇女实用技艺，让我们的姐妹们自立自强！”

围观的人有的疑惑，有的点头，有的摇着头离去了……

夜晚，蔡蓉峰半靠在卧室床头，悠闲地哼着湖南小调，他有点幸灾乐祸地看着正在揉脚的葛健豪。蔡庆熙替母亲打来洗脚水，说：“妈，这两天为募捐办学经费，您累坏了。”

蔡蓉峰冷言挖苦：“自找苦吃！……累不死人，气得死人！”

葛健豪反感地说：“你这是什么话！”

蔡蓉峰说：“实——话！看娘俩，累了三天啦，怎么样？总共才三个妹子报名，筹了几元钱，这还不够伙食开销的！这不是自找苦吃又是什么？”

葛健豪不服气地说：“三天来了三个妹子，三十天就会来三十个！今天有人捐几元钱，说不定过两天哪，就可筹得几十元！这叫积少成多嘛！”

蔡蓉峰又败下阵来，说了句：“好好好……我不跟你争！你呀，不撞南墙是不回头的！”

葛健豪说：“你不是说过吗？撞了南墙我也不回头！”她对女儿说：“庆熙，别听你爸的，我们明天继续！”

蔡庆熙提醒道：“明天恐怕会下雨。”

葛健豪说：“下雨怕什么？下刀子也要继续呀！把刘昂也带去帮忙！”

蔡蓉峰听着，不住地摇头叹息。

第二天，果然下雨了，葛健豪、庆熙和小刘昂在街头募捐，刘昂穿着木屐，木屐着地“啪啪啪”的声音格外清脆。来报名的妹子和捐款的人越来越多……

葛健豪祖孙三人回到家,从募捐箱里倒出来一堆夹杂着银元的铜板,兴致勃勃地数着。葛健豪心想,钱一天比一天多,有希望呀!

这天,天气晴朗,万里无云,经过一个月的宣传和募捐,颜子庙门口终于挂上了校牌——长沙平民女子职业学校。颜子庙里,教师们敬了香。佛像前,香烟缭绕。

旧校舍焕然一新。教师们抬桌摆椅布置着教室。蔡庆熙向葛健豪汇报:"妈,报名的学生已经有一百零八人了!"

葛健豪开心地说:"好呀!一百零八,与水浒梁山好汉一个数!……按原定计划,五月二十日举行开学礼,请和子赶回来给学生们上第一堂课!"

蔡庆熙说:"可他回不来了!"

葛健豪问:"怎么呢?不是先说好的吗?"

蔡庆熙将一封信给母亲:"刚收到他的来信,信中说,最近上海的工人罢工斗争形势严峻,他特别忙……"

"啊?!……"葛健豪慢慢抬起了头,她忧虑的目光投向远方……

上海内外棉七厂的日本老板为了报复前阶段罢工的工人们,借口存纱不足,故意关闭工厂,停发工资,开除几名男工。工人顾正红带着众人来到工厂门口,要强行冲进工厂与老板交涉,与厂方发生激烈冲突。枪声四起,厂区一片混乱,顾正红中弹倒在血泊之中,几名工人受伤……

顾正红的死,激起公愤,中共领导的工友俱乐部发动日本纱厂两万多工人,发表宣言,宣布罢工,呼吁各界人民支持和援助工人斗争。

上海各界在沪西潭子湾荒地举行公祭大会。顾正红的灵柩上覆盖着洁白的绸子。会场正中挂着挽联"正红虽逝,精神不死",横批是"工人先锋",四周挂满挽幛。众多工人、学生云集在一起,受伤的工人头上、手臂上缠着绷带。熊利明和瑶妹子带着工人们赶来了。瑶妹子向工人群众演说:"姐妹们!弟兄们!从前我们是牛马,今天我们要做人!东洋人杀害了我们的同胞姐妹，我们要向东洋老板讨还血债！……”

工人们群情激愤，振臂高呼：“向东洋老板讨还血债！……”追悼会顿时变成了反日的声讨大会！

夜晚，在上海闸北宝兴里的一座旧式楼房里，中共的几位领导召开紧急会议，与会人员神情严肃。

蔡和森提议，必须抓住这一时机，乘势而为，将工人的经济斗争引导到反对帝国主义的政治斗争的轨道上去，以进一步贯彻党的“四大”精神，维护工人阶级的正当权益，从根本上动摇帝国主义在中国的特权统治！为此，要组织举行全上海大规模的反帝示威游行！

大家开始分头行动。

1925年5月30日，上海南京路上，众多工人、学生、市民打着“打倒帝国主义”的横幅进行游行示威，声势浩大。游行的民众挥舞着各色小旗，不断高呼：“收回租界！……上海是我们中国人的上海……帝国主义分子滚出上海去！……向东洋老板讨还血债！……”

蔡和森在街头演讲：“为反抗帝国主义的野蛮屠杀，中国共产党敬告全国民众：顾正红被枪杀，完全是政治事件！所以必须废除同帝国主义的所有不平等条约，推翻帝国主义在中国的一切特权！这个斗争就是要依靠全国民众自身的力量！……”

顾顺章扛着写有“南洋兄弟烟草公司”的大旗领着示威队伍走过来，朝蔡和森喊：“讲得好，讲得好！”他高呼口号：“废除帝国主义在中国的一切特权！”

众工人跟随高喊……

蔡和森继续演讲：“我们中国工人，要向帝国主义宣战，废除不平等条约，把反帝斗争的烈火，燃烧到全中国……让帝国主义在中国民众燃起的熊熊烈火中见鬼去吧！”

顾顺章把旗帜举得高高的，他跳上一高处，激动地说：“同胞们！我们南洋兄弟烟草公司的工人，坚决反对帝国主义的血腥屠杀！坚决拥护中国共产党的决定！坚决罢工，坚决支持学生罢课和商户罢市！”

蔡和森走到顾顺章跟前，赞赏道：“好，这位工人代表有气魄，有觉悟！你叫什么名字？”

顾顺章自我介绍道：“我叫顾顺章。我们厂的工人都参加了罢工和游行示威，而且带动了其他兄弟工厂共同行动，我们已经做好了长期斗争的准备！”

蔡和森说：“好，顾顺章，你组织得很好！你们南洋公司的头带得好！我们就应该像你说的那样，要联合起来，同帝国主义作长期的斗争……”

顾顺章点头，他与蔡和森紧紧握手后，领着大批挥舞着小旗帜的工人群众，雄赳赳、气昂昂地向工部局巡捕房进发。突然，众多巡捕持枪阻拦他们继续向前。在顾顺章和几名领头工人的号召下，工人们毫不畏惧地向前冲。巡捕举枪射击。枪声中，许多学生、工人倒下了，鲜血染红了路面……

上海闸北宝兴里的一幢旧式楼房里，中共中央连夜召开紧急会议。陈独秀、蔡和森、李立三、恽代英等坐在屋子里，大家神情愤怒。

蔡和森铿锵有力地说：“南京路上的鲜血，再次惊醒了国人：与其屈辱生，不如抗争死！为我四万万同胞长久的福祉，我们应该继续奋斗向前！下一步，我们不但要继续号召全上海工人罢工、商人罢市、学生罢课，还要将上海的‘五卅’斗争扩大至全国，以此为契机，进一步激发全国同胞万众一心，掀起全中国反对帝国主义的更大风暴！”

蔡和森的建议被中共中央采纳，中央决定由蔡和森、李立三、瞿秋白、刘少奇等组成党的行动委员会，并宣布成立上海总工会，直接领导上海的政治斗争。上海二十万工人大罢工，学生罢课、商人罢市，形成了“三罢”高潮。同时，中共中央派出代表到各地，把反帝斗争扩大到全国各大城市，北京、广州、天津、南京、汉口相继举行大罢工、大游行。

中共中央发表了蔡和森起草的《为反抗帝国主义野蛮残暴的大屠杀告全国民众书》，号召全国被压迫的民众共同起来反抗血腥屠杀。

远在长沙的葛健豪密切关注着报上的消息。长沙平民女子职业学校里，葛健豪手挥报纸向同学们大声疾呼："同学们！你们看了这几天的报纸了吗？上海发生了帝国主义及其走狗枪杀中国人的'五卅'惨案！长沙和全国各个城市都行动起来了，罢工、罢课、罢市，这就是中国人民的血性！中国人不可辱！"葛健豪继续说："我们中国人，从前是奴隶，今天要做人！我们一起上街去吧，去给游行的队伍送茶送饭，去显示我平民女校师生的爱国心吧！……"

蔡庆熙对葛健豪说："妈妈，反对帝国主义的斗争推向了全国，和森的心血没有白费啊！您多年望子成龙的愿望终于变成现实了！"

葛健豪遥望着远方，深沉地说："啊？望子成龙？不……准确地说，我所做的一切努力，不仅仅是望'子'成龙，而且是望'国'成龙，我望的是，中国——能真正变成一条腾飞的巨龙呀！"

第二十二章　花甲失子

葛健豪在八月十七日她六十岁生日那天，望眼欲穿，没有等到外地的儿女们回来为她祝寿，有些失落。她念念不忘，林蒸说无论如何回家为她祝寿的啊！

十二月十七日这天，是八月后的第五个十七号了，长沙天茂花园一号蔡家，葛健豪拄着拐杖在大门口翘首盼望。

蔡庆熙走了过来说："妈，您从上午等到下午，再别等了，弟妹们都忙，没时间回来了……"

葛健豪神色黯然地说："庆熙，今天是今年最后一个十七号了，从八月十七号开始，我们每个月十七号都在盼他们回，可是，他们一个都不回来呀！……唉！这个生日酒席等不到他们啦！和森、毛妹子、富春他们工作忙，但是，林蒸应该会回来的……"

蔡庆熙说："我想呀，他们肯定都想回来为您祝寿，回不来恐怕是身不由己啊！您不是经常说他们是党的人吗？"

葛健豪点头："是啊，他们是党的人，庆熙，这句话确实是妈的心里话！他们不光是我葛健豪的儿女，也是党的儿女啊！"

蔡庆熙劝说着母亲："您是最支持、最理解他们的，假如他们放下工作回来，您倒会怪罪他们，是不是？妈，别等了，进屋吧，菜都凉了。爸、刘昂、特特、妮妮、博博都等着为您祝寿哩，我代表和子他们给您敬酒……啊？"

葛健豪的目光仍然望向远处，夕阳的余晖照着她略显疲惫的脸。蔡蓉峰也走了出来，劝道："老寿星呀，孩子们都各忙各的事，没时间回来。不要等了。再等一个十七号，那就等到明年了！”

葛健豪边往屋里走边回头张望，她有些失落地走进堂屋，坐在了屋中间的大圆桌旁，桌上摆满了菜肴……

蔡庆熙忙着张罗：“来，孩子们，快来拜寿。——你们都听大姐姐的安排啊。”

刘昂拿出大姐姐的风范，指着葛健豪对几个孩子说：“我再教你们一遍，我和李特特叫她外婆。”她又指着蔡蓉峰：“叫他外公。蔡妮和蔡博，你俩应该叫他们奶奶、爷爷，都知道了吗？”

几个孩子似懂非懂地点头。

蔡博说：“刘昂姐姐，我跟着你叫，你叫什么我们就叫什么。”

葛健豪纠正道：“孩子们，都要听话，按刘昂姐姐教你们的叫，不然，外婆奶奶都分不清楚，将来你们长大了，怎么像你们的父母一样做大学问呀？”

几个孩子都听话地点头，轮流向葛健豪拜寿。

外面响起了急促的敲门声。葛健豪惊喜地说：“肯定是林蒸！……林蒸回来了！”

刘昂抢先跑出去：“我去开门！”几个孩子争先恐后地跟出去。刘昂打开大门，蔡畅提着箱子出现在门口。刘昂惊喜地大喊：“小姨！……”

几个孩子齐声跟随大喊：“小姨，小姨！”

刘昂急了：“你们叫错了，都叫错了。特特，她是你妈妈……快，叫妈妈……”

李特特躲在刘昂身后说：“你叫小姨，我就叫小姨……”她怯怯地对蔡畅道：“小姨！”蔡畅放下箱子，一把抱住李特特，她的眸子里噙着泪水：“特特，我不是你小姨，我是你妈妈呀！”

蔡庆熙闻声出来，她看到蔡畅高兴极了，连忙提起箱子拉着蔡畅往屋里走：“毛妹子，你回来了！我们正在给妈妈祝寿哩！快进屋去！”

蔡畅说：“我收到你们的来信，一刻不停地往家赶，总算赶上了！”蔡畅跟着蔡庆熙和孩子们走进屋里。

葛健豪、蔡蓉峰闻声惊喜地站在客厅门口迎接小女儿蔡畅回家。蔡畅高声喊道:“爸爸、妈妈,我回来了!”

葛健豪拉过蔡畅:“毛妹子,你回来了?来……让妈好好看看!看你哟,脸色不好……累坏了吧?”

蔡畅说:“妈,我不累!回到家里,看到你们,心里踏实多了!妈,富春让我代他向您老人家祝寿!”

蔡畅向葛健豪鞠躬行礼,葛健豪高兴地说:“好!好!妈谢谢你们!”

蔡蓉峰说:“毛妹子回来得正好!来,快挨着你妈坐下。”

几个人围着桌子坐下。蔡庆熙说:“妈,毛妹子现在是两广妇委书记,富春当上了国民革命军第二军的党代表。”

葛健豪爽朗地说:“是的是的,我知道他们都很忙,今天毛妹子能够回来很不容易,我很高兴!来,喝酒吃菜……”

蔡庆熙为蔡畅斟酒,蔡畅端起酒杯,站起身深情地说:“妈,我代表在外面忙于革命工作的儿女们给您敬酒,祝您长命百岁,永葆革命青春!”

葛健豪高兴地笑了:“你这话我爱听,永葆革命青春!……啊!看着你们都成长了,当妈的感到很欣慰,我这老太婆真是越活越年轻了!……谢谢我的毛妹子!“

母女两人将杯中酒一饮而尽。葛健豪握着空酒杯问蔡畅道:“毛妹子,林蒸不是和你一起,也在广州吗?他在忙什么,你知道吗?”

蔡畅有点难以开口,轻声说:“林蒸,林蒸他……”

葛健豪没在意女儿的为难表情,自顾自说道:“去年在上海,林蒸和我有个约定,他说,等我六十岁生日,他无论在哪里,都一定赶回来为我做寿,这不,从八月十七等到今天——十二月十七!你爸爸说,再等一个十七号,就到明年了,所以,今天这个十七号非做不可了。”她突然发现蔡畅有点心不在焉,敏感地问:“哎,毛妹子,你在想什么呢?”

蔡畅心事重重:“妈,我……”

葛健豪警觉地问："你在广州没见过林蒸？"

蔡畅说："见过……见过。林蒸哥是省港工人大罢工工人纠察队的队长，为了抵抗英军的反击，前不久，被派往宝安县的大鹏半岛。"

蔡蓉峰点头："哦？林蒸上前线了，难怪赶不回来。"

葛健豪说："啊，是这样！……来，吃菜！毛妹子，你看，今天妈特意下厨做了你们小时候喜欢吃的菜！瞧，香辣莲藕，这是你最喜欢吃的；这个米酒荷包蛋，是你警予嫂子最喜欢吃的；这盘臭豆腐，是你和子哥最喜欢吃的；还有这腊肉，是你林蒸哥最喜欢吃的……"

蔡畅咬了一下嘴唇，极力掩饰着什么，她打断母亲的话："妈，来，我替他们向您敬酒！"

葛健豪脸上的笑容僵住了，她开始观察蔡畅的表情。蔡畅极力掩饰着："我……我先代表林蒸哥敬您一杯吧。"不等母亲端杯，蔡畅一饮而尽，脸上显出掩饰不住的痛苦表情。

葛健豪用审视的目光看着蔡畅："毛妹子……"

蔡畅不敢正视母亲，低头喊了声："妈！……"

葛健豪的脸阴沉下来，她说："毛妹子，今天为我过六十岁生日，你应该高兴呀，可你……自进门就没笑过，你这样的眼神我是第一次看到，让我感到好害怕！"

蔡畅掩面跑了出去，蔡庆熙追出去，问："毛妹子，你这是怎么啦？"

蔡畅摇着头泣不成声："姐，二哥他……"葛健豪闻声，手中的酒杯掉落在地，白色瓷片四溅……

葛健豪快步跟随出去，她拉住蔡畅问："毛妹子，你二哥怎么了？……你快说……说呀！"

蔡畅一下子扑进母亲怀里，号啕大哭："妈！……"

葛健豪一惊，急着问："毛妹子！……你二哥是不是出事了？！"

蔡畅边哭泣边点头，哽咽道："妈！二哥……他，他牺牲了！……"

葛健豪只觉天旋地转，她悲痛欲绝："什么？！我的儿子……林蒸他……不……不！”

蔡庆熙和蔡畅赶紧扶母亲进了里屋。葛健豪神情悲伤地坐在床上，一头白发在油灯下特别显眼。

蔡畅打开随身带回的箱子，拿出一个布包，打开布包，拿出蔡林蒸穿军装的照片和一封信递给母亲。这是一张蔡林蒸穿着军装的半身照片，照片背面写着：

献给母亲六十寿辰留念　儿林蒸敬上

葛健豪抚摸着照片上的儿子，静默良久后喃喃自语："我的林蒸……是我的林蒸！……"她满含泪水，用颤抖的手展开信，看着儿子的笔迹，眼前出现了跨越时空的母子对话：

亲爱的妈妈，听毛妹子说，您一直等我回去办您的六十寿庆。是的，儿子曾对您说，再忙也一定回家给您拜寿，可现在……恐怕不行了……

葛健豪哭道："儿呀，妈的寿庆为你拖延了整整四个月！妈多么希望你回来呀！……几个儿女中，你与妈在一起的时间最短，妈欠你最多，这次，妈给你做了你小时候最喜欢吃的腊肉和糖栗子……"

妈妈，我的好妈妈……谢谢您了！现在，我正在广东宝安县的大鹏岛上，儿是为了保卫"五卅"运动和省港大罢工的胜利果实，来这里与敌人战斗的啊！此时，敌人的炮弹正从我身边飞过……

葛健豪仿佛听见枪炮声由远至近，她眼前出现蔡林蒸带着工人纠察队员在大鹏岛上与敌人奋勇作战的场景。

妈妈，我是利用战斗的间隙给您写这封信的，这张穿军装的照片随信捎给您——妈妈，记得去年在上海，您叮嘱儿，无论去往哪里，都要做一个真正的男子汉，您看看照片，您的儿子是不是一个真正的男子汉呀？……

葛健豪端详着儿子的照片说："是的，你穿上军装，更英俊了！你是个堂堂正正的男子汉了！……林蒸呀，这么多年来，你一直不在我身边，但你给妈做的这根手杖却与妈终日相伴——”

妈妈，手杖上刻的字，是妈对儿的一片爱呀，儿曾发誓，不为人中雄，就不是您葛健豪的儿子！……

葛健豪深沉地说：“好儿子呀……妈懂你的心！儿行千里母担忧，儿子成才妈高兴呀！……林蒸，你现在在哪里呀？……你答应妈一声啊！”

一声巨响，阵地上的蔡林蒸倒下，血流满地！葛健豪声嘶力竭地呼唤：“林蒸！……我的好儿子呀！”

床上，李特特从睡梦中惊醒，她坐起来，紧紧地抱住葛健豪哇哇地哭叫起来，葛健豪失神地抱着小特特，目光呆滞，满脸悲戚。

蔡畅走过去，深情地用手理着母亲鬓边的白发：“妈，您不要这样，您的眼神让我感到好害怕！妈……您心里难受，就哭出来……哭出来吧！”蔡畅自己已是泣不成声。

葛健豪没有哭，她只是木然地摇着头。葛健豪慢慢起身，从柜子里拿出一块黑布，用手比划着，拿剪刀剪了几下，使劲撕着布料，咬着牙，撕开布料。万籁俱寂的深夜里，“刺啦刺啦”的撕布声显得格外响亮。

蔡畅想阻止但又不敢：“妈，您这是？”

葛健豪不答话，一口气撕完布料，坐在床沿大口喘着粗气，她说：“庆熙，去把针线拿来，我要替林蒸做一套衣服！”

蔡庆熙和蔡畅露出惊异的表情。蔡庆熙赶忙说：“妈，您等着，我去拿。”

葛健豪对蔡畅说：“你林蒸哥才三十六岁，他走得太匆忙了。几个孩子中，我对他的照顾是最少的，妈心里有愧啊！”

蔡畅安慰着母亲：“妈，您千万别这么想，您为我们几个兄弟姐妹操碎了心，您是世界上最好的妈妈！”

葛健豪摇了摇头，无限深情地说：“唉！可我欠林蒸的实在太多了！……平时，他总是说自己没出息，……不！林蒸有出息……我的林蒸儿有出息呀！”

蔡畅接过话说：“是的，是的，林蒸哥是光荣的！他是您的骄傲，他是我们蔡家的骄傲！”

葛健豪从柜子里拿出一个包裹，然后拿出那本《秋瑾诗抄集》，告诉秋瑾：“秋瑾呀，我的儿子，为了革命，和你一样，英勇献身了。”她又望着儿子的照片说：“林蒸呀，妈觉得你还活着，你永远活着！你留给我的那根手杖，一定会让妈的这双小脚走得更加坚实的！”

蔡畅从包里拿出蔡林蒸的抚恤金：“妈，这是组织上给二老的六百元抚恤金，请您和爸收下吧！”

葛健豪推辞道：“代我谢谢组织的关怀！我知道，组织上正缺经费，这钱应该用在更需要的地方去！”

葛健豪又对站在一旁的蔡蓉峰说道：“老头子，你说呢？”

蔡蓉峰闷声闷气地答道：“我听你的！你说了算！”

蔡畅说：“妈，这是组织上给您和爸养老的。您一定要收下！不然，他们还会专程再给您送来的！”

葛健豪无奈地接过钱说：“既然这样，那我先收下。但是，这钱上，沾染了林蒸的鲜血，我一定会用于林蒸的未竟事业的！”

深夜，葛健豪在油灯前一针一线缝着衣服，不时用针在花白的头发间划一下。蔡畅看着母亲，心疼地说：“妈，让我和姐帮帮您吧！”

葛健豪连声说：“不行！这套衣服我一定要亲手给林蒸做！”

葛健豪突然停了下来，看着蔡畅。蔡畅望着母亲：“妈，您想对我说什么？”

葛健豪说：“妈要你早点睡，明天早上起来去火车站！”

蔡畅不解：“明天早上去火车站？到哪里去？”

葛健豪答道：“回广州呀！你不能把工作给耽误了！”

蔡畅说：“我跟富春说了，我这次回来想多陪陪您！您就让我在家里多呆两天吧！”

葛健豪说：“我不用你陪，你把工作做好就是对我最大的孝顺！”

蔡庆熙在一旁劝道：“妈，毛妹子难得回来一趟，您就多留她几天吧！”

葛健豪有点不高兴了："庆熙，你不要跟着起哄，毛妹子明天不走，我赶也要把她赶走！报纸上成天宣传国民革命军北伐的事，她和富春的担子重着呢！"

蔡畅有点吃惊地望着母亲："妈，您真了不起，我什么都没跟您说，可是您什么都知道！"

葛健豪说："知女莫如母，我是你们的妈妈啊！毛妹子，我真的不用你陪，你们安心去工作吧！我明天也要出门，要不，庆熙陪我去？"

蔡庆熙问："去哪里？"

葛健豪说："我想去看看林蒸！"

荷叶镇附近的山上，林木葱郁，山路弯弯。一双小脚在崎岖的山路上蹒跚地走着。夕阳照着葛健豪拄着拐杖行走的背影。

老人走到一块小山石前，像雕塑一般面朝荷叶镇坐下，痴痴地望着山下。蔡庆熙走过来，挨着母亲坐下。

葛健豪喃喃自语："林蒸，我的儿子，我来看你了。妈知道你无论在哪里，终究会回到故乡的，这叫魂归故里……是吧？你跟妈说句话吧。"

只有风吹过林梢发出的声响。一两只小鸟飞过，留下短促的叫声。葛健豪目睹飞翔的小鸟，深情地说："林蒸，小鸟是在替你和我说话吗？……妈都听见了！林蒸呀，你还记得我们从荷叶搬家到永丰时，妈带你们到山上来，指给你们看这片美丽的荷叶，你们还高兴地唱了歌……"

葛健豪陷入回忆——

孩子们在山上指指点点。她问儿女们："你们往山下看，看我们家乡的田野像什么？"

毛妹子的声音："像荷叶！我知道了，妈带我们来就是让我们来看这片荷叶的！"

她当时说："是啊，这片荷叶哺育了我们，搬走后，就难得回来了。今天带你们来，是让你们记住这片荷叶，让家乡的这片荷叶永远长在我们心里！"

葛健豪轻轻地唱起来:“兄与弟,来采莲,莲蓬绿,莲叶圆。藕可断,丝可连,同根生,当爱怜。”

蔡庆熙带着哭腔跟着唱完。葛健豪轻声说着:“莲蓬绿,莲叶圆。藕可断,丝可连……林蒸,我的儿子,我再也看不到你了!”她用头撞着树干:“老天爷,你为什么让这么敦厚的儿子离我而去呀!……”

树叶纷纷落下,落在葛健豪头上、肩上。葛健豪抬头望着盘旋的小鸟,深情地说:“小鸟啊,你在这里好好陪着我儿子,不要让他孤单。告诉他,他的母亲来看过他,不要让他牵挂!……”

永丰蔡家坟地,在蔡顺熙、蔡麟仙坟前,蔡庆熙点燃香烛。葛健豪用双手在两座坟边的空地上刨土,蔡庆熙赶忙拉住她:“妈,您这是干吗?”

葛健豪甩开蔡庆熙的手:“别拉我!”她发狠般加快速度刨起土来,头上的花白头发披散开来,遮住了她的脸。

蔡庆熙也跟着刨起土来。不一会儿,地上现出一个小坑。葛健豪拿出为林蒸做的新衣服,平平整整地放在坑里。

葛健豪哭喊道:“林蒸,你归来啊!……我的儿子,你归来吧!……”

坟前蜡烛的火苗跳动着。葛健豪泣不成声:“林蒸,穿上妈给你做的新衣服啊!你就在这里安息吧!”

蔡庆熙扶住母亲。葛健豪望着火苗,火苗叠印着蔡林蒸的脸庞,葛健豪喃喃地说:“林蒸,妈看见你了,你也看见妈了是不是?你要妈不要伤心流泪?好,妈听你的。”葛健豪站起身擦干了眼泪:“林蒸,妈为了你,哭干了泪水,但妈不会因此歇脚的!妈一定会走下去,陪着你的大姐、陪着你的弟弟妹妹一直走下去的!……”

葛健豪开始往衣服上填土,庆熙也捧着土往坑里填。两双沾满泥土的手不停地填着,泪水不断线地滴进土里。葛健豪的手指上,鲜血和泥土凝固在一起。

葛健豪慢慢走到坟头坐下:“顺熙、麟仙、林蒸,你们都是妈的好儿女,你们走得太早了,妈没能好好保护你们!在另一个世界里,你们可要相互好好照应呀，等妈和你们再相聚的时候，妈一定会加倍照顾好你们的！……孩子们，来生，我们还是一家人！……”

回到长沙家里，葛健豪捧着蔡林蒸的相片出神地看着，喃喃自语：“唉！……我怎么还是打不起精神来呢？林蒸，你不愿看到妈这个样子，是吧？”

照片上的蔡林蒸望着葛健豪在笑。葛健豪说：“好，林蒸，妈听你的，好好活着，好好做事！”

蔡蓉峰端着一碗鸡汤进来，体贴地说：“老婆子，快趁热把鸡汤喝了吧，你几天都没好好吃饭了。我怕……”

葛健豪接过汤碗，边喝边问：“你怕？……你怕什么？”

蔡蓉峰说：“我怕你啊。谁都知道，连孩子们都知道，我怕老婆！不过，这次的怕，有点不一样，我呀，是怕你饿昏了，和我吵架的力气都没有了。”

葛健豪勉强笑道：“老头子，你还有点法国人的幽默哩！怎么，又想和我吵架了？告诉你，你想吵，我也不再和你吵了，我正想同你商量一件事哩。”

蔡蓉峰有点意外：“你同我商量事？我该没听错吧？”

葛健豪说：“没听错，是商量事。”她拿出蔡林蒸的抚恤金放在桌子上说：“这是林蒸牺牲后，组织上关心咱老两口给的抚恤金，喏，都在这儿。”

蔡蓉峰看了看：“你当家就是了，问我干吗？”

葛健豪说：“这里面有你的一半呀。”

蔡蓉峰说：“我的一半还不是归你保管嘛。”

葛健豪说：“你的一半我还是做不了主，我的一半我要用。”

蔡蓉峰一怔：“你的一半要用？现在家里没什么地方要用钱呀。”

葛健豪看了老伴一眼说：“我是想给平民女子职业学校增添一些教学用的缝纫机。我想跟你商量这事。”

蔡蓉峰爽快地说：“老婆子，不用商量了，我把我的一半也拿出来！”

葛健豪用异样的目光看着丈夫：“老头子，我可没这个意思。”

蔡蓉峰说:“我还不知道你的心思?学校要添置的东西多着哩,光你那一半怎么够用?都拿去用吧,放心,我不会和你吵的。你喝了几天洋墨水,还真变温柔了,再不和我来硬的了。”

葛健豪看着丈夫说:“是呀,是呀,老伴老伴,老来相伴,养老的钱怎么用,我得尊重你的意见呀。”

蔡蓉峰通情达理地说:“行了,儿女们都参加了革命,你也算是半个革命者了,我跟随你们这些革命者生活了这么长时间,不革命也革命了……你都拿去用吧,你的这一半怎么用,我的这一半就怎么用。行了吧?”

葛健豪激动不已,学法国人的礼节,突然亲了蔡蓉峰一下:“老头子也成了一个革命者,真是好样的!……”蔡蓉峰受宠若惊,摸着葛健豪亲过的脸,不好意思地说:“你这……这是干吗呀,都半截埋进土里的人了,还来这一着,让孙子们看见丢不丢人呀?”

葛健豪笑了:“你刚才不是说我喝了几天洋墨水吗?喝过洋墨水的人都这样,这叫——罗曼蒂克!”

蔡蓉峰没听懂:“什么?罗曼……什么?”

葛健豪大声说:“罗曼蒂克!就是……浪漫的意思!”

蔡蓉峰小声说:“还浪漫哩!我不懂。我只知道,以前我不舒服的时候啊,是你熬鸡汤给我喝,今天看见你不想吃不想喝的,我就想熬鸡汤给你喝……”

葛健豪大口喝着鸡汤:“嗯!……这鸡汤真好喝!是我这一辈子喝的最鲜美的鸡汤!”

长沙平民女子职业学校偌大的教室里,老师和学生将四台崭新的缝纫机搬了进来。同学们欣喜若狂:“我们有了缝纫机了!我们可以学手艺了!……”

葛健豪看着眼前的情景,热泪盈眶,她在心里默默地说:“林蒸呀,你在九泉之下应该高兴!爸爸和我将你的抚恤金全部捐给了女校,从今以后,你的英灵和学生们融在一起了。妈妈会努力的,妈妈会带领同学们走你没有走完的路的！”

蔡庆熙气喘吁吁地跑了进来：“妈……妈！”陷入沉思的葛健豪全然没有听见，身边的一位同学拉扯了一下她的衣角：“葛校长，蔡老师找您！”

葛健豪从沉思中被唤醒：“啊……啊，谁找我？”

蔡庆熙嗔怪道：“妈！我这么大声音，您都没听见呀！”

葛健豪说：“啊……我在想事。”

蔡庆熙说：“妈，有两位贵客求见。”

葛健豪坚决地说：“不见！……现在没时间见！”她转身对同学们说，“同学们，五人一组，在缝纫机前坐下，我们开始上缝纫课。”

同学们坐下。

葛健豪说：“在上课之前，我要告诉同学们一件事，我们不是眼巴巴地盼着上课用的缝纫机吗？学校经费不足，一直没能添置，如今，有人资助我们了，他是一位在省港大罢工中牺牲的烈士，烈士在牺牲前说：如果我牺牲了，请组织上将我的抚恤金捐给平民女子职业学校，我要陪着我的妈妈、陪着同学们一起上课学手艺！……”

葛健豪有些激动，声音哽咽……

一位同学轻声问：“葛校长，能告诉我们这位烈士的名字吗？……”

一个洪亮的女声回答：“他叫蔡林蒸！”

“唰”的一下，所有的目光投向回答此话的人。教室门口，站着瑶妹子和她的丈夫熊利明。葛健豪很惊喜：“瑶妹子……熊利明！你们俩怎么来了！”

熊利明说：“我们是来看望您的。”

蔡庆熙对同学们大声说：“同学们，我向你们介绍一下，这位瑶妹子是葛校长十二年前在家乡办女校时候的学生，当时，她父亲为了还债，把她嫁给地主老财，在花轿上，她拼死抗争，用小刀刺破了手腕……”

瑶妹子接着说：“后来，是葛校长救了我，还让我到她在永丰办的职业女校读书识字……”

同学们被感动了，她们使劲儿鼓掌！瑶妹子继续说："看到你们的今天，我就想起了自己的昨天！昨天，我是任人宰割的奴隶，今天我成了掌握自己命运的人！同学们哪，你们能来这里学习，多好呀！人，特别是女人，只有学了知识和手艺才能自立，才能自强！刚才，我听蔡庆熙老师说，烈士用自己的鲜血和生命支持女校，你们可要珍惜呀！我还要告诉你们，蔡林蒸烈士不是别人，他是葛校长心爱的儿子，将抚恤金捐给学校，是葛校长自己决定的！你们不要辜负葛校长的希望呀！"

许多同学感动地流下了热泪。一位同学激动地站了起来说："同学们！这位大姐说得多好呀！我们不能辜负葛校长的希望，这位大姐就是我们的榜样，我们要像她一样，努力……努力呀！"

同学们"唰"的一声站起高呼："努力！努力！……"葛健豪看着眼前这一幕激动万分，她微笑着，眼里噙满了泪水……

晚上，葛健豪在家里为瑶妹子夫妇接风，她准备了满桌的家乡菜，开了一瓶家乡酒，大家相互碰杯，接风宴逐渐进入高潮。几个孩子——刘昂、蔡妮、蔡博和李特特在桌前，也相互碰杯，哇啦哇啦，像过节一样兴奋。

蔡蓉峰几杯酒水落肚，开心地说："好呀，好呀！几年没见，瑶妹子完全变了一个人，也为你爸姚胡子争了面子了！"

瑶妹子谦虚地说："这多亏了蔡妈妈引路引得好。"

蔡蓉峰故意问："这么说，我蔡家这位小脚老太婆还有点能耐？"

葛健豪开玩笑地说："承蒙老头子夸奖，小脚老太婆不胜荣幸！"

蔡蓉峰说："哈哈哈，说你胖你就喘，还来了一套官话！"他转向熊利明："你这个槟榔呀——"

葛健豪纠正道："别叫人家诨名嘛，他的大名叫熊利明。"

蔡蓉峰说："对，熊利明，从前长沙城里的小混混——"

葛健豪不满地说："你看你！……哪壶不开提哪壶，那是老皇历了！"

熊利明笑了笑说："蔡大叔说得没错，从前我是个小混混，可经葛校长一点拨，我便走上了正道。"

葛健豪笑着:"那也是靠了你自己。"

众人边吃边聊,气氛热烈。瑶妹子看着几个孩子说:"啊,我们大人说笑别冷落了孩子们,我还特地给他们带来了礼物哩。"

瑶妹子拿着一个信封走到孩子们面前:"孩子们呀,你们真不简单,自小就离开了父母,告诉阿姨,你们还记得爸爸妈妈的模样吗?"

蔡博、蔡妮互望不语。李特特抢先回答:"我记得!去年,外婆过六十岁生日时,妈妈回来过……"

蔡博学着特特的口气说:"我也记得!……我也见到过蔡畅妈妈!"

蔡妮纠正着弟弟:"博博,蔡畅不是我们的妈妈,我们的妈妈叫向警予——"

堂屋里顿时静默了,大人们的表情显得格外沉重,瑶妹子低下了头,熊利明紧皱着眉,蔡蓉峰欲言又止,蔡庆熙叹着气、摇着头,葛健豪的眸子里噙满了泪水……

葛健豪拭了拭眼睛深情地说:"孩子们!……你们的爸爸妈妈忙……他们很忙!你们有奶奶、爷爷陪着……还有姨妈、姑姑!……不是挺好吗?"

瑶妹子打开信封,拿出几支笔说:"这是警予妈妈在上海给夜校的叔叔阿姨买的,我这次带了几支送给你们,你们要记住警予妈妈的嘱咐,好好学文化!"

瑶妹子将笔依次发给刘昂、特特、蔡博、蔡妮,蔡妮、蔡博接过笔欣喜若狂,他们跳着、叫着:"妈妈送笔给我们了,妈妈送笔给我们了!……"

孩子们天真地雀跃着,大人们看在眼里却疼在心中……

翌日拂晓,葛健豪和瑶妹子来到湘江边漫步。瑶妹子说:"蔡妈妈,昨晚上,您一定没有睡好。"

葛健豪点了点头:"是的,我想了很多!"

瑶妹子满脸歉意:"都怪我,不该在孩子们面前提到他们的父母……"

葛健豪大度地说:"说说也好,就是要告诉孩子们不要忘记他们的父母。唉，和森和警予的事我不想说了，值得欣慰的是，他们俩在理想、事业上依然是同盟。我会一直把警予当女儿看待，她永远是孩子们的好母亲。”

瑶妹子说：“孩子们真的很可怜，正是在父母面前撒娇的年龄，却……”

葛健豪说：“这世上，不可能有两全其美之事……我想，等到革命成功了，天下所有的孩子也许就能无忧无虑地依偎在父母的怀里！……你说，真到了那一天，人们还会想起今天的我们吗？还会珍惜来之不易的天伦之乐吗？……”

瑶妹子肯定地说：“我想会的。”

葛健豪说：“但愿如此！中国……中国人……中国的孩子们，太苦，太不幸了！……好了，别谈这些了，谈多了，心里堵得慌！……瑶妹子，还是说说你和熊利明此次回长沙的事吧。”

瑶妹子介绍说：“和森哥参与领导的‘五卅’风暴席卷全国，拉开了国民革命的序幕，所以，党组织派我们回来，要求我们，将工农群众更充分地动员起来！”

葛健豪马上说：“这么说，你们的担子很重，我这个老太婆能为你们做点什么呢？”

瑶妹子也不绕弯子：“协助我们办工农骨干的补习班。”

葛健豪问：“办补习班？”

瑶妹子说：“湖南省委决定将平民女校作为办补习班的重要地点！”

葛健豪兴奋地说：“好呀！具体的办法是——”

瑶妹子说：“生源由省委组织，师资也由省委指派。来补习班讲课的老师都是革命精英，如李维汉、徐特立……”

葛健豪高兴了：“哎呀，那都是我的老相识呀！”

瑶妹子说：“还有一位您意想不到的人——”

葛健豪关切地问：“谁？”

瑶妹子答：“李志明，他现在是国民革命军的师长。”

葛健豪颇感意外地说：“贞妹子的男人呀！你们一直在联系？好好好，

我要全家人都来听课！”

瑶妹子提醒说："不过，蔡妈妈，现在湖南还是军阀赵恒惕的天下，办补习班是有危险的！”

葛健豪爽快地说："嗨，你们都不怕，我这个老太婆还有什么可怕的！快说，补习班什么时候开课？”

瑶妹子说："越快越好……”

几天后的一个傍晚，瑶妹子带着三三两两的工人走进校门。蔡庆熙领学员进了教室。

校门口，葛健豪和瑶妹子在翘首盼望。一会，一辆黄包车停在了校门外，瑶妹子惊喜地说："来了！……”

车夫脱下帽子，原来他是熊利明。一位穿长衫的先生从黄包车上走下，葛健豪迎上前："志明……志明！”

李志明彬彬有礼地向葛健豪鞠了一躬。葛健豪陪着李志明向学校教室内走去。熊利明留在校门口，注视着周围的动静。

教室里，黑板上写着“关于国民革命”六个大字。李志明在讲课："提起国民革命，我们就不能不谈‘五卅’运动，这是以蔡和森为代表的共产党人领导的一场震惊世界的伟大革命！蔡和森是何许人？他是我们湖南的伢子哩，他的母亲，就是我最敬重的蔡伯母，也是这所平民女子职业学校的校长——葛老太太！”

学员们鼓掌。坐在最后一排听课的葛健豪站了起来，她微笑着指着身边的蔡蓉峰说："他是蔡和森的父亲。”

蔡蓉峰不好意思地站了起来。又是一阵掌声响起。有一位学员大声说了一句："我们要向革命者的父母致敬！我建议，下一节课，我们就请两位老人讲讲，他们是怎么培养和支持子女参加革命的，好不好？”

众学员齐声呼应："好！……”

李志明说："这个同学的提议，我举双手赞成！蔡伯母呀，是二十世纪奇异的老人，要请她老人家讲课，一堂课不行，两堂课也不行，得讲三天三夜！同学们得带上铺盖、馍馍在这里安营扎寨！”

同学们发出一阵笑声。李志明说：“好了，我们继续讲课……”

女校大门口，熊利明在巡视着。突然，他发现了动静：一队军警往学校而来。熊利明立即躲在一棵大槐树后面观察，数着士兵的人数——一共七人！士兵们的说话声传入他耳中：

“据报，这儿，每天晚上都有许多人进进出出！”

“这儿是学校，是不是在上课？”

“黑灯瞎火的，上什么课！”

熊利明机灵地跑向补习班的教室。教室靠后排有扇门，他轻轻推开门，向坐在后排的葛健豪招手。

葛健豪走出教室，瑶妹子、蔡庆熙判断有什么事，她俩也跟了出来。熊利明低声说：“不好了！来了一队士兵！”

葛健豪吃惊地问：“一队士兵？多少人？”

熊利明答：“七个！”

瑶妹子果断地说：“我去把他们引开！”

熊利明制止道：“不行！他们人多，而且都带着枪！”

蔡庆熙紧张地问：“那怎么办？要么……全部撤退！”

熊利明说：“来不及了！”

葛健豪想了想，当机立断：“这样，我们先去与他们周旋，瑶妹子先留在这里。”

瑶妹子坚持地说：“我也去！”

葛健豪拦住了瑶妹子，对她耳语。瑶妹子点头返回教室。

葛健豪和蔡庆熙离开教室，蔡庆熙扶着母亲，葛健豪的小脚顺着楼梯一步一步往下走。楼梯口，士兵们正欲上楼。熊利明、葛健豪、蔡庆熙挡住了士兵们。

蔡庆熙笑脸迎上：“啊，各位老总，这么晚了还这么辛苦呀！”

小头目问：“你们是什么人？”

蔡庆熙不慌不忙地答道："我们是女校的老师。"

葛健豪气度不凡地说："我是这儿的校长。敢问各位，来这儿，有何贵干？"

小头目盘问道："二楼的教室，灯火通明，你们在干什么？"

葛健豪答："学校呢，当然是上课啊！"

小头目不满地说："晚上上课？你不知道现在局势混乱，省府已决定长沙宵禁了吗？"

葛健豪说："学生就住在学校里，晚上补课，不出校门，这与宵禁有何干系！"

小头目语塞："你……你还嘴硬！上楼检查！"

二楼，瑶妹子引着李志明走出教室，往另一方向跑去，他们的身影消失在走廊尽头……

小头目带着士兵们冲进教室。教室内在上课。黑板前的讲坛上站着蔡蓉峰，他在教学员识字："天……天上的天。"

学员们跟着念："天……天上的天。"

小头目正准备让士兵们进教室搜查，葛健豪说："我们两老办学也是为了混口饭吃，你们都是有爹娘的伢子，现如今，世道纷乱，别太较真了，得给自己留条后路……"

小头目愣了一下："老太太此话还中听，但——"

葛健豪说："这样行不行？从明天开始，我们不上夜课就是了。"

小头目有点不甘心："那今晚的事，我的弟兄们就白忙乎了？"

蔡蓉峰立刻凑上前来："这好说……我们给钱……不，我们认罚。"他从口袋里摸出几块银元，阿谀一笑，塞给小头目。

小头目握着银元，眉开眼笑地点头："唔，这位老先生倒是见过世面的。"

第二十三章　投身大潮

乍暖还寒的季节，湘江水缓缓流动。岸边，草地翻出新绿，梨树上含苞欲放的花蕾在微风中摇曳，几个孩子扛着竹竿、学着大人样子操练着，刘昂边走边喊："现在开始唱北伐军军歌第二段，开始！"

几个孩子齐声高唱："工农学兵，工农学兵，大联合！大联合！打倒帝国主义，打倒帝国主义，齐奋斗，齐奋斗……"

蔡博个子小跟在姐姐们的后面，边唱边走，一不小心摔了一跤，大喊："我摔倒了，拉我一下呀！"

李特特嘿嘿地笑了起来："蔡博真没用，还没打仗就摔跟斗了……"

刘昂表情严肃地说："特特！不许笑话革命同志！我们这是革命的队伍，要相互关心和帮助，把他拉起来。"

蔡妮和李特特忙跑过去拉蔡博。蔡博有点撒娇："我不要你们拉，我要刘昂大姐姐拉。"

刘昂一听，严厉地命令道："都别拉他，他是男子汉，应该自己爬起来！"然后带着蔡妮、李特特继续边唱边向前走……

蔡博在地上高喊："你们怎么不管我呀……"突然，一双大人的手将他搀扶起来，博博抬头一看，是个陌生女人。

陌生女人是向警予，她提着一只旧箱子，风尘仆仆，疼爱地看着蔡博，激动地说："你是……博博？你是蔡博！"

蔡博看了向警予一眼，使劲挣脱着，大喊："姐姐，我碰上敌人了！"

蔡妮、李特特听见喊声，见有陌生女人在拉蔡博，忙跑了回来。蔡博指着向警予说："你知道我的名字？你是怎么知道我名字的？"

向警予逗着蔡博："我当然知道呀！"

蔡博十分认真地说："我不认识你，你却知道我的名字，你肯定是坏人！是军阀……"

蔡妮过来："蔡博，你别乱说。这位阿姨不像坏人！"

向警予笑了："蔡妮说对了，我不是坏人。"她又摸着李特特的头："特特，你说是吗？"

蔡妮觉得奇怪，惊讶道："阿姨，我们的名字你怎么都知道？"

向警予说："因为……"

李特特抢着说："要不……你真是敌人派过来的！"

刘昂赶了过来，一见是向警予，惊喜交集："舅妈，是您！"

向警予欣喜地看着刘昂："刘昂，你长成一个大姑娘了，还带弟弟妹妹操练。"

刘昂忙对蔡妮、蔡博说："蔡博，蔡妮，她是你们的妈妈呀！"

蔡博跑向刘昂："她不是我的妈妈！"

向警予随手搂抱过小蔡博和蔡妮说："妮妮，博博，我真的是你们的妈妈向警予！"

蔡妮从向警予怀里挣脱出来，她学着刘昂的口气说："舅妈，我不认识你！"蔡博也躲藏到刘昂身后，生怕向警予来抱她。

刘昂对蔡妮说："蔡妮，你不能叫舅妈，她真的是你妈妈。"向警予看着孩子们，一种失落感油然而生，她的脸上现出隐隐的忧伤。

夜深了，万籁俱寂，星星在天空中眨着眼睛。蔡家卧室里，蔡妮用陌生的眼光看着向警予，不肯和她一起睡，向警予只得让蔡妮和蔡博睡在一张床上。

向警予哼着儿歌轻轻拍打着，她凝视着孩子们的睡容……

歌声在屋子里飘荡："宝宝宝宝快睡觉，妈妈摇你到外婆桥，外婆桥边枫树林，枫树林中小鸟叫，叫到万山红遍时，妈妈宝宝拍手笑……"

在一旁纳鞋底的葛健豪看着向警予,万般感慨。她说:"和森小时候,我也是哼着这支儿歌哄他睡觉的,这是为人之母最幸福的时候。"

向警予心有隐痛地说:"妈妈,我真的有些……难过!"

葛健豪疼爱地看着警予:"是吗?……"

向警予说:"是的!两个孩子一出生,我就没带过他们……这次远道从苏联回国,要赶往大革命的中心武汉,路过长沙,特意来看看你们,可儿女们都认不出他们的妈妈了,……妮妮管我叫舅妈!"

葛健豪感叹着:"是呀!革命不容易呀,要付出很多很多!……前年,你的林蒸哥哥为了革命,献出了生命,我这做母亲的,当时难受得……"

向警予动情地说:"妈妈!……您受苦了!"

葛健豪说:"可是,我挺过来了!……警予呀,当个好母亲很难,当一个革命的好母亲更是难上加难!"

向警予感慨道:"是的,妈妈!话虽这么说,但人心都是肉长的,我们在外不能孝敬您二老,您二老还得帮我们带孩子……想起这些,我就觉得很内疚,对不起孩子,更对不起二位老人。您是我的好妈妈,可我不是您的好儿媳……"

葛健豪深情地说:"我一直是把你当女儿一样看待的,你跟和森的事,我感到惋惜,记住,你永远都是我的好女儿!"

向警予很感动:"妈妈,您能这样想,我真的很感动……"

葛健豪指着窗外的夜空说:"但愿能有那一天呀!所有的付出都能结出正果,我无怨无悔!……"

向警予被打动了:"妈妈!……"

葛健豪深情地回忆道:"啊……忘不了我十六岁出嫁的前一天,也是这么一个满天繁星的晚上,我的母亲指着夜空的星星对我说,天有多大呀,她能包容世间万物,她哺育着芸芸众生,这个天哪,就像是母亲!一个女人,一定要学会当母亲,要当好自己孩子的母亲,也要当好所有孩子的母亲,这就是母亲的胸怀,这叫……天人合一!"

向警予回味着葛健豪意味深长的话语，她遥望天穹，深深地点着头，重复着老人的话语："天人……合一！"

向警予脱鞋时，葛健豪注意到她的袜子补丁摞补丁，脚趾部位还有个破洞。葛健豪看在眼里，认定警予的生活过得不是很好。

葛健豪有点心酸地说："警予呀，我们离多聚少，这次，你匆匆忙忙回来就要走，天亮以后，我们一起去照一张相，留下个念想，如何？"

向警予非常赞同："好的。这样，我离开湖南以后，二老和大姐、特别是几个孩子，就可以天天揣在我的心里了……"

第二天早上起床时，向警予发现自己的鞋子上放着一双新棉袜，她拿起袜子放到胸前，大滴大滴的泪珠涌出眼眶。

长沙某照相馆内，葛健豪、向警予、蔡蓉峰、蔡庆熙、刘昂、蔡妮、蔡博、李特特坐在镜头前，"咔"的一声，闪光灯一闪，相机拍下一张珍贵的照片……

向警予拉着蔡妮和蔡博，要姐弟俩单独照一张，葛健豪说："对，姐弟俩照一张相，让你们的妈妈随身带着，等明年春暖花开的时候，我们一起到武汉去看妈妈……那时候你们肯定比相片中要高要胖了……"

向警予来到平民女子学校参观，葛健豪领着她边说边走进缝纫班教室。向警予手抚缝纫机，眼前浮现蔡林蒸的音容笑貌，不禁潸然泪下。

熊利明走进教室和向警予握手："向大姐，您要见的人马上到！"

向警予忙擦了一下眼睛说："利明，你辛苦了。"

熊利明诚恳地说："向大姐，正好，明晚党员培训班有课，你就为大家讲讲吧。你是我们党的第一位女中央委员，第一位妇女部长，又是刚从苏联学习回来的，讲课内容肯定新鲜。"

向警予抱歉地说："真对不起，来不及了。我得马上赶往大革命中心的武汉，那儿有许多工作等着我去做，明天上午的火车票都买好了。"

熊利明说："哦，是这样。组织上也准备让我去武汉。"

向警予热情地说："那好，如果可能，我请你当助手。"

参观完学校,向警予、瑶妹子、熊利明走进学校一间办公室坐下,葛健豪和蔡庆熙端茶进来,向警予说:“要不,妈,您就坐下来听听吧,反正我们也是谈谈形势,又没有什么机密。”

蔡庆熙说:“妈,您想听,就坐这里听吧,我去做饭。”

葛健豪答:“好,那我就好好听听!”

向警予介绍道:“现在革命形势很严峻,一方面工农运动持续高涨,北伐节节胜利;另一方面,国民党右派加紧制造分裂,关系紧张。譬如去年三月蒋介石制造了中山舰事件,他就是想把共产党清理出去……种种迹象表明,蒋介石的枪口随时会对准共产党!”

葛健豪认真地听着,面容凝重且充满忧虑……

夜晚,蔡家卧室里,妮妮主动挨着妈妈躺下,向警予欣慰地笑了,待蔡妮熟睡了,她轻手轻脚地下床整理行李。随后,她转身看着床上两个熟睡的孩子,俯身轻吻着说:“宝宝宝宝,好好睡吧,妈要走了!……”泪水滴落在孩子的脸上,向警予用手帕轻轻地擦去滴在孩子脸上的泪水。

葛健豪在一旁潸然泪下……

东方发白。葛健豪送向警予出门,向警予依依不舍地说:“妈,两个宝宝就托付给您了……辛苦您了!”

葛健豪说:“别这么说,应该的!……警予呀,在外面,想孩子了,就回来看看。或者,明年春暖花开的时候,我带着妮妮、博博去武汉看你。”

向警予说:“谢谢妈妈。我随身带着孩子的照片,想他们的时候,我就看照片。”

葛健豪深深地叹了一口气:“唉!……”

向警予拎起放在地上的小箱子,她深情地对葛健豪说:“妈妈,我走了!……您老和爸爸也都是六十好几的人了,千万要注意身体!”

远处传来喊声:“妈妈!妈妈!……”向警予看去,蔡庆熙领着蔡妮、蔡博跑过来。

向警予放下箱子,和孩子们拥抱在一起。蔡妮问:“妈妈,你什么时候回来呀？”

向警予说：“武汉离这里很近，妈妈很快就会回来的！妮妮，你要听爷爷奶奶、姑姑的话，还要照顾好弟弟啊！”

蔡妮懂事地点头：“妈妈，你没有时间回来，我和弟弟去看你！”

向警予笑了，她看见路边有个卖水果的小贩，走过去挑了两个苹果，给蔡妮和蔡博一人一个。

马车来了，向警予上了马车，马车缓缓远去。两个孩子拿着苹果在马车后面跑，大声喊着：“妈妈！……妈妈！”

马车上，向警予向亲人们挥着手，视线被泪水模糊……

向警予抵达武汉不到一个月，蒋介石在上海制造了屠杀共产党人和革命群众的“四一二”反革命政变，葛健豪和她的儿女们步入了一个更加艰难和恐怖的岁月……

警笛长鸣，枪声四起，一批批革命群众被捕，无数共产党员和工人纠察队员被杀害。

在长沙，虽然国共合作的局面表面上仍然维系着，但受上海“四一二”反革命政变的影响，反共逆流日趋公开。

一连几天，长沙街头，枪声不断。

这天天刚刚亮，葛健豪从床上一跃而起，她穿好衣服，匆匆忙忙出屋。蔡庆熙跟在母亲后面问：“妈，您去哪里，外面很危险啊！”

葛健豪镇定地说：“打了一夜的枪，肯定出事了！我去学校看看！”

蔡庆熙有点恐慌地说：“刘昂还在纠察队值班呢，这枪声听起来好吓人……”

蔡蓉峰也匆匆忙忙出来，问：“这外面怎么到处打枪啊？”

门外传来刘昂急促的喊声：“开门，开门！”

蔡庆熙打开门，刘昂进来说：“外婆外公，不好了，蒋介石发动政变，长沙也有人投奔蒋介石了，局势越来越乱，他们派军警去了我们的女子学校……”

葛健豪急着说:“我去看看!……你们在家看好孩子。”

刘昂跟出去:“外婆,我陪您去!”

天已大亮。葛健豪和刘昂匆匆忙忙地跑进学校,士兵正在搜查,学校已面目全非,有的教室被贴上了封条。葛健豪慌忙地跑到教室窗口向里一望,发现里面一片狼藉,几台新缝纫机已倒翻在地……

士兵把学校人员全部集中在操场,一个士兵把葛健豪和刘昂逼到人群中,说:“所有的人员都过去站好,听长官训话。”

军官开始训话:“告诉你们,这里是共产党湖南省委的联络点!这所学校已被查封了,里面所有的住户,我们都要一一审查,如若反抗,格杀勿论!”

副官走过来说:“所有的人,先去那间教室呆着,未经允许,谁也不准出来……”

军官凶狠地说:“校长住天茂花园一号,我已经派人去了。”

葛健豪和刘昂大吃一惊。刘昂显得有些紧张。葛健豪用力捏着刘昂的手,低声说:“刘昂,别怕!……”

几个士兵押着所有的人向一间教室里走去。

蔡蓉峰、蔡庆熙带着蔡妮、蔡博、李特特焦急地在家里等着葛健豪。蔡妮说:“真的在打枪啊!爷爷,我好怕!”

蔡蓉峰安慰着孙女:“别怕!……孩子们,都别怕,过一会儿就好了。”

突然,传来急促的敲门声。蔡庆熙忙去打开门,瑶妹子满脸是血站在门口。蔡庆熙急着问:“瑶妹子,快进来!……你受伤了?到底发生什么事了?”

蔡庆熙把瑶妹子扶进屋,瑶妹子气喘吁吁地说:“擦伤了点皮,没关系!平民女子职业学校是我们湖南省委的活动场所,现在正在被搜查。为了安全起见,你们全家得马上转移!”

蔡蓉峰还在嘴硬:“我们这儿老的老、小的小,他们能把我们怎么样!”

瑶妹子急着说:“女子职业学校已被他们查封了,他们很快就会来这里的！”瑶妹子没看见葛健豪，惊讶地问：“葛校长呢？”

蔡庆熙答：“她和刘昂去学校了。”

瑶妹子一听赶忙说：“坏了！……你们赶快先走吧。”

蔡蓉峰无所谓的样子：“别忙，没那么严重吧！”

瑶妹子着急地说：“哎呀，你们听，街上到处都是军警……我们省委守门的老头都被他们抓走了……快走，什么东西也不要带，只带三个孩子走……”

警笛声越来越近，熊利明惊慌地跑进来：“快走，敌人来了。前门出不去了！”

瑶妹子果断地说：“快离开这里！我们每人抱一个孩子，从后门走……”

熊利明忙把大门关上，拉了一张桌子抵着。蔡庆熙大声说：“爸爸，别说了，快走呀！”

外面人声嘈杂……

蔡蓉峰抱着蔡博、瑶妹子抱着李特特、熊利明抱着蔡妮快步向后门走去。蔡庆熙打开后门，瑶妹子、熊利明带着大家在巷子里跑着，巷子的尽头是大街，几人跑向街道，汇入到奔跑的人群之中……

平民女子职业学校内，葛健豪和刘昂以及学校里的住户被关在一间教室里。士兵说：“都放老实点！正在搜查你们校长的家，如果没什么可疑物品，你们就没事了！”

葛健豪从门缝里向外看，回过身来，对大伙说：“大家不要怕，我在法国蹲过洋监狱呢，这不算什么。他们不会把我们怎么样的！……”

刘昂焦急地说：“外婆，他们要去家里搜查呀，我们无家可回了，可怎么办呢？”

葛健豪目光坚毅，十分冷静地说：“刘昂，别怕。记住了，在危急的时候，一定要沉着冷静！你看，打开这后面的窗子我们不就可以逃走了吗？可是如果我们俩现在跑了，恐怕会连累大伙儿的。”

刘昂问:“那可怎么办?”

葛健豪说:“我们见机行事!”

小巷里的一座房屋,是湖南省委某秘密联络点,熊利明、瑶妹子带着蔡蓉峰、蔡庆熙、蔡妮、蔡博、李特特到了大门口。熊利明敲三下门,里面的人问:“谁?”

瑶妹子回答:“我是娘家人,山茶花。”

里面的人把门打开,几个人进了院子。

蔡庆熙紧张地问:“我妈和女儿还在学校哩,这可怎么办啊?”

熊利明说:“庆熙大姐,你别急,这个联络点还没有暴露,你们先呆在这里别动,我们马上去想办法。”

刚才开门的人着急地说:“省委指示,要不惜一切代价保证蔡和森同志母亲的安全!”

瑶妹子问:“行动组的同志还有几人在家?”

开门的人说:“都出去了。”

瑶妹子对熊利明说:“利明,我俩分头行动,你去葛校长家守候,如果发现葛校长和刘昂,决不能让她们进门,把她俩带到这里来。我去平民女子职业学校……”

葛健豪、刘昂和几个邻居、校工还被关押在教室里。几个士兵搜遍几间屋子,没发现什么可疑物品。外面院子里,哨子声突然尖锐地响起。

副官在喊:“快走,有新的任务!”官兵们排队离去……

葛健豪看着士兵远去,带着刘昂匆匆忙忙离开学校。刚出校门,瑶妹子拦住了她俩:“葛校长,跟我来……”

瑶妹子带着葛健豪、刘昂来到湖南省委某秘密联络点。蔡庆熙说:“妈,可把我吓坏了!”

熊利明回来告诉葛健豪,蔡家已被抄了。蔡蓉峰长长叹息道:“家也抄了,学校也查封了,这可怎么办哟。”

葛健豪在危急时刻总是很冷静,她安慰老头子:“别灰心,会有办法的。

他们没抄出什么,我们在省委同志和校工们的帮助下,不都平安无事吗?”

熊利明说:“可是,蔡伯母,您一家人的身份已经暴露了。”

瑶妹子接着说:“随着国共两党关系的恶化,今后,可能不只是查封学校和抄家那么简单了,为了安全,你们全家人不能在长沙呆下去了。”

葛健豪很清醒:“是的,我也感觉到,更大的风暴就要来临,长沙是呆不下去了,回老家吧!”

蔡蓉峰马上点头:“对了,还是回老家安逸。”

葛健豪想了想说:“这样吧,老头子,你和庆熙带蔡妮、蔡博回去。我和刘昂带李特特去武汉。”

蔡蓉峰不同意:“长沙已经这样了,武汉更危险,你去那儿,岂不是跳出虎口又入狼窝吗?”

葛健豪说:“和森、毛妹子他们在武汉,我去了,或许还能帮帮他们。刘昂在舅舅、小姨身边是学习、锻炼的机会。”

蔡蓉峰无可奈何地说:“你要这样说,我们都拦不住你。”

葛健豪有点激动:“你是拦不住我的!我已经失去了两个儿子,再不能失去这唯一的儿子了!我要去帮助他,尽管我老迈、小脚、手无缚鸡之力,但是,我是孩子他妈,我一定要帮帮儿子!”

葛健豪迈着小脚带着刘昂和李特特到了武汉。

夜里,在蔡和森住处,葛健豪拍着李特特入睡,嘴里自语:“这个和子,我来武汉了,怎么整天都难得见到他的人影呢?……”

刘昂机灵地说:“外婆,舅舅说他忙着开会……”

屋外传来咳喘声。葛健豪高兴地说:“和子回来了!”

蔡和森进了门,跟母亲打招呼:“妈,您还没睡啊。”

葛健豪答道:“没有,你不也才回家吗?和子,你咳得这么厉害,准是哮喘病又发了,要去抓药吃啊!”

蔡和森说:“没事的,妈。”

葛健豪说:“我来武汉了,不敢出远门,你给我讲讲武汉的情况吧。”

蔡和森坐下来对母亲说:“妈,武汉的形势相当复杂。武汉国民政府的汪精卫表面上比较温和,但种种迹象表明,他很有可能投靠蒋介石。我们党内的矛盾斗争也很激烈,一部分同志对国民党右派还抱有幻想,加上我们的总书记陈独秀听不进正确意见,犯了右倾的幼稚病!”

毛润之进来,听到说陈独秀,他余气未消地说:“这个陈独秀,简直不可救药!”

蔡和森说:“润之,别发这么大的火。”

毛润之对葛健豪笑笑:“蔡伯母,这么晚了,我来和和森谈事情,您别见外。”

葛健豪说:“自家人,哪里见外哟,快坐,我也想听听。”

葛健豪听他俩说起党的“五大”就要在武昌都府堤召开了,她突然提出:“哎!我能去为大会做点事吗?反正闲着也是闲着。”

毛润之说:“这次到会代表是我党历次会议中最多的,随便请人帮忙我们还不放心哩,正需要您这样有文化、又靠得住的同志为大会工作。就怕您累着了。”

葛健豪马上来了劲:“嗨!跟你们在一起我都变年轻了,为你们做点事我特别高兴,不会累的!让刘昂跟我一起去,行不?”

蔡和森答道:“润之说行就行……”

武昌都府堤20号,大门口挂着国立武昌高等师范学校附小的牌子。三三两两的人或步行、或坐黄包车来到校门口,走进大门。为了防备反动派突然袭击,中共五大是秘密召开的,开幕式后,代表们迅速散去。两天后,大会在地处僻静的汉口自治街黄陂会馆继续召开,陈独秀在主席台上作报告:“同志们!我今天讲话的题目是《政治与组织报告》,报告共分十一部分——”

厨房里,两名厨工在忙着擀面条。葛健豪在一旁帮着洗菜,回头见刘昂正入迷地看着一本小册子,她边洗菜边说:“刘昂呀,我们来这儿是帮忙做事的,你看什么书呢?”

刘昂说:“外婆,这本小册子写得精彩极了!”

葛健豪问:“什么小册子?”

刘昂答:“一篇文章,叫《中国革命中之争论问题》。”

葛健豪很感兴趣:“争论?……怎么个争论法?文章是怎么写的?”葛健豪接过小册子看着,她念道:“我们党第一种病,便是讳疾忌医,如果再不公开揭发出来,群众和革命就要抛弃我们了!我们不能看党的面子比革命还重,一切为了革命胜利!”

葛健豪心里有好多疑问,一个国家出现三个政府:北京的军阀政府、汪精卫为首的武汉国民政府、蒋介石的南京国民政府,这是一个怎样动荡的社会?共产党的出路在哪里?这些本不是一个老妇人考虑的问题,可是,她不是一般的老妇人,她的儿女们都是共产党员,而且都是共产党的领导人,共产党的主张她早已耳熟能详,她是站在共产党这一边的,党处于危急时刻,她怎能不忧心忡忡?

晚上,在家里,葛健豪听到“砰”的一声巨响!

葛健豪惊恐地来到客厅,见蔡和森义愤填膺,用拳头有力地击打桌面,她关切地问道:“和子!你这是干什么?”

蔡和森失神地望着母亲:“妈妈!……怎么会这样?……怎么会这样呀!”

葛健豪审视着儿子问:“这样?……这样……到底是怎样?”

蔡和森用颤抖的声音说:“妈,就在五大召开的第二天,李大钊先生他……他被反动军阀杀害了!”

葛健豪大惊失色:“李大钊?……是你经常说起的那位导师李大钊吗?”

蔡和森深沉地答道:“是的!忘不了,九年前,我第一次离开湖南去往北京的时候,我结识的最重要的两位导师就是李大钊和陈独秀,是他们俩创建了党!是他们俩指引我走上了革命之路!可今天,当革命遇到挫折的时候,我的两位导师却走上了如此不同之路!”

葛健豪用慈母的口吻开导着儿子："这不奇怪。和子，常言道：路遥知马力，日久见人心嘛。"

蔡和森突然怒吼起来："不！……不对！我们都曾经发过誓，要为自己的信仰奋斗终生呀！"

李大钊的牺牲，同样给葛健豪带来极大的震撼！她不知道该用什么语言来抚慰儿子。反动派的冷酷、现实的无情让葛健豪的心揪紧了，有一瞬间她曾幻想带着儿女们逃离这乱世，可是她马上便清醒了，偌大的中国，哪里是乐土？！逃离，那不是她的性格！也不是她儿女们的性格呀！既然别无选择，那么又何必畏惧！孩子们，走你们的路吧，妈陪着你们！想到这里，她心里反倒释然了。

葛健豪安慰儿子："人各有志，孰是孰非，自会有人评说……"

蔡和森十分激动地说："整整一晚上，我都在与李大钊的英灵对话！他是在用自己的鲜血和生命警示天下呀！……"

葛健豪赞许地看着儿子，蔡和森从母亲坚定的目光中得到力量，他告诉母亲："这次会议没有解决党的组织问题，没有征服机会主义首领的基本观念和思想。陈独秀的右倾错误没改正，仍被选为总书记。妈妈！我要对您说，在重大的原则问题上，我是决不会退让一步的！"

蔡和森似乎在追寻什么，他突然冲出卧室，向着暴风雨冲去，葛健豪朝着屋外的雨幕大叫："和子！你要去向哪里呀？"

蔡和森一口气跑到长江边。

江上，掀起了滔天的巨浪。

蔡和森在风雨中伫立着、凝思着，他的眼前不断出现李大钊的身影，他仿佛听到李大钊的声音：

"人生最高理想，在求达于真理。"

"国人无爱国心，其国恒亡！"

"记住了，大凡新命之诞生，新运之创造，必经一番苦痛为之代价！……试看将来的环球，必是赤旗的世界！"

李大钊的话在蔡和森的耳边反复回响，声音越来越大，这声音，震撼着蔡和森，震撼着长江、天穹。

不远处，葛健豪打着一把油伞找来了，她凝视着儿子，严峻的面容上有些许担忧，像是对蔡和森又像是对自己说："儿子，妈不忍心打扰你，妈相信，暴风雨一定会让你更加坚强的！……子规夜半犹啼血，不信东风唤不回！"

一阵闷雷突然炸响，接着大雨倾盆，急骤的大雨哗哗不停地下，不停地下，密集如织的暴雨似乎带着一种天怒，荡涤着黑暗，洗刷着人世间的一切不平……

第二十四章　白色恐怖

中共“五大”是在革命紧要关头召开的一次重要会议。会上，批判了陈独秀的右倾错误，但由于没有就建立党的革命武装等重大问题作出切实可行的回答，会后不到二十天，国民党右派军官许克祥就在湖南发动了“马日事变”，公然解除了工人纠察队的武装。1927 年 7 月 15 日，汪精卫又在武汉叛变了革命，致使轰轰烈烈的大革命失败了。为了挽救革命，中共中央在武汉召开了“八七”会议，作出了实行土地革命和武装起义的重大决定。时世艰难，葛健豪和她的儿女们面临着更加严峻的考验……

回到湖南永丰的葛健豪时常要蔡庆熙去县城买报纸，看到各大报纸上醒目的标题：“武汉国民政府与共产党决裂”、“宁可枉杀一千，不可使一人漏网”，葛健豪忧心忡忡，牵挂着仍在武汉的向警予……

武汉市郊的一间破旧屋子里，几名工人领袖围坐在向警予的身边。向警予说：“同志们，大革命虽然失败了，但是，党还在我们中间！在困难的时候，最重要的是保持对革命的信心！”

海员工会的陈春和说：“向大姐，我们海员工会没有散，许多工会会员转入了地下，随时听从您的指示。”

向警予布置道：“陈春和同志，请转达党对海员工会同志们的敬意！根据党中央和湖北省委的指示，为了保全革命力量，从现在起，暴露了身份的同志必须安全转移，坚持地下工作的同志应该采取单线联系的方式，以防万一。”

陈春和关切地对向警予说：“向大姐，在大革命高潮时期，您在武汉，是公开露面最多的领导人之一，同志们要我转告您，请您一定注意自身的安全。”

向警予说：“谢谢，我会注意的。为了与群众保持密切的联系，省委决定，由我主编办一份刊物《大江》。以后，在不能经常联络的形势下，你们看到了《大江》，就等于看到了党还在领导着我们……”

汉口三德里向警予住处，简陋的屋内，向警予正在订正《大江》的清样。瑶妹子给她端来一杯茶水，向警予看着瑶妹子，想了想，说：“你们是夫妻，关于利明，我有个想法，又怕影响你们的关系。”

瑶妹子真诚地说：“你说。”

向警予说：“他的优点是办事利索，缺点嘛……”

瑶妹子接话：“缺点是不好好学习，改不了小混混的草莽习气！”

向警予说：“唔，为了让他更快地成熟起来，我想让他去红军部队锻炼锻炼。”

瑶妹子觉得向警予的建议很好，然而当她对熊利明说起时，熊利明却不太乐意：“这……”他想了想说：“现在，武汉的党组织遭到了如此大的破坏，许多重要的领导人都已撤离，向大姐在这里的担子特别重，身边不能没有可靠的人呀！”

瑶妹子说：“向大姐身边有我，利明，你就放心地去吧。”

熊利明还是没有松口，他说：“我还是不放心！……这样吧，我保证动员几名老纠察队员去红军部队，这样，岂不是两全其美吗？”

瑶妹子只得如实向向警予汇报，向警予没有多说什么，这事就暂时放下了。

过年了，湖南省永丰石板冲几间毗连的破旧房屋前，十七岁的刘昂带着蔡妮、蔡博和李特特在燃放爆竹。“噼噼啪啪！”几个孩子捂着耳朵，高兴地雀跃着，门前一棵枫树分外醒目。

蔡庆熙嘱咐道：“刘昂呀，你们放鞭，可别伤了这株枫树，这可是你外婆亲手栽的！”

葛健豪从屋内走出，说："嗨，没事！我喜欢枫树，枫树可没那么娇贵！"

四岁的蔡博挥着小拳头呼应说："就是！奶奶栽的树，不怕风吹，不怕雷劈，还能怕放鞭呀？"大人和小孩都开心地笑了起来。

葛健豪抓起一个扫帚点燃了，孩子们新奇地拍手叫好，只见葛健豪使劲把扫帚扔向空中，大声说："燃放烟花了！好运快快来吧！"

燃烧的扫帚像流星般在夜空划了一道闪亮的弧线，落在不远处。葛健豪看着渐渐熄灭的扫帚，喊道："好了，都进屋吃年夜饭了！"孩子们跟着大人一窝蜂地进了屋。

堂屋内，摆了一桌年夜饭。上席坐着蔡蓉峰，他咧着嘴笑着，拿出早已准备好的红纸包发放给孩子们："给，压岁钱，是爷爷奶奶给你们的压岁钱。"

蔡庆熙带着孩子们坐下。席间留有几个空着的座位。蔡博不谙世事，大声说："哎，这几个空着的座位谁坐呀？"

蔡庆熙指着空座位说："这是蔡畅妈妈的座位，这是李富春爸爸的座位，这是和森爸爸的座位，这是警予妈妈的座位……"

小蔡妮听着听着哭了起来。刘昂懂事地劝着她："妮妮！……过年了，别哭呀！"

蔡妮哭得更伤心了："我想妈妈了！"

博博和特特也跟着哭了起来："我也想爸爸妈妈了！"

蔡妮大声哭着："爸爸妈妈！……你们怎么总是不和我们在一起呀！"

博博和特特也用哭声喊着："我们的爸爸妈妈在哪里呀！……我们要爸爸妈妈呀！……"

大人们都被孩子们的哭喊声打动了，也跟着他们流出了眼泪。葛健豪抹了抹眼泪说："孩子们，乖……不哭！你们的爸爸妈妈都在外面忙……他们忙呀！"

汉口三德里，几个孩子在燃放着鞭炮。向警予从孩子们身边经过时，被燃放鞭炮的两个孩子吸引了。向警予止步,她出神地看着两个孩子,两个孩子忽然化成蔡妮和蔡博。向警予轻声喊:“妮妮……博博?”

向警予俯身抚摸小女孩:“小姑娘,你今年有六岁了吧?”

小女孩点了点头看着向警予,怯怯地问:“你是谁呀?”

向警予又转向小男孩:“这是你弟弟?他几岁了?”

小男孩抢着回答:“我四岁了!”

向警予怔了一下,自语道:“啊!这么巧,和妮妮、博博同岁!”

向警予赶快掏出几个铜板分别塞给两个孩子:“乖……过年了,这是压岁钱,快拿着。”

小男孩欲接钱,小女孩阻拦:“小宝,别拿!妈说过,不许要陌生人给的东西!”

一个中年女子喊道:“宝宝!……快回家吃年夜饭了。”两个孩子高兴地向家里跑去。

向警予喃喃自语:“宝宝!……妮妮……博博!”她无比失落,目送着两个孩子远去。

两个孩子化为蔡妮、蔡博,朝向警予跑来。蔡妮说:“妈妈!我们等你回家过年哩!”蔡博喊:“妈妈!……我想妈妈!”

幻影消失,向警予的眼里噙满了泪水,她回到屋里,看着妮妮、博博的照片发呆。瑶妹子走到她的身后,轻声地问:“大姐,想孩子了?”

向警予从沉思中被唤醒:“瑶妹子,大过年的,你还和我在一起——”

瑶妹子深情地说:“我想陪陪大姐。”

向警予随口问:“利明呢?他没陪你过年呀?”

瑶妹子说:“随他去,他在交通员宋若林那里玩纸牌。”

向警予说:“利明应该多陪陪你才好。”

瑶妹子说着心里话:“他最近的情绪好低沉!”

向警予很敏感:“时世艰难呀!省委机关被破坏,好多同志下落不明,我们要小心。”

过完年后瑶妹子就要去上海，此时她鼓起勇气说出心里的疑惑："向大姐，我真不明白。"

向警予问："不明白什么？"

瑶妹子说："武汉的形势如此险恶，中央几次让你撤离，你为什么不走？"

向警予故作轻松地说："我若撤离，《大江》谁来出？《大江》没了，工人群众去哪里找党组织？"

瑶妹子还是不理解："可省委机关的许多领导同志都奉命撤离了。"

向警予说："正因为这样，我更不能走！我在这里，《大江》就能在群众中，工人群众就会感受到党还在他们身边！"

瑶妹子深受感动，对向警予说："向大姐！……我去了上海，一定将您的这些想法向中央汇报。"

向警予叮嘱道："别说太多了，就说我在武汉很好，请他们放心。"

瑶妹子想了想，善解人意道："这次去上海中央机关，说不定会碰见和森哥哥的……"

向警予怔了一下，说："向他……问好。唉！……有时候呀，我也想，我这个人哪，个性很强，与他在一起的时候，也没能好好照顾他。但是，'向蔡'同盟，是我们共同理想的融合，无论发生什么情况，它一定会经得起时间的检验的！"

瑶妹子被打动了："向大姐！……您……太苦了！"

向警予淡淡一笑："人家不是说我们共产党人像苦行僧吗？僧人们都能为了自己心中的那个信念，苦着、行着……何况我们是为了劳苦大众谋幸福的共产党人呢？"

瑶妹子感动地说："向大姐，听您说话，我心里总觉得暖暖的！我嘱咐过利明，要他无论如何要保护好你！"

屋外传来警笛声。向警予本能地望着窗外，喃喃自语道："唉！大年三十，敌人还没歇着呀！"

瑶妹子过完年就前往上海了，熊利明仍在向警予身边。

国民党武汉卫戍司令部办公室里，司令胡宗铎盯着《大江》出神，他问黄副官："《大江》的主编还没抓到？"

黄副官小心翼翼答道："没有。"

胡宗铎骂道："饭桶！那些刑具都是吃素的？"胡宗铎想了想说，"我就不信了，这样！……"胡宗铎向黄副官面授机宜，黄副官边听边点头……

监狱里，几间牢房的铁门拉开，几名戴着脚镣手铐的人被押出牢房，其中有宋若林。

宋若林惊惶地问："你们这是……"

黄副官面无表情地说："宋若林，你虽然供出了夏明翰，但你还有重要线索没有交代，你敬酒不吃吃罚酒！走吧，送你上路！"

刑场上，几名即将被处决的"死囚犯"跪成一排，宋若林在最旁边，射击手的枪口对准他们。

宋若林脸色惨白，浑身发抖。"砰砰砰……"数声枪响，"死囚犯"们中枪倒下，紧闭眼睛的宋若林仍然跪着。

黄副官上前对宋若林说："宋若林，来这儿之前，我觉得你好像有什么话要说？"

宋若林一个激灵睁开眼睛，看了看旁边倒下的人，嘴上哆嗦着："我……我……"

黄副官指着地上共产党员的遗体说："我告诉你，你再不悔悟，这就是你的下场，你的生命还剩最后三分钟！"

宋若林突然大叫："不！……我说！……我全说！……"

湖南永丰石板冲蔡家，屋内，葛健豪一家老小聚在一起，他们神情严肃，好像在商量一件大事。蔡蓉峰长叹一声说："唉！既然和子、毛妹子从上海来信，要你们去，你们……就去吧！"

葛健豪不放心地说："老头子，对不起！我们走后，你可得照顾好自己。"

蔡庆熙说："妈，有我在，我会好好照顾爸爸的。"

蔡蓉峰脸现愁容："我倒不要紧，我是担心你们，这兵荒马乱的，你们老的老，小的小，我不放心呀！"

刘昂安慰道："外公，这您就不用担心了！党中央好多同志都在上海哩！"

葛健豪心事重重地说："是呀！现在，就警予一个人在汉口，我想……刘昂先带着特特去上海，我带着妮妮、博博绕道去汉口看看警予……"

蔡蓉峰不同意："你一个小脚老太带两个孩子去汉口，那太危险了！"

葛健豪说："去年警予到长沙，我答应过她，来年春暖花开时，一定带着妮妮、博博去看她，现在不正是这个时节吗？我答应她的事，一定要兑现！"

蔡蓉峰无可奈何地摇了摇头："唉！……你这个老太婆呀，想做的事没人能拦得住！"

蔡庆熙担心地说："妈妈！……听说汉口特别乱，好多共产党人都被抓被杀了，您老可要……"

一直没有向警予的消息，葛健豪不敢往坏处想，她无比惦念地说："我想警予！……我心疼警予！……昨晚上，我还梦见了她……"

汉口三德里，向警予在住处噙着眼泪凝视着那张在长沙照的"全家福"照片。屋外传来的警笛声打乱了她的思绪，她走近窗口，朝不远处巷口的梧桐树下望去，树下空无一人。

一会儿，远处又传来警笛声。向警予果断地拉上窗帘，迅速从床底拉出小火盆，拿出文件烧起来。

烧完文件，向警予把火盆又移进床下，她重新拉开窗帘，看到了令她心惊的一幕——

熊利明走到她住处门口，后面跟着宋若林！宋若林手一挥，几个便衣特务立即围上来，熊利明明白了，几脚踹开离他最近的特务，撒腿往巷外跑，他边跑边掏出手枪朝宋若林开了一枪，却没打中。特务们朝熊利明开了枪,熊利明倒在血泊中……

"利明！利明！"向警予心里一阵痛楚,忘记了自己处于危险之中。

黄副官带着一队士兵和特务冲进向警予住处，附近的法国巡捕队员听见动静,赶忙跑了过来……

特务们"咚咚咚"上楼,脚步踩得木楼梯山响。二楼房门被特务撞开,向警予镇静地怒斥道:"你们怎么敢在光天化日之下私闯民宅？滚出去！"

特务头子用枪指着向警予:"对不起,跟我们走一趟吧！"几个特务一拥而上，开始在屋里搜查，顷刻间简陋的房屋里一片狼藉。黄副官进来，特务头子报告:"长官,里面什么也没有……"

黄副官命令道:"把人带走。"

向警予被几个特务带出屋子,黄副官在屋里观察了一阵,对身边的特务们说:"你们几个,在这儿呆着,有人来……都给我抓了！"

向警予被几个士兵和特务押出大门。

紧接着法租界巡捕房的大队人马赶来，把黄副官的人全部包围。黄副官大吃一惊,问道:"你们这是干什么？"

巡捕队长一副例行公事的派头:"对不起,这是法租界,未经我们允许,不准随便乱抓人！"

黄副官指着向警予:"我们抓的是共党女要犯！"

巡捕队长傲慢地说:"不管是什么犯,在法租界,人必须由我们带走。"

几个巡捕队员上来,把向警予押了过去。巡捕和特务双方持枪对峙,黄副官恼羞成怒道："你们妨碍公务，我要见你们的驻汉领事陆公德先生！"

巡捕队长说:"那是你们官方的交涉,我们这是执行公务,带走！"

特务们呆呆地看着黄副官,黄副官无可奈何地对巡捕队长说:"好,你们可以先带走她，但是，我得告诉你，这个人是中共的重要人物……她在你们法国留学时就闹过事,你们决不能随便放了她！"

巡捕队长不由分说,指挥巡捕们带走了向警予……

胡宗铎在司令部等着消息。黄副官匆匆忙忙地跑到门口:“报告!”

胡宗铎头也没回:“抓到向警予了吗?”

黄副官说:“报告司令,抓到一个女的,肯定是向警予,但被法国巡捕房带走了。”

胡宗铎转过身,问:“有这事?我问你,你确定那女的就是向警予吗?”

黄副官说:“这还得进一步证实。我的意见是先带宋若林去指认。”

法租界巡捕房拘留所审讯室里,向警予背对着窗子坐着。巡捕队长在审讯向警予。

巡捕队长问:“叫什么名字?”

向警予答:“易夏氏。”然后反问道:“你们凭什么抓我?”

巡捕队长说:“有人指控你是共产党,煽动工人闹事,破坏租界治安……”

向警予严厉地反驳道:“请你拿出证据!”

巡捕队长被问得说不出话来,茫然不知所措。

黄副官和宋若林站在审讯室外的窗前,黄副官对宋若林说:“看仔细了。”宋若林透过窗户望进去,点头肯定:“是她,我敢保证,她就是向警予。”

黄副官高兴地说:“好!”

黄副官示意宋若林走开,然后对旁边的一个巡捕队员低声咕哝着,巡捕队员听完黄副官的话,忙进门去,一会儿,巡捕队长出来了。

巡捕队长看见黄副官,问:“黄副官,有什么好事?”黄副官从兜里拿出几根金条,递了过去,巡捕队长眉开眼笑……

深夜,法租界巡捕房拘留所,黄副官带着荷枪实弹的士兵在门口外等候。一队便衣特务也跑步过来,黄副官一挥手,特务们散开,埋伏在周围。

审讯室里,巡捕队长再次把向警予带进来审问。法国的审讯官用法语说:“易夏氏,我现在提审你……”

翻译官对向警予翻译道:“法租界的审讯官现在提审你。”

审讯官说:“你在我们的法租界作为嫌疑犯被捕,现在我们没有证据证明你是共党分子,所以,不能随便把你引渡给武汉卫戍区司令部。但又不能说你不是共产党。鉴于此,现在决定送你出法租界,放你走……"

向警予的脑筋快速转动着,她意识到什么,用法语大声问:"现在晚上放我走?"

巡捕队长、审讯官和翻译见向警予会法语,目瞪口呆。巡捕队长说:"你会法语?看来是真的……"

向警予用法语振振有词地说:"既然我无罪,为什么不公开释放我?深更半夜放人,而且是送出法租界,我一出法租界,岂不是又被抓走?……这分明就是变相引渡。我抗议,我坚决抗议你们蹂躏人权的不法行为!"

审讯官悄声对巡捕队长说:"她什么都知道,真是一个聪明的女人!……队长,这样做,恐怕……"

向警予继续说:"你们法国人是讲人权的,岂能干如此卑鄙无耻之勾当?岂能置人权于不顾?我抗议!你们若真的要放我,必须明天白天当着公众的面放我!"

巡捕队长有些惊慌,对手下的人说:"先关起来!"

黄副官和士兵、便衣在巡捕房拘留所门口等候,显得十分焦急。巡捕队长走了过来,对黄副官说:"这个女人太聪明了,她一下子识破了你们的圈套。"

黄副官气恼地说:"他妈的,白等了大半夜!"

巡捕队长耸耸肩:"法租界的审讯官只能先尊重人权,我没办法。"巡捕队长说完离去。

黄副官无奈,他向手下的人做了一个撤退的手势。

胡宗铎在办公室里静静地等候。外面传来士兵的声音,他走到窗前向外看,大失所望。

黄副官匆匆忙忙地进来:"报告!"

胡宗铎急着问:"人还是没抓来?怎么回事?"

黄副官沮丧地说:"司令,我们说好了的,他们假放,我们真抓,可被向警予识破了，这个女人在审讯官面前搬出了法国的人权……”

胡宗铎气急败坏地骂开了：“这些法国佬真是无能，审个女人都不会！他们明明憎恨共党，却又要讲什么人权，当婊子偏要立牌坊！要是依老子早年的脾气，派军队冲进去，把人提出来了事！”

黄副官提醒道：“胡司令，那儿，可是他们的租界，不好惹呀，长江上停泊的全是帝国的军舰啊。万一弄出个外交纠纷来……”

胡宗铎想了想说：“那你说说，有什么好办法？”

黄副官边思索边说：“暗地引渡不行，只有变换一种方法了。”

胡宗铎问：“变换一种方法？怎么个变换法？”

黄副官说：“巡捕房不是说没证据吗，我们就让宋若林去作证，人证在，看他们还有什么屁放！”

胡宗铎觉得这个办法可以试试：“对！要那个姓宋的当着法国领事陆公德的面指认向警予，然后我们再以‘准予票传过局质问’的名义要求陆公德把人交给我们……”

胡宗铎把陆公德请到巡捕房。黄副官带着宋若林来到审讯室的窗口旁边，里面，巡捕队长在审讯向警予。胡宗铎在走廊上指着宋若林对陆公德说：“领事先生，他原来是中共湖北省委的交通员……现在是我们的人……”

陆公德问宋若林：“你看清楚，是不是她？”

宋若林站在窗前再次看了看室内的向警予的背影，他肯定地对陆公德说：“领事大人，就是她！她叫向警予，是中共中央的第一个女中央委员，中共的第一任妇女部长，曾经组织过工人罢工，共产党中央机关转移到上海后，她留在武汉，《大江》刊物是她领导办起来的……”

陆公德边听边点头：“你还知道她干过什么？”

宋若林点头哈腰、表功似的说道：“她在工人夜校讲课，进行党员培训、女工培训……还请了共党的领导人瞿秋白、恽代英、任弼时、何孟雄讲过课……”

陆公德边听边思索着，表情复杂地说："嗯，我亲自去审问她。"他对其他人说："你们去会客厅等候吧。"

陆公德和副领事吕尔根走进审讯室。

黄副官洋洋得意地对胡宗铎说："司令，看来，这条大鱼是跑不脱了！"胡宗铎的脸上露出阴笑……

陆公德亲自审讯向警予，他的旁边站着副领事吕尔根和巡捕队长。陆公德对向警予说："我们现在已经查明，你叫向警予，易夏氏是你的假名！你是共产党的妇女领袖，现在你不承认也无用了！"

向警予轻蔑地看了他一眼，冷冷地说："你凭什么断定我是向警予？"

陆公德肯定地说："我们当然有证据！你应该知道你自己所犯的罪行！"

向警予反问道："我如果真是向警予，请问领事大人，这是中国的土地，你有什么权力来审问中国的革命者？中国的劳苦大众要求改变中国的黑暗、腐败的现状，何罪之有？"

陆公德话头一转："听说你留过法，是我们法兰西共和国的优秀的留学生。"

向警予用流利的法语说道："是的！我在法兰西学到许多知识，我知道，你们法兰西共和国，在历史上也曾有过一七八九年的大革命，正是那次革命拯救了法兰西。"

陆公德也用法语说道："对，对，你说得很对。看来，你对我们法兰西的历史很了解。"

向警予蔑视着陆公德说："可是，你作为一名法国人，却把法兰西大革命的历史忘记了！"

陆公德装着大度地说："没有，我是法兰西人，对于我们祖国的光荣历史，怎么会忘记呢？"

向警予加重语气说："如果你不是忘记，那就是背叛！"

陆公德大声道："女士，请你说话注意分寸！"

向警予充满激情地说："难道不是吗？！法国大革命拯救了法兰西，而你们却跑到中国来干涉中国的革命，这不是和当年干涉法国革命的普鲁士、奥地利同出一辙吗？你们法国人不是鼓吹自由、平等和博爱吗？不是说信仰自由吗？既然如此，你们为什么还要来我们这里干涉我们的自由呢？这不是对法国大革命的背叛又是什么？！"

陆公德惊讶地看着向警予说："啊！……你的口才很好，真不愧为中国妇女的佼佼者！"

向警予用骄傲的语气说："谢谢抬举！但是，领事先生，我必须让你知道，法国大革命的胜利告诉我们，一切干涉者的下场只能是失败，这是历史的必然！"

陆公德无言以对，随后低声说："嗯……你还真是一个人才！……这样吧，先委屈你一下，容我们调查后再作决断。"

陆公德和副领事吕尔根、巡捕队长走出审讯室，他感慨万端："好厉害的女子，我倒是很佩服她！"

吕尔根说："领事先生，您的意思是——"

陆公德说："我是想说，虽然我不是共产革命的同情者，但我很欣赏她的精神和才华，她像我们法兰西的圣女贞德一样，确实是中国了不起的女子！"

吕尔根也有同感："对，这个女子很优秀。"

陆公德有点激动地说："不！……我甚至为她而骄傲！"

吕尔根和巡捕队长一头雾水。吕尔根问："您说什么？领事先生，您为她而骄傲？"

陆公德说："对，为她而骄傲！因为她曾经是一名留法的学生！最起码是受我们法国文化影响的留法学生嘛……"

胡宗铎和黄副官、宋若林在会客厅等候。陆公德、吕尔根走了进来。陆公德说："我刚才审讯了，虽然你们的人指认了她，但是，还没有充分的证据证明易夏氏就是向警予，所以，我们不能把她交给你们。"

胡宗铎的阴笑瞬间消逝："为什么？"

陆公德反问道:“我说得还不清楚吗？我是说,仅凭你的人看一下,就说她是向警予？”

胡宗铎被问得哑口无言:“这……”

陆公德十分自信地说：“我们法国人办案必须讲证据！证据，知道吗？”

胡宗铎说:“人证,不就是最有力的证据吗？”

陆公德有点居高临下的姿态:“还是那句话,我凭什么相信？还有,你作为堂堂的武汉卫戍区司令,应该知道最起码的外交礼节嘛,不能够仗着你手里有军队,就可以为所欲为,在法租界,我们法国人说了算,你应该学会尊重！”

胡宗铎气得不知所措:“你……”

陆公德冷冷地说:“好了,我已经说得够清楚了,这个案子还得我亲自再审问,案子嘛……仍然得由我们办！”

胡宗铎还想争辩,但陆公德说完便拂袖而去了。

胡宗铎回到卫戍区司令部,他暴跳如雷,气急败坏地把桌子上的东西摔在地上:“他妈的陆公德,不买老子的账！”

黄副官煽风点火道:“司令,我看陆公德如此强硬,干脆一不做,二不休,来个釜底抽薪！”

胡宗铎琢磨着:“怎么个釜底抽薪？”

黄副官咬着牙:“制造舆论扳倒他！”

胡宗铎思考着:“扳倒他？……对！……”

没过几天,《民国日报》、《申报》、《时报》等各大报纸都刊登了向警予被捕的消息。大字标题显示：

法国驻汉总领事陆公德受贿二十万,法领事公然庇护共党女头目向警予;上万民众在法领事馆门前示威,要求收回法租界……

一场围绕引渡向警予的中法纠纷轰动一时，法国外交部为此卷入了棘手的风波之中,中法政府多次紧急磋商。

第二十五章　痛别警予

法国外交部最终以撤换驻汉总领事陆公德为筹码，平息了所谓“中国民众闹事”的风波。幕后始作俑者武汉卫戍区司令胡宗铎得意地大笑，引渡向警予是迟早的事了。

消息很快传到上海。这天，李富春匆匆回家，对蔡畅说：“我们刚刚得到消息，中法政府做了一笔交易，警予被引渡到武汉卫戍区司令部了！”

蔡畅正坐在桌前看报纸，霍地站起来说：“赶快设法营救！”

蔡畅想到一个人：“萧子升现在是南京政府的农矿部次长，他能为这件事出力吗？”

李富春有点信不过。蔡畅说：“无论他在南京政府当什么官，我哥嫂与他在岳麓山、在法兰西的友情，他总不会忘记吧！”

蔡畅和李富春马上和萧子升取得联系。萧子升确实是重情义的，他一向钦佩向警予的才华，他动用各种关系打听、说情，但终无回天之力。

汉口这边，向警予被引渡后关押在汉口国民党监狱。

戴着手铐的向警予被押出牢房再次受审，牢房里的女同胞都从牢房的窗口看着她。

向警予被带进审讯室坐下。黄副官和宋若林等候在审讯室外。

审讯官问向警予：“叫什么名字？”

向警予答：“易夏氏。”

审讯官问：“还有别的名字吗？”

向警予沉着地回答：“还有一个名字叫夏云英。丈夫姓易，出嫁后从夫姓，所以叫易夏氏。”

审讯官接着问：“你知道你为什么被抓进来吗？”

向警予反问道：“我正要问你们哩，我为什么被抓到这里来？请问，犯了什么法？何罪之有？”

审讯官一怔：“请注意，现在是我审讯你！”

向警予大声说：“迟早一天，你们会被人民审判的！”

审讯官压着怒火说：“易夏氏，你不要装腔作势了，我们知道，你就是向警予！告诉你，引渡你来这里，只能有两种结果，要么，我们合作，要么结束你的生命！”

向警予说：“可你凭什么说我是向警予？有什么证据呢？你拿不出证据，我还说你是向警予哩！”

审讯官用力拍了一下桌子：“放肆！你真是顽固不化！我现在就让你看看你要看的证据吧……”

审讯官向门口挥了挥手，黄副官领着宋若林进来。宋若林低着头，不敢正视向警予。黄副官对宋若林说：“别不好意思，抬起头来好好看看你的老上司！”

宋若林吞吞吐吐：“向部长，我是宋若林啊……”

向警予轻蔑地看了看宋若林，斥责道：“滚，我不认识你！”

宋若林劝道：“向部长，事到如今，你也别撑着了——你坚持留在武汉，你冒着生命危险在武汉办起了工人夜校，你领导组织了党员培训、女工培训，还主编《大江》……你的努力虽然非常了不起，但恕我直言，即使你的能力再大，局面也是不可扭转的！”

向警予怒不可遏：“住口！……你这个败类！你还有脸在我面前说这些！告诉你，我们的事业是正义的，谁也阻止不了历史车轮向前！你苟且偷生，出卖同志，活得不如一条癞皮狗，死了遗臭万年！……滚！”

宋若林被向警予骂得不敢抬头，吓得连连向后退缩……

黄副官阴沉地说:“向女士,你不要这样嘛,你何必斥责你曾经的同志呢?”

向警予义正词严地回答:“我斥责所有卖身求荣的可耻叛徒!”

黄副官拿腔拿调地说:“可是,人为财死,鸟为食亡,这是人的本性呀!不是吗?夏明翰、熊利明他们白白丢了命!”

向警予心里一怔:熊利明他……接着激动地说:“人生自古谁无死,留取丹心照汗青,历史会记住他们的!他们为党的事业而死,虽死犹生。”

向警予毫不畏惧,一副大义凛然的样子。

黄副官无奈地看了向警予一眼说:“那好,既然你如此嘴硬,那只有悉听尊便了!”说完,带着宋若林离去。

葛健豪带着蔡妮、蔡博准备去汉口,路过长沙从报上知道了向警予被捕一事。她五内俱焚,来到贞妹子家探听消息,想请求李志明出面营救向警予。

晚上,安顿蔡妮、蔡博入睡后,葛健豪从房间出来,在客厅和贞妹子、黄婶说话。贞妹子说:“志明为了警予姐的事托人去了,现在还没回来。”

黄婶安慰道:“别急,再等等吧。志明和那个姓胡的司令不是有些交情吗?兴许他能救出警予!”

贞妹子双手合十,仰面闭眼祈祷:“但愿老天爷保佑!”

她们三人在客厅等候李志明归来,谁也无心去睡。

墙壁上的时钟指向凌晨一点。贞妹子、黄婶实在熬不住了,靠在椅子上打盹。葛健豪一点睡意也没有,睁大双眼,注意听门外的动静。

外面传来脚步声,葛健豪迅速站起来,贞妹子和黄婶也被惊醒,她们的目光不约而同地投向门口。李志明进来了,他垂头丧气地坐在沙发上。

贞妹子急问:“志明,怎么样?”

李志明呆看着葛健豪,摇了摇头:“这个胡宗铎是桂系早期的骨干将领,北伐时我同他一起攻打过吴佩孚,当时,我们都是少将师长。没想到,他现在变成了一个杀人狂,一点面子都不给!”

黄婶说:“志明,别急,能不能想想别的办法?”

李志明摇头:“很难!这件事闹得这么大,南京方面每天一个电报盯着,唉!……”

葛健豪感到周身发软,仿佛被抽去了筋骨,她强忍着悲痛说:“李师长,难为你了。……要不,你再想想办法,至少托人让我和警予见上一面?”

李志明说:“葛校长,这很危险呀!现在到处都是军警,‘斩草除根行动’要抓你们全家啊……”

葛健豪焦急万分:“这可怎么办呢?”

贞妹子在一旁说:“志明,想想办法吧,咱们帮人就帮到底,葛校长可是我们全家的救命恩人呀!”

李志明思考着:“……这样吧,我在武汉有几处房产,还开有几家旅馆,我们一起去武汉见机行事,你们住在我的旅馆里,可以确保安全。”

黄婶主动要求陪同前往:“我陪你蔡妈妈去,有什么难处,也好有个照应。”

李志明同意:“对,妈也一起去,到时候我们随机应变。”

葛健豪感激地点了点头。

第二天,一行人火速赶到武汉,住在李志明家的旅馆里。

与此同时,武汉卫戍区司令部办公室里,胡宗铎急得焦头烂额,如热锅上的蚂蚁似的在屋子里来回走动。黄副官进来:“报告司令!所有的刑具都用上了,这个女人就是不改口!”

胡宗铎咬牙切齿地说:“这些共党分子呀,难道他们的躯体不是肉长的?……真是不可思议!”

黄副官不耐烦地说:“司令,实在不行,干脆一颗子弹把她了结了。”

胡宗铎笑黄副官浅薄:“那怎么行!了结她容易,可怎么向南京方面交代?她是中共的一条大鱼,南京方面一天几封电报催问,指望从她口中捞出重量级的情报!”

黄副官问:“可向警予不怕死,你把她怎么办?”

胡宗铎想了想说:“立即停止上刑,来软的!”

黄副官疑惑地问:“来软的?”

胡宗铎突然想起什么:“同南京、长沙方面联系得怎么样?前段时间搞过斩草除根行动,向警予的骨肉亲人在哪里?”

黄副官摇了摇头:“向家、蔡家人都躲藏得无踪无影。”

胡宗铎说:“向警予不是有两个孩子吗?”

黄副官点头又摇头:“是有两个孩子,但好像被共党安排去了上海。”

胡宗铎命令道:“再查一查!骨肉亲情有时候比动刑具更有力量!实在找不到她的亲人,再在汉口这边找,只要是她的朋友,都把他们动员起来——感化她!”

黄副官立马答道:“是!”

汉口某旅馆一间房里,蔡妮、蔡博在床上入睡。身着便装的李志明对葛健豪和贞妹子说:“要想去监狱探望向警予不太可能,好在胡宗铎现在想利用国共合作时期同向警予一起共事过的国民党员,去监狱当说客,说服向警予变节投降。我看这是个机会,我们不妨将计就计……”

葛健豪说:“我了解警予,她怎么也不会当软骨头的。”

李志明说,担心叛徒认出葛健豪,只有让贞妹子、黄婶去监狱见向警予一面。葛健豪拉着贞妹子的手,仿佛是拉着向警予的手,说了好多知心话……

探监室内光线幽暗,向警予一脸憔悴地坐着,黄婶和贞妹子走了进来。黄婶一见向警予便扑了上去:“警予,我的孩子!……”

贞妹子难过地喊了声:“警予姐!”

向警予没想到贞妹子婆媳能够冲破重重防线来看自己,她料想是贞妹子丈夫帮的忙,激动地站了起来拉住两人的手说:“黄婶!贞妹子!……”

贞妹子说:“警予姐,蔡妈妈日夜都在想念你,老人家带着你两个未成年的孩子来汉口了,可是实在没办法进来。”

向警予低着头自言自语："妈妈！……对不起，警予没能为您尽孝！"

黄婶抚摸着向警予脸上的伤痕，心如刀绞。贞妹子吞吞吐吐地说："警予姐，有句话，我不知道该说不该说……"

向警予说："贞妹子，有什么话你尽管说。"

贞妹子开导着向警予："警予姐，看见你现在这个样子，我真心痛！"

向警予坦然地说："贞妹子，请不要为我难过。为了自己的信仰吃苦受罪，甚至献出生命，我无怨无悔！"

贞妹子婉转地说："我敬仰你的精神！……但是，如果能退一步，也许海阔天空。"

向警予半开玩笑地问道："贞妹子，你不会是来这儿做说客的吧？"

贞妹子急忙解释："怎么会呢？来这儿之前，他们确实给了我一张纸，想利用我们之间的感情，让你在这张纸上签个字，但我知道，让你在这张悔过书上签字，是对你的污辱……"

向警予笑了一下说："谢谢你对我的理解。"

贞妹子接着说："但是，我心里依然很矛盾，我想，你的两个孩子还这么小，他们不能没有妈妈！"

"孩子"两个字，确实击中了向警予，她怔了一下说："我欠孩子的！他们是我最大的牵挂！……是呀，为人之母，我何尝愿意看见两个孤苦伶仃的孩子去承受人间的种种苦难呢？但是，事到如今，我没有别的选择，为了千千万万个母亲和孩子不再受苦分离，我只有坚持斗争到最后一刻！但愿我在这个世界上留下的两个可怜的孩子，长大以后，能理解他们的妈妈！……"

贞妹子欲说什么，看见向警予不可动摇的神态，便将想说的话吞进了肚里，安慰着向警予："警予姐，蔡妈妈让我告诉你，无论多么困难，她都会将妮妮、博博带大成人的！"

向警予动情地说："妈妈……我的好妈妈！恐怕我在劫难逃，见不到亲人们了！贞妹子，请你告诉我婆母，十年前她送给我一片枫叶，我一直把她的话记在心里。再告诉我的两个孩子,他们的妈妈将变成一片枫叶,她曾经火红过,曾经为这个荒漠的世界带来过一丝暖意。以后,如果孩子们想妈妈了,就让他们去岳麓山看枫叶吧!……"

贞妹子一直在流泪,终于控制不住自己的情感,哭出声来。突然,她耳边响起葛健豪异常严厉的声音:"贞妹子!见到警予后千万别哭!……不许哭!做人要做人中雄,英雄流血不流泪!"

贞妹子擦干泪,拉着向警予的手依依不舍地说:"警予!"

向警予对贞妹子说:"贞妹子,你对我的好,我心领了。也许,我们以后很难再见面了,你也是死里逃生的女子,我希望你用你现在的地位,多为受苦难的姐妹们做一点事,在恶人当道的今天,寄希望于女子参政,对于两万万在水深火热中挣扎的姐妹,是没有什么意义的!——再见了!"向警予的眼里有痛苦、有希望,唯独没有对自己处境的担忧。她想起两个年幼的孩子,心里似刀绞……

汉口某旅馆一间房内,蔡妮、蔡博正在玩着纸飞机。蔡博问:"奶奶,您不是说,到了汉口,就带我们去见妈妈吗?"

葛健豪怔了一下:"啊?……对……对!刚才我去找了妈妈啦,妈妈在外面好忙好忙的,她给你们俩带了一件礼物。"

蔡妮高兴地说:"啊,妈妈给我们礼物了!"

"什么礼物呀,我看看。"蔡博有些急不可耐。

葛健豪拿出一片枫叶,这是她在路上捡的。蔡妮扫兴地说:"一片树叶呀!"

葛健豪说:"这可不是一般的树叶,这是你妈妈最喜爱的枫叶。你们还记得奶奶带你们去过的岳麓山吗?那儿,到了深秋,漫山遍野,火红火红的!……"

两个孩子出神地听着,葛健豪沉浸在美好的向往中:"妈妈说呀,告诉妮妮、博博,妈妈就是一片枫叶,往后,见到了枫叶,就是见到了你们的妈妈!……"

蔡妮跳了起来："妈妈的枫叶……我要！"

蔡博也学着姐姐："我要……我要！"

两个孩子争抢着枫叶。蔡博噘着嘴说："可人家说，妈妈不好，妈妈不喜欢我们！"

蔡妮急了："瞎说！妈妈最喜欢我们了！"

"可别的小朋友都和妈妈在一起，我们的妈妈……"小博博说着哭了起来。

蔡妮问葛健豪："奶奶你告诉我，妈妈为什么总不和我们在一起？"

葛健豪一时不知如何回答，她只是怔怔地看着手中的枫叶。两个孩子"哇"的一声大哭起来："妈妈……我要妈妈呀！……妈妈，你在哪里呀！……"

"妈妈……"的呼唤声在夜空回响，向警予在监狱女牢房内似乎听见儿女的呼唤，她拿出儿女的照片，深情地看着，情不自禁地哼起了儿歌："宝宝宝宝快睡觉，妈妈摇你到外婆桥……"向警予动情地呢喃："妮妮，博博，妈妈看见你们了，在叫你们哩，你们听见了吗？"泪水顺着她的面颊流了下来……

向警予对着照片继续说："妈妈对不住你们！……如果妈妈走了，你们不要哭泣！你们要记住，妈妈是为了千万百姓过上好日子牺牲的！"

向警予泣不成声，她又想起和蔡和森在一起的点点滴滴，从永丰到长沙，从长沙到上海，从上海到法兰西……竟有那么多美好的回忆呀！人生得一知己足矣。她的回忆中闪耀着四个鲜红的字：志同道合！向警予知足了，如果说有遗憾，那就是时光，如果时光能够倒转，她愿意多一点柔情、多一点宽容……可是，一切只有结果，没有如果……

向警予走到铁窗前，凝望着窗外，她想请月光传送一个母亲对孩子的思念；她想请夜风捎寄她对亲人的祝福；她想请星星带去一个共产党员对同志们的鼓励……

国民党武汉卫戍区司令部内，胡宗铎听黄副官汇报："据各方情报，武汉三镇到处都有共产党组织工人集会,我们冲散了一批集会者,又有新的工人集会!我看,向警予要快点处理。”

胡宗铎眼露凶光,咬牙切齿地说:“向警予软硬不吃!南京已经来电,立即处决!好……好呀!我倒要看看,共产党人的身躯能挡住几颗子弹!”

黄副官问:“何时执行?”

胡宗铎答:“明天一清早!”

黄副官转了一下眼珠:“明天?……五月一日,这个日子?”

胡宗铎不以为然:“五月一日怎么啦?”

黄副官担忧地说:“那是他们的劳动节呀,我怕……”

胡宗铎训斥道:“怕什么?就是要在他们的节日动手,才能加大对共产党的威慑力度!”

旅馆里,蔡妮和蔡博玩累了爬到床上,准备入睡。葛健豪替他们把被子盖好,独自坐在旁边,凝视着那片枫叶。

突然,门外传来贞妹子的声音:“开门,是我。”

葛健豪打开门,贞妹子进来,显得十分焦急。葛健豪问:“贞妹子,怎么了?”

贞妹子说:“蔡妈妈,您可要挺住,南京当局来了最高指令……”

葛健豪惊讶:“怎么了,是不是他们要下手了?”

贞妹子带着哭腔:“是的……”

葛健豪急问:“刑期……何日?”

“明天——五月一日。”贞妹子不敢看葛健豪的眼睛。

葛健豪怔了一下,低下头将目光停在了熟睡的孩子身上,深沉地说:“明天,我要带着两个孩子为他们的妈妈送行!”

拂晓,汉口江汉关的钟楼矗立在朦胧中。钟声响过五声之后,晨光渐渐驱散了黑暗。

一群全副武装的军警列队走过监狱的通道,军警们在203号牢房前停了下来。牢房的铁栅门开了,两名军警持枪进去。向警予站起身,平静地看着军警。

警官开口了:“向警予女士,恭喜您啦!”

向警予不屑一答,只鄙视地“哼”了一声。

警官说:“今天,请您配合我们,不然,就别怪我们不客气了!”

汉口铭新街,一队军警持枪跑步而过,他们如临大敌,三步一岗,五步一哨,沿街的店铺门都紧闭着,稀稀疏疏的行人被军警驱走了,清晨的街道宁静而又恐怖。

戴着手铐脚镣的向警予在许多军警的押送下出现在铭新街,一些行人上前围观,军警拦着行人,行人迅速奔走相告。

人越来越多,在街道两旁聚集着,形成了两道人墙。警予被押送至两道人墙中间,拖着沉重的镣铐走着,她抬头看着人群,突然高喊起来:“同胞们!我是向警予!我是中国共产党党员向警予!……”

围观的人群像开了锅似的议论开了!

“去年夏天,我听过她的演讲!”

“她还给我们邻居送过大米!”

“听说她留学过法国呀!”

“这是一个了不起的女人!”

押送向警予的军警惊慌了,他们叫嚷着:“向警予,不许说话!”

人墙外,一个消息很快传开:“向警予!……她就是有名的共产党员向警予!”

通往大街的一条条巷子里,更多的人朝向警予跑去,在路口吃早点的市民,丢下饭碗;人力车车夫、推板车的工人从四面八方拥向铭新街;街道两旁房屋的窗户一扇一扇地打开,从窗户里伸出了一个又一个老人和孩子的头;围观的人群里,有人在街边燃香叩头,摆上热气腾腾的馒头……

向警予走着看着,她抑制不住内心的激动,大声演说起来:“父老兄弟姐妹们,向警予谢谢你们为我送行!你们知道今天是什么日子吗?今天是五一国际劳动节呀！让我们一起来庆贺劳动人民自己的节日！”

“啪”的一声，皮鞭抽在向警予的身上，军警们狂叫着：“不许说话……不许说！”

向警予不顾皮鞭和枪托的殴打，她更大声音地继续演说：“同胞们！不要害怕！反动派的子弹是吓不倒革命的民众的！我们的革命武装正在迅速发展，反动派的日子不会长久了！……”

警官大惊失色，大声喊叫：“不许进行赤色宣传！快，堵住她的嘴！”

一个军警将铁丝串着的石头，用力塞进向警予的口中，然后残忍地将铁丝缠在她的头部，向警予的口和头部鲜血直流……

人群骚乱了。“砰砰”两声枪响，警官朝天鸣枪，以示警告。骚乱声骤停。沉静，可怕的沉静！接下来，只听见群众的抽泣声和向警予行走的铁镣声……

人群中，葛健豪牵扯着妮妮、博博使劲儿地往前挤着。突然，葛健豪的身后伸出两只手抱走了蔡妮。葛健豪大惊，回头叫喊：“妮——妮！”她朝着妮妮追去……

抢走妮妮的人跑着，拐进了一条冷清的巷子内。葛健豪牵着博博吃力地往前追，巷子的拐角处，那人停下，葛健豪追了上去，妮妮跑到奶奶的身边。

葛健豪上气不接下气地问：“你是谁？”

那人取下头巾：“蔡妈妈！”

葛健豪定睛一看：“瑶妹子！”

瑶妹子说：“那儿……太危险了！”

葛健豪把瑶妹子带到旅馆。熊利明牺牲了，她面对瑶妹子，不知如何开口。

瑶妹子把脸埋在葛健豪怀里，她听到蔡妈妈的心跳得很快，她不想看到老人伤心的样子，于是尽量轻声地说：“啊，蔡妈妈，熊利明的事，我都知道了。蔡妈妈，在这世上我不是孤身一人，蔡家人都是我的亲人……”

瑶妹子此行的任务是接葛健豪去上海，听说葛健豪带着孩子们在汉口，她就急忙从长沙赶过来。

瑶妹子说："蔡妈妈，此刻最需要安慰的人是您！您不要为我担心，我会继续为党工作，将警予姐的未竟事业进行到底！"

葛健豪问："那你这次来汉口是——"

瑶妹子答："奉党中央指示接您去上海'坐机关'。"

"坐机关？"葛健豪有点不明白。

瑶妹子说："就是……请您和孩子们掩护蔡畅他们……这是蔡畅同志给您的亲笔信。"

葛健豪带着孩子们去上海的想法和组织上不谋而合，她心里受到莫大的鼓励。动身去上海前，她打算做一件事情。

葛健豪神情悲伤地说："向警予是我的女儿呀！她生前为劳苦大众做了这么多好事，如今走了，我得送送她！"

瑶妹子说出自己的担忧："我懂……但很危险！"

葛健豪说："再危险我也得做好这件事，这是做母亲的责任！"

瑶妹子只得说："那……好吧。不过，两个孩子就别去了，请贞妹子他们照顾一下，我陪您去……"

夜里，下起了瓢泼大雨。瑶妹子打着伞、提着一盏马灯，陪着葛健豪来到汉口余记里刑场外。瑶妹子突然发现，断垣残壁上贴着一张告示。

葛健豪在马灯的照明下看告示，她愤然自语："这些没人性的东西，杀了人连收尸都不准！"

一个打更的老汉过来悄悄告诉她们：那个女共党的遗体被好心人运走了！葛健豪听了既感到欣慰又放心不下，瑶妹子带着她往刑场外走："蔡妈妈，别急！我们再去打听一下……"

葛健豪随瑶妹子辗转来到汉江一叶小舟上。瑶妹子对葛健豪说："蔡妈妈，我打听清楚了，一个名叫陈春和的工人，冒着生命危险运走了警予姐的遗体……"

摇船的艄公接过话茬:“陈春和是我们海员工会的头儿,你们找他?”艄公手指对岸:“您看……您看!”

河对岸,出现一条“火龙”!

瑶妹子不解:“这是?”

艄公说:“火把!……是武汉的工人群众为向大姐送行的队伍!”

瑶妹子看着岸上朝龟山移动着的“火龙”,悲怆地呼唤了一句:“警予姐呀!”

葛健豪在瑶妹子的搀扶下站在船头,她凝视着“火龙”,动情地说:“警予……我的好女儿呀!你的生命走过了漫漫长夜,如今,你走进了群众为你燃起的火炬之中!你是我……不!你是我们永远的警予呀!”

葛健豪眼含热泪看着远处的“火龙”……

第二十六章　重回上海

滚滚长江东流去。

一艘轮船破浪向前，船头，葛健豪向着汉阳龟山极目远眺，看着看着，禁不住泪花闪烁。

葛健豪问瑶妹子："妮妮、博博睡了？"

瑶妹子答："睡了……睡得很熟。"

葛健豪感叹道："唉，看着长江水，我想起了好多好多！"

瑶妹子善解人意地说："蔡妈妈，您在想什么？您知道吗？我生怕您倒下了，可是，我的担心是多余的，您是一位胸怀宽广、坚强不屈的母亲……"

葛健豪眼睛望着江面："我在想，我这个人……一生走的路好坎坷啊！"

瑶妹子说："蔡妈妈，我了解您，您这一生全是为了儿女、还有孙子辈的。"

葛健豪陷入回忆："可不是吗！十四年前，我和庆熙带着逃婚的蔡畅和不满五岁的刘昂坐着小划子离开了老家永丰；九年前，我又与和子、警予、蔡畅坐着邮轮去往法兰西；以后，儿女们都去忙大事了，我又带着不满周岁的小特特漂洋过海回到祖国；如今，又来到武汉这个不同寻常的地方……嗨，怪了！我这个人呀，大小事都离不开水！"

瑶妹子若有所悟地点头。

葛健豪说："林蒸牺牲在宝安的岛上，傍着海水；警予安眠在武汉长江、汉江交汇处的龟山上，也都没离开水呀。也许，我的命中，注定要与水相伴！水啊水，水陪我一生、洗涤着我的灵魂！让我这个大山里的小脚老太，变成了行走天下的女人！”

瑶妹子受到启发，激动地说道：“蔡妈妈，您的话像读书人写的诗！是的，这水，就是时代的潮流！人受了时代潮流的冲击，才会变得越来越坚强！”

瑶妹子的话让葛健豪振作了精神，她惊奇于瑶妹子的成长变化，面向江水有力地说道：“瑶妹子说得好呀！山不争高自极天，水唯向下终成海！让我们都变成一滴水，溶入江海之中吧！”

蔡和森在上海住处失神地看着那张他和向警予捧着《资本论》的结婚照，思绪万千。往事如风，那些美好的时光在他的脑海一一闪现：他和向警予在岳麓山上追逐；他和向警予在爱晚亭畅谈；他和向警予在湘江边漫步；他和向警予在去法国的“央脱来蓬”号邮轮上畅谈理想和人生；他和向警予在蒙达尼举行特别的婚礼……他们是“向蔡同盟”，不管他们之间发生过什么，在事业上，他们互相支持、他们的政见总是惊人的一致。蔡和森一遍遍在心里喊：警予，你永远活在我心中！我的战友！我的爱人！

蔡和森抑制不住内心的悲伤和思念，奋笔疾书——

警予的血是流于伟大光荣的“五一”劳动节啊！警予的血是为中国劳苦群众的苏维埃的红旗而流啊！……伟大的警予，英勇的警予，你没有死，你永远没有死！你不是和森个人的爱人，你是中国无产阶级永远的爱人！

突然，传来熟悉的声音：“和子！”

蔡和森蓦地回头。门口，站着风尘仆仆的葛健豪和蔡妮、蔡博。蔡和森激动地扑上前去抱住母亲：“妈妈……妈妈！”

葛健豪迫不及待地对蔡和森说：“和子，我把你的两个孩子带来了。”

蔡和森看着孩子欣喜地欲抱他们：“妮妮……博博！”

两个孩子认生地向后退缩。葛健豪拽着孩子说："快叫爸爸！……他是你们的爸爸蔡和森呀！"

两个孩子瞪大着眼睛，勉强地叫了一声："爸……爸……"

蔡和森百感交集，他赶忙蹲下身来，将两个孩子紧紧地抱在自己的怀里说："妮妮……博博，我的好孩子！……你们受苦了！……"两个孩子被父亲紧搂着，他们有些不自在。

葛健豪已踱步到桌前，她看了看放在桌上的那份未写完的文稿问："和子，你在为警予写？"

蔡和森将文稿递给母亲："是的！我得知警予牺牲的噩耗后，便开始为警予立传，断断续续写到今天。"

葛健豪看着文稿，念出声来："向警予同志传。……警予生一女一男，女名妮妮，现七岁，男名博博，现五岁，都聪明可爱……警予有一最亲爱的老友，即和森的老母，老母异常可怜警予，警予亦异常可怜老母……"

葛健豪念不下去了，她有些哽咽。蔡和森安慰道："妈妈，您不要太难过了。"

葛健豪哀伤地说："我不能不难过呀！"过了好半天，她的脸上现出了骄傲的神情："警予不但是我的好女儿，而且是中国的圣女贞德！"

蔡和森听着，视线落在了两个孩子身上，心情显得格外沉重。两个孩子依偎在奶奶怀里，睁大眼睛听着她说话，不时眨眼，很显然他们还听不懂。

葛健豪追思着："和子，你知道吗？我在武汉都看到了，警予走得真是轰轰烈烈呀！在这如此恐怖的日子里，竟有那么多百姓为她送行！她就义后，疯狂的敌人贴出布告，说什么谁敢收尸与其同罪！可就是有不怕死的工友，冒着狂风暴雨，硬是将她的遗体运走，安葬在龟山脚下！"

蔡和森激动地说："警予永远活着，她永远活在百姓的心中！……我们的人民多好呀！革命高潮时，他们一心一意地跟随着我们；白色恐怖中，他们依然无怨无悔地支持着我们；烈士们倒下了，他们冒着生命危险，抬着烈士的遗体，踏着烈士的血迹，继续与我们同行！啊！……我听到了警予的在天之灵在对我们说，永远不要忘了百姓啊！老百姓才是我们的天，老百姓是养育了共产党人的母亲呀！”

葛健豪被儿子的话语深深打动了，看到和森的精神状态，她心里感到些许宽慰，儿子是不会轻易倒下的！

几声呼唤声从屋外传来：“妈妈！”“外婆！”

蔡畅、李富春、刘昂和李特特一窝蜂地拥了进来。葛健豪看着满屋亲人，从悲伤的情绪中跳出来，脸上露出久违的笑容。蔡畅、李富春向母亲嘘寒问暖，葛健豪和几个孩子开心地聚集在一起。

蔡畅说：“妈妈，富春和我是来接您去我们家住的。”

李富春也殷勤地说：“一家老小都住我们那儿去，挺热闹的。”

葛健豪说，她知道，这叫坐机关！

蔡和森说：“妈什么都知道。妈，这是组织上的安排，为革命‘坐机关’，任务重要而充满危险，您老一定要有思想准备。”

葛健豪爽快地说：“行呀，妈能为你们做点事，高兴！我算是一个老兵了，怎么做，你们尽管指挥我这个老太婆！……”

葛健豪跟着蔡畅、李富春去了上海四马路某弄堂的住处。蔡畅告诉母亲：“妈，我们这个家是党的一个联络点。组织上安排您和孩子们来这儿，是便于掩护，让外人感觉我们是有老有小的一个大家庭。”

葛健豪点头。

李富春补充说：“我们每个人都有具体分工。”

蔡畅接过话：“妈妈和刘昂负责保管党的文件和经费，这几个孩子，一般不会引起敌人怀疑，专门给我们望风。几个孩子都需要进行特殊的训练，要绝对听话。”

刘昂自告奋勇道：“没问题，我来负责这事。”

蔡畅耐心地对母亲说：“我们还有几个交通员，经常要来，开门接头都有暗号，每个人都有化名。我们还得经常搬家……”

李富春说：“刘昂来上海后，本想考复旦大学，现在因为工作需要留在家里了。”

蔡畅望着刘昂说：“刘昂从现在起也得起个化名。”

刘昂马上说：“我想好了，以前舅舅送给我一支钢笔，他在那支笔上刻了‘铿作’二字，我的化名就叫铿作，随外婆姓，叫葛铿作，好吧？”

葛健豪赞同：“好，铿作这个名字好！”

李富春立刻布置工作：“刘昂……哦，铿作，你是郭沫若同志领导的中国艺术大学学生，这是你的公开身份，暗地里你是交通员，保管党内文件、报刊，还要校对刊物，这么多工作，你有信心完成好吗？”

刘昂点了点头：“放心，我能行！一定不辜负组织的期望！”

蔡畅叮嘱着母亲：“妈，我现在是总工会的妇女部长，富春是江苏省委的宣传部长，我们经常在外面工作，回家没具体时间，这个联络点，很重要……”

葛健豪郑重地表态：“我知道，你们都放心好了……”

李富春特别细心地对葛健豪说：“现在的上海，敌人到处都安插了特务、流氓、打手，他们为了到主子面前讨赏金，不管是真是假，到处抓共产党，所以，我们在敌人眼皮底下工作，要格外警惕！”

葛健豪点头：“我有这个准备。”

正说着，突然有人敲门，很有节奏地敲了三下。蔡畅开门，看见瑶妹子站在门口。瑶妹子进屋后从头发里拿出一张纸条递给蔡畅：“伍豪同志给你的。”

李富春对葛健豪说：“伍豪是周恩来同志的化名。”

葛健豪听了既意外又高兴：“是吗？我又可以见到恩来了……真好！”

蔡畅打开纸条一看，神情紧张地对大家说：“任务来了，恩来要我们先搬家……”

蔡畅家的住处搬到上海静安寺某弄堂，几天后周恩来来了，蔡和森将他领进屋内密谈。

周恩来说：“和森，听说蔡伯母带着孩子来了上海？”

蔡和森答道："是的，我妈是个闲不住的人。"

周恩来连连说："好……好呀！"他赞扬葛健豪："老骥伏枥，志在千里。不过，形势严峻，千万要保护好老人家！"

大门外传来敲门声，蔡畅在门口问："谁？"

外面人对暗号："是我，黎明，天要亮了。"

蔡畅打开门，顾顺章匆匆忙忙地进来。周恩来指着顾顺章对蔡和森说："这是顾顺章同志，现在化名叫黎明，是我们特科的负责人，你们应该认识。"

蔡和森马上认出来了："认识！'五卅'运动那阵子，他是烟厂工人的领导人嘛！"

顾顺章和蔡和森握手。

周恩来问顾顺章："黎明同志，有什么新情况？"

顾顺章紧张地说："出事了！三号联络点暴露，被特务们搜查了，站长叛变了！"

蔡和森吃了一惊："坏了！我妈带着几个孩子去公墓取情报，是三号联络点提供的地点。"

顾顺章一愣："情报就放在那片公墓里。对了，情报放的具体位置，只有交通员知道，那个站长并不知情，内线报告，敌人正在抓紧审讯那个叛变的站长……"

周恩来果断地说："黎明同志，事不宜迟，你立即带特科的人去公墓，一定要保护好蔡伯母和几个孩子！"他对蔡畅说："我们这个联络点马上转移！"

有特科去，蔡畅悬着的心放下了，她知道，特科就是由周恩来直接领导的政治保卫组织，其中的"红队"是令叛徒、敌人闻风丧胆的"伍豪之剑"。

葛健豪挎着菜篮、带着三个孩子出了墓区，李特特发现后面有人跟踪，她装着系鞋带观察后说："外婆，我发现有尾巴。"

蔡博说："我也发现有尾巴。"

葛健豪镇定地说：“别紧张，我们只当不知道的，先在街上转悠，都不准回家。”

李特特轻声问：“为什么不能回家？”

葛健豪说：“因为回家后，‘尾巴’就知道我们的住处了，他们就会把我们家的所有人都抓起来的。”

李特特有点紧张地“啊”了一声。

葛健豪对蔡妮说：“妮妮，你来装病。”她又对蔡博、李特特说：“你俩把小姐姐扶着走，我们一起去诊所。”

葛健豪提着篮子，蔡博和李特特扶着蔡妮，他们故意在街道上慢走，寻找着诊所。他们后面有两个人在跟踪。

葛健豪和几个孩子穿过一条小巷，进了一家诊所。

蔡畅在街上找到那两个跟踪的人，其中一人向她汇报：“后面没发现敌人。老太太很精明，她发现我们在跟踪，走了几条大街，想甩掉我们。”

蔡畅笑了笑，对两个队员说：“好了，你们的任务完成了，回去吧。”说完走进诊所……

周恩来的住处也在上海一条里弄里，这天他和蔡和森在家里，听顾顺章汇报。顾顺章刚汇报完工作，蔡畅领着葛健豪、蔡妮、蔡博、李特特进了大门。

周恩来从里屋出来，赶紧对蔡畅说：“蔡畅大姐呀，回来了？刚才我们商量，你和富春同志还得搬家。”

李特特抢着问：“我们刚搬家三天，又要搬家了？”

蔡畅阻止李特特：“特特，这是大人的事，别问这么多。”她对葛健豪说：“妈，这是周恩来同志的家。您和孩子们先住这里……我和富春另外找地方。”

葛健豪一听，笑道：“好呀，恩来是我的老相识了，孩子们管他叫爱爸爸，住在他这里，当然好！”

几个孩子高兴地雀跃起来，他们冲着周恩来喊：“爱爸爸……爱爸爸！”周恩来笑着一个一个抚摸着孩子们的头。

葛健豪从袜子里拿出情报递给蔡和森："给，情报取回来了。"

蔡和森接过情报，感到有些分量，有点过意不去，说："妈，这太危险了，以后您就……"

葛健豪反问说："你们不是天天这样吗？"

周恩来称赞道："蔡伯母真是久经考验了，打从法国开始，就是我们革命队伍中坚定的一员。"

邓颖超和母亲杨振德从卧室出来，周恩来向她俩介绍："小超，快来认识一下，这位就是蔡伯母，蔡和森的妈妈。"

蔡畅也向葛健豪介绍道："妈，她是邓颖超，周恩来的太太。"

邓颖超握着葛健豪的手说："蔡伯母，您好！我早就听恩来说过您在法国的传奇经历，今天见到您老人家，真是高兴！"

葛健豪端详着邓颖超，夸赞道："恩来，你找了一个这么文静、秀气的媳妇，真是好福气！"

邓颖超说："谢谢蔡伯母夸奖。蔡伯母，这是我妈。"又对自己的母亲说："妈，这就是恩来经常提起的蔡伯母。"

葛健豪和杨振德握手，相互问候。

"大姐，你这么大年纪了，还在为革命工作，真叫人佩服。"杨振德佩服地看着葛健豪，她眼里的葛健豪一副精明、能干的样子，一看就是个不一般的老人。

葛健豪说的话更不一般："党中央的领导说了，革命不分年龄大小，革命也不分先后，为的就是一个共同的革命目标：对外打倒帝国主义，对内打倒国民党反动派……"

蔡和森笑着说："妈，听这说话的口气，您真像是一位中央领导人哩！"

周恩来笑了："哈哈！……蔡伯母是留洋的学生，说话当然不一样。再说，她一直是我们的大家长嘛！"

蔡畅对几个孩子说："来，孩子们，既然你们叫他爱爸爸，那就叫她爱妈妈，叫她爱外婆。”她把周恩来、邓颖超、杨振德一一介绍给孩子们。

“好好好！……我一下子有了这么多孩子，好呀！”看得出，周恩来十分喜爱孩子。

李特特对李富春说：“爸爸，我在这里有爱爸爸、爱妈妈、爱外婆了。以后你和妈妈不回家，我就不怕了……”

李富春和蔡畅两人对视，笑了起来……

邓颖超慈爱地对孩子们说：“好了，孩子们，你们今晚就住这儿，爱妈妈、爱外婆陪你们玩，让爱爸爸忙他们的去。”

邓小平忽然进来了，一见到葛健豪，他便亲热地喊道：“蔡伯母，听说您来了，我特地前来向您老人家请安！”

葛健豪高兴地：“希贤呀，法兰西一别，几年不见，你的嘴巴还是那么甜！”

周恩来说：“蔡伯母，人家现在叫邓小平，是中共中央秘书长了。”

邓小平热情地说：“蔡伯母，我和恩来经常说起您，您在法国给我们做的湖南辣子面真是太好吃了。这次，您到上海来了，我得请您老人家吃上海的阳春面。”

葛健豪高兴地答应着：“好好好！想不到八年前在法兰西的老朋友，今天在上海又聚集一堂了……真好呀！……”

夜里，周恩来、蔡和森、顾顺章、蔡畅、李富春、邓小平在开会。

周恩来对李富春说：“富春，蔡畅要去莫斯科参加‘六大’，你家里的联络点由你负责。”他又对顾顺章说：“顾顺章同志，你马上给他们家重新找个地方，最好离这里近一点，可以相互照顾。”

顾顺章马上答道：“我明天就落实。”

周恩来说：“现在看来，组织家庭联络机关，是我党地下工作行之有效的一种方式。”

刘昂敲门进来，她很有礼貌地递文件给周恩来：“伍豪同志，这是刚校对好的文件，请您签字。”她把另一份文件递给蔡和森：“二十九号同志，这是您给党中央写的《关于北方局恢复情况的汇报》，我校对完毕，请您过目。"

周恩来满意地看着刘昂笑着说："好呀，刘昂是越来越成熟了，蔡家又出了一个革命者！和森呀，你家里最年长的革命者六十多岁，最小的革命者四岁，老、中、青、幼都有，互相配合，前仆后继，真是一个革命大家庭啊！"

邓小平说："将来革命成功了，我们一定要把这个特殊的家庭载入我们党的史册，教育我们的世世代代，中国革命之所以伟大，就是因为它植根于千万家庭之中！"

周恩来激动地说："是的，家庭是社会的细胞，当每个细胞被革命激活之时，便一定是中国革命胜利之日！……"

杨振德的卧室里加了一张床，蔡妮、蔡博、李特特三个孩子熟睡在大床上，葛健豪、杨振德两位老人半躺在另一张小床上交谈着。

杨振德钦佩道："大姐，你比我年长十岁，又是小脚老妇人，当年带着儿孙一起上学，今天，又与儿孙们一起干革命，不怕困难，不怕危险，真让我深受感动！"

葛健豪谦虚地说："没啥，人越老，越是想着儿孙们的未来，水唯善下嘛！"

"看着你儿孙满堂的，我真羡慕，这才叫天伦之乐哩！不瞒你说，我真想抱上外孙，可……"杨振德说着，流露出难言的遗憾。

葛健豪非常理解杨振德盼着抱外孙的心情，她问："是不是因为恩来和小超工作忙不想要孩子？"

杨振德摇了摇头说："不是。小超打过一次胎，恩来知道后对她发了火。小超很后悔，诚心想要一个孩子，怀上第二胎，却没保住……"

葛健豪安慰道："真可惜！你别难过，他们年轻，还有机会要孩子。"

杨振德神色黯然地摇头："没有啦！小超子宫受损，再也不可能怀上孩子了……看见恩来那么喜欢小孩的样子，我的心都碎了！"

葛健豪闻言心里一震，深沉地说："是呀！再完美的人生，也会留下缺憾！好在恩来、小超将自己融入了大众，大众的孩子都是他俩的孩子。你没听见妮妮、博博他们叫爱爸爸、爱妈妈，叫得那么亲热？"

杨振德沉思着。葛健豪看了她一眼，有意转移话题："不瞒你说，老妹子呀，像你我这年纪的女人，跟着儿女到处跑，不易呀！"

杨振德说："你是说你——"

葛健豪接着说："跟你说，和森、蔡畅他爸脾气不好，为了些家庭琐事，我经常和老头子斗来斗去的，没停当过！"

杨振德来了兴致："怎么？你也同你家那口子吵嘴？"

葛健豪叹着气："嗨，我那老头子，甭提了！……不过现在好多了，他什么都听我的！"

杨振德说："老姐姐，我也同我男人干过架！小超出生后，我那老头子重男轻女，硬是要将女儿送人，我急得没办法了，举起菜刀与他斗，总算将小超留在了身边！"

葛健豪惊讶："真的？那你比我还勇敢！"

杨振德滔滔不绝地说起来："还有，小超七岁时，她爸爸硬逼着要为她缠足，我想，哪能让一条缠足布缠住孩子的一生呀？于是乎，我再次违抗夫命，与我那个老头子大斗了一场！"

葛健豪问："真的？那你的小超从没缠过足？"

杨振德说："没有！我顶着，没让她缠足！"

葛健豪高兴地拍着被子叫了起来："哎呀！……"

杨振德被吓了一跳："怎么啦？老姐姐！"

葛健豪惊奇地说："一样……完全一样哟！"

杨振德一头雾水："什么一样？"

葛健豪兴奋地说："我的女儿蔡畅和外孙女刘昂，也是因为我顶着，才没缠足！"

杨振德也兴奋不已："是吗？哎呀，老姐姐呀，你和我的经历怎么如此相像呢？连想法都完全一样！”

葛健豪十分感慨地说：“是呀是呀，天底下的女人受的苦都一样，所以，她们在痛苦中的盼望也是一样的。只是有些女人逆来顺受，到头来毁了自己、也毁了儿女们一辈子！所以，我呀，不仅支持儿女，还几次自个儿办女校，我是想让更多的姐妹能够自立自强起来！”

杨振德亲热地对葛健豪说：“哎呀，我的老姐姐呀，咱俩是越说越近乎了，真是相见恨晚……相见恨晚呀！”

葛健豪笑了：“不晚……不晚！老妹子呀，打从我第一次见你，我就觉着，我俩好像已经相识几十年了！”

两位老太太越聊越开心……

早晨，孩子们陆续起床了，吃罢早饭，蔡妮、蔡博、李特特在周家院子里玩。蔡妮像个大人似的指挥着：“李特特同志，蔡博同志！我现在通知你们，刘昂姐姐参加革命工作了，组织决定，以后，由我来领导你们！来来来，我们画房子。”

蔡妮带着博博、特特在地上画房子，他们玩得十分开心。屋内，葛健豪和杨振德站在窗前看着窗外玩耍的孩子们。

杨振德说：“孩子们在这儿玩得多开心呀，我真舍不得你们离开这里。”

葛健豪说：“以后我们见面的机会多着呢。”

杨振德嘱咐道：“说好了，你得常来，常带孩子们来串门。”

葛健豪由衷地发出了感慨：“那当然，孩子们就是喜欢爱爸爸爱妈妈和你这位爱外婆！唉，看着孩子们如此天真烂漫，我在想，我们以及他们的父母，现在所做的一切，不都是为了孩子们吗？”

邓颖超从厨房端出包子走到院子里：“来，孩子们，快去洗手，吃肉包子。”

蔡妮说：“谢谢爱妈妈……”

蔡博和李特特也跟着说：“谢谢爱妈妈！”

邓颖超疼爱地看着孩子们：“谢什么呀，快趁热吃！”

蔡和森和蔡畅、李富春、刘昂走进院子。蔡和森对李富春说："富春，我们去苏联开会，家里的重任全部落在你身上了。"

李富春说："你们就安心开会去吧，我会照顾好妈妈和几个孩子的。"李富春对孩子们说："孩子们，我们马上要搬到新家去了。"

蔡博一听忙摇头："我不去，我要在爱爸爸这里。"

李特特也说："我也不去，爱爸爸这里有爱妈妈，还有爱外婆……"

蔡妮到底年龄大点，有些懂事了，她对蔡博和李特特说："不听大人的话就不对了！我们不是说过，一定要服从命令听指挥吗？现在我命令：吃完肉包子我们都跟大人去新家！"

刘昂笑了："蔡妮长大了，真的可以当孩子王了……"

不久，孩子们又随大人们搬家了，新住处是一幢花园洋房。

第二十七章　惜别儿孙

在上海，葛健豪和蔡畅一家住在一起，她掩护女儿、女婿开展工作，像普通人家的老太太一样买菜买米，操持家务。每天从早到晚，一大家人进进出出，外人根本看不出什么异样。

这天，周恩来、邓颖超手提礼品袋进门，周恩来对葛健豪说："蔡伯母，今天我们在这儿开重要会议，又要辛苦您了。"

葛健豪笑着说："不辛苦，我来为你们站岗放哨。"

二楼一间房内坐满了人，邓小平、李富春、蔡畅在收拾桌子，准备开会。周恩来和邓颖超在给蔡妮、蔡博、李特特发面包，蔡博喊道："爱爸爸，先给我……"

周恩来把面包放在桌子上说："一个人一个……"

几个孩子拿着面包，高兴地吃起来。邓颖超柔声说："孩子们，这是你们的爱爸爸对你们的奖赏，吃完后都到外面去望风。"

葛健豪又领进来顾顺章等几个人。房间里，会议开始，葛健豪下了楼。

蔡妮、蔡博、李特特在家门口附近玩耍。葛健豪从门内走出，对几个孩子说："孩子们，按之前说好的，你们去路口玩。"

三个孩子应声走到不远处的路口，开始在地上画房子，玩"跳房子"游戏。门前，葛健豪坐在小凳上纳着鞋底，不时看看街道上来往的行人，她的身旁放着两只热水瓶——一只红的，一只黄的。

突然，葛健豪发现路口方向走来了几个陌生人，他们挨家挨户查看着门牌号码，她隐约听见一个带头的人对其他几个人说："这一带是重点，必须挨家挨户地搜查,一户也不能落下……”

葛健豪警觉起来,她拿起热水瓶大声叫喊着孩子:“特特,你们吵什么呢?”

妮妮和特特忙跑了过来,她俩一人拿起一个热水瓶欲进屋里,葛健豪叫了一声:“又忘了?只拿一个热水瓶——红的!”

特特忙将手中的黄热水瓶放下,转身与妮妮跑进屋去。

蔡妮抱着红热水瓶冲进会场,特特紧跟其后。众人惊讶,立即起身……

大门口,蔡妮和李特特从屋内跑出来,蔡妮对坐在门口的葛健豪说:“奶奶,我们的任务完成了。”

葛健豪边对孩子们使眼色边说:“别走远了,就在门口玩一会儿。”

几个陌生人走到蔡家门口,领头的看了看“66”号门牌,亮出手枪指挥着:“进去搜查!”

葛健豪忙上前拦阻道:“干啥,搜查啥呀?”

领头的推了她一下:“搜查共产党!”

葛健豪脚步踉跄,一歪,跌倒在地,将几个特务死死地堵在了门外。葛健豪惊叫道:“哎哟,我的脚……你们这是干什么嘛,我们这儿哪来的共产党?”

博博大声地朝屋内哭叫起来:“爸爸,奶奶跌倒了……奶奶跌倒了!”

几个特务不知所措,领头的说:“把这个老太婆拉开,进去!”

葛健豪躺在地上叫嚷着:“你们凭什么把我撞倒,还要闯进我屋子里去!你们得先送我去医院看脚……”

领头的看了葛健豪一眼,忙对手下说:“先进去,不管她!”几个特务强行闯进门去……葛健豪仍在门口大声叫道:“你们怎么这么不讲理呀!”

几个特务急速冲至二楼,他们猛地用脚踢开房门。

房内,留声机放着美妙动听的法兰西舞曲,化装成富商的李富春和太太蔡畅在音乐声中跳着舞……

闯进来的几个特务一看傻了眼。

李富春矜持地问道:“你们是什么人,如此无礼?”

领头的害怕了:“先生,对……对不起!我们正在奉命搜查共产党。”

“共产党会跑这里来吗?你们太无礼了!”李富春傲慢地说。

蔡畅用法语对李富春说了句话,又用上海话说:“亲爱的,我们找老头子去!”

特务们面面相觑。领头的赶忙点头哈腰地对李富春说:“对不起……多有得罪!”领头的一挥手,几个人退了出去。

大门口,躺在地上的葛健豪指着从屋内走出来的几个特务大叫:“你们不许走!你们得扶我去医院!”

领头的特务求饶说:“老太太,对不起!……”特务们慌张地溜之大吉……

李富春和蔡畅下楼来,蔡畅心疼地问:“妈,您没事吧?”

葛健豪忙说:“没事没事。”

此时,刘昂和瑶妹子赶来。

蔡畅问:“同志们都安全吧?”

瑶妹子答道:“都从后门撤离了。伍豪同志说,这个联络点暴露了,要你们今晚马上搬到赫德路公馆。”

蔡畅对葛健豪和几个孩子说:“快,马上搬家!”

几个人快步走进房间。

卧室里,李富春和蔡畅在收拾东西,李特特在拿自己的衣服,葛健豪和瑶妹子走进来帮着收拾。

蔡畅把箱子打开,从箱内拿出用纸包着的砖块,小特特看见了,好奇地问母亲:“妈妈,箱子里怎么装了这么多的砖头呀?”

蔡畅瞪了女儿一眼:“小孩子家别多嘴!以后不管遇到什么事,不许乱问瞎说!”

小特特委屈地扭了一下头。

李富春拉了一下蔡畅的衣角,和蔼地对李特特说:“特特,妈妈把砖块放在箱里是作掩护用的。放砖块在里面，箱子就显得很沉，别人一看，就像是有钱人家的，是不是？……现在要搬家，就不用这些砖头了。”

小特特点了点头又问：“那……为什么又搬家呢？我们在这里才住了几天……”

蔡畅厉声说：“又多嘴！……特特，搬家以后，我们都改姓张，记住了？”

小特特嘟噜了一句：“又搬家、又改姓——”她见母亲向她瞪眼，赶忙跑到葛健豪身边问道：“外婆，那我们以后还能去爱爸爸家玩不？”

葛健豪疼爱地抚摸着特特的头说：“能……能！爸爸妈妈忙，过几天，我带你和妮妮、博博去你爱外婆家玩。”

小特特高兴了，她边向外跑边高喊：“妮妮姐，博博，我们搬家了，又可以去爱爸爸家玩了……”

葛健豪小声对蔡畅说：“你别老训特特，四岁的细妹子，正是贪玩的年龄，特特她已经算听话的了……”

蔡畅深深地叹了一口气说：“唉！……她太小，说道理给她听她也不会懂。妈妈，我何尝不想她和妮妮、博博都快快乐乐的呢？可是乱世……剥夺了他们的童年呀！我对特特严厉一些，也是为了保护她、保护大家！……”

蔡畅家又搬到新住处——赫德路公馆。蔡妮、蔡博、李特特几个孩子高兴异常，蔡妮打量着四周说：“这儿的房子好大啊！”

李特特说：“我们经常搬家，一次比一次搬得好。”

蔡博抢着说：“奶奶说这是，这是……搬革命的家。”

卧室内，蔡畅穿着华丽的旗袍、高跟鞋，俨然是一位阔太太。她拿出一件旗袍，让瑶妹子穿上，瑶妹子穿上后，对着衣柜的镜子前后左右照。蔡畅说：“唔，这才像个有身份家的人。根据组织指示，为了便于开展工作，我们搬进这家公馆，李富春是富商，我是富商太太，你是女管家……”

“哎……我好不习惯哩。”瑶妹子抬了抬手臂。

蔡畅说:“我也不习惯,不过,要学会习惯。你看我妈,她迈着那双小脚,为党做交通员,我发现她啥身份都能习惯。”

瑶妹子深情地说:“是的, 我要向蔡妈妈学习, 蔡妈妈永远是我的榜样。”

客厅里,周恩来、邓小平、邓颖超、李富春等人在议事。

周恩来开玩笑道:“李富翁,在法国我们都这样叫你,你现在的这身打扮,真变成一个大富翁了。”

蔡畅和瑶妹子走出来。蔡畅说:“法国留学时,大家还叫他李百万哩。”

邓小平用异样的目光打量着蔡畅,他故作惊讶地说:“蔡大姐,你现在是风姿绰约, 神采飞扬啊! ……我看你呀, 就是冲着李富春有百万, 才嫁给他的是不? ”

蔡畅笑道:“是不是,你邓小平最清楚了,别忘了,在巴黎那家小咖啡厅,你是我们唯一的证婚人! ”

邓小平幽默地说:“是,我正是看李富春是百万富翁,所以才做主,把你嫁给他的!”

大家开心地笑了起来。

周恩来指着蔡畅对邓颖超说:“小超,你看看这位阔太太的打扮,还有什么不对的地方吗? ”

邓颖超审视着蔡畅说:“再抹点脂粉就更像了。”

蔡畅忙拿出脂粉在脸上抹起来……

葛健豪走过来对蔡畅、李富春说:“哎哟,真是人靠衣衫马靠鞍哪,你们都变成另外一个人了!”

李富春不好意思起来:“妈,我们这是要出去执行任务。”

蔡畅也说:“妈,那些特务,都是狗眼看人低,我们这样穿戴,他们就不敢随便惹我们了,这公馆,他们也不敢随便来搜查了。”

葛健豪点头:“知道,我知道。”

在一旁的小蔡妮也学着蔡畅往脸上抹脂粉,可是抹得不匀,成了一个小花脸。

葛健豪笑了:“哎哟,你们看我的孙女……”

众人看着蔡妮,哈哈大笑起来。蔡妮被众人笑得莫名其妙:“怎么了嘛?……准大人抹,就不准我们小孩抹?我不是富家小姐吗?”

众人又是一阵欢笑。葛健豪一把抱住蔡妮:“妮妮,没啥,没啥!他们是逗着你玩的!……”

天亮后,葛健豪提着一个菜篮子买菜回来,在小巷走着,杨振德也提着一个菜篮子,从对面走过来。两人相遇止步。

葛健豪对杨振德说:“妹子,好长时间没见你了,出门去了吧?”

杨振德心领神会:“我刚回来。孩子们都还好吧?”

葛健豪答道:“好,都好,他们天天都在念叨你爱外婆哩……”

两个人边说边放下篮子,观察四周,装着说悄悄话。过了一会儿,杨振德提起葛健豪的篮子,边走边说:“大姐,我还要回去做饭,过几天你把孩子带来我家玩。”

葛健豪提起杨振德的篮子:“行行……”

葛健豪提着菜篮子回家,走进客厅,把篮子交给刘昂:“刚取回来的信件,赶快处理。”

蔡畅给葛健豪倒了杯水:“妈,您辛苦了。”

刘昂扒开篮子上面的蔬菜,拿出底层的几张报纸打开,里面有几封信,她忙看封面,递给蔡畅:“姨,您的急件。”

蔡畅急忙拆开信,边看边向卧室跑去,回头说了句:“瑶妹子,跟我进来……”

刘昂拿出另一封信递给李富春:“这是给江苏省委的。”又拿出一封信递给蔡和森:“二十九号,这是给你的。”

蔡和森边看边说:“哎呀!我有事,得马上出去一下。”

李富春边看信边对葛健豪说:“妈,我也得出去一下。”

几个人先后走了,葛健豪一个人站在客厅自语道:“这是怎么啦?一杯水还没喝完,全走了!……”

夜晚,蔡和森、蔡畅先后回到赫德路公馆。卧室里,蔡妮、蔡博在床上睡着了,葛健豪在灯下写着什么,显得十分认真……

蔡和森进来,轻轻地喊了一声:“妈……”

葛健豪没有回头,继续写着,边问:“和子,这么晚才回?”

蔡和森正欲回答,发现母亲在写着什么,觉得奇怪:妈这么聚精会神地在写什么呢?

蔡和森看到标题写着“入党申请书”!这几个大字在灯下显得分外醒目,分外凝重!蔡和森只觉得热血直朝脑门涌,双手握住母亲粗糙的手,含着泪失声地喊:“妈妈,我的好妈妈!”

葛健豪忐忑不安地问蔡和森:“行吗?”

蔡和森一笑:“妈,您早已是我们党的人了,何必……”

母亲逼问着儿子:“别说‘何必’,我要你回答我:行还是不行?”

蔡和森又笑了笑:“行……当然行!只是您这么大一把年岁了……”

葛健豪不满地说:“又是年岁……年岁!打从我五十岁考女校到五十五岁留法勤工俭学,听的都是这一句话——‘年岁大了’!这四个字我都听得耳朵长了茧!如今你又用这四个字——年岁大了!”

蔡和森轻声说:“妈,您年岁真是大了嘛。”

葛健豪认真起来,她厉声责问儿子:“请问蔡和森同志,党章规定了年岁大的人不能入党吗?!”

蔡和森一下子哑口无言,他想了想,耐心地对母亲说:“妈,入党是不讲年龄,但入党也不在于形式。”

葛健豪气恼地说:“别咬文嚼字的,说明白一点!”

蔡和森婉转地说:“我是说……您早就是党的人了,不在乎入党这个形式,如今形势这般恶劣,我这是爱护您老人家呀!”

葛健豪愈加生起气来:“我不要这样的爱护!从长沙成立新民学会,到法国与你们一起游行抗争,又到今天在上海坐机关,我是越来越认准了你们走的这条路！……再说，你的二哥林蒸在这条路上牺牲了，你的媳妇警予也为此献出了生命，如果我还心疼自己这把老骨头，怎么对得起他们呀！”

葛健豪异常激动地说完了这段话，转身走出屋子，下楼时碰到蔡畅。蔡畅问：“妈，这么晚了，您还不休息呀？”

葛健豪头也不回，甩出了一句气话：“年——岁——大——了！睡不着！”

蔡畅听着，一头雾水！她忙跑进屋子，问蔡和森：“和哥，妈这是怎么了？”

蔡和森苦笑着说：“妈要入党……”

蔡畅惊讶道：“真的？”她马上转身下楼，去追母亲。

楼下，葛健豪气冲冲地用力推开门，冲进茫茫夜色之中……

葛健豪余气未消地走到公馆后花园的一条长凳前，深深叹了一口气，坐了下来。蔡和森带着蔡畅、李富春、瑶妹子、刘昂在花园里找到了葛健豪。葛健豪恼怒道：“你们都回去！……我没事。我要一个人静一会儿。”

蔡和森笑嘻嘻地上前道：“妈，您这火气……还不小哩。”

葛健豪瞪了儿子一眼说：“听见没有？……都回去！我要一个人在这儿静一会！”

蔡和森对蔡畅做了一个手势，示意她留下，然后又对李富春、瑶妹子和刘昂做了一个“走”的手势。李富春等人明白了蔡和森的意思，悄悄离去。

蔡畅轻轻地靠在母亲身旁坐了下来，柔声地说：“妈，今天，我和瑶妹子去纱厂，帮助工人党员躲过了特务们的大搜查，可真危险呀！”

葛健豪余气未消地说：“越危险，越能锻炼人嘛！”

蔡畅笑着说：“我是想对您说，现在形势太严峻，以后您要多保重……”

葛健豪不满地说：“怎么？你是替你哥当说客的！”

蔡畅说：“妈，您年纪大了，和哥是为您的安全考虑呀。”

葛健豪不服气：“可他也太小看我这个小脚老太婆了！”

蔡畅劝道：“这件事我以后好好跟和哥说说。”

葛健豪问:“为什么要以后?最迟明天就要答复我!”

看见母亲的固执模样,蔡畅苦笑了一下说:“现在不行,明天,恐怕也不行。”

葛健豪更加认真起来:“为什么?!”

蔡畅低声说:“因为……明天,和哥要去苏联了,而且,还要带妮妮一同去。”

这个消息太突然了,葛健豪一愣:“什么?!……你说什么?明天和子就要去苏联?”

蔡畅点了点头,告诉母亲,党中央刚刚作出决定,派蔡和森作为中国共产党驻共产国际的代表去莫斯科……

葛健豪蓦地从凳子上一跃而起,二话没说,迈开小脚,急忙向屋内跑去……葛健豪进屋,见屋内空无一人,有点纳闷:和子呢?……

葛健豪进了自己的卧室,发现蔡妮、蔡博也不在床上,床单已换,她奇怪地自语:“谁把我的床单给换了?”

葛健豪转身出房门,听到厨房里的声音。

厨房里,蔡和森躬着腰在为母亲洗床单。葛健豪站在那里看着儿子笨拙地洗床单,地上溅了一地水,她慢慢走过去,站在儿子身后,轻声问:“和子!……你这是干啥?”

蔡和森说:“妈妈!您的床单该换了,我明天要走……我想,今晚帮您把床单洗了。”

葛健豪被深深地打动了,她老泪纵横地说:“儿子,你这么辛苦,还要帮妈做家务事……妈没照顾好你呀!……”

葛健豪、蔡和森母子俩深夜在卧室谈心。

蔡和森轻声细语地说:“妈妈!我总觉得欠您很多很多!……特科的同志得到情报,敌人已识破了我们用家庭、老人、小孩子做掩护的手段,这个家现在成了特务盯梢的重点了。”

葛健豪神色坚定地说:“和儿子、女儿在一起,我不怕!”

蔡和森对母亲说:“我知道您不会害怕。从我记事到现在,妈妈为了儿孙,什么都不怕。但是,为了您的儿孙,您也得保护好自己……您说是吧?”

葛健豪深情地凝视着儿子,点了点头。

蔡和森告诉母亲:“妈,明天我就要去苏联了,我想把妮妮带到苏联去读书。本来,我还想把博博一同带走,可是,他太小了,只有麻烦您老人家照顾了。”

葛健豪忙说:“照顾自己的孙子,有什么麻烦的!”

蔡和森建议说:“妈妈,我走后,李富春和蔡畅可能也要去南方局工作了,您回老家隐居吧。”

葛健豪有些不情愿:“回去?那我……不能再和你们一起工作了?”

蔡和森说:“妈,我知道您是闲不住的人……”

葛健豪抢过话头:“你们都这么忙,我怎么能闲着!”

蔡和森说:“妈妈,您回老家后,还有干不完的事。”

葛健豪不解:“真的?……那你快告诉我,是什么任务?”

蔡和森说:“蒋介石在‘四一二’叛变之后,杀害了无数共产党人,烈士们留下了许多孤儿。”

葛健豪明白了:“这些孩子怪可怜的,他们是党的后代,我们得想办法保护好他们。”

蔡和森说,中央决定将这些孤儿分散到各地隐居,他们老家石板冲就是隐居的地点之一。那里的群众基础好,而且安排了地下党的同志暗中保护……

葛健豪高兴地说:“组织上考虑得真周到,我回老家后,一定带好这些孤儿,如果条件成熟,我还可以给他们办一所学校哩。”

蔡和森惊讶于母亲的思路如此清晰,他说:“好呀,妈妈!这些我们还没想到,您想到了。我觉得,您这个想法很好。可现在是白色恐怖时期,一定要先确保孩子们的安全,我们要为革命留下这些火种!”

葛健豪对儿子表态："我知道，留得青山在，不怕没柴烧！儿子，请你和组织上放心，我一定完成好党交代的任务！"

葛健豪说着，从床底下拿出两双布鞋，交给了蔡和森："和子，刚才妈的犟脾气又犯了，你别往心里去。……你又要出远门了，带着妈做的布鞋去吧，从小你就喜欢穿妈做的布鞋。"

葛健豪隐隐感到，儿子最近一段时间，工作不顺畅。有一句话一直在葛健豪心里，她怕影响儿子的情绪，没有对他说起过。现在儿子就要出远门了，她想，说出来或许对儿子有帮助。葛健豪像拉家常一样，对儿子说，儿子呀，你的脾气跟妈一样耿直，这很好，但是，不要走极端。你的名字里面有个"和"字，做人做事要以和为贵！

葛健豪又叮嘱儿子：人生会遇到许多困难和波折，但是，目光要朝远看，不要在乎一时的得失和委屈，千万记住，莫道谗言如浪深，莫言迁客似沙沉。千淘万漉虽辛苦，吹尽狂沙始到金！

母亲的话，像春风一样吹进蔡和森心里，这春风又化作雨丝，滋润了他的心田。有谁这样了解他？有谁关键时刻这样提醒他、鼓励他？只有母亲啊！蔡和森接过母亲手中的鞋，浑身仿佛增添了新的力量，他深情地说："我说过，穿上妈做的布鞋，走起路来特别踏实、有劲儿！妈妈……我的好妈妈！您为儿孙付出了太多太多，儿子会永远记住的！"

葛健豪高兴地搂抱着蔡和森："儿子，妈有你这样的儿子，也觉得很满足！……"

蔡和森对母亲说着心里话："妈妈，在外人眼里，我蔡和森总是那么风风火火的，可我也是一个平常人哪，每当我一个人的时候，我也常常思念家人，思念母亲、父亲、警予，思念我那对失去母爱的宝宝！……多少次，我在梦里与家人团聚，多少次我在梦里听到您哼唱那支儿歌……"

蔡和森太疲劳了，说着说着，他趴在母亲的膝上睡着了。

葛健豪深情地抚摸着儿子，她多么希望儿子就这样一直陪在自己身边，可她又清楚地知道，儿子不光是她葛健豪的儿子，他还是党的儿子、人民的儿子，党和人民更需要他……她轻轻地哼唱起了那支儿歌："宝宝宝宝快睡觉，妈妈摇你到外婆桥……"

儿歌在屋内回荡，飘向夜空中……

第二天早上，葛健豪、蔡和森、蔡畅、李富春、刘昂带着蔡妮、蔡博、李特特从公馆走出来，大家送别蔡和森和蔡妮。

蔡和森对刘昂说："刘昂……不，葛铿作同志，我们都要离开上海了，你在上海一定要坚持把大学读完。"

刘昂坚定地说："舅舅，不管有多大的困难，我一定听您的话，听党的话。"

蔡妮恋恋不舍地跟奶奶说："奶奶，我不想去苏联，我想跟着您！"

葛健豪耐心地哄着孙女："妮妮，跟爸爸去吧，你不能一辈子跟随奶奶呀。"

蔡妮含着眼泪说："不！我就是想一辈子跟随奶奶！爸爸，我不走……我不想走！"

蔡博拉着蔡妮："姐姐，你别走，我不让你走！"

李特特发疯似的拦着蔡妮，哭泣着大喊："爸爸，妈妈，妮姐姐要走，那怎么行呀？……别让她走，不要让她走，你们快留下她呀！"

孩子们一下子都大声哭了起来，他们相互拉着对方，抱头痛哭着，一边哭还一边喊着对方的名字……三个孩子的哭声让大人们感到撕心裂肺。葛健豪、蔡和森、蔡畅、李富春、刘昂看着孩子们的别离，真是情真真、意切切，不禁潸然泪下……

蔡和森提着箱子，放到一辆轿车上，转过身来，把蔡妮抱上车。轿车正准备启动，突然，蔡妮打开车门冲出来，她扑到葛健豪的怀里，撕心裂肺地叫喊："奶奶——"

葛健豪将孙女紧紧搂在怀里，哄着："乖，我的妮妮长大了，不能再贪玩了，要学你爸爸妈妈，听爸爸的话，好好读书，学文化，长本事……"安抚好蔡妮，葛健豪转过身，手一挥，蔡和森再次把女儿抱进车里。车开始滑动，慢慢开走了。葛健豪老泪纵横，一直站在那里，像一尊雕塑似的显得冷峻而坚毅。

七岁的蔡妮跟随父亲蔡和森离开了祖国，来到了陌生的莫斯科瓦斯基诺国际儿童院。

一辆小车停在儿童院门口，蔡和森和蔡妮从车上下来。院长过来和蔡和森握手、拥抱，她热情地说："欢迎您，蔡和森同志，欢迎您将自己的女儿送入这所国际儿童的大家庭！"

蔡和森礼貌地说："谢谢院长同志！"

院长和蔡和森父女边走边谈话："我们这里，收养的是各国共产党领导人的子女和革命烈士的遗孤，作为院长，我深感荣幸，能用这样的方式支持国际共产主义事业！……"

一群中国孩子跑过来，他们争先恐后对着蔡和森喊："爸爸！爸爸！"

院长向蔡和森解释，这是儿童院特有的一道景观，因为孩子们从小离开父母，他们对自己的父母没有印象，所以，对来这儿的男同志，他们都抢着叫爸爸！

蔡和森被院长平实的话震撼了。孩子们围在蔡和森身边抢着叫着："爸爸！爸爸！"蔡和森噙着热泪应答着，他俯下身来，挨个亲吻着每个孩子的脸颊。

蔡妮好奇地看着这一切。孩子们围着蔡妮，帮她拿行李，蔡妮腼腆地笑着。

一个个头稍高的男孩大声自我介绍："您好，爸爸！我叫尤拉！"

另一个男孩接着说："我叫帕夫利克，他们都叫我小宝。"

蔡和森点着头，他对院长说："如果我没记错的话，他是张太雷的儿子。"

院长点头："唔，您的记忆力真是惊人！"

一个小男孩说："我叫奇丘。"

蔡妮笑了："气球？……"

大家都笑起来。小男孩纠正道:“不是气球,是奇丘。我的中文名字叫苏河清。”

一个女孩有点羞涩地小声说:“我叫……图娅。”

蔡和森说:“图娅?……唔!我认识你爸爸。”

图娅呆看着蔡和森:“您认识我爸爸?”

蔡和森说:“是的!你的爸爸叫瞿秋白!”

图娅拉着蔡和森的手:“不!您就是我的爸爸!”

几个孩子都围住蔡和森又喊了起来:“爸爸,爸爸!……”

蔡和森激动地大声答应着,说道:“孩子们!我就是你们的爸爸!你们都是我的好孩子!你们的爸爸献身于伟大的事业,他们不能伴随在你们身边,你们都是党的好孩子!好孩子们呀,你们在这里一定要刻苦学习文化知识,将来回到祖国做革命的接班人。大家说好不好?”

孩子们齐声回答:“好!”

蔡和森指着蔡妮介绍说:“她是我的女儿蔡妮,今后和你们一起生活学习,希望你们相互之间像兄弟姐妹一样。”

蔡和森对蔡妮说:“妮妮,你在这儿,一定要听阿姨、老师的话,他们就是你的爸爸妈妈!这么多小朋友就是你的姐妹兄弟!爸爸给你起个苏联名字吧,就叫加利亚好不好?”

蔡妮拍着手:“加利亚……这名字真好听!我有苏联名字了!爸爸,您放心,我在这里一定会听话、会好好学习的!”

蔡和森笑了:“好!从今以后,这里就是你的新家了!”

孩子们拉着蔡妮的手:“走,加利亚,看看你的新家去!”

儿童院的餐厅里,每张小桌前围坐四个孩子。蔡妮和同学们在进餐。

蔡妮学着同学的样子拿刀叉用餐,她拿起面包咬了一口,觉得难吃又放下。同学们很快吃完了自己的面包,只有蔡妮的面包还在桌上。蔡妮趁大家不注意,把面包塞进口袋里。

吃完饭,小朋友们自己动手收拾餐桌,蔡妮也学着收拾,一不小心,被刀叉刺破了手掌,她忍着痛,坚持收拾着……

夜晚,宿舍里,同学们都睡了,蔡妮在床上翻来覆去睡不着,枕头边放着那个没有吃完的面包。蔡妮坐起身,拿起面包看了良久,她终于下了决心,强迫自己大口吃起来……

蔡妮在心里说:“奶奶,我好想您呀!爸爸送我来这儿后就走了,我真不喜欢吃这儿的面包,可又不敢丢掉,我只有吃!啊,如果现在有辣酱多好呀!我真想吃奶奶做的辣酱!……奶奶,我什么时候才能和博博、特特一起吃您做的辣酱呀!……”

蔡妮眼前出现幻觉:奶奶端着辣酱面走来了;蔡妮和博博、特特一起大口大口地吃辣酱面。奶奶站在他们身边看着他们,见他们吃得很香,脸上露出慈祥的笑容……

葛健豪慈祥的笑容占满蔡妮的脑海……

湖南石板冲蔡家,四周都是荒山野岭,葛健豪坐在门前的大枫树下看着一封信。看完信后,老人深深地叹了一口气,陷入了沉思……

五岁多的蔡博跑过来喊着:“奶奶!”葛健豪似乎没有听见。蔡博急了,他使劲儿抱着葛健豪摇着:“奶奶!你怎么不理我呀?”

葛健豪从沉思中被唤醒:“啊……博博,奶奶在看妮妮姐姐的来信。”

蔡博高兴地问:“姐姐来信了?她说什么?”

葛健豪说:“她说她在苏联很好,就是特别想奶奶,想你和特特……”

蔡博从奶奶手中抢过信说:“我也好想妮妮姐姐!昨晚上,我做梦,还梦见和妮妮姐姐一起玩‘跳房子’……”

葛健豪看着博博天真的样子,苦笑着说:“那你……快告诉妮妮姐姐呀——说你想她,好想好想,连做梦也在想;再告诉姐姐,一定要好好读书,学本事,像你们的爸爸妈妈那样,将来做个对国家有用的人……”

蔡博对着信封说:“妮妮姐姐,我好想你!……”

葛健豪笑了:“你这样说,姐姐是听不见的。”

蔡博说:“这样说,姐姐听不见,那我就大声叫,非要让姐姐听见不可！”蔡博说着，放开嗓门，对着天空大叫道：“妮妮姐姐！……你听见了吗？我——们——想——你——呀！……”

声音传得很远，飞过蓝天，越过高山平原，似乎传到苏联瓦斯基诺国际儿童院。睡在床上的蔡妮被梦中蔡博的呼唤声惊醒了，睁大眼睛看着黎明前的窗棂，看见鱼肚白开始跳动，梦幻似的渐渐刷白了房间。

同室的图娅睡眼蒙眬地看着蔡妮：“加利亚，你怎么了？做恶梦了？”

蔡妮不好意思地说：“啊，是做梦了，但不是恶梦，是美梦，我梦见博博了。”

图娅问：“博博？”

蔡妮说：“是，他是我的弟弟！”

突然一个大人的身影出现在蔡妮的床前。蔡妮一看，十分惊喜：“爸爸！……这么大早，您怎么来了？”

蔡和森说：“我来看你，爸有事情告诉你……”

蔡妮马上起床，洗漱完毕，随爸爸来到儿童院内的花园里。蔡和森牵着蔡妮的手散步，想了想，故作轻松地说：“妮妮，爸爸是来与你告别的。”

蔡妮一惊：“告别？……您要走了吗？”

蔡和森点点头：“是的，爸爸要回国了。”

蔡妮伤心地问：“那以后……就我一个人在这儿吗？”

蔡和森说：“这里不是还有这么多小朋友吗？”

蔡妮摇着头：“不……不！”

蔡和森说：“爸爸还会常来看你的！”

蔡妮紧紧抱着蔡和森：“爸爸！……我不要您走！……”

蔡和森心疼地用双手托着孩子的两腮说：“妮妮……听话！……你是最最听话的孩子！”

蔡妮终于忍不住了，她扑在爸爸的怀里痛哭起来。蔡和森掏出手绢替女儿擦着脸颊上的泪水，接着又从口袋里掏出一张照片递给女儿说：“妮妮，爸爸要忙工作，不能老陪在你的身边，妮妮是最懂事的。你看，这照片上的两个人是谁？”

蔡妮看了看照片："这是爸爸……这是妈妈！"

蔡和森说："是呀，这是爸爸和妈妈在法国的合影照片，你留着，如果想家了，就看看这张照片，好吗？"

蔡妮无奈地点了点头，泪水如断线的珍珠，一滴一滴落在照片上。

蔡妮哭着说："爸爸，那您……有空就来看妮妮，妮妮好可怜的！……"

一句话戳痛了蔡和森的心，他再也忍不住了，紧紧地抱着女儿亲吻、又亲吻……

第二十八章　和森就义

上海十六铺码头热闹非凡，岸边停靠着各式高大的轮船。江水无声，映衬着一个又一个相逢或别离的情景。

趸船一角，蔡畅在为蔡和森送行，兄妹俩依依不舍。

蔡和森在莫斯科告别了女儿蔡妮，回国后，即将以“中央特派员”的身份被派往香港，指导遭到毁灭性破坏的广东省委……

之前一段时期，因受党内“左”倾势力的排挤，蔡和森不得不离开中央机关。蔡畅知道，哥哥这次从苏联回来，最想去江西苏区工作，最终党安排他去香港，虽然免不了心里有些郁闷，但他排除了一切私心杂念，顾全大局地接受了组织的安排。蔡畅对哥哥更加敬重了，她心里的千言万语只化作一句叮嘱：“和哥，我和富春刚从香港回来，那边的形势非常严峻，在这样的时刻，你只身前往，可得当心呀！”

蔡和森说：“毛妹子，谢谢你的提醒。但是，我是党员，在任何情况下，都应该服从组织安排，越是困难的地方越应该去，不能只考虑个人的得失和安危！要革命就会有牺牲，小时候，妈妈跟我们说起过秋瑾的这句话。”

蔡畅和哥哥不是第一次分别，不知为什么，这一次特别让她揪心，她动情地对哥哥说：“哥，你是我革命的引路人，此刻，我真想陪伴你，一起迎向暴风雨！”

蔡和森何尝不想兄妹俩在一起有个照应呢？但现实不允许，如今世道，处处腥风，处处血雨！他对妹妹说：“妹子呀，你在上海，哥去香港，我们虽然天各一方，但经受的都是一样的考验！你如此坚强，就是对哥哥我最大的支持！”

蔡和森对毛妹子提了一个要求：如果有机会，一定要回去看看妈妈，帮他尽一点孝心！蔡畅郑重地点了点头……

蔡和森提着箱子准备上船，他叮嘱妹妹：上海也是一片白色恐怖，千万要注意安全！

蔡畅的泪水流了出来：“和哥，我心里好难受，你是承受着内外压力走的！不知道此一别，我们何时能再见面！……”

蔡和森轻轻地用手拍打着蔡畅的肩膀：“很快会再见面的！我总是想，等革命胜利了，我们天天在一起，陪伴爸妈还有特特、博博、妮妮……”

蔡畅深情地凝视着哥哥说：“但愿那一天早日到来！……”

“呜——！呜——！呜——！”轮船即将起航，蔡和森快步上船，他在舷梯上回首向蔡畅挥手告别。

在去往香港的轮船上，母亲的身影一再浮现在蔡和森眼前，他从来没有像现在这样思念母亲，他在心里对母亲说：妈妈，和子很快就会回来的，到时候一定去看望您老人家……

蔡和森行色匆匆、风雨兼程去往香港时，葛健豪在永丰石板冲也没闲着，她在自家院子里办学。七八个小孩子有的坐在小板凳上，有的坐在几块垒起的砖头上。葛健豪在门板上用粉笔写字：人之初，性本善。

葛健豪说：“孩子们，从现在开始，我们学习识字，没有笔和纸，你们就在地上写。我们先从《三字经》开始，你们跟我读：人之初，性本善。”

蔡博和众多小孩子一起读：“人之初，性本善……”

葛健豪在家里教孩子们学文化，山道上，蔡蓉峰和蔡庆熙挑着几张桌子和凳子走着，蔡庆熙在前面停了下来：“爸爸，您累了，歇一会吧。”

蔡蓉峰歇下来，大口喘着气。蔡庆熙说：“爸爸，妈妈要是知道您帮她办学，又去找大伯和二伯借桌子和凳子，她肯定会很高兴的。”

蔡蓉峰笑着：“嗨，老伴老伴，老来是个伴，她高兴，我就快乐！哎，明天呀，我们再去你舅舅家，再弄几张桌子凳子来。让你妈办学办得红红火火的！”

蔡庆熙高兴地点头：“行，我和您一起去！”

晚上，蔡蓉峰累了，早早地睡了。葛健豪躺在床上睡不着，一轮明月悬在夜空，院子里沐浴着柔和的银辉。世界变得宁静安谧，葛健豪的心里却不平静，她的眼前，不断出现七八个孩子喝野菜汤的情景……

葛健豪蹑手蹑脚地从床上下来。蔡蓉峰被绊醒了，他在床上没动，目光跟着老伴。葛健豪从床下轻轻地挪出一个旧箱子，从箱子里取出一个小布包。布包打开，有十几块银元。

“怎么？没钱用了？”突然，传来蔡蓉峰的声音。

葛健豪吓了一跳：“啊……你没睡着？”

蔡蓉峰深深地叹了一口气，半靠在床头说：“唉！……饭都没得吃了，还办学！……”

葛健豪不高兴了：“嘴上说支持我办学，合着在你心里，还是反对我办学！”

蔡蓉峰说：“我是心疼你呀！我若真要反对，能整天帮你忙乎，还那么老远搬来课桌？”

蔡蓉峰年纪大了，心境悄悄发生了变化，以前自己对老婆不好，老婆跟着他也没享过什么福，现如今，都这把年纪了，他想补偿补偿。葛健豪猜透了丈夫的心思，说：“你支持我办学，我就高兴。”

蔡蓉峰说：“支持归支持，可我心里的疙瘩还是没解开，嫡亲的孙女妮妮送去老远的外国吃苦，家里却养了这么一群别人的孩子，还要教他们学文化！”

葛健豪郑重其事地说这是和子交代的。

蔡蓉峰说：“和子是你儿子，也是你的长官，他怎么说，你就怎么做。”

葛健豪扑哧笑了：“老头子总算进步了，知道下级服从上级的道理。你说得对，我就是听他的！”

蔡蓉峰语气软了下来，他知道，在葛健豪心里，儿女总是排在第一位！

老两口重新躺下来。蔡蓉峰翻了个身，很快睡着了，葛健豪在丈夫此起彼伏的鼾声中，辗转反侧，仍睡不着。她好久没听到和森的音讯了，蔡畅、李富春他们还在上海。现在形势这么乱，葛健豪一直担心儿女们的安全……

上海笼罩在白色恐怖之中，嘶鸣的警车穿街而过，行人惊慌躲避。这天，周恩来住的亭子间内，周恩来、李富春、蔡畅和顾顺章等人挤在一起开会。周恩来神色严峻地说："同志们，现在，上海、汉口、广州等大城市白色恐怖越来越严重！中央指示，必须进一步加强农村的土地革命。"

蔡畅和李富春要求到苏区去！

周恩来说："你们俩现在还不能去苏区，因为你们积累了在白区斗争的丰富经验，上海的工作需要你们。中央研究，先派张国焘和陈昌浩前往鄂豫皖苏区，由中央特科负责护送。"

顾顺章接受了护送张国焘和陈昌浩去苏区的任务，他提出一个要求：完成任务后，绕道汉口返回。周恩来指示：路过汉口，不要停留，上海的工作缺少人手，必须速去速回！

周恩来说着，心里莫名地担忧起来。

不久，顾顺章完成任务后到了汉口，好久没有玩魔术的他技痒难忍，把周恩来的叮嘱忘到九霄云外。

汉口新市场游艺厅，观众们在看魔术表演。主持人走上台报节目："下面由来自上海的魔术大师化广奇先生为大家表演精彩的魔术，大家欢迎……"

这位来自上海的魔术师化广奇，正是顾顺章。

观众鼓掌欢迎。观众席的一个角落里，有一名戴墨镜的观众，他一边观看表演，一边东张西望地观察着身边的每一个人。

化广奇在一片掌声中走到台上，他熟练地变着各色各样的戏法。观众席不断地发出赞叹声。戴墨镜的观众看着台上，他突然一惊，擦了几下眼睛，又仔细地分辨着台上的表演者。

台下观众不断鼓掌，台上的化广奇颇为得意，越演越起劲。观众席的角落里，戴墨镜的观众蓦地起身，迅速离开了自己的座位……

表演完魔术，顾顺章兴致勃勃地走出新市场，来到汉口六渡桥一家旅馆。戴墨镜的观众一直跟踪着。

夜里，顾顺章躺在床上，一名娇艳的女人伺候他抽着大烟。

女人娇滴滴地说："哎呀，化老板，您的魔术玩得真好呀！"

顾顺章有些得意忘形："嗨，玩魔术对于我来说，只是小菜一碟！大爷不过是路过汉口，玩玩票而已。"

女人问："路过汉口？这么说，大爷您还不想在汉口新市场赚大钱？"

顾顺章不屑一顾："嗨！变魔术能赚几个钱呀！上海有笔大生意等着我哩！"

女人发嗲地说："哎哟，您走了，我可舍不得！……"女人顺势一歪，钻进了顾顺章的被窝。

突然，门被撞开，几个特务冲了进来，用枪指着顾顺章："不许动！"

女人发出一声尖叫。顾顺章看了看眼前几个特务，不慌不忙地说："朋友，别这样，把枪收起来！"

戴墨镜的观众朝特务头子点头示意。顾顺章看了一眼他们，问特务头子："你们到底是些什么人？"

特务头子答道："你不知道我，我可知道你。你的真实身份是中共中央政治局候补委员，中央特科的'天字号'人物黎明，当然这是化名，你的真名叫顾——顺——章！"

顾顺章一怔，呆看着特务头子。特务头子阴笑着说："顾先生，认识一下，我是国民党武汉绥靖公署侦缉处处长蔡孟坚。"

蔡孟坚看了一眼床上用被子紧紧裹着的女人，要顾顺章识时务，只要跟他们合作，有享不尽的荣华富贵，否则的话……

顾顺章装糊涂："你们……你们弄错了吧！"

戴墨镜的观众取下墨镜说："没有弄错！顾委员，还记得吧？我，尤崇新,您以前的老部下……"

顾顺章傻了眼:"你……你们……"

顾顺章在武汉被捕后没多久就叛变了。

消息传到上海,中共中央机关办公室内,气氛十分紧张,周恩来、邓颖超、李富春、蔡畅等众多中央干部在议事。周恩来神情严肃,焦急万分,他在布置撤退任务:"同志们,黎明,也就是顾顺章,他叛变了革命,情况非常严重!"

有人惊讶:"什么?黎明?……是特科的黎明吗?他是中央政治局候补委员呀,是不是搞错了?"

有人说:"我早就有感觉,他生活非常不检点,好出风头,迟早会出事的。"

周恩来对大家说,没时间解释了,情报来源绝对可靠,现在必须赶在敌人动手之前,采取紧急措施:立即分头通知在上海的中央委员马上搬家撤离,中央所有的办事机关全部转移,所有与顾顺章有联系的关系必须立即切断!

香港,中共广东省委会议室里,众人围在一起开会。蔡和森在主持会议:"同志们,经过这段时间的工作,我们省委地下组织恢复了活动,群众工作已全部开展起来了。更可喜的是,在省港大罢工中起过先锋作用的海员工会现在又活跃起来了。"

有人赞扬:这是二十九号同志亲自做工作的结果,现在,大家劲头十足呀!

蔡和森鼓动道:"众人拾柴火焰高嘛!同志们,现在革命形势仍然十分严峻,我们决不能麻痹松懈,要乘胜发展,深入到第一线去发动工人群众。"

蔡和森说将两广省委通过的《反对军阀战争宣言》发给大家,请大家先审议,然后举手表决。秘书散发讨论稿……

上海,中央七号秘密联络点内,一名秘书向周恩来汇报:"李克农已通知在敌人内部的同志全部撤出了……”

又有一人进来报告：据陈赓的情报，顾顺章带特务在监狱指认了王作霖，也就是恽代英同志！

周恩来十分愤怒，恽代英同志经多方营救，眼看即将出狱脱险！……这个顾顺章呀，真是丧心病狂！只怨没有识破他，养虎为患呀！教训！……血的教训！一个政党，真正的危险来自党内，特别是党内的高层！一定要让党内所有同志永远深刻牢记呀！

蔡畅和李富春将去往苏区，他们安排刘昂带李特特回湖南，在家等信。特特问：“妈妈，什么时候能再见到您呀？”

蔡畅一把抱住李特特：“特特，我的好女儿，妈妈会来接你的！……在路上你一定要听大姐姐的话，回老家后一定要听外婆的话。”

李特特说：“妈妈，我再也不问为什么搬家了。妈妈，有一句话我想问您，您不喜欢我是吗？不然，为什么总对我那么凶？”

蔡畅被孩子的纯真感动了，她紧紧搂住女儿说：“特特，好孩子……妈妈喜欢你！妈妈的工作很紧张、很危险，没时间陪你。妈妈对你的爱，只能深藏在心里，就像装满热水的暖水瓶，外面冰冷，里面是热的！特特，我的乖女儿，你长大后，会明白的。相信妈妈，妈妈爱你！”

李特特哽咽道：“妈妈……妈妈……我会想您的！……”

李富春告诉蔡畅，陈赓同志传来情报说，顾顺章在上海已经黔驴技穷，他现在被指派到各省去搜捕我们的同志。蔡畅很敏感，顾顺章会不会去湖南、广东？她真担心……

广州，军阀陈济棠办公室内，陈济棠正在看一份印有《两广省委反对军阀战争的宣言》的宣传单，看后气急败坏，把它揉成一团，扔在侦缉队长梁子光脸上。陈济棠怒气冲天地吼道：“梁子光，你看你这个侦缉队长是怎么当的！……共产党的宣传单，已搞得我们人手一份了！”

梁子光吓得脸上冒汗，不敢吱声。陈济棠回忆起，去年，广东省的共党分子已经被抓得差不多了，现在倒好，他们不但又活动起来，而且将广东、广西两广省委连在一块了!

梁子光分析,种种迹象表明,中共已有重要人物来到两广,要不然,共党活动不可能死灰复燃!

陈济棠觉得有道理,问道:“那你想想,共党来两广的重要人物是谁?”

梁子光根据有关情报,猜测是蔡和森。梁子光介绍,蔡和森从中共二大到六大一直是中共中央政治局委员,而且,担任过驻共产国际的中共代表,是个相当厉害的角色,当年,轰动一时的“五卅”暴动,就是他亲自领导的。

陈济棠恍然,难怪,最近两广的天怎么突然异常起来!原来来了一条危险的大鳄!他命令梁子光一定要想方设法捉到蔡和森!

梁子光诡秘一笑:“司令,现在,有个千载难逢的机会……”梁子光说着凑近陈济棠耳语,陈济棠认真听着,频频点头,阴险地笑了……

香港,中共广东省委会议室内,众人围在一起开会。蔡和森在作动员:“同志们,通过大家的共同努力,我们的海员工会又重新活跃起来了!省港大罢工中,海员工会可是打头阵的先锋。这次经过充分准备,明天将举行群众性的集会,再次显示海员工会的战斗力!”

一位省委干部分析:这是一次振奋人心的会议,估计参加人员会很多,但是,也可能会混进特务,很危险,他建议蔡和森暂时回避。

省委另一干部也赞同:蔡和森是敌人重点搜寻的人物,明天还是不参加会议为妙,为了安全起见,最好暂时离开香港。

蔡和森坚定地说:“谢谢同志们的关心。但是,我想,我们把工人群众刚刚重新发动起来,如果为了顾及危险,我不去参加,甚至离开香港,这会让工人们失望的,我们在两广这么长时间的努力也将前功尽弃!这个会议太重要了,我不能不去,更不能在这个时候离开香港!”

香港洛克道464号三楼会场,浩浩荡荡走进来一群海员工人,他们各自寻找位置坐下。梁子光带着几个工人装扮的特务混进会场。

有人在喊:“胡世辉同志到!”蔡和森和几个干部模样的人走进来,与会人员起立鼓掌。蔡和森同工人们一一握手问候后，在第一排靠门边的一个位子坐下。

会场门口，出现一个戴口罩的人，他的一双眼睛在扫视搜索着什么。戴口罩的人随后出现在蔡和森面前，低声喊道："蔡和森同志！"

蔡和森一惊："你……认错人了，我是胡世辉。"

戴口罩的人取下口罩，他是顾顺章！顾顺章得意地说："蔡和森同志，我怎么会认错人呢？我俩是老战友，没想到我刚来香港，就碰见了你！"

不等蔡和森开口，梁子光掏出手枪一挥手，几个特务冲上前，将蔡和森拽向门外……

蔡和森横了顾顺章一眼："你……"顾顺章阴森一笑。蔡和森被几个特务死死地拽出门，楼下，一队香港警察吹着口哨跑了上来……

上海地下党秘密联络点，周恩来在批阅文件，秘书拿着一份电报匆忙而入："伍豪同志，香港急电！二十九号同志在香港被顾顺章指认后被捕！"

周恩来蓦地从凳子上弹了起来，他急忙拿起电报看，看完，他焦急得说不出话来，不停地在屋子里来回走动。邓颖超小声说："恩来，别急！……赶快想办法！"

周恩来很快镇静起来："马上给香港发报，一定要通过各种关系营救蔡和森同志！"

广州，陈济棠办公室内，陈济棠惊喜地问梁子光："什么？……真抓住了蔡和森？"

梁子光肯定地答复："抓住了！蔡和森现在被关押在港府监狱。"

陈济棠问："确定了吗？有没有搞错？"

梁子光说绝对不会错，是顾顺章指认的，蔡和森在中共党内的代号是二十九号，化名叫胡世辉。陈济棠大喜过望："好呀！梁子光呀梁子光，你这个侦缉队长，终于干成了一件漂亮的事！我立即派人赴港交涉，你带人去秘密交接，尽快把他押回广州！——不过，共产党是很狡猾的，顾顺章的话也不能全信，押回来后，你还是要审问清楚了，他究竟是不是蔡和森，别闹出笑话来！”

梁子光答道：“是！必须证据确凿方能上报，这一点卑职明白！……”

上海地下党秘密联络点内，周恩来连夜同蔡畅、李富春谈话。周恩来沉痛地说：“党组织通过各种关系并筹款营救蔡和森。好不容易筹齐款项，港英当局却将蔡和森同志引渡给了广州的国民党反动派。我们的营救失败了。”

蔡畅痛苦万分，泪水夺眶而出，声音哽咽道：“和哥呀！”

邓颖超不停地安慰蔡畅：“蔡大姐，你一定要坚强！”

蔡畅摇摇头，又点了点头……

广州某监狱审讯室里，蔡和森坐着受审。

梁子光问：“蔡和森——”

蔡和森打断了梁子光的问话：“我说过了，我叫胡世辉，你凭什么说我是蔡和森？你们指证的人，我根本不认识！”

梁子光厉声道：“事到如今，你还敢狡辩！”

蔡和森说：“我怎么狡辩了？我说的是事实！那个指认我的人，肯定是为了得你们的奖赏，你们受骗了！”

梁子光问：“你不是蔡和森，那你是不是共党？”

蔡和森承认是共产党员，还说，自己是粤港附近十多个县的交通员。梁子光审视着蔡和森，想了想，又问：“交通员？好呀！那你一定知道这十多个县的共党首领了？”

蔡和森周旋着：“我是交通员，当然知道。但是要我说出来，得有个条件，那就是把我放了。”

梁子光半信半疑地说：“那要看你交代的是不是真的。”

“我把他们的姓名、地址、接头暗号都告诉你，保证你在三天内把十几个县的县委书记抓到。”蔡和森这样做是想拖延时间。

梁子光说：“好！咱们先做一笔交易试试！”

蔡和森在纸上写着。写完后，他痛苦地闭上眼睛，眼前浮现出葛健豪、蔡蓉峰、蔡畅、蔡庆熙、蔡妮、蔡博的笑脸……

湖南永丰石板冲蔡家，简易的教室里，蔡博和几个孩子在听葛健豪讲课。蔡庆熙站在门口高兴地说："妈，刘昂带着李特特回来了！"

蔡博忙跑出屋，边跑边大声喊："大姐姐，小姐姐……"七八个孩子跟随蔡博后面跑了出去。

刘昂和李特特提着行李走了过来。蔡蓉峰从屋子里出来，他看见刘昂和小特特，十分高兴："好呀好呀！这下热闹了，又多了特特，还有刘昂，这下家里更热闹了……老天有眼，我老蔡家儿孙满堂、人丁兴旺呀！"

刘昂和李特特奔向葛健豪："外婆！"蔡庆熙一把抱住刘昂。

刘昂看了看那些孩子们说："妈，这里有这么多孩子，您和外婆又在办学校了？"

蔡庆熙答道："是呀，他们都是烈士的遗孤，是我们党的后代呀！……你外婆说，烈士的后代不能当文盲，一定要教他们读书！可是，这里的条件实在太差了。"

蔡博说："奶奶说，条件差不要紧，要紧的是好好学习！"

刘昂对李特特说："特特，你就在外婆的学校读书，好吧？"

李特特高兴地答应："好哟，我有地方读书了！"

葛健豪说，刘昂回来，正好可以帮帮孩子们。她向刘昂介绍："这些孩子的父母都是我们党的领导干部……"然后指着一个女孩子说，"她是省委刘副书记的女儿……"

刘昂忙制止道："外婆，我有个意见——"

葛健豪问："什么意见？"

刘昂压低声音说："这些孩子都有特殊家庭背景，敌人现在正在搞'斩草除根'行动，以后，别暴露他们父母的身份，给他们编个号。"

葛健豪赞同："对！都给他们编个号……"她觉得刘昂在中央还真学了不少东西，感到十分欣慰。

几个孩子都争当一号。李特特说,都别争,谁识字最多谁就是一号。

葛健豪赞同:“特特说得对,谁认字最多,就是一号。”

蔡博突然说:“我编……编二十九号!我爸爸就是二十九号。”

刘昂立即制止:“蔡博,别乱说!”

蔡博很委屈,本来就是嘛,爱爸爸和爱妈妈不是都叫他爸爸二十九号吗……蔡博明亮的眼里满是憧憬,他突然十分想念爸爸,特别想见到爸爸,他要亲口问爸爸:“您是二十九号吗?”

陈济棠在办公室看着蔡和森的照片,对顾顺章说:“二十九号……看来这个胡世辉真的就是蔡和森。”

顾顺章说:“陈司令,这是国共合作时期蔡和森的照片,他不承认也不行!”

陈济棠还在套顾顺章的话:“顾顺章先生,你这次立了大功,南京方面一定会重奖你的。我还想问你,在我们广东,共产党还有哪些要害人物在活动?”

顾顺章摇了摇头:“这个嘛……我全部知道,可是,他们现在已全部转移了……”

梁子光进来报告:按照胡世辉提供的地址和姓名去抓人,一无所获!顾顺章在一旁插嘴道:“别听蔡和森胡说,他是通过这种方式拖延时间,等待营救!”

陈济棠横了梁子光一眼,骂道:“真是个大笨蛋!……”

监狱刑具室里,摆着各种刑具,火炉烧得正旺,几个彪形大汉站在一旁。蔡和森看着气急败坏的梁子光,镇静自若地说:“怎么?……没抓到?不可能,是不是转移了?”

梁子光气恼地叫了起来:“转移个屁!他妈的!……你敢耍老子?你老实说,你还认识什么共产党的大人物?”

蔡和森说:“大人物?毛泽东、朱德……我都认识!”

梁子光昏头昏脑地说:“认识就快招!免得受皮肉之苦!”

蔡和森突然大笑起来："这还用得着我招吗？谁不知道他们在江西？我说你呀，真是个笨猪！……哈哈哈！"蔡和森的大笑声在监狱里回荡着……

梁子光气得说不出话来，他狂呼一声："大刑伺候！……"

几个特务将蔡和森推向火炉边。突然，陈济棠进来喝道："住手！"

梁子光站起身喊道："司令！"

所有特务立正行礼。

陈济棠来到蔡和森面前，不紧不慢地说："蔡先生，不，二十九号，你不要再狡辩了，我想同你谈谈合作的事。条件嘛，随你开口，保你满意！"

陈济棠挥手，一个军官提着一个箱子放在蔡和森面前。箱子打开，里面全是金条。蔡和森看了看金条，问陈济棠："想必你就是大名鼎鼎的陈济棠——陈司令？"

陈济棠答道："鄙人正是。我要告诉你，你的同党，中共政治局候补委员顾顺章先生已是我们的人了。"

蔡和森愤怒地说："不要提他！……他是个遗臭万年的叛徒，一堆臭狗屎！"

陈济棠劝导着："臭狗屎也好，大肥肉也罢，识时务者为俊杰，这一点你总得承认吧！"

蔡和森冷冷地说："那得看识的是什么时务！"

陈济棠看着蔡和森："啊？我倒想听听蔡先生的高见。"

蔡和森义正词严地说："时务者，时代的事务也。当今时代，最重要的事务乃国民苦痛之解脱，国家灾难之根除！识这样的时务，为这样的时务而奋斗牺牲，才是真正的俊杰！"

陈济棠圆滑地说："妙！蔡先生果然不愧为中共首屈一指的理论家！但是，非常遗憾！现在你的理论形同虚设！"

蔡和森反诘道："所以，陈司令才丢掉自己最初的理想，逆潮流而动？"

陈济棠恼怒地说："你扯远了！我提醒你不要忘了你现在的身份，今天，是我审判你！”

蔡和森大声说：“可人在做，天在看，总有一天，历史会审判你的！想你陈济棠，当年曾一腔热血参与同盟会，也曾对天盟誓追随孙中山先生，甚至在中山先生危难之际，讨伐叛逆陈炯明！可如今，明哲保身，你追随蒋介石，背叛了中山先生‘联俄、联共、扶助农工’的政策，成了革命的叛徒！”

陈济棠大叫一声：“住口！”

蔡和森毫无惧色：“怎么？点到司令的痛处了？”

陈济棠警告说：“蔡和森！你要明白，今天，我来这里，是为了挽救你！”

蔡和森毫不退让：“我也要你明白，我说这席话，才真真是为了挽救你！”

陈济棠气急败坏：“既然你蔡和森敬酒不吃吃罚酒，那就休怪我陈济棠不客气了！”

蔡和森坦荡地说：“请便！烙刑、死刑、绞刑都一齐来吧！我告诉你，共产党人的信仰是任何酷刑都摧毁不了的！追求民主、富强的中国是时代的潮流，中山先生说得何等好呀：世界潮流，浩浩荡荡，顺之者昌，逆之者亡！”

陈济棠无言以对，愤然而去。

梁之光一挥手，特务们将蔡和森捆绑在一根柱子上。一块滚烫的烙铁烙在了蔡和森的胸前。烙铁与肉体相碰，冒出一阵烟雾。蔡和森强忍着非人的折磨，浑身流淌着鲜血，一声不吭，实在挺不住了，突然发出一声惊天动地的怒吼……

响遏行云的怒吼划破时空，穿越高山河流，在祖国大地上回荡。

“吧嗒”一声，一个瓷碗摔碎了。

葛健豪在石板冲家里吃饭，饭碗突然掉地上了，她手上拿着筷子，呆呆地看着地上的碎片。

蔡庆熙忙过来收拾，她疑惑地看着母亲的脸色。

葛健豪说："今天怎么搞的，我心里很烦躁，连碗都端不住了……过去老人们说，打破了碗，是不吉利的……"

蔡庆熙赶紧安慰母亲："妈，没什么的，天气有些闷热，我陪您去池塘边走走。"说完重新给母亲盛了一碗饭。

饭后，孩子们在门口玩耍，葛健豪在荷叶塘边踱步，蔡蓉峰、蔡庆熙、刘昂陪伴着她。葛健豪感慨万端地说："满塘的荷花开了，真美呀！它让我想起了深秋的红叶……"

老人眼前的荷花化成枫树的红叶，她的思绪随着枫叶穿越了时空，眼前浮现出一幕幕久违了的、刻骨铭心的情景：

荷叶镇，她和秋瑾在一起赞美枫叶；

岳麓山上，她与蔡和森、蔡畅、向警予一起观赏枫叶；

她在法国的枫树前思念故土；

蔡林蒸在战场上英勇献身前给她写的信；

武汉龟山上群众连夜自发安葬向警予时的"火龙"；

在上海，蔡和森去苏联前夜和她长谈，她递给蔡和森两双新布鞋……

葛健豪想着、想着，突然，一片红色的荷花瓣被风吹到池边，葛健豪俯身捡起花瓣，凝思良久……

刘昂问："外婆，您在想什么？"

葛健豪深沉地说："现在是荷花盛开的时节，这片花瓣却过早凋落，见落花知秋天啊！……我想起一首诗：竹坞无尘水槛清，相思迢递隔重城；秋阴不散霜飞晚，留得枯荷听雨声。"

蔡蓉峰说："老太婆，你不要这么伤感嘛。"

葛健豪答应道："好，听你的，不伤感！"她边往前走边吟诗句："今年花胜去年红，但愿明年花更好！"

刘昂看着葛健豪的背影，不解地问蔡蓉峰："外婆今天是怎么了？"

知葛健豪者莫如蔡蓉峰："八成是想你和森舅舅了……"

葛健豪听见丈夫的声音,有些感激地看着头发花白的丈夫,心里叹道:难道你不想儿子吗?

遍体鳞伤的蔡和森坐在牢房地铺上,他吃力地脱下自己的布鞋。蔡和森抚摸着母亲为他做的布鞋,心情久久不能平静——

蔡和森把布鞋抱在怀里,深情地说:"妈妈呀,您老现在在哪里呢?……是在老家的荷叶塘前看荷花,还是在家门前那株大枫树下为儿子纳布鞋?忘不了呀,那株枫树是您亲手栽种的,您一直希望您的儿女能像枫叶那样,给这个冷漠的世界带来一些暖意,带来一丝希望,儿子没有辜负您呀!"

蔡和森眼前依次闪现母亲在长沙领着蔡庆熙和刘昂求学的画面……母亲在法国同他们在一起游行示威的画面……母亲在上海与他告别,送上两双布鞋的画面……

蔡和森继续说着:"妈妈,儿子此刻,最放心不下的是您老人家呀!儿子一生最大的缺憾,就是没能为您老尽孝!原谅我吧,妈妈,儿子是将对您的全部孝心都给了我灾难深重的祖国呀!往后,您若想我,就多看一眼您身边的孙儿吧,他们陪伴在您身边,会给您带来快乐的!……"

蔡和森遥望铁窗外,天空中明月高挂。他说:"妮妮,你在苏联还好吗?爸爸答应尽快去看你的,可是……爸爸去不成了!妮妮,博博,我亲爱的孩子呀,爸爸对不起你们!……爸爸多想再见你们一面……爸爸希望你们成人、成才,待到革命胜利后,好好报效我们灾难深重的祖国!"

蔡和森在监狱里受尽了折磨,敌人想知道共产党人的骨头到底有多硬,他们对蔡和森施行了更惨无人道的酷刑。蔡和森被带到监狱的墙边,地上赫然摆着上十颗几寸长的铁钉!几个彪形大汉上前,拉开蔡和森的双臂,用一颗颗钉子把蔡和森的四肢钉在墙上!

鲜血顺着墙面流到地上,蔡和森惨烈地叫了起来,随后低头昏死过去。敌人端起凉水泼向蔡和森,蔡和森醒来,双目圆睁,怒视着敌人,用尽力气喊了声:"中国共产党万岁!"

蔡和森宁死不屈,倒是敌人害怕了,他们慌乱地举起刺刀刺进蔡和森的胸膛,鲜血顿时如小溪在蔡和森浑身流淌。墙上钉着的那个备受摧残的身子,已不是蔡和森的血肉之躯,而是一个惊天动地的"大"字!

蔡和森的眼睛睁着,耳边响起母亲唱的"宝宝宝宝快睡觉"的歌声,他仿佛看见母亲从远处飘忽而来……

1931 年 8 月 4 日,蔡和森被国民党反动派杀害,年仅三十六岁。

第二十九章　隐居抚孤

上海的天空阴云密布，滚滚的雷电划过阴沉的天空，大雨倾盆，带着某种天怒一泻而下，上海被淋透了，四处弥漫着驱散不尽的水汽和雾气，此时的上海，一片朦胧。

上海中共中央秘密机关内，蔡畅伫立窗前，凝望着窗外的瓢泼大雨。李富春端着一杯茶水出现在她的身后："大姐！……"

蔡畅"嗯"了一声，没有回头。李富春小声劝道："大姐，你站在这里已经一个小时了，坐坐吧，喝杯茶……"

蔡畅回头，她的眸子里噙着泪水："富春，你说，和子哥能躲过这次劫难吗？"

李富春愣了一下，难以启齿。蔡畅追问："你为什么不说话？"

李富春说："我……我想，党组织正在组织营救，也许……和森同志能脱险。"

蔡畅眼里满是绝望："你不要宽我的心了！"

蔡畅胸口激烈起伏，我爱我哥哥，我想我哥哥呀！……这两天，我的眼前总是出现和子哥的幻影，他是我最敬重的哥哥，更是我革命的引路人呀！如果不是他和妈妈带我跳出火坑，我不可能成为今天的蔡畅；如果不是他和警予姐带我一起远赴法兰西，我怎么会如此坚定地走上革命之路！正是在和子哥的关爱和指引下，我才一步一步走到今天呀！对于我年迈的母亲来说，哥哥几乎是老人的全部希望！啊！……我真不敢想象，母亲已经失去了两儿一女一媳，如果，万一，和子哥他……

正在此时，一个人匆匆进屋——他是周恩来。周恩来表情沉重，良久无言。蔡畅预感不祥："恩来！……外面刮着狂风、下着暴雨，你——"

周恩来深沉地说："这暴风雨不仅仅在外面，而且在我心里！"

蔡畅睁大着惊恐的眼睛问："恩来同志！……不会是——"

周恩来低下头小声道："是的！……蔡和森同志被敌人杀害了！"

一道闪电，一声惊雷！

蔡畅差点晕倒。李富春赶忙上前扶住她："大姐！"周恩来含着眼泪凝视着眼前的一切……

李富春深情地安慰着自己的妻子："大姐，我们都要节哀顺变！……和子哥走了，他走得如此壮烈，他的精神永驻人间；他走得如此坦然，因为他把最后一滴血献给了党和人民！……从这一方面想，我们应该为他感到骄傲！"

蔡畅任凭眼泪无声流淌，泣声道："忘不了，我在上海送别和子哥去香港的时候，哥哥一再叮嘱我，要我代他照顾好母亲，想不到，这是哥哥对我的最后嘱托……如今，我怎么对母亲说呢？老母亲如何经受得起如此的打击呀！"

蔡畅想着，她突然想到了什么，快步走到写字桌前，提起了笔，挥毫疾书……

几天后，湖南永丰石板冲蔡家收到一封信。蔡庆熙拆开信，看见信开头是触目惊心的几个字：

何秭病故，情况有变！

蔡庆熙看后大惊："何秭？……和子？……病故！……"

刘昂走了过来问："妈！您一个人在这儿说什么呢！"

蔡庆熙脱口而出："信……"

刘昂大喜："信？小姨来的信吧？她让我在家等她的信……快让我看看！"刘昂从妈妈的手中抢过信。

……大姐，千万不要将此事告诉妈妈！不能让老人家再经受丧子的痛苦了！……

刘昂愣住了："怎么……会这样！"

蔡庆熙已经泣不成声。刘昂也痛哭起来。

此时，葛健豪喊着走了过来："庆熙，刘昂！"

蔡庆熙闻声赶忙擦掉了脸颊上的泪水。刘昂将信塞入口袋。

葛健豪兴致很高地说："又要做布鞋了，刚才呀，我去小铺子买了点针线。我答应过和森的，每年给他做一双布鞋，等他回来，一起给他。"

葛健豪突然发现女儿和外孙女神色异样，她疑惑地问："怎么啦？你们俩眼睛都肿了……哭了的？"

蔡庆熙忙掩饰："不！……没有！……"

刘昂灵机一动，忙解释说："外婆，刚才，我和妈妈是哭过，因为——"

蔡庆熙忙制止："刘昂，你瞎说什么哩！"

刘昂继续说："因为，外公病得好厉害，妈一说就掉眼泪，弄得我也很难过。"

蔡庆熙顺水推舟地说："对对对！我们心里着急，又不好当着您的面伤心！"

葛健豪反倒安慰她们母女说："啊……别急，刚才，我去买针线的时候，请了郎中，他答应过几天来……"

祖孙三代人边说边往屋里走去……

夜里，葛健豪在为儿子做鞋子，她打开身边的那只旧箱子，箱子里摆放着三双布鞋，布鞋白底黑帮，这是母亲为儿子积攒的母爱，她想做第四双，等儿子回来一块交给他，连同她的母爱一块交给他，让儿子带着她的爱走遍天下。葛健豪戴着顶针纳鞋底，面前的煤油灯火苗摇曳多姿，映照着她慈祥的脸，她一直做到黎明，丝毫不觉得辛苦。窗外透白了，晨曦渐渐照亮了茅屋，公鸡开始鸣叫，远处的狗也开始叫唤。葛健豪起身伸了个懒腰，到院子里打扫落叶。一会，孩子们陆续来了，院子里充满了孩子们的嬉笑声。

葛健豪招呼孩子们坐下，在自制的黑板上写下《游子吟》。然后让蔡庆熙教孩子们高声诵读："慈母手中线，游子身上衣……"

蔡庆熙知道母亲彻夜未眠，也知道母亲心里的牵挂，她对孩子们讲，唐诗三百首，为什么葛校长选的第一首就是《游子吟》呢？因为……因为葛校长日夜思念出远门的儿女呀！昨天深夜，葛校长还在纳鞋底——

葛健豪插话说："那是在为蔡博的爸爸做布鞋。"

孩子们的目光聚焦在蔡博身上。蔡博十分激动地扑向葛健豪："奶奶！……您一定是想我爸爸了吧？……我也想爸爸！"蔡博突然哭叫起来："爸爸……爸爸！您在哪里？您怎么老是不回来看我们呀！"

一时间，孩子们哭成一片……

深夜，万籁俱寂。卧室里，葛健豪喂药给蔡蓉峰喝，她哄着丈夫："老头子，郎中说了，喝了这服药，就会好的！"

蔡蓉峰想说什么，突然又爆发更猛烈的咳嗽。葛健豪赶忙放下药碗，替丈夫捶背。

蔡蓉峰拉着老伴的手，深情地说："别再花钱请郎中了，我的病……我心中有数。"

葛健豪忙制止道："不许你瞎想！……老头子，我们得好好活着，活着看见和子、毛妹子回来！"

蔡蓉峰凝视着老伴良久，颤动着嘴唇说："我恐怕等不到那一天了……苦了你了，兰英，你跟着我……苦了一辈子！"

葛健豪噙着泪水说："不！……你不要这么说！其实，我心里明白，以前，你吵也好，骂也罢，都是为我好！这不，现在我们儿孙满堂了，我们可以在一起过上安稳日子了，以后呀，我依你……全都依你！"

蔡蓉峰长叹一口气："唉！……儿孙满堂，可到头来，有几个能为两老送终呀！……"

葛健豪为蔡蓉峰打气，说他们要活到一百岁！……到那时候，和子、毛妹子，还有在苏联的妮妮，都回来了，他们在老屋门口的大枫树下，摆上十桌酒席，请乡亲们都来喝喜酒，显显老蔡家的风光！……

蔡蓉峰听着，笑了。蔡蓉峰说：“我是笑你天真……老天真！我……肯定是等不到那一天了，我现在整天想的是和子，打博博出生，八年了，我都没见过他，连一封信都没见过！”

葛健豪说：“他忙！他现在是共产党的大领导了，忙呀！……”

蔡蓉峰还在说：“那……毛妹子呢？”

葛健豪说毛妹子现在也是部长了，全中国的女工、农妇，都听她的！

蔡蓉峰很高兴：“……嗨！我这个老头子一辈子没出息，想不到，生下的儿女还都是龙、都是凤呀！……唉，就是见不到他们，我真的太想他们了！……和子、毛妹子呀，你们听得见爸爸在叫你们吗？”

几天后，蔡蓉峰安详地走了。

出殡那天，天气晴朗，天空飘过朵朵云彩。荒野，山峦起伏。一座新坟前，葛健豪携蔡庆熙、刘昂、蔡博、李特特在蔡蓉峰的墓碑前叩头、烧纸钱。

葛健豪看着纸钱变成黑蝴蝶，老泪纵横，揪心地说：“老头子！我带着儿孙为你送行，你一路走好呀！……”葛健豪突然站起来，生气地说：“可和子为什么不回来？为什么三年多了不给爹妈捎回一个字！”

蔡庆熙和刘昂呆看着葛健豪无言以对。

葛健豪发怒了：“你们是不是有什么事瞒着我？……特别是刘昂，你在周恩来身边工作过，又在上海上过大学，你一定知道你舅舅的下落！”

刘昂忙解释：“外婆，您别生气，我是知道舅舅的下落，我告诉过您，舅舅在苏联，组织上规定，现在形势复杂又紧张，一切都要保密……”

葛健豪大声叫喊起来：“保密、保密！你们对我这个当妈的保个什么密嘛！……好，你们保你们的密，我自己去找他！找不到和子，我去找蔡畅，去找毛润之，去找周恩来、邓小平，我就不信我这个老太婆找不到和子的下落！……”

葛健豪叫着、喊着，一个人快步离去。蔡庆熙急着追上：“妈……妈！

您听我说！”

葛健豪回到卧室清理着旧箱子，她从箱子里拿出四双布鞋。

蔡庆熙进屋，她对葛健豪说：“妈，您要冷静一点！”

葛健豪余气未消：“儿子没消息，我冷静不了！”

蔡庆熙说：“妈，天底下那么大，您上哪儿去找和子！您又不是不知道，现在，一片白色恐怖，到处都在抓共产党，您不能给组织添乱呀！”

葛健豪一时答不上话来，直喘粗气。

蔡庆熙说：“妈妈，在老家，带好博博，养育好这些烈士子女，不是和子交给您的任务吗？怎么，您答应过和子的事，如今也不管了？”

葛健豪把脸贴在布鞋上：“唉！……和子呀和子，你让妈想得好苦啊！……”

葛健豪苦苦思念着儿子蔡和森，她坚持每年为儿子做一双新布鞋，以此寄托一位母亲的思子之情。

石板冲附近的山路上，瑶妹子在赶路，后面跟着两个七八岁的小男孩。瑶妹子要将这两个烈士的孩子交到蔡妈妈手中。

来到蔡家，瑶妹子告诉葛健豪，她马上要去江西苏区。葛健豪说：“瑶妹子，你到了苏区，见到毛妹子和富春就对他们说，妈在老家很好，让他俩放心……”葛健豪说着，表情好像变得沉重起来。

瑶妹子敏感地注视着：“蔡妈妈，又想和森哥了……”

葛健豪点了点头说：“儿行千里母担忧呀！我问你，和子现在究竟在哪里？”

瑶妹子看着葛健豪手中那只未做完的布鞋，告诉她，蔡和森在外面做大生意，好像是在苏联……

葛健豪指着床头的布鞋说：“在苏联？……怎么这么久？……都三年多了！……”

接下来，葛健豪依旧为儿子做鞋，床头码放着四双布鞋……四双布鞋变成五双、六双、七双、八双、九双……

葛健豪日夜想着儿子蔡和森、盼着儿子蔡和森,她将自己的爱子之情化作针线融入了一双双布鞋之中。到了 1938 年,老人已为儿子做了九双布鞋了,可儿子仍然音信全无……

石板冲蔡家门前那棵枫树依然挺拔,然而,红叶变黄,枯叶飘零。葛健豪拄着拐杖,凝视着飘落的黄叶。老人触景生情,细心地将飘落的枯叶轻埋在土中……

门口,蔡庆熙和刘昂默默地看着葛健豪有些佝偻的背影,母女俩互望,交换着会意的眼神,刘昂点了点头走近葛健豪。刘昂将葛健豪搀扶起来:“外婆,外面风大,还是进屋去吧。”

葛健豪说:“老了……心也软了,看着这些落叶,我竟会流泪!”

刘昂接过话说:“外婆!……秋瑾说过,枫叶撒落一地,为人们铺出来的,是一条通往春天的路呀!”

葛健豪仔细品味着外孙女的话,慢慢颔首。刘昂又说:“外婆,我告诉您一个好消息,小姨来信了,她和姨父都随红军长征到达陕北了!”

葛健豪一喜:“是吗?……走,快把信给我看看!”葛健豪看完信,有些失望地说:“你小姨在信上……又没提你舅舅!”她把信放下,心事重重地说:“你舅舅现在到底怎么了?刘昂,你给我写信问问……不,我自己写信问!”

葛健豪进屋提起笔写了几个字,心里烦躁不安,写不下去,她把纸揉搓成一团,气呼呼地扔掉……

蔡庆熙和刘昂在另一间卧室,母女俩左右为难的样子。刘昂说:“妈,外婆天天在想舅舅,她好痛苦!”

蔡庆熙吩咐说:“按你小姨说的办,一定要瞒住外婆,不然,她很快就会垮掉的!”

刘昂哭泣起来:“妈,看见外婆这样,我心里好难受。”

蔡庆熙说:“所以啊,你想想,外婆如果知道了真相,不知道会多伤心哩!……等着吧,等到革命胜利的那一天再告诉她……”

刘昂泪流满面地点了点头。

这一天，刘昂拿着一封信走过来，兴奋地对葛健豪说："外婆，小姨又来信了。"

葛健豪一喜："真的？有你舅舅的消息吗？"

刘昂点了点头，把信递给葛健豪："小姨说舅舅在从事党的秘密工作，现在很好，要您别挂念他。小姨在信中说了一个特大的好消息。"

葛健豪问："什么特大好消息，你快告诉我呀。"

刘昂兴奋地说："国共第二次合作了，建立了抗日民族统一战线！"

葛健豪接过信看，边看边高兴地说："好好，好呀！你小姨要你去长沙八路军驻湘联络处找徐特立，随后再去延安。"

葛健豪帮刘昂收拾行李，显得十分高兴，她边收拾东西边说："刘昂，徐特立爷爷可是外婆在法国留学的同学，你见到他，一定代我向他问候！你这次去延安，准能见到润之和恩来，一定要打听你和森舅舅的消息。"

刘昂点头："外婆，我知道，有了消息后，我一定最先告诉您。"

葛健豪高兴地拍了拍刘昂的肩膀说："好孩子，出去闯世界吧，这对年轻人来说，是最好不过的事了，去吧……去吧！"

刘昂紧紧抱住外婆，外婆的气息、外婆的话语……外婆的一切深深地刻进她的脑海里……

第三十章　满门英烈

蔡博、李特特和众多学生一转眼都十三四岁了，在组织的关怀下，他们将去县城读书。

这天瑶妹子带着虎子等几个穿便衣的八路军战士来到蔡家，葛健豪高兴地迎上前：“哎呀！瑶妹子，你回来了！”

瑶妹子迫不及待地告诉葛健豪，中央领导同志安排他们来接这些孩子去延安。孩子们能去延安，葛健豪当然很高兴，她问瑶妹子：“孩子们都去？那可好啊！”

瑶妹子说，也不是都去。蔡畅同志要到苏联学习，组织上安排特特跟她妈妈一起去……蔡博呢，暂时留在奶奶身边。其他的孩子由她带着，全部经武汉到西安，再去延安。

蔡博一听高兴了：“太好了！我留下了！我才舍不得离开奶奶哩！”

葛健豪却板着脸说：“博博，奶奶不要你陪，你不去延安，那就快到县城中学读书！”

太阳很亮，金子似的在石板冲周围跳跃，像天真活泼的精灵。十六名孤儿学生拿着自己的行李，在门口站队排好，李特特站在第一排。葛健豪、蔡博、蔡庆熙、瑶妹子、校长、老师和几名八路军战士站在旁边。

葛健豪走到队列前面讲话：“孩子们，同学们！从民国十八年开始，我受党组织的委托，在此隐居，收留你们这些烈士的孤儿，九年来共收留了二十多名孤儿。我带着你们先后搬过五次家，今天留在这里的十六名同学，全部顺利完成了小学的学业，还考取了中学。现在，党组织要把你们接到延安去，我表示热烈祝贺！希望你们好好珍惜，刻苦学习！”

众人热烈鼓掌……

葛健豪动情地接着说：“孩子们，我今年七十三岁了，再不能跟你们一起四处奔走了，但是，我的心永远和你们在一起！孩子们，你们当初从失去父母的阴影中走出来，没有倒下！现在我要对你们说，永远不要倒下，永远不要停下脚步！一个国家，只有往前走，才有希望，一个人只有往前走才有前途呀！这是奶奶我行走一生的最大感受，现在作为临别赠言送给你们。记住了，同学们，只有往前走才有希望呀！”

孩子们再次报以热烈的掌声。

终于到了分别的时刻，葛健豪将孩子们一一搂在怀里，亲吻他们美丽的小脸。看着那群活泼可爱的孩子消失在视线里，她终于控制不住，失声痛哭……

十六名同学像十六个英勇的战士，一起踏上了新的征程。

群山围绕的石板冲蔡家，昔日热热闹闹，一下子变得静悄悄的。葛健豪为门前的枫树培土，蔡庆熙在浇水。葛健豪说：“唉！现在‘呼啦’一下孩子们都走了，我还真有点不习惯哩。也不知道他们现在到了哪里？”葛健豪直起身子，朝远处看，突然，葛健豪和蔡庆熙发现，蔡博一个人从山路上快步走了过来。葛健豪迎上去，奇怪地问：“咦，博博，今天又不是礼拜天，你怎么回来了？”

蔡博气冲冲地说：“奶奶，姑妈，我不想上学了！”

葛健豪莫名其妙：“你这是怎么了？”

“好多同学笑我是一个没爹没妈的野伢子！……”蔡博说完冲进屋去。

葛健豪听后怔了一下，追进屋去，从箱子里拿出一张照片递给蔡博说：“谁说你没爹妈了？你看，这就是你爸爸妈妈……”

那是蔡和森和向警予在法国手捧着《资本论》的结婚照。葛健豪对蔡博说：“别听那帮小子乱讲！这不是你爸妈吗？……你的爸妈是世界上最好的爸妈呀！”

蔡博看着照片，点了点头。葛健豪对蔡博说，爸爸最近带信回来说，有机会要接他去延安。

蔡庆熙在门边听着，心似刀绞，偷偷转身抹眼泪。

“博博，你要好好读书，你爸爸妈妈都盼着你长大有出息，你不能辜负他们呀！奶奶身体一天不如一天了，一生气胸口就痛，你不会惹奶奶不高兴的是吧？”葛健豪苦口婆心地对孙子说。

蔡博说：“奶奶，我错了，我去上学……现在就去！我不会辜负爸爸妈妈的希望的！……”

博博在山路上跑着。

他站上一块大石头，大声叫着：“爸爸妈妈，我去县里上学了，我不会辜负你们的！你们听见了吗？爸爸……妈妈！”

大山里回荡着蔡博的喊声……

葛健豪在远处踮着脚看着，百感交集！

一双小脚在山间的小道走着，葛健豪拄着拐杖，走到高处，眺望远方……她仿佛听见蔡和森在呼唤着她：“妈妈——”

葛健豪一惊，自语：“和子？是你在叫我吗？”

葛健豪眼前出现幻影：蔡和森向她跑来，边跑边挥舞手臂，她也挥起手臂，准备拥抱儿子，可是儿子的幻影消失了，她怀里空荡荡的，就像这个空荡寂寥的山谷。

葛健豪不死心，茫然四顾，四处寻找着，可是周围没有一个人，老人深深地叹了一口气。远处，林海茫茫，郁郁苍苍，山峦起伏，像是重重屏障……

过了不久，瑶妹子和虎子又来到石板冲蔡家，这次他们是奉周恩来副主席的指示，专程来接葛健豪、蔡庆熙、蔡博去延安的。

蔡庆熙告诉瑶妹子，妈经常一个人呆呆地站在山头，她是在盼望和子。唉！……从民国十八年后，老人就没见过和子……

瑶妹子心里很不好受。葛健豪一见到瑶妹子就问：“和子……啊，不，二十九号同志有信带来吗？”

瑶妹子答道："蔡妈妈，二十九号同志很好，现在又出远门做生意了，写信不方便。"

葛健豪无比惆怅地说："这个……我知道。可他……他已经八年没有来信了！我们母子有九年没见面了！"

瑶妹子赶紧移开话题说："蔡妈妈，我这次来，是奉周副主席的指示，接您和博博，还有大姐一起去延安的。"

葛健豪一怔，自语："一起去延安？……"葛健豪默默走进屋里坐下，蔡庆熙、瑶妹子随她进屋，知道老人内心斗争激烈，都不敢说话。葛健豪沉思良久，轻轻摇头说："我不去延安！代我谢谢恩来……谢谢组织的关心！我已年过古稀，不想再给党组织添麻烦了。"她让庆熙和蔡博去延安，她就留在老家。

瑶妹子说："蔡妈妈，接您去延安，这是组织的决定，您不是经常对我们说，要听组织的话吗？现在轮到您要听组织的话了……"

"组织的心意我领了。可我现在老了，什么也不能干，咱们都得替组织想想……"葛健豪已拿定主意。

蔡庆熙见母亲不愿去，也表示不去，考虑到蔡博是蔡家留在老人身边的最后一根苗了，蔡庆熙的意见是，蔡博最好也别去延安。葛健豪生气了："你凭什么作这样的决定？！不！不行！博博一定要去！我不要孙儿为我养老送终，我要他沿着他父母的脚印往前走！因为，博博不仅是我蔡家的骨肉，更是党的后代呀！"

蔡庆熙马上说："妈，您别激动，蔡博的事我做不了主，听您的，让他去延安。可是我自己总能为自己做主吧？我坚决留在您身边！"

葛健豪语气和缓下来："庆熙呀，你为了这个家已经付出了太多，该出去见识见识了。去了延安，感受一下革命的火热气氛，你还可以为革命做些工作，和我这个老婆子守在一起干什么？"

蔡庆熙动情地说："妈，我盼了好多年才盼来跟您团聚。我今年五十四岁了，这个年岁的人，还能喊妈妈，守在妈妈的身边，这是人生难得的福气呀！我应当珍惜，决不会让您一个人留在这里的！这样吧，我们来个折中，您同意我留下来，我就同意博博去延安。不然，要么都去，要么都不去！”

葛健豪沉默许久后说：“唉，那我只有同意你留下了。”

蔡博回来后，葛健豪问他：“你想去延安吗？”

蔡博不假思索地答道：“想，做梦都想！”

葛健豪朝蔡庆熙一笑：“听见没有？”

蔡博问：“奶奶，您不想吗？不是说，我们一起去延安吗？”

葛健豪感叹地说：“奶奶就不去了！奶奶老了，出去只能是组织上的累赘。人呀，不服老不行呀！老了，就别连累别人。我要像狮子一样，年轻时，为了它的家族，威风凛凛、不容侵犯；老了，离群而去，孤独地等待生命的结束，这才是生命的尊严！人老了，也要老得有尊严呀！……”

几天后，蔡博起程去延安。葛健豪拄着拐杖迈着一双小脚送孙子。山路曲折逶迤，很像她此时复杂的心情，一方面她很高兴，孙子长大了，即将奔赴延安去接革命的班，另一方面，她又难舍孙子，他毕竟是蔡家的香火独苗，她想守护这根独苗，看着他一天天长大，长成一棵参天大树，以慰藉他妈妈的在天之灵。到了那时，她便可以说：警予啊，我把你的孩子抚养成人了……

葛健豪想到，博博真是命苦的孩子，从来到这个世界的最初几个月开始，就不在父母身边……忘不了，那年他妈妈从苏联回来，在长沙只陪了他姐弟俩一个晚上，便匆匆离去。唉！没想到，那竟是警予和儿女的最后一次相见……

离别的时刻终于到来。在石板冲老屋前的大枫树下，葛健豪站着，深深地叹息着，她深情地抚摸着孙子，那支蔡家人熟悉的儿歌又从远处飘来，往事一一闪现在老人眼前……她叮嘱说：“记住，孩子，这里是你的老家，我们的老家！”

蔡庆熙轻轻地拍着蔡博的肩膀：“博博，离开老家后，你就要自己照顾自己了，从今天起，你是一个真正的男人了。”

蔡博点着头：“嗯，我一定做一个像爸爸、林蒸伯伯一样的男子汉！”

葛健豪为孙儿穿上了一双新布鞋，问：“合适不？”

蔡博穿上新鞋走了几步：“合适……太合适了！”

葛健豪意味深长地说：“那就穿着你爸爸的鞋，去走你爸爸的路吧！”蔡博发现奶奶流泪了，抱着她说：“奶奶！……您别难过！博博走到哪儿，都会想念您的！”

葛健豪抹了抹泪水：“奶奶不难过，奶奶高兴！……你快跟瑶姨走吧！记住了，只有往前走，才有希望！……”

蔡博向奶奶三鞠躬后，转身离去。博博真的走了，他和瑶妹子、虎子的身影渐渐远去，葛健豪跟着往前走着、走着，她送走了留在身边的最后一个孙儿。博博的身影消失在山路的尽头，葛健豪仍然痴痴地伫立着，秋风吹乱了老人的白发……

十天后，瑶妹子和虎子护送蔡博到达重庆八路军办事处。蔡博一见邓颖超就喊着：“爱妈妈，爱妈妈，我记得您！”

邓颖超点头笑道：“蔡博记得爱妈妈，爱妈妈也一直想着蔡博，快让爱妈妈好好看看，我们的博博长这么大了，我简直认不出来了。”

刘昂穿着八路军的军装，英姿飒爽，她和几个人陪同周恩来走了过来。邓颖超说：“恩来，快，看谁来了。”

周恩来打量着蔡博，没认出来：“这是……”

蔡博主动说：“爱爸爸，我是二十九号！……”

周恩来一把抱住蔡博：“博博，九年没见你了！”

刘昂严肃地对蔡博说：“蔡博，以后不要说你是二十九号。”

蔡博笑了：“我还没说完哩，我是说……我是二十九号的儿子！”

刘昂忙向周恩来解释：“周副主席，博博同那些孤儿们在乡下时，我们怕敌人斩草除根，都给编了号，他硬要他爸爸的代号二十九号。”

周恩来目光炯炯地看着蔡博：“二十九号……好嘛，二十九号后继有人了！”

邓颖超不住地打量着蔡博说：“果然是蔡和森的儿子，同蔡和森一模一样！”

蔡博不忘告诉周恩来：“爱爸爸，我奶奶和大姑妈没来，她们怕去了延安会给组织添麻烦，她们让我转告您，组织上的心意她们领了。”

周恩来感叹，老人家真是有个性啊！还有蔡家大姐，什么事都为组织着想。

毛泽民正好要去苏联，组织上决定让他带蔡博去莫斯科国际儿童院。蔡博就要见到在苏联的姐姐蔡妮、特特和姑妈蔡畅了！

不久，蔡博到了苏联，在莫斯科共产国际中国支部一间办公室里，蔡畅抱着蔡博，泪流满面：“博博，小姑妈有九年没见到你了。”

蔡博泣不成声：“姑妈，我在老家，真想念您和姑父，还想我爸爸，想妮姐姐，想死去的妈妈！”

李特特在旁边也是泪流满面：“博博，妮姐姐一会儿就会来的。”

蔡畅擦拭了一下眼泪：“博博，你妮姐姐要告诉你一件事，你一定要坚强，不准哭。”

蔡博边擦拭着眼泪，边点头。有人敲门，一个工作人员进来报告：“蔡部长，蔡妮来了。”

蔡妮进来，她穿着学生制服，已长成了一个十六七岁的大姑娘了。蔡畅忙介绍：“蔡妮，你们几个现在都不认识了吧？这是博博，这是特特。”

蔡妮见到弟弟和妹妹，十分惊喜：“啊！都长这么高了，我真的不认识了。”

蔡博和李特特异口同声地喊：“姐姐——”姐弟三人拥抱在一起，激动不已……

蔡博急着问：“姐姐，你见到爸爸了吗？”

蔡妮沉痛地告诉弟弟：“博博，爸爸在民国二十年八月四日就牺牲了……”

蔡博大惊失色,悲痛欲绝:“什么?……爸爸早就牺牲了?姐姐,这不是真的,这不是真的!”他一把拉住蔡畅:“姑妈,您说,这不是真的!”

蔡妮抱着蔡博,十分难过地说,是真的。……那几年,她在儿童院长期无人认领,与亲人失去了联系,她只知道,自己是中国人……民国二十二年,她在黑海古尔祖夫夏令营度假,恰好李立三叔叔也在,他认出她是蔡和森的女儿,随后把她爸爸遇害的不幸消息告诉她了……

蔡博已哭成了一个泪人,蔡畅、李特特为他擦泪。蔡畅对蔡博说:“博博,说好了不哭的,要坚强!像你爸爸一样,无论遇到什么不幸,一定坚强!”

桌子上放着腊肉、鱼香肉丝等菜肴,蔡畅、蔡博、蔡妮、特特坐在桌子旁边,他们都沉默不语。蔡畅打破沉寂说:“孩子们,我在苏联的学习结束了,马上要回国。国内正是抗日战争时期,这里有安静的学习环境,你们一定要好好学习。等把小日本赶出中国后,我们就要建设自己的国家,你们学成回国后大有用武之地……”

几个孩子慢慢抬头,一一点头。蔡畅招呼孩子们吃饭,把各种菜肴夹到他们碗里,她叮嘱孩子们,要经常给奶奶、外婆写信,但千万不要将蔡和森牺牲的事告诉老人家,就说他在这边做大生意……

远在湖南石板冲的葛健豪,一直盼望孩子们的来信。这天,葛健豪在屋前剥豆子,蔡庆熙兴冲冲地跑过来,将一封信递给母亲:“妈,快看,虎子刚带来的信!”

葛健豪看着信,高兴得笑眯了眼睛:“庆熙,你快看,蔡妮他们三个娃娃在一起了……”

蔡庆熙看过信后说:“妈,您放心了吧?他们都说和子做大生意去了。”

葛健豪说:“放心了,放心了。我知道,大生意是暗语,是说和子在干大事业哩!我想……和子在苏联,他肯定会经常去看三个孩子的……”

蔡庆熙趁母亲在兴头上,提议为她做寿。葛健豪不乐意了:“过什么生日,过一次少一次!我的和子还没回来,我要好好活着,等他回来。我呀，从明天开始，每天去山上走走，我要养好身子骨，等着和和子相见！”

石板冲四周山峦起伏。一双小脚在山间小道行走、行走；山坡上，葛健豪拄着拐杖眺望远处，她日渐苍老。

晚上回到家里，吃罢饭，很晚了，葛健豪竟无睡意，她将那些鞋子拿出来一一摆在床上，数着：一双、两双……一共十三双！她为儿子蔡和森做的布鞋，已经十三双了，可儿子仍无音信。葛健豪的心中，猜不透的谜团越滚越大……

葛健豪病倒了。

蔡庆熙守护着弥留中的母亲，她有意试探着问：“妈，我是谁？您还认得出来不？”

葛健豪盯着女儿看了老半天才说：“你是……老大吧？”

蔡庆熙高兴了：“是……是！我是老大蔡庆熙。妈，您今天清醒多了。”

葛健豪深深叹了一口气说：“唉！……我想和子！”

突然，蔡庆熙看见母亲睁大了眼睛，她顺着母亲的视线看过去，见虎子站在门口。

葛健豪喃喃地说：“和子？和子……你终于回来了！”

蔡庆熙一惊，她马上明白过来了，这是母亲弥留时产生的幻觉。她向虎子眨了眨眼睛，示意虎子顺从老人之意。

虎子是受蔡畅的委托来看望葛健豪的，见此情景，他点了点头，走到病床前，俯身握住老人的手。葛健豪激动地要起身，被虎子按住了。

葛健豪说：“和子，你好狠心，十四年没见到你了！……你再不回来，恐怕就见不着妈了！”葛健豪用手摸着虎子的脸，“和子，妈每年都为你做一双鞋，你看看，都在我床头哩！”

蔡庆熙从床头拿过一个包袱打开，里面是十三双崭新的布鞋。葛健豪说：“本来是十四双，你儿子蔡博穿走了一双……”

虎子看着，再也忍不住，流着泪喊：“妈妈，妈妈，我的好妈妈！……”

葛健豪颤抖的手抚摸着虎子，声如游丝地说：“和子，看你，今年该满四十八了吧？还像个孩子一样哭鼻子！……你不是说，妈做的鞋暖脚，穿起来走路踏实？现在妈把这些鞋子交到你手上就安心了！”

虎子双手捧过包袱对葛健豪说：“妈，您看，这些鞋我都拿着哩！”

蔡庆熙的眼圈红了，她赶紧站起身来，手忙脚乱地给母亲掖被子、拉床单，掩饰着自己内心的伤痛。葛健豪拉着虎子的手久久不放，用微弱的声音说：“我……我真高兴，和子，你也该高兴啊！妈送走了博博，他和妮妮、还有特特在苏联重逢了……”

虎子噙着泪点头：“我高兴……我高兴！”

葛健豪大口喘着气，断断续续地说：“和子，妈见到了你，就别无牵挂了……”

葛健豪久久地望着虎子，眼里流出了泪水：“孩子，谢谢……还有……还有……”

蔡庆熙忙凑近母亲问：“妈，还有什么？”

葛健豪用微弱的声音说：“还有……麟仙、顺熙、林蒸、警予都那么早就甩开妈走了，妈是再见不到他们了……孩子们呀，你们知道吗？妈情愿用自己的生命换你们的生命啊，可是你们都在我前面走了……我的孩子们，你们在哪里呀？……”

蔡麟仙、蔡顺熙、蔡林蒸、向警予的幻影在葛健豪眼前出现，他们一个个从远处飞跑而来，大声喊着：“妈妈……妈妈！……”

葛健豪说：“啊！我听见了……妈听见了！……”

葛健豪用尽最后一点力气：“孩子们，妈来看你们了！……”

葛健豪说完，闭上眼睛一动也不动。

虎子抱着葛健豪轻声喊道：“妈妈！妈妈！妈妈……”

蔡庆熙大声地哭叫起来：“妈妈呀——”

门前的枫树默立着，风吹着树叶沙沙作响，树叶幻化成一片片红色，每片叶子上仿佛都有葛健豪的笑脸……

野外，一座新坟。香烛纸钱燃起的缕缕轻烟，如腾空升起的飘渺云雾，向远处飞散……

当地群众将葛健豪的坟墓保护得很好。1985 年 9 月，湖南省双峰县人民政府为葛健豪立了碑，时任中共中央纪律检查委员会第一书记陈云题写了“蔡母葛健豪纪念碑”的碑名，全国人大常委会副委员长许德珩题写了“母仪是式，亮节高风”，并题诗：“豪杰蔡家多，儿女万人歌，堪为烈母颂，留学创先河。”

葛健豪墓前的苍松翠柏四季常青，日益茁壮。

葛健豪远去了，但她的声音却离我们越来越近：“一个人，一个国家，只有往前走才有希望呀！”

想必风听见了……

尾　声

公元一九九〇年九月十一日，已九十岁高龄的蔡畅弥留之际躺在病榻上。

蔡畅在病榻上慢慢地睁开了眼睛："啊……我觉得有点累。"

蔡畅的秘书俯下身说："大姐，这几天，您的家人一直守候在您的身边，中央领导同志也都来看望过您。"

蔡畅轻声答道："谢谢……谢谢！"她的眼睛慢慢转向桌上摆着的李富春的遗像，说："我有一件事，想托付给你。"

秘书说："大姐……您说。"

蔡畅看着李富春的遗像，慢慢坐了起来，她想拿丈夫的遗像，秘书把遗像递给她。蔡畅用手把李富春的遗像擦拭了几下，说："富春，你走了十五年了，我也要跟随你去了……"

蔡畅久久地凝视着李富春的遗像，然后把遗像交给秘书。

蔡畅慢慢地从枕下拿出一张存折，对秘书说："这是我和富春同志一生的积蓄，一共十三万多元……"

秘书接过存折说："我会将它交与李特特和李勇他们的。"蔡畅摇了摇头："不，不是把钱留给孩子们……儿孙自有儿孙福啊……请将这钱交给党组织，这是我和富春同志最后的党费！"

秘书被蔡畅的话震撼了："啊！……"

蔡畅深情地说："这几天啊，我想了很多很多，我的妈妈和哥哥、嫂子都为新中国付出了一切。记得林蒸哥哥牺牲的时候，党组织给了妈妈六百元抚恤金，妈妈一分未留，全都捐给了女校……我想，如果哥嫂和妈妈的在天之灵知道我这样做，他们一定会感到欣慰的……”

秘书流泪了：“大——姐！你的话，我记住了，你的孩子们也会记住的，所有善良正直的人都会记住的！”

蔡畅微笑着，缓缓说道：“就这样吧……”说完，她安详地闭上了眼睛。

她走了，葛健豪和她的亲生儿女们都走了，可这一家人追梦的精彩人生却凝聚成了一座永远的丰碑——

蔡畅，葛健豪的小女儿，中国妇女运动的卓越领导人之一，中共第七至十一届中央委员，历任中共中央妇女运动委员会书记，全国妇联第一至第三届主席、第四届名誉主席，全国人大第一至第三届常务委员、第四和第五届人大常委会副委员长，1990 年 9 月 11 日，她走完了七十多年的革命征程与世长辞。

李富春，葛健豪的女婿、蔡畅的丈夫，党和国家的卓越领导人，建国后历任政务院财政经济委员会副主任，重工业部部长，国家计划委员会副主任、主任，科学规划委员会副主任，国务院副总理兼国家计委主任，国务院工交办主任，是第七至第十届中共中央委员，第八届中央书记处书记、政治局常委，1975 年 1 月 9 日在北京病逝，终年七十五岁。

蔡庆熙，葛健豪的大女儿，于 1948 年被周恩来接到大连。新中国成立后，她在北京安度晚年。1950 年春，日理万机的周恩来总理夫妇特意抽出时间在中南海西花厅会见了蔡庆熙，高度肯定她多年来为革命家庭默默无闻作出的奉献，并尊称她为“老大姐”。1957 年 10 月蔡庆熙病逝，中共中央在北京八宝山为她举行了遗体告别和追悼会，周恩来总理亲临悼念。

刘昂，葛健豪的外孙女、蔡庆熙的女儿，无产阶级革命家，第二、第三届全国人民代表大会代表，曾在周恩来身边工作二十年，历任周恩来秘书、国务院总理办公室副主任、第一机械工业部副部长、农业机械部副部长，2005 年 10 月 17 日在北京病逝。

蔡博，葛健豪的孙子、蔡和森和向警予的儿子，在苏联伊万诺沃儿童院时,是继毛岸英之后的中国儿童委员会主席,中国留苏学生同学会的发起人。1943年秋,他考入莫斯科钢铁学院冶金系炼铁专业,是中国留苏学生中的佼佼者,曾荣获斯大林奖学金。1948年6月,蔡博从莫斯科钢铁学院毕业,获得炼铁冶金工程师学位,回国后参加祖国钢铁建设,曾担任鞍钢炼铁厂副厂长、厂长,是新中国第一代杰出的冶金专家。1984年5月退居第二线,1991年9月在北京病逝。

蔡妮,葛健豪的孙女、蔡和森和向警予的女儿,1949年从莫斯科归国,长期从事医务工作,1975年8月,调入北京外国语学院俄语系任副教授,直至退休。2012年6月7日因病在上海华东医院去世,享年九十岁。中共中央领导习近平、李克强、俞正声、王岐山、温家宝等敬献花篮表示哀悼,表达了党和国家对葛健豪一家满门英烈的深深敬意。

李特特,葛健豪的外孙女、蔡畅和李富春的女儿,1944年考入莫斯科鲍曼工程技术学院,1947年转入莫斯科吉米辽谢夫农学院学农业,1952年从苏联回国,长期从事农业科研工作,1988年离休后全身心地投入义务扶贫工作,现居北京。

…… ……

葛健豪和她的儿女们的巨大雕塑群像矗立在蓝天下。

是呀,人们不会忘记,在中华民族复兴的征途上,曾经有这样一位母亲,曾经有这样一个家庭,为了一个美好的家国振兴梦,奉献了一切。

葛健豪,这位一生行走在苍茫大地上的小脚母亲,她托起的不仅仅是一个家庭,更是一个灾难深重民族的复兴之梦!